Daniel Snowman
Plácido Domingo

D1858614

SERIE MUSIK
PIPER · SCHOTT

Band 8327

Zu diesem Buch

Kein anderer Tenor hat so viele Opernrollen gesungen wie der Spanier Plácido Domingo – ein rastloser und selbstkritischer Arbeiter. Domingo ist neben Pavarotti und Carreras der Spitzentenor unserer Zeit. Daß sein Erfolg die Frucht jahrelanger, harter und oft verzehrender Arbeit ist, das dokumentiert Daniel Snowman in seiner Biographie. Er hat Domingo über Jahre hinweg durch die ganze Welt begleitet. Mit dem Phänomen Domingo geht er nicht unkritisch um, er schildert nicht nur die glanzvolle Karriere, sondern auch die Schwächen und Ängste (etwa vor dem hohen C) des Sängers. Die von Intrigen und Rivalitäten geprägte Welt der Oper wird scharf ausgeleuchtet.
»Opernfreunden wird dieses Buch Spaß machen, denn es enthält viele lebendige Details und einen klugen, analytischen Sinn für Zusammenhänge. Es ist kenntnisreich und ohne falsche Ehrfurcht geschrieben.«
Basler Zeitung

Daniel Snowman, geboren 1938 in London, studierte in Cambridge und an der Cornell University, war Kulturkritiker bei der BBC und ist heute für die Londoner Philharmoniker tätig. Er schrieb ein Buch über das Amadeus Quartett.

Daniel Snowman

Plácido Domingo

Eine Biographie

Aus dem Englischen von Harald Stadler
und Angelika Bardeleben

Mit 14 Fotos

Piper München · Schott Mainz

SERIE MUSIK
PIPER · SCHOTT

Die Originalausgabe erschien 1985 unter dem Titel
»The World of Plácido Domingo« bei The Bodley Head, London.
Dieser Neuausgabe liegt die 4., korrigierte und
ergänzte Auflage, 1992, des Schweizer Verlagshauses zugrunde.
Das Kapitel »Zugabe« wurde von Angelika Bardeleben übersetzt.

ISBN 3-492-18327-1 (Piper)
ISBN 3-7957-8327-5 (Schott)
Oktober 1994
R. Piper GmbH & Co. KG, München
Lizenzausgabe mit Genehmigung des
Schweizer Verlagshauses, Zürich
© 1985 by Daniel Snowman
© der deutschsprachigen Ausgabe 1986 by
Schweizer Verlagshaus AG, Zürich
Umschlag: Federico Luci
Foto: © Photo Schaffler, Salzburg
Foto Umschlagrückseite: Emma Louise Ogilvy
Satz: Utesch Satztechnik GmbH, Hamburg
Druck und Bindung: Clausen & Bosse, Leck
Printed in Germany

Inhalt

Einführung

Zu meiner ersten Oper – es war *Rigoletto* am Londoner Cambridge Theatre – nahm mich mein Vater mit, als ich acht Jahre alt war. Nach der ersten Szene beugte er sich zu mir und fragte mich gütig, ob ich genug hätte und lieber nach Hause gehen wolle. Ich antwortete entschieden, daß ich ganz gewiß nicht nach Hause gehen wolle; warum denn – sie waren ja noch nicht einmal bei den vielen Stücken angelangt, die ich von seiner Schallplattensammlung her kannte! Ich bestand darauf, bis zum Ende der Aufführung zu bleiben, und genoß natürlich jede Minute. Seit jenem Abend bin ich rettungslos der Oper verfallen.

1972, fünfundzwanzig operngesättigte Jahre nach meinem ersten *Rigoletto*, war ich zufällig in Los Angeles, als die New York City Opera dort ihr jährliches Gastspiel gab. Ich besorgte mir unter anderem Karten für eine *Carmen*-Aufführung, deren Tenor der junge Plácido Domingo sein sollte. Er hatte bereits den Ruf – und dieser wurde durch seine frühen Plattenaufnahmen untermauert –, eines der erstaunlichsten Talente innerhalb der jüngeren Sängergeneration zu sein. Die Aufführung von *Carmen* war gut, wenn auch nicht genügend geprobt, aber Domingos Interpretation des Don José war überwältigend und eröffnete für mich eine gänzlich neue Opernära. Hier stand ein Mann mit einer goldenen Stimme, hochgewachsen und gutaussehend, vor allen Dingen aber auch ein guter Schauspieler. Er konnte so elegant singen wie Carlo Bergonzi oder Luciano Pavarotti, war musikalisch genauso empfindsam wie Nicolai Gedda, klang und wirkte ebenso heroisch wie Franco Corelli und agierte stimmlich und gestisch mit der leidenschaftlichen Überzeugung (aber keinem der Manierismen) von Jon Vickers. An der rückhaltlosen Hingabe dieses Künstlers bestand kein Zweifel. Er wurde dem Bühnencharakter, den er verkörperte, nie untreu, selbst wenn er für einen Augenblick nicht im musikalischen oder dramatischen Mittelpunkt stand, und doch schienen sein Spiel und sein Gesang völlig ungezwungen. Er schwebte gleichsam auf der Partitur dahin, schwamm auf dem musikalisch-dramatischen Strom und gewann die sichtbar ausgedrückte Stärke aus seinem inneren Verständnis der Kräfte, deren Teil er war. Noch nie zuvor hatte ich solch lyrisches Singen, gepaart mit solch dramatischer Intensität gehört, bis dahin hatte ich sogar zu der Annahme geneigt, daß sich diese Eigenschaften gegenseitig ausschließen. Domingo jedoch bewerkstelligte eine Verbindung der Opernkünste mit schier unglaublicher Vollendung und augenscheinlicher Leichtigkeit. In den folgenden Jahren habe ich Domingo viele Male auf der Bühne gesehen, meist in London, aber auch in anderen Städten Europas und der Vereinigten Staaten, und zwar in über einem Dutzend verschiedener Opernrollen. Seine immer wieder und in jeder Hinsicht ausgezeichneten Leistungen und das regelmäßig unter Beweis gestellte stimmliche, musikalische und schauspielerische Talent auf dem höchsten Niveau sind meiner Erfahrung nach unerreicht, und was jene erste *Carmen* damals versprach, ist bei nahezu jedem nachfolgenden Auftritt erfüllt worden, dem ich beigewohnt habe. Domingo geht nun auf die Fünfzig zu und hat bereits über 1700mal auf der Bühne gestanden (weit mehr als doppelt so oft wie die Callas in ihrer gesamten Karriere), hat insgesamt ungefähr achtzig verschiedene Opernrollen gesungen (verglichen mit den etwa sechzig von Caruso und Gigli, und Pavarottis dreißig) und hat bereits über fünfzig davon aufgenommen, in mehreren Fällen sogar zwei- oder dreimal. Darüber hinaus ist Domingo heute in allen Ländern auch häufig im Fernsehen zu sehen, er singt und spricht insgesamt fünf Sprachen und findet noch Zeit für eine nebenberufliche Karriere, als Dirigent und als Sänger populärer Musik, die sich kaum auf eine Formel festlegen läßt. Zusätzlich zu seinen vielen Talenten als Künstler scheint Domingo ein Mann zu sein, der völlig mit sich im reinen ist, einer jener Glückspilze, deren Fähigkeiten, Bedürfnisse und Ausdrucksmittel sich ideal zu ergänzen scheinen. Er scheint zu wissen, wann er seine Energien verbrauchen und wann er sie aufsparen muß, er ist ausgesprochen ehrgeizig und konkurrenzbesessen und trotzdem seinen Kollegen gegenüber nur allzu großzügig. In den Opernhäusern der Welt sind seine Geduld und sein Humor bei den Proben ebenso sprichwörtlich wie die Intensität seiner Auftritte auf der Bühne. Er ist ein Mann von immensem persönlichem Charme, der eine magnetische Wirkung auf Frauen ausübt, und gleichzeitig ist er ein engagierter Ehemann und Vater. Eine Menge Widersprüche? Möglich. Doch scheint Domingo in vielerlei Hinsicht künstlerische und persönliche Eigenschaften erfolgreich integriert zu haben, die bei den meisten

Menschen entweder unentwickelt bleiben oder bestenfalls im Ungleichgewicht verharren.

Was treibt Domingo an? Was zwingt ihn, so hart zu arbeiten, so häufig aufzutreten und so viele Aufnahmen zu machen? Und welchen Preis hat er körperlich, geistig und seelisch für seine erstaunlichen Leistungen gezahlt? Auf solche Fragen gibt es keine Antworten. Oder vielmehr reichen die naheliegenden Antworten – daß Domingo seine Arbeit liebt und seine Freude gerne anderen vermittelt – kaum als Erklärung aus. Jeder ernsthafte Versuch, die Frage nach der Motivation eines Menschen wie Plácido Domingo zu beantworten, muß nicht nur Domingos eigene bewußten oder möglicherweise unbewußten Beweggründe berücksichtigen, sondern auch auf den weiteren Rahmen eingehen, in dem er wirkt – die Art und Weise, wie Opernhäuser und Plattenfirmen ihre Geschäfte abwickeln, die Rolle der modernen Medien und so weiter. Wir alle sind Produkte des Zusammenwirkens unserer Talente, inneren Antriebe und äußeren Umstände, und die folgenden Seiten werden zwangsläufig diese drei Dimensionen miteinander verknüpfen. Der Großteil dieses Buches beschreibt Domingo bei der Arbeit und wird dem Leser, so hoffe ich, eine Vorstellung von der Besonderheit seines Berufslebens geben – dem Wechsel zwischen Intensität und Beschaulichkeit, der ständigen künstlerischen Weiterentwicklung und den Momenten des Humors und der Entspannung. Wir sehen ihn bei Proben und Aufführungen von Opern in Italien, Österreich, Spanien, Großbritannien und den Vereinigten Staaten, wir folgen ihm in das Aufnahmestudio und beobachten ihn bei der Arbeit an seinen »Pop«-LPs. Wir sehen ihm zu, wie er sich für eine Fernsehshow vorbereitet, erschöpft von einem fast unerträglich dicht gedrängten Terminkalender und dennoch bemüht, sein Bestes zu geben, sobald die Kameras und Mikrofone angeschaltet sind. Wir erleben ihn im Opernhaus während des Countdown vor dem Auftritt, beim anschließenden Autogrammegeben oder Essen mit Freunden und in Stunden der Entspannung mit seiner Frau und seinen Söhnen zu Hause. Vor allen Dingen haben wir das Privileg, einen großen Künstler auf der Höhe seiner Kräfte dabei zu beobachten, wie er sich stunden- und tagelang dem mühevollen Prozeß widmet, eine neue Rolle oder Inszenierung zu erarbeiten oder einer bereits vertrauten den letzten Schliff zu geben, bis sie der Öffentlichkeit dargeboten werden kann. Menschen, die das fertige Produkt außergewöhnlichen künstlerischen Schaffens sehen oder hören, haben oft nur eine vage Vorstellung von der Mühe, die dem Endresultat vorausgegangen ist, den Tagen und Wochen endloser Bühnen- und Orchesterarbeit, die notwendige Voraussetzungen für eine erfolgreiche Inszenierung sind. Wenn Domingo (zutreffend, aber einseitig) als ein Mensch gesehen wird, der ein faszinierendes und glanzvolles Jet-Set-Leben führt, so sollen diese Seiten ihn auch als geduldigen und praktischen Handwerker vorstellen, der seiner Kunst verpflichtet ist und dessen Arbeit zum größten Teil außerhalb des Rampenlichts der Öffentlichkeit stattfindet. Ein besessener Künstler, der danach strebt, auf allen seinen Wegen vom Applaus der Menge begleitet zu werden? Vielleicht. Aber auch ein ungemein ernsthafter Künstler, dem es nie an Hingabe an die Kunst mangelt, der er dient und die er liebt. Beide Seiten dieser komplexen Persönlichkeit offenbaren sich in der Art und Weise, wie Domingo die Fülle von Herausforderungen und Bewährungsproben, die er sich ständig schafft, bewältigt.

Ich habe versucht, Domingo nicht nur bei der Arbeit zu beobachten, sondern ihn auch in einen größeren Zusammenhang zu stellen. In der Tat bietet Domingos vielfältige Karriere einen guten Einstieg in die Betrachtung solcher Dinge wie die Rolle der elektronischen Medien bei der Umwandlung einer traditionellen Elitekunst in ein der breiteren Öffentlichkeit zugängliches Genre, die Vor- und Nachteile von Plattenaufnahmen gegenüber Live-Aufführungen, die Anforderungen an den Superstar im Jet-Zeitalter und die Frage, inwieweit die Oper eine »Museumskunst« ist und was sie unserer heutigen Zeit zu bieten hat. Man kann kaum erwarten, auf diese und ähnlich umfangreiche Fragen definitive Antworten zu liefern, indem man einen einzigen Künstler bei der Arbeit beobachtet, aber Domingos Laufbahn ist so facettenreich, und seine Leistungen sind so weit gespannt, daß er zugleich die rühmliche Ausnahme und das absolute Paradebeispiel ist. Wenn wir ihm bei der Arbeit zusehen, erfahren wir nicht nur, was diesen Menschen antreibt, sondern lernen auch etwas über die weite Welt der Oper, in der er eine so beherrschende Figur ist.

Dieses Buch ist in keiner Weise »autorisiert«. Plácido hat natürlich von Anfang an gewußt, daß ich daran arbeite, und hat mir freundlicherweise Zugang zu seinen Aufnahmen im Tonstudio, zu Proben und so weiter verschafft, wann immer ich darum bat. Seine Frau Marta und auch andere Mitglieder der Familie Domingo sowie sein Sekretär Paul Garner sind alle ausnahmslos freundlich und entgegenkommend gewesen und haben mir immer wieder ihre Hilfe und Gastfreundschaft angeboten, wenn ich uneingeladen an Orten auftauchte, an denen sie vorübergehend ihre Zelte aufgeschlagen hatten. All dies beweist, wie sehr sie mir vertrauten, denn Plácido hatte keinen Einfluß auf die Entstehung dieses Buches und sah den Text erst in einem sehr späten Stadium. Das Buch enthält zugegebenermaßen einige Abschnitte oder zumindest ein paar Interpretationen, denen gegenüber er gewisse Vorbehalte hat. Aber er hat meine Integrität als Autor rückhaltlos respektiert, und so gebührt mein zutiefst empfundener Dank zuallererst dem Künstler und Freund Plácido.

Aus der Unzahl derer, die mir halfen, die verschiedenen Teile des Puzzles zu sammeln und aneinanderzufügen, möchte ich den nachfolgend Genannten meinen besonderen Dank aussprechen; zweifellos werden sie alle erkennen, inwieweit sich ihre Unterstützung und Einflußnahme im Text niedergeschlagen haben, wobei ich allein etwaige faktische oder interpretative Fehler im Buch zu verantworten habe: Roger Alier, Daniel Barenboim, Jennifer Batchelor, Alan Blyth, Mr. und Mrs. Emerson Buckley, Julian Budden, Humphrey Burton, Riccardo Chailly, Teresa Cole, James Conlon, Ileana Cotrubas, Susan Daniel, Joe Dash, Denny Dayviss, Sergio Escobar, Faith Esham, Lee Holdridge, Joan Ingpen, Madeleine Kasket, Lothar Knessl, Richard Laver, Norman Lebrecht, Robert T. Levine, Mary-Jo Little, Barbara Lorber, Lorin Maazel, Bill McClure, Cornell MacNeil, Gian Carlo Menotti, Julia Migenes Johnson, Sherrill Milnes, Leona Mitchell, Richard Mohr, Vicente Molina-Foix, John Mordler, Paul Myers, Milton und Rosemary Okun, Isabelle Partiot, Maurice und Hilde (Beal) Pearton, David Rendall, David Reuben, Adelita Rocha, Vicki Romaine, José Luis Rubio, Julius Rudel, Emilio Sagi, Robin Scott, Margaret Shackleton, Thomas Z. Shepard, Alan Sievewright, Catherine Siné, Margherita Stafford, Vivienne Taylor, John Treays, Eva Turner, John Vernon, Lillian Watson, Katherine Wilkinson, Marilyn Zschau.

Schließlich gilt mein Dank Janet, Ben und Anna, die dafür sorgten, daß so unopernhafte Figuren wie Robin Hood, Darth Vader, Schneewittchen und Superman dem Ansturm von Cavaradossi, Othello, Ernani, des Grieux und Don José erfolgreich trotzten, und so verhinderten, daß die letzteren überhandnahmen und die gesamte Phantasiewelt der Familie Snowman monopolisierten!

Ouvertüre

Die Lichter im Theater erlöschen allmählich, und das gedämpfte Geräusch erwartungsvoller Unterhaltung verstummt. Schmetternder Applaus begrüßt den Auftritt des Dirigenten. Im Orchestergraben sitzen geduldig und mit ausdruckslosen Gesichtern nahezu hundert schwarzbefrackte Musiker. Sie sind mit der Partitur des Abends bestens vertraut, haben gründlich geprobt (sie glauben, sie hätten zuviel geprobt) und befinden sich in der Hand eines Dirigenten, den keiner von ihnen besonders mag, den aber die meisten respektieren.

Ein paar Meter von ihnen entfernt, auf der anderen Seite des riesigen, reich verzierten Samtvorhangs, harren weitere hundert Menschen; ein oder zwei (schon auf dem Sprung für einen raschen Abgang) tragen Pullover und Jeans, die anderen sind in historische Kostüme gekleidet und treten nervös von einem Fuß auf den anderen; einer prüft abermals, ob die Perücke auch wirklich fest sitzt, ein anderer löst seinen Umhang und steckt ihn wieder zu. In den Kulissen drängen sich noch mehr Leute. Hier sind die Jeans und Pullover den historischen Kostümen an Zahl überlegen, doch gibt es von beiden eine Menge. Ein Mann, der größer und breitschultriger als die meisten anderen ist, dessen stattliches Haupt ein schwarzer Lockenschopf krönt und der ein paar Stunden zuvor selbst noch Jeans trug, zeigt sich nun im prächtigsten aller historischen Kostüme, die an diesem Abend zu sehen sind. Auch er tritt von einem Fuß auf den anderen, räuspert sich so leise, wie sein mächtiger, resonanter Brustkorb es erlaubt, und wirft seinen neben ihm stehenden Kollegen verstohlen einen aufmunternden Blick zu.

Plötzlich – es ist immer früher, als es die hinter dem Vorhang Stehenden erwarten – taucht das Orchester in die Eröffnungstakte ein. Der Samtvorhang hebt sich und enthüllt ein spektakuläres Bühnenbild, das von einem starken und gut vorbereiteten Chor belebt wird. Wenn für den großen, dunkelhaarigen Mann in dem noblen Kostüm der Augenblick gekommen ist, betritt er, begleitet von der spannungsvoll vibrierenden Orchestermusik, die Bühne. Sein Gesang ist während des gesamten Auftritts ein dunkler, durchdringender, perfekt kontrollierter Klangstrom, der vollkommen rein den ganzen Raum erfüllt. Meist singt er nicht besonders laut, weshalb einige derer, die dies nicht erwartet hatten, im Halbdunkel betroffene Blicke austauschen. Sein Spiel ist immer überzeugend und angemessen, aber nie sensationell, manchmal sogar etwas zurückhaltend. Nicht von der Art und Weise, wie man es von einem »Star« erwartet. Die musikalischen und dramatischen Anforderungen des Werkes haben allerdings bis zu diesem Punkt keine besondere Selbstbehauptung seitens des Helden verlangt. Später, als die Oper ihren Höhepunkt erreicht und die Gefühle an Intensität gewinnen, weiten sich sein Brustkorb und seine Lungen, und er beweist eine Stimmkraft, die keiner der Anwesenden je vergessen wird – und die er zurücknimmt, sobald es die Partitur erfordert.

All jenen, für die die Oper ein Zweig der Athletik ist, wird es schließlich klar, warum dieser Mann so gefeiert wird. Wer ein feineres ästhetisches Empfinden hat, dem ist es schon den ganzen Abend offensichtlich gewesen: Seine Genialität veranlaßt ihn nicht, mit seinen außergewöhnlichen musikalischen, stimmlichen und schauspielerischen Gaben zu prunken, sondern diese mit den Leistungen seiner Kollegen zu koordinieren, um eine abgerundete Aufführung zustande zu bringen. Er versteht es, sämtliche Register zu ziehen, und niemand, der seine Auftritte erlebt, kann an der außergewöhnlichen Begabung dieses Mannes zweifeln. Und dennoch ist es nie eine Ein-Mann-Show. Paradoxerweise ist er viel zu sehr Star, um bloß Star zu sein.

Donnernder, anhaltender Applaus begrüßt ihn am Ende des Abends vor dem Vorhang, und ein frohes Lächeln erhellt sein Gesicht, während er die Begeisterung und Dankbarkeit des tobenden Publikums zu seinen Füßen befriedigt entgegennimmt. In den vorausgegangenen drei Stunden waren die Zuschauer stumme Zeugen einer Aufführung von nicht nachlassender und nicht zu übertreffender künstlerischer Qualität gewesen. Viele sind von der Schönheit, dem Pathos, der Würde und Tragik, die sich hier vor ihnen entfalteten, tief bewegt.

Hinter der Bühne findet noch eine weitere Schlußszene statt. Die Atmosphäre ist erstaunlich lässig, voll banalster Jovialität. »Was machst du am Wochenende?« fragt ein Chorsänger, der bis zur Taille entkleidet ist, aber noch immer eine historische Kostümhose trägt, während er sich abschminkt. Sein Kollege, der vorbeikam, um gute Nacht zu sagen, wird am

Samstag mit den Kindern in den Zoo gehen, aber am Sonntag hat er einen Aufnahmetermin. »Viel Glück für beides!« Die Mitglieder des Orchesters haben das Haus bereits verlassen, die meisten sind bereits auf dem Nachhauseweg, bevor sich der Applaus endlich gelegt hat.

Für die Solisten dauern die Rituale nach der Aufführung länger. Und was den eigentlichen Hauptverursacher des Tumults nach der Vorstellung dieses Abends angeht, so ist er förmlich von Gratulanten belagert. Wie fühlt und verhält er sich unmittelbar nach einem jener überragenden Auftritte, für die er so legendär geworden ist? In welchen Gefühlszustand versetzen ihn seine Auftritte? Sehen Sie ihn sich an, inmitten all der Menschen, von denen jeder einen besonderen Anspruch auf seine Aufmerksamkeit geltend macht. Der Mann ist von lächelnden Gesichtern umringt, seine Augen leuchten vor Freude über ein Kompliment hier, eine Umarmung da, das unerwartete Auftauchen eines alten Freundes und die Bitte um ein Autogramm. Er ist sichtlich müde, aber der Enthusiasmus derer, vor denen er gespielt und gesungen hat, verleiht ihm merklich Kraft. Spielt er immer noch? Nicht wirklich. Er ist von Natur aus gesellig, am entspanntesten, wenn er von Gesprächspartnern umgeben ist, wenn er mit Wärme über seine Jungen plaudert, die bei diesem speziellen Anlaß leider nicht bei ihm sein konnten, wenn er dem Impresario eines anderen Opernhauses seine künftigen Termine erläutert oder wenn er dem Vertreter eines lokalen Fernsehsenders, der ihn verfolgt hat, ein kurzes Stegreifinterview gewährt und ihn damit endlich für seine Beharrlichkeit belohnt. »Können wir uns einmal zum Lunch treffen?« fragt der Geschäftsführer einer Plattenfirma, der extra in die Stadt kam, um ihn für ein neues Projekt zu gewinnen. »Wann können wir uns über unsere Fernsehshow unterhalten?« fragt eine andere Stimme in einer anderen Sprache. »Werden Sie zwischen den Auftritten Zeit für einen Termin im Fotostudio haben?« will ein weiterer Besucher wissen, der sich bemüht, den nur schwer zu fassenden Star festzunageln. Die Fragen prasseln auf ihn ein, und so sehr er auch jede gebührend beantworten möchte, er wird ständig durch neue Bitten um Aufmerksamkeit unterbrochen. Autogramme geben, Hände schütteln und schöne Frauen küssen kann man hier und jetzt; Vereinbarungen für die Zukunft kann man im Prinzip zustimmen und später im Detail ausarbeiten.

Seine Geduld ist unendlich, obwohl er weiß, daß die Arbeit an diesem Abend noch nicht zu Ende ist. Als er sich schließlich zum Ausgang durcharbeitet, kann er schon die erregte Menge von vielleicht hundert weiteren Fans sehen und hören, die nicht gehen wollen, bevor er geht. Er signiert ihre Programme und spricht auch mit jedem von ihnen. Einige scheint die Aufführung in eine gewisse Hysterie versetzt zu haben; während Domingo Autogramme gibt, murmeln sie überspannte, hymnische Lobesworte. Anderen schlägt das Herz höher, als der Moment naht, in seine unmittelbare Nähe zu treten. Er selbst bleibt ruhig und höflich, als hätte er unendlich viel Zeit.

In einem gewissen Sinne stimmt das auch. Er weiß, daß er bis zum Mittag des folgenden Tages keinerlei Verpflichtungen hat, bis nämlich sein Agent vorbeikommt, um einige jener Zukunftsprojekte durchzusprechen. Und dann hat er bis zum nächsten Auftritt drei Tage später eigentlich nicht sehr viel zu tun. Außer, daß er versuchen wird, einen kleinen Flug unterzubringen, um seine Söhne einen halben Kontinent entfernt zu besuchen, einen Teil seiner Rolle in eine kürzlich aufgenommene Opernaufnahme hineinzusynchronisieren, den er wegen eines gleichzeitigen Engagements auslassen mußte, in einem Plattenladen der Stadt Schallplatten zu signieren und ein Fernsehinterview zu geben. Und irgendwann wird er auch am Klavier eine Rolle durchgehen müssen, mit der er in zwei Monaten auftreten wird...

Heute abend ist eine Gruppe enger Freunde in einem seiner Lieblingsrestaurants versammelt, und er hat ihnen ausrichten lassen, mit den Präliminarien zu beginnen und nicht auf ihn zu warten. Wenn er dann eintrifft, können das Essen, die Unterhaltung, das Trinken und Lachen bis in die Puppen dauern. Eine zierliche, dunkelhäutige Frau mit dichtem braunem Haar und leuchtend klaren Augen hinter dicken Brillengläsern verläßt das Theater und begibt sich in das Restaurant, um die Leute miteinander bekanntzumachen und ihnen die Plätze zuzuweisen. Marta Domingo ist eine geschickte und geübte Gastgeberin. Sie sorgt dafür, daß eine heitere und entspannte Atmosphäre herrscht, wenn er endlich nachkommt. Und wenn es soweit ist, begrüßen ihn seine Gäste mit herzlichem Beifall. Er grinst wie ein Ingénu, der solche Anerkennung nicht gewohnt ist, macht die Runde und schüttelt jedem Mann die Hand und küßt jede Frau auf die Wange und nimmt dann in der Mitte der Tafel gegenüber seiner stolz lächelnden Frau seinen Platz ein. Jedem der Anwesenden wird das Gefühl vermittelt, er sei ein besonderer Freund der beiden und umgekehrt. Aber da ist noch etwas anderes, was niemand an dieser privilegierten Tafel auch nur für einen Augenblick vergessen wird, nämlich daß Plácido Domingo einer der meistbeschäftigten Jet-Setter der Welt ist, ein multinationales Ein-Mann-Geschäft, ein Megastar der Oper, der in diesem Jahrhundert nur mit Maria Callas und Enrico Caruso gleichzusetzen ist.

Plácido Domingo kam am 21. Januar 1941 in Madrid als Kind des Theaters auf die Welt, denn seine Eltern waren bekannte Künstler, die in jener typischen spanischen Form des leichten romantischen Musicals, der *Zarzuela*, auftraten. Er erinnert sich, daß er und seine jüngere Schwester ein glückliches Zuhause und eine unbeschwerte Kindheit hatten, obwohl es eine schmerzliche Trennung gewesen sein muß, als ihre Eltern im Jahre 1946 Spanien verließen, um auf eine ausgedehnte Südamerikatournee zu gehen. Die Eltern der Familie Domingo hatten Erfolg, und als die Tournee endlich vorüber war, beschlossen sie, in Mexiko zu bleiben, dort ihr eigenes *Zarzuela*-Ensemble zu gründen und die Kinder nachkommen zu lassen. Erst im Januar 1949, wenige Tage vor Plácidos achtem Geburtstag, sahen er und seine Schwester ihre Eltern endlich wieder.

Berichte über Domingos Jugend in Mexiko lassen vermuten, daß der Keim zu seinem späteren Persönlichkeitsbild schon früh gesät wurde. Das begierige Interesse an jeder Art von Musik und der unwiderstehliche Drang zum Musizieren, die heitere Geselligkeit und die nie versiegende Energie, all dies fiel schon an dem Jungen auf. Seine Schulbildung kam ein wenig zu kurz; wenn ihn nicht gerade die Musik ablenkte, so waren es Fußballspiel und Freundinnen. Der Haupteinfluß kam jedenfalls nicht von der Schule, sondern von den Eltern, besonders der starken Persönlichkeit seiner Mutter. Und Plácidos Eltern waren der Ursprung seiner verzehrenden Liebe zum Musiktheater. Plácido wurde aufgefordert, in Aufführungen des elterlichen Ensembles kleine Rollen zu singen, und man wandte sich auch wegen seines immer besser werdenden Klavierspiels, in dem er Privatunterricht nahm, an ihn.

Im Grunde trat Plácido als junger Teenager hauptsächlich als Klaviereleve in das Staatliche Musikkonservatorium ein. Wenige der Lehrer hatten großen Einfluß auf ihn, stellt er heute fest, obwohl der chilenische Bariton Carlo Morelli den Gesangsunterricht erteilte, den Plácido schätzen lernte, und er erinnert sich auch gerne an die Dirigentenkurse von Igor Markevitch, die er als Gasthörer besuchte.

Plácidos Eltern waren recht häufig unterwegs, und während sie auf einer Tournee in Europa waren, verließ Plácido im Alter von sechzehn Jahren das Elternhaus und zog mit einer Freundin zusammen, die er in der Schule kennengelernt hatte. Sie heirateten heimlich und hatten auch bald schon einen kleinen Sohn, José. Als er gezwungen war, für seine Frau und sein Kind den Lebensunterhalt zu verdienen, war an Schulbesuch nicht mehr zu denken. Seine Eltern waren zwar über die Richtung, die er eingeschlagen hatte, nicht erfreut, aber sie beschäftigten ihn in ihrem Ensemble, und er begann, in Nachtclubs Klavier zu spielen und in mexikanischen Inszenierungen von *My Fair Lady* und ähnlichen Musicals Baritonrollen zu singen.

Die Ehe zerbrach bald und endete mit der Scheidung.

Mit achtzehn war Plácido von seinen Gesangskünsten überzeugt genug, um bei der Mexikanischen Nationaloper vorzusingen. Man sagte ihm, er sei eigentlich ein Tenor, und bot ihm zu seiner großen Freude ein paar kleine Rollen an. Ungefähr in dieser Zeit liegen die Anfänge einer allmählich ernsthaft werdenden Beziehung zu einer Gesangskollegin, der Sopranistin Marta Ornelas. Marta war eine anspruchsvolle junge Frau, die mehr an deutschen Liedern als an Musikkomödien interessiert war, und sie fühlte sich anfangs von Plácido ebensowenig angezogen wie er von ihr. Die Liebe schlich sich bei den beiden sozusagen ein, und im August 1962 waren sie verheiratet.

Inzwischen waren beide etablierte junge Sänger in der mexikanischen Opernszene. Martas Karriere war weiter fortgeschritten, doch Plácido wurde als Moderator einer regelmäßigen Musiksendung im Fernsehen im ganzen Land bekannt. Beide brauchten jedoch noch mehr Erfahrung, und in Mexiko waren die Möglichkeiten dazu beschränkt. Schließlich erhielten Marta und Plácido mit ihrem Freund, dem Bariton Franco Iglesias, genau die Chance, die sie brauchten – einen Sechsmonatsvertrag für größere Rollen an der Hebräischen Nationaloper in Tel Aviv.

Das Ehepaar Domingo hatte vor, sechs Monate in Israel zu bleiben, aber es wurden dreißig Monate daraus. In dieser Zeit sang Plácido in etwa 280 Aufführungen zehn verschiedener Opern. Wenn je die Gefahr bestand, daß er sich zugrunde singen würde, dann war es in diesen harten Jahren in dem heißen und schwülen Opernhaus von Tel Aviv. Plácido glaubt, daß er bei seiner Abreise aus Israel ein viel besserer Sänger war als bei seiner Ankunft. Er entwickelte sich nicht nur zu einem erfahrenen Bühnensänger, sondern er führt auch seine Beherrschung der Atemtechnik und Zwerchfellunterstützung auf die formlose Anleitung zurück, die er während der Zeit in Israel von Marta und Franco erhielt.

Als die Domingos Tel Aviv im Sommer 1965 verließen, war Marta schwanger. Nach einem gefühlsgeladenen Besuch in Spanien (Plácidos erstem seit über sechzehn Jahren) reiste das Paar in die Vereinigten Staaten weiter, wo Plácido bald ein Engagement an der New York City Opera (NYCO) erhielt – besonders erwähnenswert ist seine Hauptrolle in Ginasteras *Don Rodrigo* am 22. Februar 1966, dem Abend, als die NYCO ihr neues Theater im Lincoln Center eröffnete. 1967 folgten Domingos Debüts in Hamburg und Wien, und am Ende des Jahres 1968 sang er auch Hauptrollen in der New Yorker Metropolitan Opera. La Scala schloß sich 1969 an, Covent Garden 1971, und bereits als Dreißigjähriger galt Domingo in allen bedeutenden Häusern Europas und Amerikas als einer der meistgeschätzten zeitgenössischen Sänger. Martas Gesangskarriere war mit der Geburt ihrer beiden Söhne Plácido (Placi) und Alvarez endgültig beendet. Sie ist eine liebevolle und aufopfernde Frau und Mutter, aber sie hat sich nie mit diesen Rollen zufrieden gegeben, sondern war immer bestrebt, mit dem scharfen Auge und Ohr einer Exkünstlerin und Expertin die Karriere ihres Mannes zu begleiten und seine aufmerksamste und gewissenhafteste Kritikerin zu bleiben.

In den 70er Jahren trat Domingo in allen Teilen der Musikwelt regelmäßig auf, machte von einem Großteil des Standardrepertoires Plattenaufnahmen und war immer häufiger auch im Fernsehen zu sehen. Man hätte ihm vielleicht verziehen, wenn er sich mit vierzig auf seinen Lorbeeren ausgeruht hätte. »Wenn ich zu diesem Zeitpunkt meine Stimme verloren hätte«, sagte er realistisch, »dann hätte ich trotzdem eine Laufbahn gehabt, auf die jeder Sänger stolz sein kann.« Statt dessen erweiterte er sein Betätigungsfeld und beschleunigte seine Entwicklung vom Opernstar zur Weltberühmtheit, die auf den folgenden Seiten dokumentiert ist. Es war ein schrittweiser und kumulativer Prozeß. Ein bezeichnender Moment und ein guter Einstieg in diesen Prozeß ist ein Ereignis, das wenige Monate nach Domingos vierzigstem Geburtstag in New York stattfand.

Der darstellende Künstler

Tosca im Central Park

»Es ist gratis wie die Luft«, verkünden die Flugblätter mit dem Bild eines großen Laubbaumes. Es ist Juni 1981, und an diesem Abend wird die Sommerspielzeit der kostenlosen Freilichtaufführungen der New Yorker Metropolitan Opera eröffnet. Früher benutzte die Met für diese gigantischen Operndarbietungen für das Volk gewöhnlich das Lewisohn-Stadion. Dann wurde das alte Stadion baufällig, und die »Oper im Park« wurde ins Leben gerufen – nicht nur im Central Park, wo die Aufführung des heutigen Abends stattfindet, sondern auch in anderen großen Parks in den verschiedenen Stadtteilen New Yorks. Zu diesen alljährlichen Anlässen verwandeln sich die New Yorker Parks – seit langem, zumindest nachts, Synonyme für Mord und Totschlag – in riesige Festwiesen zur Feier der Oper. Liebespaare liegen im Gras unter den Sternen und lassen die Melodien von *Faust* und *Rigoletto* über sich hinwegstreichen. Manche Leute bringen ein Picknick mit, Eltern kommen in Begleitung ihrer Kinder. Wenn man dafür sorgen will, daß die New Yorker Parks in der Nacht sicher sind, dann braucht man nur die Oper hinzubringen.

Dieses Jahr ist Plácido Domingo als Star der Eröffnungsvorstellung eingeladen worden. Er hat eine Reihe von Auftritten in Donizettis *Lucia di Lammermoor* in Madrid, die vier Tage vor dem Termin im Central Park enden, und fünf Tage danach beginnt *Othello* in Buenos Aires. Wäre es ihm möglich, einen Besuch in New York einzuschieben? Kein Problem. Er würde sogar die Zeit finden, Plattenaufnahmen dazwischenzuklemmen.

Während die Madrider Zeitungen die heroischen Leistungen ihres Lieblings hinausposaunen und die von Buenos Aires die Werbetrommel für

Domingos ersten *Othello* in dieser Stadt rühren, heizt die New Yorker Presse die Stimmung für die *Tosca* im Central Park an. Am Morgen kündigen alle Wetteransager im Radio einen glühendheißen Tag an, aber das hindert ein paar Unerschrockene nicht daran, sich bereits um acht Uhr morgens – zwölfeinhalb Stunden vor Beginn der Vorstellung – einzufinden, um ihr Territorium abzustecken und sich nicht mehr von der Stelle zu rühren.

Um elf Uhr vormittags ist das Thermometer bereits auf dreißig Grad gestiegen, und auf dem großen Rasen des Central Park haben sich nun schon mehrere hundert Menschen niedergelassen. In den anderen Teilen des Central Park sieht man die übliche Mischung von Radfahrern, Joggern, Softballspielern, Hundebesitzern und zweifellos auch Räubern und Vergewaltigern. Hier, auf dem großen Rasen, legen Arbeiter gerade letzte Hand an eine riesige moderne Bühne, auf deren beiden Seiten sie gewaltige Lautsprecher installieren. Hinter der Bühne suchen einige Musiker Schutz vor der Sonne und schütten literweise eisgekühlten Orangensaft in sich hinein. Unter ihnen befindet sich auch ein dicklicher junger Mann mit einem runden jüdischen Gesicht, einer wuscheligen Afrofrisur und einem saloppen blauen Hemd. Es ist James Levine (reimt sich auf »Wein«), seit 1976 Musikalischer Direktor der Metropolitan Opera und in den letzten zehn Jahren deren Chefdirigent – also etwa seit dem zwölften Lebensjahr, seinem Aussehen nach zu schließen. Der Maestro klettert auf die Bühne, und sein Orchester begnügt sich mit einer Probe, die mit Sicherheit eine der oberflächlichsten in der Geschichte der Oper ist. Jeder kennt *Tosca* in- und auswendig, der Tag ist bereits furchtbar heiß und schwül, und die Aufgabe der Männer und Frauen auf dieser Bühne wird es heute abend nicht sein, die subtilste Aufführung ihres Lebens zu bieten, sondern die schwungvollste. Die beiden gigantischen Lautsprecher werden den Klang etwa zwei Kilometer weit über den Park hinwegtragen. Aber wenn Levines Truppe nicht alles, was sie singt oder spielt, mit der äußersten Klarheit ausführt, dann wird das Ergebnis nichts als ein Puccini-Brei sein, in dem die einzelnen Töne nicht mehr unterschieden werden können.

Das Orchester spielt die Eröffnungstakte von *Tosca* an, die schweren, ominösen Akkorde, die mit dem schurkenhaften Polizeichef Scarpia assoziiert werden, in dessen Rolle heute abend Sherrill Milnes zu sehen sein wird. Milnes ist noch nicht da, auch Domingo nicht, der den Helden, den Maler Cavaradossi, singen wird. Die Titelrolle wird von Renata Scotto verkörpert, mit der Domingo vor kurzem eine Plattenaufnahme der Oper gemacht hat. Sie erscheint in einem blauen Jeansanzug und gesellt sich zu den Sängern der kleineren Rollen, die alle auf ihren Plätzen sind. Levine geht mit allen den ersten Akt durch und scheint Gefallen daran zu finden, die Rollen seiner abwesenden Stars selbst zu singen, obwohl dies den Toningenieuren wenig hilft, denn sie wollen ihre Lautsprecher auf die erforderliche Lautstärke einstellen.

Inzwischen ist das Feld der im Gras Lagernden beträchtlich angewachsen. Ein aufgeregtes Gezischel geht durch die Menge, als eine große schwarze Limousine hinter der Bühne vorfährt und Sherrill Milnes auftaucht. Er ist genauso groß wie Domingo und strahlt denselben robusten Charme aus, er trägt ein hellblaues Hemd, das sich straff über seiner breiten Brust spannt, und seine Hände und Gelenke schmücken dazu passende edle Ringe und Armbänder. Milnes ist ein typischer Sohn des amerikanischen Mittelwestens, und jeder Zentimeter an ihm macht den Eindruck, als sei er von Kindsbeinen an supergesund ernährt worden. Er ist wahrscheinlich der beste Scarpia seit Tito Gobbi und spielt die Rolle wirklich wie ein Mann, der es gewohnt ist, daß man seinen Forderungen nachgibt. »Ich habe Sie heute abend so *gehaßt*«, kichert eine junge Verehrerin nach der Vorstellung, während Milnes ihr ein Autogramm gibt. »Großartig!« antwortet der freundliche Schurke. »Je mehr Sie mich hassen, desto besser fühle ich mich!«

Schließlich fährt eine letzte Limousine vor, mit lautlosem Motor, verdunkelten Scheiben, Klimaanlage und drei Sitzreihen. Diesem Aufgebot moderner amerikanischer Technik entsteigt Domingo in einem langärmeligen, hellblauen, gestreiften Hemd und einer strahlend weißen Hose. Er sieht aus wie ein dienstfreier Admiral, der zur Inspektion seiner vor Anker liegenden Flotte gekommen ist. In dieser Hitze ist Domingo in seinem Element, und seine Augen passen sich sofort dem grellen Mittagslicht an. Er plaudert kurz mit ein paar Leuten hinter der Bühne, steigt dann die Treppe hinauf und geht langsam an seinen Platz neben Scotto, Milnes und Levine. Als er auftaucht, brandet Beifall auf; die vor der Bühne sitzenden Zuschauer sind glücklich darüber, für ihre Geduld und das Risiko, einen ernsten Sonnenstich zu erleiden, mit gut eineinhalb *Tosca*-Aufführungen belohnt zu werden, bevor der Tag zu Ende ist. Domingo lächelt zurück. Die Probe geht weiter, und er und die anderen Solisten singen mit, ab und zu ein wenig lauter, einfach, um die Anlagen zu prüfen – ihre eigenen und die neben der Bühne. Keiner der drei hat eine Partitur. Domingo hat in etwa 150 Aufführungen des Werkes mitgewirkt, zuletzt vor ein paar Monaten in Neapel. Im November wird er die Rolle erneut in London singen.

Domingo verläßt die Bühne genauso lässig, wie er sie betreten hat, und wird sofort von Freunden, Verehrern, Gratulanten und Horden von Presse- und Fernsehleuten in Beschlag genommen, die sich wie Blutegel an ihm festsaugen. Die Vorstellung des heutigen Abends wird in den Medien ausführlich behandelt werden, und alle Nachrichtenfritzen, darunter viele Vertreter ausländischer Radio- und Fernsehgesellschaften, wollen ihr »Exklusivinterview« haben. Domingo erscheint gelassen und gewährt Stegreifinterviews in Englisch, Spanisch, Deutsch, Französisch oder Italienisch. Er scheint nicht daran zu denken, für die heutige Abendvorstellung seine »Stimme zu schonen«. Er sucht die zweite Besetzung seiner Rolle, den Italiener Carlo Bini, auf, der bei späteren Aufführungen der Oper in den verschiedenen Parks von New York die erste Tenorpartie singen wird. Die beiden Männer lassen sich zusammen fotografieren. Nicht alle sind in ganz so guter und entspannter Stimmung. Sherill Milnes' Ersatzmann, der britische Bariton Peter Glossop, geht im Schatten auf und ab und wünscht sich sichtlich, daß nicht Milnes, sondern er in dieser Eröffnungsvorstellung singen würde. Nicht, daß er Milnes irgendein Mißgeschick wünscht... Glossop wird zweifellos einen überzeugenden Bösewicht abgeben, wenn er drei Tage später in Marine Park, Brooklyn, an der Reihe ist, Scarpia zu singen.

Bis 20.30 Uhr, dem festgesetzten Beginn der Vorstellung, hat sich zu den ersten paar hundert Lagerern eine weitere Viertelmillion Zuschauer hinzugesellt – einige in T-Shirts und abgerissenen Jeans, mit Halsketten und Bärten, einige mit Zelten, die meisten mit Decken und viele mit großen Picknickkörben. Dies ist ein riesiges, demokratisches Bayreuth für die Massen, das sich über etliche Quadratkilometer Parkfläche erstreckt.

Als die Sonne nach einem Tag unbarmherziger Hitze endlich zu sinken beginnt, flammt die Bühnenbeleuchtung auf. Manche hatten im Anschluß an diese Hitzewelle ein Gewitter erwartet, aber die Nacht ist zum Glück wolkenlos, und als Krönung des Ganzen geht ein prächtiger Vollmond auf. Anthony Bliss, der Intendant der Met, betritt die Bühne und hält eine kurze Willkommensrede. Er dankt der Chemical Bank und den anderen Förderern für ihre Unterstützung. Er dankt auch New Yorks Selbstschutztruppe, den Guardian Angels, einer Art Pfadfinderverein mit roten Baskenmützen, der den Personalmangel der New Yorker Polizei kompensiert und die U-Bahnen der Stadt patrouilliert. Heute abend leisten sie überall im Park Einsatz, um die üblichen Missetäter in Schach zu halten. Bliss' Rede wird mit Beifall bedacht, nicht weil er gut ist, sondern weil er sich kurz faßt. Die Chemical Bank und die Guardian Angels sind sofort vergessen, als Levine, der immer noch ein saloppes Hemd mit offenem Kragen trägt, die schweren Scarpia-Akkorde anschlägt, und *Tosca* beginnt.

Auf sein Stichwort hin tritt jeder der Solisten auf die Bühne, Scotto in einem bezaubernden langen Kleid, Domingo und Milnes jeder in einem eleganten losen Abendjackett – das von Domingo hat Oscar de la Renta speziell für ihn entworfen. Die heutige Vorstellung ist eine konzertante Aufführung; Bühnenbild und Kostüme wären sinnlos bei einem Publikum, von dem ein großer Teil über einen Kilometer weit entfernt sitzt. Aber jeder der Solisten strahlt so viel Dramatik und Persönlichkeit aus, wie die Umstände erlauben. Alle drei singen mit immensem *Brio*, als versuchten sie, ihr riesiges Publikum direkt und ohne Umweg über das Lautsprechersystem zu erreichen.

Der Abend ist ein grandioser Erfolg. Die großen Augenblicke, wie etwa Domingos langgezogenes hohes »Vittoria! Vittoria!« oder seine Arie »Hell leuchteten die Sterne«, die er mit zarter Lyrik unter echten Sternen und echten Helikoptern sang, werden mit einem Jubel der Begeisterung aufgenommen, wie man ihn sonst nur von Fußballweltmeisterschaften kennt. Während der Pausen ziehen sich die Sänger in die langgestreckten Trailer zurück, die hinter der Bühne für sie aufgestellt wurden, aber Domingo fällt es schwer, in den Pausen herumzusitzen. Heute abend bricht er alle Regeln – er verläßt seinen Wohnwagen und plaudert mit Freunden, gibt Autogramme, gewährt weitere Interviews, umarmt die Schar schöner Frauen, die überall aus dem Boden zu wachsen scheint, wo er auftaucht, und tut generell all die Dinge, die man von einem Sänger mitten in der Aufführung am allerwenigsten erwarten würde. Nichts davon scheint den überwältigenden Zauber seines Gesangs auch nur im geringsten zu beeinträchtigen, und am Ende der Aufführung beginnt der ganze Central Park, soweit das Auge reicht und noch weiter, in die Dunkelheit zu toben.

Es dauert lange, bis die riesige Menge bereit ist, sich aufzulösen – die Hälfte davon in Richtung Bühnenrückseite, wo die Sänger plaudern und sich entspannen. Domingos zwanghafte Geselligkeit steigert sich nun noch um weitere Grade, und er begegnet der Menge wie ein amerikanischer Politiker, der für ein Amt kandidiert. Dieser Mann verfügt über unerschöpfliche Energien; er ist noch immer am Plaudern, Küssen, Autogrammegeben und Händeschütteln, als die meisten Menschen den Park schon längst verlassen haben, und er gelangt erst in den frühen Morgenstunden in seine Wohnung im Zentrum von Manhattan zurück, um ein paar Stunden zu schlafen. Er muß früh am Morgen aufstehen, denn eine fünfstündige Schallplatteneinspielung erwartet ihn, und am Abend wird er nach Buenos Aires fliegen.

Einen Monat nach der New Yorker *Tosca* wird Domingo in Bregenz erwartet. In den vergangenen vier Wochen war er in Buenos Aires, Los Angeles, Mexiko, abermals in New York und schließlich in Spanien. Zur Eröffnung der Bregenzer Festspiele soll eine Neuinszenierung von Verdis *Othello* aufgeführt werden, und auf der Seebühne außerhalb des Festspielhauses spielt man eine deutschsprachige Version von *West Side Story* von einem Komponisten, der auf den Plakaten als »Leonhard« Bernstein angekündigt wird.

Bregenz gehört seit vielen Jahren zu den europäischen Sommerfestspielorten. Es erreicht zwar nicht den Rang von Salzburg, Aix oder Edinburgh, ist aber dennoch ein populäres und schönes Festival. Die größte Attraktion hier ist die am Rande des Bodensees auf dem Wasser schwimmende Seebühne, auf der bisher gewöhnlich die Hauptinszenierungen stattfanden. Die Sitzreihen – sie bieten beinahe 5000 Zuschauern Platz – befinden sich auf dem sicheren und trockenen Festland, von wo aus schon viele ausgezeichnete Inszenierungen von Opern und Musikkomödien zu sehen waren. Es kommt immer wieder vor, daß aus den umliegenden Bergen Regen heranzieht, und Sänger wie Zuschauer flüchten dann beim ersten Guß unter die nächsten Dächer, wie Schiffbrüchige in Rettungsboote. Auch dieses Jahr ist das Bodenseewetter feucht, als das Festival näherrückt, obwohl eigentlich ein kurzes Gewitter, zumindest während der ersten dramatischen Minuten von *Othello*, durchaus angebracht wäre. Aber *Othello* soll in dem neuen, luxuriösen, erst im letzten Jahr eröffneten Theater im Festspielhaus unter den Rängen der Freilichtbühne aufgeführt werden. Und während die Jets und Sharks der *West Side Story* bei der Probe auf der Seebühne gegeneinander und mit den Elementen kämpfen, beginnt die *Othello*-Besetzung im Theater darunter mit der Arbeit.

Domingo soll während der letzten intensiven Proben vor der Premiere etwa eine volle Woche in Bregenz verbringen. Der Großteil der *Othello*-Besetzung, zu der unter anderen die bulgarische Sopranistin Anna Tomowa-Sintow und der italienische Bariton Silvano Carroli gehören, ist bereits seit vierzehn Tagen in Bregenz, als die Nachricht eintrifft, daß sich Domingo verspäten wird. Seine Frau Marta hat schon länger unter Bauchschmerzen gelitten und soll sich in Barcelona einer Gallensteinoperation unterziehen. Domingo will so lange, wie er nur kann, bei ihr bleiben. Er wird spätestens am Tag vor der Generalprobe in Bregenz ankommen. Aber erst am späten Nachmittag.

Alle sind ein wenig nervös. Es ist eine aufwendige Inszenierung, bei der auch eine Drehbühne nicht fehlt, die sich jedoch ständig mit der falschen Geschwindigkeit dreht. Die Proben befinden sich in jenem angespannten und gereizten Stadium, in dem niemand genau weiß, wie all die vielen Probleme rechtzeitig vor der Premiere gelöst werden können. An dem Nachmittag, an dem Domingo eintreffen soll, hält der Produzent und Bühnenbildner Piero Faggioni eine Bühnenprobe mit Klavierbegleitung ab und deckt seinen deutschsprechenden Chor und die Techniker hinter der Bühne mit einem ununterbrochenen Schwall drastischer und nicht immer druckreifer englischer und italienischer Anweisungen ein. Die ersten fünf Minuten der Oper *Othello*, die voller Gewalt, Furcht, Wut, Gebet und Errettung sind und in Othellos jähem Auftritt auf das Wort »Esultate!« hin ihren Höhepunkt erreichen, gehören zu dem Fesselndsten, was je geschrieben wurde, und Faggioni bemüht sich, die Bewegung des Chores (ganz zu schweigen von der der Drehbühne) zu präzisieren, bis sie den Vorgaben und Anforderungen von Verdis Musik völlig entsprechen. Er probt diese Eröffnungsminuten immer wieder neu. Der Dirigent Nello Santi, der trotz des Spektakels vor und hinter ihm nichts von seiner Gelassenheit verliert, dirigiert seinen Pianisten und seinen Chor jedesmal *da capo*, wenn Faggioni ihn darum bittet. Sie gelangen bis zu Othellos Auftritt, aber alles, was schiefgehen kann, geht schief, und es scheint so, als würden sie nie über diesen Punkt hinausgelangen. »Gott sei Dank kommt Domingo erst später«, hört man Faggioni ärgerlich vor sich hinmurren. Einige verstimmte Chormitglieder meinen, Faggioni treibe es mit der Probe zu weit.

Auf der riesigen Seebühne draußen vor dem Festspielhaus legen ein paar kunstbeflissene junge Männer und Frauen letzte Hand an die stilisierte Nachbildung von Manhattan, die als Kulisse für *West Side Story* dient. Während die Kapelle »I like to be in Amer-i-ca!« anspielt, sprüht ein Mädchen mit einer Spraydose vorsichtig ein authentisch aussehendes Graffiti auf das Bühnenbild.

Domingos Flug von Barcelona kommt ohne Verspätung am Zürcher Flughafen an, und der Langerwartete wird auf dem schnellsten Wege durch die Ostschweiz zur österreichischen Grenze und nach Bregenz gebracht. Es ist beinahe unheimlich, wie sehr die angespannte und aufgeregte Erwartung vor Othellos erstem Auftritt in der Opernszene, die auf der Bühne des Festspieltheaters immer wieder neu geprobt wird, der wirklichen Spannung entspricht, die jeder während des Wartens auf Domingo verspürt.

Etwa um 16.45 Uhr trifft er endlich im Theater ein. Er hat noch nichts ausgepackt und nicht einmal das Haus gesehen, das er gemietet hat und das für die nächsten zwei Wochen sein Zuhause sein wird. Er wird direkt zu seiner Garderobe geführt, und er weiß, daß er sich jetzt in eine fünf- oder sechsstündige Probe stürzen muß. Er streift sich seinen Othello-Umhang über, und Faggioni erklärt ihm die Bühne und gibt ihm auf italienisch eine detaillierte Zusammenfassung seiner Bewegungen. Um etwa 18.30 Uhr beginnt der erste Akt erneut. Dieses Mal läuft die Sache jedoch relativ reibungslos. Die ersten drei Akte werden an diesem Abend geprobt, den vierten Akt spart man sich für den nächsten Tag auf.

Domingo schläft schlecht in dieser Nacht. Er setzt sich selbst zu sehr unter Druck, er macht sich Sorgen um Marta, und er weiß, daß es in der *Othello*-Besetzung trotz des Verständnisses für seine Situation einige gibt, die ihm seine verspätete Ankunft übelnehmen. Um fünf Uhr weckt ihn der Regen, der ununterbrochen auf das Dach und an die Fenster seines unvertrauten vorübergehenden Heimes prasselt. Er schläft wieder ein und steht erst am späten Vormittag auf. Es regnet noch immer stark, und er geht erst gegen Mittag in das Theater.

Die Seebühne vor dem Festspielhaus ist beinahe eine Unterseebühne, und die Proben für *West Side Story* mußten nach drinnen verlegt werden. In den Gängen des Theaters mischen sich Jets und Sharks freundlich mit zypriotischen Kriegern und venezianischen Diplomaten. Nach der Probe des letzten Aktes von *Othello* folgt eine zweistündige Pause – anschließend soll die Generalprobe beginnen. Domingo wird von den üblichen Gratulanten und Autogrammjägern verfolgt, und er versucht, so entgegenkommend wie möglich zu sein. Für einen regionalen Radiosender gibt er ein Interview auf deutsch, schlendert dann in Jeans und einem saloppen Hemd in die Belegschaftskantine, kauft sich ein paar Schinkenbrötchen und einen schwarzen Kaffee und plaudert mit einigen Darstellern aus der *West Side Story* am Nebentisch. Wie sind ihre Proben denn bisher verlaufen? So ein Pech, daß es dauernd regnet. Man sollte die Show in *Wet Side Story* umtaufen! Einer der Amerikaner, der einen puertoricanischen Bandenführer spielt, fragt sich, ob er versuchen solle, seinen deutschen Text mit einem spanischen Akzent auszusprechen. »Hören Sie sich nur mich an«, scherzt Domingo, »auf dem Gebiet bin ich Experte!« Ein ausgesprochen hübsches Mädchen hat eine Ausgabe der *International Herald Tribune*. Kann Domingo schnell einen Blick hineinwerfen? Er würde sich gern die Sportergebnisse ansehen ...

Selbst wenn er sich an einem Kantinentisch lümmelt und ein Schinkensandwich mampft, sieht Domingo beeindruckend aus. Aber wenn er eine Rolle wie Verdis Othello annimmt, findet eine wahre Verwandlung statt. Er steht aufrecht, trägt seine wehenden Gewänder mit ausgesprochener Würde, und wenn seine olivfarbene Haut dunkel geschminkt und sein gewelltes schwarzes Haar grau gesprenkelt und leicht gekräuselt ist, wird er zu einer imposanten Figur von unanfechtbarer Autorität. In Bregenz ist der edle Mohrengeneral, der zu Beginn der Generalprobe zu *Othello* Domingos Garderobe verläßt, kaum als der umgängliche, gesprächige Spanier wiederzuerkennen, der sie neunzig Minuten zuvor betrat. Von seinem ersten Auftritt an, als er mit voller Stimme das »Esultate!« schmettert, beweist Domingo, daß er nicht nur die Musik, sondern auch die komplizierten Einzelheiten von Faggionis Inszenierung absolut beherrscht. In vierundzwanzig hektischen Stunden hat er aufgenommen, was sich das Ensemble in wochenlangen Proben erarbeitet hat.

Domingo hat zwischen der Generalprobe und der Premiere zwei Tage frei – zwei Tage, um dem beinahe unaufhörlichen Regen zuzusehen, der sich über die Gegend ergießt. In Teilen der benachbarten Schweiz gehen in dieser Woche ungewöhnlich heftige Sommergewitter nieder. Domingo wäre viel lieber bei Marta in Barcelona, aber er hat sich längst an ein Leben gewöhnt, in dem sich Hyperaktivität und erzwungene Untätigkeit abwechseln.

Wie es sich so trifft, will Lord Snowdon Domingo während seiner freien Tage einen Besuch abstatten. Ich sollte vielleicht erklären, daß ich selbst mich in Bregenz aufhielt, um für die britische *Sunday Times* einen Bericht zu schreiben, und Snowdon sollte für meinen Artikel ein paar besondere Fotos liefern. Snowdon ist ein aufmerksamer, ernsthafter, etwas scheuer Mensch, er ist anspruchsvoll in seinem Geschmack, ein Ästhet bis in die Fingerspitzen, und er bemüht sich bei der Arbeit, den »Glamour«, mit dem er manchmal allzusehr überhäuft wurde, so weit wie möglich zu vermeiden. Er ist klein von Statur, gibt sich eher bescheiden, ist es jedoch gewohnt, sich durchzusetzen. Snowdon kommt mit seinem Assistenten Richard Dudley-Smith am Abend, bevor er Domingo fotografieren soll, in Bregenz an.

»Sie müssen wissen«, gesteht mir Snowdon während des Abendessens unverblümt, »daß Sie es mit einem Mann zu tun haben, der absolut nichts von Opern versteht.«

»Das macht nichts«, erwidere ich und versichere ihm, daß ich noch weniger Ahnung vom Fotografieren habe. Domingo kennt er allerdings; er hat sich seine Schallplatten angehört und sich Fotos und Zeitungsausschnitte über ihn angesehen.

»Was für ein Mensch ist Domingo?« fragt er mich. »Was für Freunde hat er? Was ißt er? Womit verbringt er seine Freizeit? Ist er ein zufriedener Mensch? Was bewegt ihn? Erzählen Sie mir etwas über seine Familie.«

Ich antworte, so gut ich kann – und dann fixiert mich Snowdon mit seinen durchdringenden blauen Augen und stellt mir ebenso direkte Fragen über mich selbst, meine Interessen, meine Arbeit bei BBC und mein Privatleben. Er mag ein schüchterner Mensch sein, der im Gespräch von sich selbst ablenkt, ein Prominenter wider Willen. Aber er ist auch ein ausgesprochen professioneller Künstler, der sich rückhaltlos auf sein jeweiliges Projekt einläßt.

Weil Snowdon ein Profi ist, müssen Richard und ich am nächsten Morgen zu einer unchristlichen Zeit aufstehen, um die Gegend zu sondieren. Noch immer hängen die Wolken tief, aber der Regen hat für einen Augenblick nachgelassen, und so suchen wir geeignete Orte, an denen Domingo fotografiert werden kann. Da Bregenz am Rand einer imposanten Alpenlandschaft liegt, fahren wir auf die Hügel, die die Stadt umgeben, klettern über feuchte, bemooste Felsen zu ein paar Bergkirchen und Cafés hinauf, die zu dieser frühen Stunde noch geschlossen sind; wir verstoßen gegen alle Regeln und spazieren durch die menschenleeren Kulissen von *West Side Story* auf der Seebühne und kehren schließlich müde und klamm zu unserem Hotel zurück, wo wir uns einen willkommenen Morgenkaffee gönnen.

In der Stadt hat es sich allmählich herumgesprochen, daß Tony Snowdon sich in Bregenz aufhält, und nach unserer Rückkehr drängen sich ihm ein paar fesche Österreicher auf. Und manchmal versehentlich auch mir. Einige verwechseln uns nicht nur miteinander, sondern bringen auch unsere Namen durcheinander, und ich weide mich an der ungewohnten Ehre, als »Lord Snowman« angesprochen zu werden. Und ich glaube, Herr Snowdon amüsiert sich auch.

Snowdon mag ein Frühaufsteher sein, Domingo ist es jedenfalls nicht. Es ist bereits Mittag, als er uns in sein Haus bestellt. Wir fahren wieder in die Vorberge hinauf und gelangen nach zehn Minuten zu einem imposanten Chalet mit einem tiefgezogenen spitzen Dach. Der große, gesellige Spanier tritt heraus und begrüßt den gutaussehenden, eleganten englischen Grafen. Die beiden finden einander auf Anhieb sympathisch und fangen sofort mit der Arbeit an. Sie entdecken im oberen Stock eine derbe, unbenutzte, unmöblierte Küche, und Tony und Richard gehen daran, sie in ein provisorisches Studio zu verwandeln. Snowdon bringt einen Stuhl und einen Tisch herein, Domingo öffnet ein Dachfenster, Richard baut ein Stativ auf und legt etliche Filmrollen zurecht – und, Simsalabim! das Studio ist fertig.

Domingo hat den Wert von Publicity immer zu schätzen gewußt, und er ist sich völlig im klaren darüber, daß ihm ein eindrucksvolles Porträt von Lord Snowdon nicht im geringsten schaden würde. Er zieht sich ein sauberes

Hemd an – er zeigt sogar einige vor und fragt Snowdon, welche Farbe er tragen soll. Er fürchtet, daß seine tiefliegenden dunklen Augen müde aussehen könnten, und verwendet ein wenig aufhellendes Make-up. Dann sitzt Domingo über eine Stunde lang am Küchentisch, betrachtet eine Partitur (die einzige im Haus ist die von *Norma*, die er für Auftritte an der Met in ein paar Wochen ausfeilen muß), schaut direkt auf Snowdon oder seine Kamera oder blickt nachdenklich zum Dachfenster hinauf. Er lächelt nur selten, und Snowdon findet (sagt es aber in diesem Augenblick nicht), daß Domingos Pose des »Großen Künstlers« seinen natürlichen Überschwang und seine Energie nicht gebührend zum Ausdruck bringt.

Für Snowdon ist aus dieser »Studio«-Sitzung nicht viel mehr herauszuholen, und als Domingo vergnügt vorschlägt, wir sollten alle zum Mittagessen in die Stadt gehen, willigt Snowdon gerne ein. Die Arbeit ist damit für heute jedoch noch nicht beendet. Im Restaurant ist es meine Aufgabe, mit Domingo zu plaudern, und Snowdons Aufgabe ist es, ihn dabei aufzunehmen. Das Wetter draußen ist unverändert trübe, aber die Unterhaltung in der Gaststätte ist ausgesprochen angeregt. Snowdon erzählt ein paar sehr lustige, entlarvende Geschichten über seine angeblich ausschweifende Jugend, und Domingo redet über seine Laufbahn und seine Kindheit, seine Familie und Freunde, und läßt sich irgendwann einmal sogar dazu überreden, ein lautstarkes »Happy Birthday« zum besten zu geben, sehr zur Freude aller anwesenden Gäste.

Es ist jetzt vier Uhr nachmittags, und Domingo sollte eigentlich in Vorbereitung auf die morgige Premiere sich und seine Stimme ausruhen, aber ein wenig frische Luft schadet wohl nicht, auch wenn es regnet, und wir machen einen kleinen Spaziergang auf die Seebühne. Snowdon hat das Gefühl, daß die Kulissen von New York City an diesem unerwarteten Ort einen passenden Hintergrund für eine Reihe von Bildern abgeben könnten. Domingo amüsiert sich noch immer sichtlich und denkt anscheinend nicht im geringsten daran, seine Energien zu schonen, denn er zieht seinen Regenmantel an und kaspert vor der tristen Skyline von Manhattan herum. Ein paar Zuschauer versammeln sich in den unter Wasser stehenden Gängen zwischen den Sitzplätzen, Domingo mimt ihnen ausgelassen etwas vor, und sie bedanken sich mit Applaus. »Ich hatte noch nie so viel Beifall, ohne einen Ton gesungen zu haben«, scherzt er, während Lord Snowdon mit ernster Miene unentwegt Schnappschüsse macht.

Allmählich wird es wirklich Zeit, sich zu trennen. Domingo hat mehr geredet und sich dem rauhen Wetter länger ausgesetzt, als ihm wahrscheinlich guttut. Er fährt zu seinem Haus in die Berge hinauf, während Snowdon,

Richard und ich in unser Hotel zurückkehren. Dort findet gerade eine Geburtstagsfeier statt, und die Tische biegen sich unter Bergen unglaublicher österreichischer Schlemmereien. Würde Lord Snowdon so gut sein und die fröhliche Geburtstagsparty fotografieren? »Wir wären ja so geehrt, wenn Sie uns alle knipsen täten!« sagt die aufgetakelte und etwas füllige Fürsprecherin, und ich kann nur staunen, wie sich Snowdon mit den gewandtesten Liebenswürdigkeiten aus der Affäre zieht.

Der nächste Tag beginnt kalt und wolkig, und als ich aufstehe, befinden sich Snowdon und Richard bereits auf dem Weg zurück nach London. Es regnet den ganzen Tag, und als der Vorstellungsbeginn näherrückt, frage ich mich, ob ich in Schlips und Kragen oder in Südwester und Gummistiefeln hingehen soll, entscheide mich dann aber doch für erstere. Im Festspielhaus sind übrigens alle tadellos und ausgesprochen teuer gekleidet. Während das Orchester unter Maestro Santi die verschiedenen National- und Landeshymnen erklingen läßt, die gespielt werden müssen, verbreitet sich eine erwartungsvolle Spannung. Eine weitere Hymne ist noch zu spielen, als plötzlich die computergesteuerte Bühnenbeleuchtung für *Othello* einsetzt und das vornehme Publikum in eine peinlich verfrühte Dunkelheit taucht. Aber das macht nichts. Ein gewisses Maß an Spannung hat noch keiner *Othello*-Aufführung geschadet.

Während der Vorhang zum ersten Akt aufgeht, rollt eine große, gebogene graue Brustwehr mit Zinnen langsam vorbei und gibt – mehr oder weniger auf die passenden Stichworte hin – den Blick frei auf große Schlachtreihen von Soldaten und Matrosen, einzelne Figuren wie Rodrigo und Iago, sowie Massen betender Frauen. Während dieses ersten Aktes dreht sich die Bühne des Festspielhauses um volle 360 Grad, so daß eine breite Vielfalt steinerner Verzierungen, Treppen und Plattformen auftaucht, bevor die massive Konstruktion wieder in ihre Ausgangsposition zurückkehrt. Wie durch ein Wunder bewegt sich das Bühnenbild an diesem Abend in Harmonie mit der Musik, und Faggionis Konzeption wirkt stellenweise recht gelungen. Im dritten Akt, zum Beispiel, wird Cassio von Iago buchstäblich durch Othellos gesamtes Schloß geführt, während Othello ständig von einem Pfeiler zum nächsten schleichen muß, um ihre Unterredung zu belauschen. Gelegentlich jedoch tut Faggioni ein wenig zuviel des Guten; zwar steht die Bühne häufig genug still, aber es ist recht ablenkend, wenn Iago sein »Credo« beginnt, während er langsam auf die Seitenkulissen zugeht, und es ist noch verwirrender, wenn Othello sein großartig aufbrausendes »Ora e per sempre addio« in ständiger Bewegung singt. In der ersten Pause sagt Domingo, daß er sich manchmal ein wenig unwohl dabei fühle, so hoch oben auf Faggionis beweglichen Bühnenbildern zu stehen; es sei schwindelerregend, und er fürchte, seine Stimme könnte sich in den Bühnenvorhängen über ihm verlieren. Aber sein Auftritt ist durchweg überzeugend und eindrucksvoll. Auch seine Kollegen sind gut bei Stimme – und Carroli ist geistesgegenwärtig genug, um seine erste Arie (das Credo) selbst dann weiterzusingen, als die unsynchronisierte Bühnenbeleuchtung mitten im Vortrag die Bühne plötzlich erneut in ein, wenn auch nur vorübergehendes, unpassendes Dunkel hüllt.

In jeder Pause sieht Faggioni entspannter aus. Man hört zugegebenermaßen einiges Murren über den allzu lauten Brunnen im zweiten Akt und Desdemonas Bett in der Schlußszene, das an das riesige Vittorio-Emanuele-Monument in Rom erinnert. Ein paar Zuschauer glauben, daß etwas mehr Licht von Vorteil gewesen wäre, auch in den Szenen, in denen die Bühnenbeleuchtung funktionierte, und jemand meint, wenn man nicht wüßte, daß die Hauptfigur eine dunklere Hautfarbe als alle anderen habe, dann hätte man dies meist nicht erkennen können. Aber im Verlaufe des Abends wird immer klarer, daß diese phantasievolle Inszenierung nicht so schnell in Vergessenheit geraten wird. Als die große Tragödie ihren Höhepunkt erreicht, tobt das Publikum. Immer wieder sind Bravorufe zu hören, und Domingos Gesicht zeigt ein breites Lächeln, denn er weiß, daß er eine weitere Stadt auf die Liste seiner Erfolge gesetzt hat.

Hinter der Bühne nimmt Domingo das übliche Händeschütteln und Umarmen entgegen, und er meint im Scherz, daß jedes Mädchen, das ihm zu nahe komme, verräterisches schwarzes Make-up an den Wangen haben werde. Er hat hier noch zwei weitere *Othello*-Aufführungen – dazwischen wird er sich noch ein paar Tage bei Marta in Barcelona aufhalten –, dann geht es weiter nach Salzburg zu *Hoffmanns Erzählungen*. Seine nächsten *Othello*-Auftritte hat er mit der Mailänder Scala auf deren Japan-Tournee im September. In Tokio erfährt er dann, daß Japan nach Argentinien wahrscheinlich der größte Absatzmarkt für seine demnächst erscheinende Platte mit spanischen Tangos sein wird...

Noch in diesem Herbst erscheint mein Artikel über Domingo im *Sunday-Times-Magazin*. Das Erscheinungsdatum fällt genau auf den zehnten Jahrestag seines Debüts in Covent Garden als Cavaradossi in *Tosca*. Aus diesem Anlaß nimmt er die Rolle wieder auf. Plácido und ich hatten beide gehofft, daß der Artikel als Coverstory erscheinen würde, und so geschieht es auch. Über das Titelbild hatten wir jedoch nicht verhandelt. Nach all der Zeit und Mühe, die wir es uns hatten kosten lassen, einen der berühmtesten Fotografen der Welt nach Bregenz zu holen, und wenn auch ein Foto von

Snowdon mit Domingo vor der *West-Side-Story*-Kulisse auf den Innenseiten des Magazins abgedruckt ist – das Titelbild ist jedenfalls alles andere als ein Werk Snowdons. Vielmehr hat der Herausgeber eine groteske Nahaufnahme des Innern von Domingos weitgeöffnetem Rachen gewählt. Der Bericht trägt den Titel »Der Mann mit dem goldenen Kehlkopf«.

Der Drang zum Auftritt

Wir alle brauchen den Austausch mit anderen Menschen und sehnen uns danach, daß man uns mit Liebe und Bewunderung begegnet. Künstler empfinden dieses Bedürfnis stärker, oder zumindest arbeiten sie mehr an seiner Befriedigung als die meisten anderen Menschen. »Schließlich«, so sagte mir einst eine ehemalige amerikanische Primadonna in nüchternem Ton, »treten wir ja nicht für uns selbst auf!« Es gibt tatsächlich so etwas wie eine erkennbare Showbusiness-Persönlichkeit: Sie ist extravertiert, supergesellig, überlebensgroß, und alles an ihr – persönliches Auftreten, Sprache, Kleidung, Stimme – wird dazu benutzt, für die eigene »Präsenz« zu werben und Aufmerksamkeit und Anerkennung zu fordern. Anerkennung wird in der Regel für eine Art von Zustimmung gehalten. Wir fühlen uns geehrt, wenn Bekannte uns erkennen, beziehungsweise beleidigt, wenn sie es nicht tun. Dies mag völlig irrational sein. Schließlich werden Menschen oft deshalb wiedererkannt, weil ihre Bekannten sich an unattraktive Züge erinnern. Aber trotzdem schenken und empfangen wir alle in der Regel gerne Anerkennung und Aufmerksamkeit und damit auch Zustimmung und Bewunderung.

Die Begabung zum sozialen Umgang ist unter den Menschen nicht gleichmäßig verteilt, und schüchterne Menschen mögen es daher schwierig finden, ihre sozialen Bedürfnisse zu befriedigen. So merkwürdig es auf den ersten Blick erscheinen mag, sind doch viele Künstler im Grunde scheue Menschen, deren Verlangen nach sozialer Anerkennung teilweise durch die Rollen erfüllt wird, die sie von Berufs wegen spielen müssen. Der tragische Clown ist das klassische Beispiel für einen Menschen, der in der Öffentlichkeit eine Rolle verkörpert, die im Widerspruch zu seinen privaten Gefühlen steht. Plaudern Sie einmal mit einer Gruppe von Schauspielern oder Opernsängern, und Sie werden bei einigen von ihnen bald eine mehr oder weniger extreme Ausprägung des gleichen Grundmusters entdecken: eine Person, die ihre inneren Unsicherheiten maskiert oder sogar recht produktiv sublimiert, indem sie auf oder hinter der Bühne eine völlig andere öffentliche Rolle annimmt.

Plácido Domingo ist anders als diese Menschen. Er kann beim besten Willen nicht als scheu bezeichnet werden, noch ist er ein Pierrot oder ein Pagliaccio, der die innere Melancholie hinter äußerem Bombast versteckt. Vielmehr ist er ein Mann des Showgeschäfts, ein Mensch, dessen Leben dem Austausch mit anderen gewidmet ist und der nach Anerkennung und Zustimmung strebt. Hierin nähern sich das private Individuum und der öffentliche Künstler einander an, und eine Betrachtung des ersten wirft ein interessantes Licht auf den zweiten.

In einem gewissen Sinne kann man Domingo nur dann verstehen, wenn man ihn in seiner Beziehung zu anderen Menschen sieht. Bei Domingo, dem Künstler, leuchtet dies ein; aber es trifft auch weitgehend auf Domingo als Privatperson zu, denn er ist ein ungemein geselliger Mensch, jemand, der relativ selten allein ist. Wir haben ihn bereits mit einem amerikanischen Politiker verglichen, wegen der Art und Weise, wie er mit jedem Bekannten kurz plaudert, den er in einer Menschenmenge sieht, die sich um ihn versammelt. Er erinnert sich an jeden (oder zumindest täuscht er dies überzeugend vor), vergißt keinen Namen und läßt keinen Freund unbegrüßt. Wir haben ihn in der Personalkantine des Bregenzer Festspielhauses gesehen, wo er mit der Besetzung der *West Side Story* über das Wetter und die Fußballergebnisse plaudert, und wir werden ihn später dabei beobachten, wie er in allen Opernhäusern der Welt während der Proben in den verdunkelten Zuschauerräumen umhergeht, um Freunde und Bekannte aufzusuchen, wann immer er auf der Bühne abkömmlich ist. Oder nehmen Sie zum Beispiel seine Abneigung gegen Konzerte, in denen er allein vor einem Publikum auftreten muß. Künstlerisch würde einiges dafür sprechen, aber zweifellos fühlt sich Domingo behaglicher, wenn er seine persönliche Eigenart auf das Ensemble abstimmen kann, von dem er ein Teil ist. Wo es keine Menschenmenge gibt, wird Domingo bestrebt sein, eine zu verursachen; wo es eine gibt, wird er mit Sicherheit ihr Mittelpunkt sein.

Diese beinahe zwanghafte Geselligkeit verbindet sich bei ihm mit unerschöpflichem Humor und drängt sich nie jemandem auf, der sich dagegen verschließt. In der entsprechenden Gesellschaft liefert er gern schlagfertige Wortgefechte. »Für einen Tenor sind Sie eigentlich ein ziemlich großer Bursche«, provozierte ihn eine Kollegin während einer Probenpause. Domingo erwiderte sofort mit einem Grinsen: »Sie meinen wohl, für einen großen Burschen bin ich eigentlich ein recht guter Tenor!« Domingos Gespräche sind wie das Spiel eines guten Tennispartners: Er paßt sich einem an, so daß der Ballaustausch so leicht oder so schwierig ist, wie man es wünscht. Ich habe ihn gesehen, wie er mit völliger Unbefangenheit mit der Königin und dem König von Spanien und den Putzfrauen von Covent Garden redete, im ersten Fall mit Respekt, aber ohne gekünstelte Ehrerbietung, im zweiten Fall mit schlichter Natürlichkeit, aber ohne die geringste Herablassung.

Dieser taktvolle Umgang scheint ein zentrales Merkmal von Domingos Persönlichkeit zu sein. Es ist ihm offensichtlich wichtig, mit jedem Bekannten bei jeder Begegnung nett zu plaudern, immer einen Gesprächspartner zu haben und jemanden oder etwas zu finden, worauf er sich einlassen kann. Er schafft es kaum, untätig herumzusitzen, und es ist unmöglich, sich einen Domingo vorzustellen, der am Rande einer Menge allein bleibt und sich in ein Buch vertieft. Wenn es je einen Mann der Tat gab, so ist er es, ein Mensch, dessen Gesichtsmuskeln, Hände oder Beine sofort zu zucken beginnen, wenn er auch nur für eine Minute zur Untätigkeit verdammt ist.

Einfache Erklärungen reichen dafür nicht aus. Es genügt nicht zu sagen, daß Domingos ruhelose Geselligkeit tiefsitzende Unsicherheiten kompensieren soll oder daß er ein stärkeres Bedürfnis nach Liebe hat als die meisten von uns. Sein gesellschaftlicher Verkehr weist nicht die geringste Spur einer krampfhaften Unsicherheit auf; im Gegenteil, Domingo wirkt wie ein Mensch, der innere Stärke und Sicherheit besitzt und dessen Geselligkeit einer Leidenschaft für seine Mitmenschen entspringt und nicht einem Gefühl inneren Selbstzweifels. Er genießt sichtlich das Vergnügen des Gebens und Nehmens in der Unterhaltung mit Freunden und Bekannten; und warum sollte er seinem Instinkt nicht folgen, wenn er sich als so erfolgreich erweist?

Die Verbindung zwischen Domingos menschlichem Charakter und seiner Laufbahn als Künstler zeigt sich in den verschiedensten Lebensbereichen. Denn genauso wie Domingo sich bemüht, jeden Freund regelmäßig zu begrüßen und zu umarmen, so macht er es sich auch zum Prinzip, die meisten großen Opernhäuser der Welt und mehrere kleine in jeder Spielzeit zu besuchen, während bei vielen verschiedenen Schallplattenfirmen ständig neue Aufnahmen mit Domingo erscheinen. Stellen Sie sich den Charme vor, mit dem er die Menschen so gerne unterhält, zumindest im Prinzip, die vielen verlockenden Angebote, die ihm von ehrgeizigen Veranstaltern pausenlos gemacht werden – und die ausgesprochen byzantinische Diplomatie, mit der die hoffnungslos verknoteten Fäden dann wieder aufgeknüpft werden müssen. »Tief im Inneren hat er das Verlangen, jedermanns Zustimmung zu gewinnen«, sagt jemand, der ihn schon seit Jahren sehr gut kennt, »und keinen Freund, kein Opernhaus, keinen Intendanten, keinen Kollegen und keine Plattenfirma zu lange auf eine neue Geste des Vertrauens und der Freundschaft warten zu lassen.« Was ja alles schön und gut sei, fügt der Freund hinzu, »aber weil er nie nein sagen kann, ist er oft gezwungen, die meisten warten zu lassen«.

Jeder, der einen Termin mit Domingo hat, kann ein Lied davon singen: wie es Jahre dauerte, bis er ein Versprechen hielt, diese Platte aufzunehmen, jenes Interview zu gewähren, in dieser oder jener Stadt aufzutreten. Ich erinnere mich sogar mit einer gewissen Schadenfreude daran, wie schwierig es für Domingo war, die Zeit dafür zu finden, mit seinem geduldigen Ghostwriter Harvey Sachs an seiner Autobiographie, *My First Forty Years*, zu arbeiten. »Wenn ich nicht bald damit vorankomme«, bemerkte Domingo schuldbewußt, »dann muß ich es in *My First Fifty Years* umbenennen!« Eines Tages drängte Harvey Plácido in dessen Garderobe in der Scala taktvoll zu einer Entscheidung darüber, wann sie sich zusammensetzen sollten, um die Schlußkapitel des Buches auf Band aufzunehmen. Die Sache könnte innerhalb von drei Tagen erledigt sein. Inzwischen hatte Plácido wirklich ein schlechtes Gewissen, weil er Harvey so lange hatte warten lassen. »Okay«, sagte er schließlich und blickte zu Marta hinüber, um sich ihrer Zustimmung zu vergewissern, »kommen Sie doch über Weihnachten nach Barcelona, Harvey. Wir können dann sicher unsere drei Jahre herausschlagen!« Alle lachten über diesen Freudschen Versprecher. Domingo mag drei Tage gemeint haben, aber wenn er Leute warten läßt, dann sind es häufig Jahre.

Domingo wird ewig vorgeworfen, zuviele Verpflichtungen einzugehen, zuviel herumzujetten und sich zuviel Arbeit aufzuhalsen. Die Behauptung ist zweifellos übertrieben, aber nicht völlig unbegründet. Im Alter von vierzig Jahren konnte Domingo bereits 1500 Opernauftritte und nahezu fünfzig vollständige Opernaufnahmen verbuchen. Aber macht er wirklich »zu viel«? Und wenn ja, was wäre dann »genug«?

Stellen wir zunächst einmal einen Vergleich an. Gewiß reist Domingo ununterbrochen und hält sich selten lange an einem Ort auf. Selbst wenn er eine Reihe von Vorstellungen beispielsweise in Mailand oder Wien hat, so fliegt er dazwischen höchstwahrscheinlich nach London oder Madrid. Caruso war zu so etwas natürlich nicht fähig, und er verbrachte in der Regel mehrere Monate ununterbrochen in seinem Hauptquartier in New York. Er mag gelegentlich die Nordostküste der Vereinigten Staaten entlanggereist sein, um etwa in Philadelphia aufzutreten oder im nahegelegenen Camden,

New Jersey, eine Platte aufzunehmen, aber es wäre ihm unvorstellbar gewesen, zwischen zwei Auftritten an der Met 36 Stunden in Mexiko City oder in Puerto Rico zu verbringen. Für Domingo sind solche Ausflüge nichts Außergewöhnliches.

Aber sehen Sie sich an, wie Caruso seinen Terminkalender gestaltete. Zum Beispiel sang Caruso in seiner ersten Londoner Spielzeit im Frühjahr 1902 innerhalb von zweieinhalb Monaten in 24 Vorstellungen acht verschiedener Opern. Giulio Gatti-Casazza berichtet von seiner ersten Woche als Intendant der New Yorker Metropolitan Opera im Jahre 1908, daß sein Startenor in *Faust* (an der neueröffneten Brooklyn Academy of Music), in *Aida* an der Met, in *La Bohème* in Philadelphia und anschließend in *Madame Butterfly*, *La Traviata* und *Tosca* an der Met zu hören gewesen sei – in acht Tagen sechs Auftritte in sechs Rollen an drei Theatern. Caruso hatte keineswegs eine Abneigung gegen das Reisen. In einer Epoche, in der Reisen Zeit kostete, sah man ihn in Italien, Rußland, Deutschland, Frankreich, Belgien, Portugal, Spanien, Monaco, Österreich, Ungarn, in der Tschechoslowakei, in England, Irland, Schottland, Argentinien, Brasilien, Uruguay, Mexiko, Kuba, Kanada und in den Vereinigten Staaten. Allein an der Met gab er innerhalb von achtzehn Jahren über 600 Vorstellungen.

Wir können diesen Vergleich noch ein wenig ausbauen. Wie hart ein Domingo oder ein Caruso auch immer arbeiten mag, mit dem Terminkalender eines vielbeschäftigten Instrumentalisten ist dies nicht zu vergleichen. Ein Sänger nutzt sein Instrument beim Sprechen ab. Wenn er körperlich in schlechter Form ist, so ist es auch sein Instrument. Wenn er es heute benutzt, wird es morgen zwangsläufig verbrauchter sein, als wenn er es schonte. Ein Pianist dagegen kann jeden Tag ohne Verschleißerscheinungen auftreten. Natürlich verspürt auch er die nervliche Belastung, und ein müder Pianist oder Geiger spielt nicht so gut wie ein entspannter und ausgeruhter. Aber ein Paderewski oder Pachman, ein Rubinstein oder Heifetz, Stern oder Brendel kann eine Reihe von Auftritten absolvieren – zwanzig oder noch mehr auf einer einmonatigen Tournee durch die Vereinigten Staaten oder Europa –, bei denen selbst der unermüdlichste Sänger nicht mithalten könnte. Im Gegensatz zu einigen anderen führenden Opernsängern tritt Domingo fast ausschließlich in Opern auf, und er hat sich eigentlich nie für häufige oder regelmäßige Konzerte interessiert. Gemessen am Standard eines vielbeschäftigten Opernsängers, der gleichzeitig eine Karriere in Konzertsälen macht, müßte man Domingos Arbeitspensum beinahe als gemäßigt bezeichnen!

Man kann das Pensum eines Künstlers eigentlich nur danach beurteilen, ob er seine Versprechen einhält. Einige übernehmen eine Last von Verantwortung, die anderen als relativ klein erscheint, und schaffen es dennoch nicht, sie einzulösen. Andere dagegen bürden sich Verpflichtungen auf, die den Rest überfordern würden, und scheinen eine wahre Freude daran zu haben. Domingo gehört wahrscheinlich zur zweiten Kategorie. Er nimmt eine große Arbeitsbelastung auf sich und meistert zwischen seinen Verpflichtungen viele andere Dinge, die Zeit, Energie und Talent fordern, doch scheint er einem solchen Lebensstil gewachsen zu sein. Er arbeitet, mit anderen Worten, nicht deshalb so hart, weil er (wie ein besorgter Freund es formulierte) auf einem Tiger reitet und sich fürchtet abzuspringen, sondern weil er weiß, daß diese Lebensform am besten zu ihm paßt. Er ist wie eine aufladbare Batterie, sagte ein anderer erfahrener Domingo-Beobachter: Bei all der Aktivität, die er sich abverlangt, ermüdet er nicht etwa, sondern gewinnt neue Energien. Er bürdet sich nicht deshalb so viel auf, weil er arbeitssüchtig ist und sich nicht wohl fühlt, wenn er nicht »Leistung bringt«, sondern weil er ein robuster und talentierter Mann ist, den eine gesunde Aktivität glücklich macht.

Kollegen machen sich über Domingos Nonstop-Engagements lustig. Die berühmte schwedische Sopranistin Birgit Nilsson sagte einmal in ihrer liebenswürdigen Art, daß eines von Plácidos vielen Talenten eine ausgesprochene Sprachbegabung sei – »Aber leider hat er noch in keiner Sprache gelernt, ›nein‹ zu sagen!« Domingo verehrt die Nilsson, aber er ärgert sich darüber, wie häufig dieses Zitat immer wieder ausgegraben wird. »Sehen Sie«, sagte er entschieden, »es ist nicht so, daß ich nicht nein sagen *kann*. Ich glaube einfach, daß ich keinen Grund dazu habe. Ich weiß, daß die Leute so über mich reden, weil sie mich mögen und um mich besorgt sind, aber niemand braucht sich Sorgen zu machen. Wenn irgend jemand über meine Karriere Bescheid weiß und um meine Stimme besorgt ist, dann bin ich es.« Es regt ihn auf, daß sich zwar alle darüber beklagen, wie sehr er sich unter Druck setzt, es andererseits aber genauso verschulden. »Nie sagt jemand zu mir: ›In Ordnung, Plácido, komm nicht zu uns, du wirst dich überanstrengen und deiner Stimme schaden.‹« Einerseits wollen alle, daß Domingo für *sie* singt, und stellen unbarmherzige Anforderungen an seine Zeit und seine Stimme. Andererseits, so beklagt er sich, sind gerade die Leute, die ihm vorwerfen, er arbeite zuviel, für seinen Streß verantwortlich.

Manchmal hat er Lust, es ihnen heimzuzahlen. »Eines Tages werde ich allen sagen: ›Es tut mir leid, aber ich habe meine Pläne geändert. Ich sage meine Engagements für ein Jahr ab, verbringe mehr Zeit mit meiner Familie und übernehme Verpflichtungen nur noch, wenn es mir Spaß macht!‹«

Eine angenehme Vorstellung für jemanden, in dessen Terminkalender Daten in der Regel vier Jahre im voraus markiert sind, aber eine Phantasie, von der niemand ernstlich annimmt, daß Domingo sie einmal in die Tat umsetzen wird. »Je mehr ich singe, desto besser singe ich«, sagte er einmal ohne Eigendünkel, und dies scheint im großen und ganzen wahr zu sein.

Seit den Anfängen seiner Laufbahn hat sich Domingo immer sehr viel Arbeit aufgebürdet. Es gibt jetzt noch Leute in der Musikszene von Tel Aviv, die mit Respekt davon sprechen, wie Domingo in den frühen 60er Jahren zweieinhalb Jahre lang jeden dritten Abend sang. Während seiner Lehr- und Wanderjahre in Israel sang er in den wichtigsten Häusern Europas systematisch der Reihe nach vor, und als er dann ein paar Jahre später dort seine Debüts gab, stand in verschiedenen Orten bereits ein Publicity-Agent in seinen Diensten. Domingo ist von Natur aus überschwenglich und großzügig, und er liebt es, zu seinem Geburtstag oder wenn seine Auftritte wieder einmal eine runde Zahl erreicht haben, eine Garderobenparty zu veranstalten oder das Ensemble zum Abendessen einzuladen. Wie ein guter Politiker hält er den Kontakt mit Freunden und Kollegen durch gezielt eingesetzte Telefongespräche, Blumen, Telegramme oder Geschenke verschiedenster Art aufrecht. Genauso sorgfältig plant er in etwa einem halben Dutzend Länder mindestens ein paar Engagements pro Spielzeit. Zwischen all diesen Terminen liegen dann noch Auftritte im Radio und Fernsehen sowie gelegentliche Konzerte, Schallplattenkampagnen und so weiter. In gewisser Weise ähnelt er dem Vorstandsvorsitzenden eines großen multinationalen Konzerns oder einem General, der sich bemüht, all seine weitverstreuten Truppen bei der Stange zu halten. Domingo ist sicherlich kein Künstler, der es nötig hat, jedes sich bietende Engagement anzunehmen. Also kann der einzige Grund dafür, daß er die gesamte Opernszene regelmäßig »versorgt«, nur sein, daß er dies so will.

Auf den ersten Blick muß Domingo als ein Mensch erscheinen, der von dem starken und quälenden Ehrgeiz besessen ist, in seinem Geschäft die Nummer eins zu sein. Mehr noch – die Tatsache, daß er sich auch bemüht, als populärer Unterhaltungskünstler bekannt zu werden, und daß er sich als Dirigent verpflichten läßt, deutet darauf hin, daß seine Ambitionen sogar weiter gehen, als einige Domingo-Experten vermutet haben. Den Ehrgeiz und den Wettbewerbsgeist hat er sicherlich schon seit seiner Kindheit. Dennoch ist Domingo bekannt dafür, selbst in diesem notorisch intrigenreichen Beruf freundlich und hilfsbereit gegenüber Kollegen zu sein. Mehrere bekannte Sänger haben gerührt davon berichtet, wie er ihnen über Stimmprobleme hinweggeholfen hat. Eine Sopranistin erinnert sich an eine Aufführung, die für das Fernsehen aufgenommen werden sollte, bei der Domingo ihr in liebenswürdiger Weise beibrachte, sich effektvoller vor der Kamera zu bewegen. Eine andere Sängerin erzählt, daß er ihr half, ein neues Repertoire aufzubauen, für das ihre Stimme besser geeignet war. Eine dritte Sängerin, die Probleme mit ihrem Agenten hatte, folgte einer Empfehlung Domingos und ist ihm noch heute dafür dankbar. Die amerikanische Sopranistin Leona Mitchell erzählte mir, wie froh sie war, als Plácido, der bereits einer der großen Opernstars war, sie wie ein altes Teammitglied behandelte, als sie im Jahre 1976 im Alter von vierundzwanzig Jahren an der New Yorker Metropolitan Opera als Micaela in *Carmen* ihr Debüt gab. Der Filmregisseur John Schlesinger, der eine bekannte Größe auf seinem eigenen Gebiet ist, sich jedoch wie ein absoluter Neuling vorkam, als er Ende 1980 in der Operninszenierung von *Hoffmanns Erzählungen* in Covent Garden Regie führte, erzählte mir, daß Plácido ihm eine wahre Stütze war: »Bei den ersten Proben nahm er mich praktisch bei der Hand.« Dennoch sei er bereit gewesen, Regieanweisungen von Schlesinger anzunehmen, als habe er die Rolle noch nie zuvor gesungen. Selbst andere Tenöre (die meisten jedenfalls!) sprechen mit Sympathie über Domingos Freundlichkeit. David Rendall, der 1981 eine Reihe von *Traviata*-Auftritten an der Met von Domingo übernahm, weiß von den praktischen Tips zu berichten, die Domingo ihm gab, als sie Einzelheiten der Rolle des Alfredo besprachen. »Immer wenn ich eine Rolle einstudiere, die Plácido im Repertoire hat«, sagt Rendall heute, »arbeite ich sie mit ihm durch, und wie ein Freund hilft er mir dabei, die Rolle als Ganzes zu bewältigen, und er gibt mir praktische Hinweise zu kritischen Stellen.«

Domingo scheint über eine echte Gemütsruhe zu verfügen, scheint Sicherheit aus der Kenntnis seiner Fähigkeiten zu ziehen und daher imstande zu sein, andere, die die gleichen Ziele verfolgen, als Kollegen und nicht als Rivalen zu betrachten. »Wetteifernd? Ja, das ist er«, stimmte ein Kollege zu, »aber nur mit sich selbst. Es geht ihm um die Steigerung seiner eigenen künstlerischen Leistungen, nicht darum, andere zu übertrumpfen.« Domingo spricht frank und frei mit Fremden. Als ich ihn kennenlernte, staunte ich darüber, wie offenherzig er über verschiedene Alternativprojekte sprach, von denen sich einige noch in einem heiklen Verhandlungsstadium befanden. Als ich Einzelheiten über frühere Auftritte wissen wollte, lieh er mir seine privaten Tagebücher. Die meisten Menschen in einer solch exponierten Position wären weitaus zurückhaltender in ihren Mitteilungen gegenüber Personen, die sie kaum kennen. Ich habe mich damals und auch seither immer wieder gewundert, wie ein so offensichtlich ehrgeiziger und arbeitsbesessener Mensch gleichzeitig so entspannt, hilfsbereit, großzügig und zutraulich bleiben kann. Ist er mit anderen, die ihn interviewten, genauso freimütig umgegangen wie mit mir, und wenn ja, haben nicht einige sein Vertrauen mißbraucht? Die Antwort auf beide Fragen ist, wie ich später erfahren sollte, ja. Einige sehr unzutreffende oder indiskrete Dinge sind von Zeit zu Zeit über ihn geschrieben worden, teilweise, weil jeder reiche, gutaussehende und talentierte internationale Prominente in der Presse zwangsläufig falsch dargestellt wird, teilweise aber auch, weil Domingo in all seiner Offenheit Journalisten manchmal mehr erzählte, als wahrscheinlich angebracht gewesen wäre.

Konkurrenzbesessen und doch zutraulich, ehrgeizig und trotzdem großzügig und kooperativ, ein brillanter Star und dennoch ein offenherziger Gesprächspartner: Selten sieht man solch gegensätzliche Merkmale in einer einzigen, ausgeglichenen Persönlichkeit vereint, zumindest in der Welt der Großen Oper, und eine innere Harmonie kommt kaum zustande, wenn die Veranlagung dazu nicht in der Kindheit gegeben ist. Ein wichtiger Schlüssel zu Domingos Wesen liegt wahrscheinlich in dem Ausmaß, in dem es seiner Erwachsenenpersönlichkeit gelang, Eigenschaften zu integrieren, die ihn als Kind auszeichneten. Alle Erwachsenen bewahren Eigenschaften, die eigentlich eher für Kinder typisch sind. Dazu gehört das Bedürfnis, sich spielerisch darzustellen. Wir sind alle bis zu einem gewissen Grad Schauspieler, und Psychologen behaupten, daß das Bedürfnis, sich darzustellen und seine Talente öffentlich zur Schau zu stellen, ein primitiver Instinkt sein könnte, ein Überbleibsel aus der Kindheit, möglicherweise sogar eine sublimierte Form infantiler sexueller Selbstentdeckung. Gewiß scheinen viele darstellende Künstler eine bemerkenswerte Fähigkeit zu haben, etwas von der unschuldigen, vorurteilslosen Aufgeschlossenheit der Kindheit bis ins Erwachsenenalter hinein bewahrt zu haben und eine jugendlich frische Wahrnehmungsfähigkeit mit einer im Reifeprozeß erworbenen Selbstdisziplin zu kombinieren.

Ein Kind begegnet Menschen und Dingen niemals mit abgestumpfter Vertrautheit, sondern es schafft neue Wörter, neue Welten und neue Kategorien, indem es Dinge einfach beschreibt. Aber dem Kind fehlt die Disziplin oder das Organisationstalent, um aus diesen neuen Wahrnehmungen ein zufriedenstellendes Ganzes zu kreieren. Ein Kind kann jedoch schauspielen, Talente vorzeigen, sich kostümieren, lustige Hüte aufsetzen und komische Stimmen nachahmen, auf Bäume klettern, die Zunge herausstrecken, kichern und weinen und ganz allgemein »dramatisieren« – und dabei nichts anderes meinen als: »Schaut mich an!«

Was ein Kind tut, bezeichnen Erwachsene als »Spielen«. Wir neigen dazu, auf das »Spielen« herabzuschauen als etwas, was Kinder nur deshalb tun, weil sie sich mit nichts Ernsterem beschäftigen können, als etwas, was wir Erwachsene nur in unserer Freizeit tun, als eine Beschäftigung, die das Gegenteil von »Arbeit« ist. Aber das Spielen ist ein tiefverwurzeltes und wesentliches Element menschlicher Aktivität, eine freiwillige Aktivität (wie die Kunst), die uns helfen kann, in einer ungeordneten Welt Ordnung zu schaffen. Durch »Kriegsspiele« lernen wir etwas über militärische Strategie, durch »Rollenspiel« oder »Spiele der Erwachsenen« lernen wir etwas über zwischenmenschliche Beziehungen, wir bilden oder bestätigen unsere nationalen Stereotypen durch die Art und Weise, wie dieses oder jenes Land Fußball spielt, schätzen Brendels oder Perlmans Mozart- oder Beethoveninterpretationen. Es mag wie ein Zufall klingen, daß diese scheinbar zusammenhanglosen Aktivitäten als »Spiel« bezeichnet werden, und es mag auch ein wenig übertrieben sein zu behaupten, sie teilten alle etwas mit den Aktivitäten des Kindes auf dem Spielplatz. Und doch weisen sie folgende Gemeinsamkeit auf: Sie stellen alle den Versuch dar, mittels einer Reihe flexibler Regeln ein Problem zu lösen und darauf hinzuarbeiten, die von der Außenwelt präsentierten Situationen besser zu meistern. Wir alle »spielen« mit neuen Erfahrungen, kneten sie, formen sie, wenden vorübergehend frühere Lösungen auf sie an und geben mit Hilfe eines dialektischen Prozesses Dingen, die formlos waren, eine Ordnung. Im Grunde ist es genau dies, was ein Kind beim »Spielen« tut, was wir alle tun, wenn wir bei der Arbeit oder zu Hause mit einer unvertrauten Situation konfrontiert werden, und es ist vor allem das, was der kreative oder interpretierende Künstler tut, wenn er sich bemüht, seinem fragmentierten Material neues Leben einzuhauchen oder neue Bedeutung abzuringen.

Und nicht zuletzt hat das Kind eine reichere Phantasiewelt als der Erwachsene. In der Tat können oder wollen Kinder manchmal nicht vollständig zwischen Phantasie und Realität differenzieren. Auch hier bewahrt sich der Künstler etwas von der phantastischen Vorstellungskraft des Kindes, verbindet dies mit der im Erwachsenenalter erworbenen Fähigkeit zur Disziplin und verschmilzt beides zu einer kreativen Synthese.

Man kann also sagen, daß der Künstler wahrscheinlich etwas Wertvolles aus der Kindheit ins Erwachsenenalter hinübergerettet hat, was viele Menschen während des »Reifeprozesses« verlieren, etwas von der unvoreingenommenen Empfänglichkeit des Kindes, den Hang, eine sich ständig wandelnde Welt »spielerisch« ordnen zu wollen, und die Fähigkeit, aus der Realität eine reiche Phantasiewelt zu schöpfen. Darüber hinaus ist der darstellende Künstler mit einem Überbleibsel des natürlichen kindlichen Bedürfnisses ausgestattet, Aufmerksamkeit auf sich zu lenken, sich in den Mittelpunkt zu stellen und durch das Vorzeigen seiner Talente die Zustimmung der Erwachsenen zu erheischen, deren Aufgabe es ist, zu urteilen und, wenn es angebracht ist, zu loben, nicht aber, selbst teilzunehmen.

Diese Merkmale treffen natürlich nicht ausschließlich auf »Künstler« zu, noch sind diese Wesenszüge »abnormal«. Wir alle teilen sie bis zu einem gewissen Grad und leben dadurch intensiver. Kindheit und Erwachsenenalter, Phantasiewelt und Realität, Spiel und Arbeit stehen jeweils in Wechselbeziehung zueinander, und der erfüllte und ausgeglichene Mensch bleibt sein Leben lang mit Aspekten beider Welten in Kontakt. Man kann zwar das Erbe der Kindheit unterdrücken und trotzdem ein erfolgreicher Bankier oder Ölindustrieller werden, aber dann würde man wahrscheinlich seiner Kreativität nicht erlauben, voll zum Ausdruck zu kommen, und mit Sicherheit nie ein guter darstellender Künstler werden. Das soll natürlich nicht heißen, daß der darstellende Künstler ein kindischer oder unreifer Erwachsener ist, obgleich dies bei einigen zweifellos der Fall ist. Es soll vielmehr heißen, daß der darstellende Künstler wahrscheinlich einige der Eigenschaften aus seiner Kindheit bewahrt hat, die viele verlieren oder unterschätzen.

Vielleicht liegt hierin ein wichtiger Schlüssel zu der persönlichen wie auch künstlerischen Leistung eines Mannes wie Plácido Domingo: daß er nämlich in einem ungewöhnlich hohen Maße die gegensätzlichen Impulse, deren Spielball »Kinder« so häufig sind und die »Erwachsenen« allzu oft ausgetrieben werden, miteinander in Einklang bringt. Domingo hat den Mut, physische und emotionale Zwänge abzulegen und enorme Energiereserven freizusetzen, und er hat gleichzeitig die Fähigkeit, diese Energien zu kontrollieren, auf Ziele zu richten und ihnen nie ausgeliefert zu sein. Dieses doppelte Talent macht Domingos Größe als Künstler verständlich, aber es erklärt auch seine soziale Persönlichkeitsstruktur, denn im Grunde sind die beiden eins. Die Fähigkeit, allen Aspekten seiner Kunst volles Gewicht zu verleihen und sie dennoch in ein Kontinuum integrieren zu können, ist nichts anderes als der sichtbare Ausdruck einer inneren Balance. Letztlich ist es diese Ausgeglichenheit im Wesen und nicht »bloß« die Stimme oder die Musikalität, auf der Domingos Leistung zu beruhen scheint.

Domingo für die Nachwelt

Opernaufzeichnungen

Bis zum Anbruch des 20. Jahrhunderts konnte man eine Opernaufführung nur erleben, wenn man an dem betreffenden Abend im Zuschauerraum saß. So ausführlich man auch beschreiben wollte, wie ein Sänger sich anhörte oder wie er spielte, niemand außer dem tatsächlich Anwesenden konnte sich ein Bild davon machen. In unserem Jahrhundert hat die Entwicklung von Techniken, mit denen sowohl Ton als auch Bild gesendet, aufgezeichnet und reproduziert werden können, zu einer wahren Revolution geführt. Wir können uns nur vage vorstellen, wie die Stimmen von Grisi oder Mario geklungen haben. Aber die Stimmen von Melba und Caruso sind, wenn auch unzulänglich, für uns alle festgehalten, und die führenden Opernsänger von heute kann man nicht nur hören, sie werden auch von einem weltweiten, wachsenden Millionenpublikum gesehen. Diese Revolution hat eine tiefe und nachhaltige Auswirkung sowohl auf den darstellenden Künstler als auch auf die Zuschauer, auf die Sicht des einen in den Augen des anderen und vielleicht sogar auf die Funktion und Bedeutung der Aufführung selbst.

Seit Tonaufzeichnungen qualitativ besser und einem größeren Publikum zugänglich geworden sind, begegnen wir ihnen nicht mehr mit der verzauberten Ehrfurcht unserer Vorfahren. Wir lächeln, wenn wir hören, daß die Leute damals Fred Gaisbergs frühe Aufzeichnungen von Carusos Stimme nicht von der authentischen Stimme unterscheiden konnten. Heutzutage haben die meisten Menschen ihre eigene Stimme auf Tonband gehört, sich selbst auf Fotos oder vielleicht sogar auf Film gesehen und wissen, daß die Stars der elektronischen Unterhaltungsmedien Wesen aus Fleisch und Blut sind. Aber wir sind nicht nur etwas blasierter und nüchterner als unsere

Vorfahren, sondern auch anspruchsvoller. Wir geben uns nicht mehr mit einer gelegentlichen Wunderschallplatte zufrieden, auf der Caruso ein paar Arien singt, sondern verlangen komplette Opern in der allerbesten Besetzung. Wir haben uns angewöhnt, die Perfektion der elektronischen Medien beinahe als ein uns zustehendes Recht zu betrachten, und sind weitaus kritischer als frühere Generationen, wenn das Angebot unsere Erwartungen nicht erfüllt.

Was bedeutet all dies für einen Künstler wie Plácido Domingo? Zunächst einmal weiß er, daß es bei jeder Live-Aufführung viele Zuschauer gibt, die seine Stimme von Platten her kennen. Und da Plattenaufnahmen normalerweise durch eine Montage der jeweils besten »takes« (Mitschnitte) zustande kommen, steht er in ständigem Wettbewerb mit seinen eigenen Bestleistungen. In einem gewissen Sinne ist dies sowohl für ihn als auch für seine Zuhörer zwangsläufig ein Verlustgeschäft. Nehmen wir an, Sie haben eine seiner Opernaufnahmen auf einer ausgezeichneten Anlage mit zwei optimal plazierten Lautsprechern gehört, aus denen massive Dezibel herrlicher Klänge strömen. Oder um Ihren Nachbarn die Qual nur halbgehörter Musik zu ersparen, ziehen Sie es vielleicht vor, die Musik in der fülligen Dreidimensionalität der Kopfhörer zu genießen. Sie können nicht nur die Lautstärke regulieren, sondern auch die Höhen und Tiefen. Es stört Sie kein Husten und kein Rascheln und auch keine digitale Armbanduhr. Und die Passagen, die Ihnen besonders gefallen, können Sie beliebig oft wiederholen. Wenn Sie nun eine Live-Aufführung derselben Oper besuchen, vielleicht sogar mit denselben Künstlern, können Sie durchaus enttäuscht sein. Es ist unmöglich, daß die Sänger genauso laut und voll oder einzelne Orchesterstellen genauso klar und differenziert herüberkommen wie auf Ihrer hochgezüchteten elektronischen Anlage.

Bei jeder Live-Aufführung gibt es höchstwahrscheinlich kleine Fehler bei der Intonation, in der Balance oder beim Ensemblesingen, denn kein auch noch so ausgezeichneter Künstler meistert jede Stelle jeden Abend gleich gut. Darüber hinaus bedeutet eine öffentliche Aufführung für die im verdunkelten Saal sitzenden Zuhörer prinzipiell ein Maß an räumlicher Distanz und akustischer Verzerrung, das bei einer Aufnahme fehlt.

Ihrem Wesen nach bietet eine Live-Aufführung ein völlig anderes musikalisches Erlebnis als eine Schallplatte; sie ist vielleicht weniger »perfekt«, gröber, aber oft auch aufregender. Der Reiz der live erlebten Oper wie auch des Zirkus (auf diese Analogie werden wir später noch zurückkommen) besteht zum Teil darin, daß die Artisten bei ihren Bemühungen möglicherweise versagen. Der Einsatz ist hoch, die zum Gelingen notwendige Anstrengung ist riesig, und die Möglichkeiten des Fehlschlags sind unbegrenzt – und oft sehr komisch. Aber wenn wirklich alles klappt, kann die Wirkung um so überwältigender sein. Es ist wirklich aufregend, Opern live zu sehen – wenn man nicht sicher weiß, wie die Dinge laufen werden –, und diese Spannung fehlt völlig, wenn man eine Aufzeichnung hört.

All das ändert nichts an der Tatsache, daß weit mehr Menschen über elektronische Medien Zugang zur Oper haben als durch Live-Aufführungen. Radio- und Fernsehsendungen und Schallplatten und CDs sind relativ erschwinglich und in den letzten paar Jahren sogar billiger geworden; auf Veranstaltungen im Opernhaus trifft dies keineswegs zu. Außerdem haben Sendungen etwas »Demokratisches« an sich, denn so gut wie jeder kann sie hören, ganz unabhängig von seinem sozialen oder ökonomischen Status; auch dies ist bei Live-Aufführungen nicht immer der Fall. Man hört oft, daß die Oper seit ein paar Jahren ein größeres Publikum anspricht, daß die Häuser voller, die künstlerischen Leistungen größer, die Ensembles zahlreicher und die Repertoires breiter sind als noch vor einer Generation, und dies ist u. a. sicherlich auf die Bemühungen der Radiosender und Plattenfirmen (und in jüngster Zeit auch der Fernsehgesellschaften) zurückzuführen.

Wenn Sie Domingo nach seiner Meinung zu diesem Thema fragen, werden Sie seine Augen mit einer missionarischen Überzeugung aufleuchten sehen. Er hält sich beinahe für einen Botschafter, der sein Talent dazu benutzt, seine Kunst einem unaufhaltsam wachsenden Publikum zu vermitteln, und er ist überzeugt, daß die modernen elektronischen Medien die besten Mittel zu diesem Zweck sind. Er ist sich darüber im klaren, daß den Opernmitschnitten trotz ihrer technischen Perfektion die Wirkung authentischer Opernerlebnisse fehlt und daß bei Opern auf dem Fernsehbildschirm die überlebensgroßen Leidenschaften, die auf der Bühne ausagiert werden, bis zur Absurdität reduziert sein können. Aber seine scheinbar wahllose Bereitschaft, alles aufzunehmen, was er singen kann, und bei jedem Medienereignis aufzutreten, das in Reichweite liegt, rührt letztlich daher, daß er seinen Namen und damit seine Kunst in jedem Haushalt zu einem Begriff machen möchte. »Domingo? Warten Sie mal ... Ich kenne den Namen ... Ist das nicht der, der mit John Denver sang?« Man mag nachsichtig über den Portier am Studioeingang lachen, der so auf den Namen des Stars von heute abend reagiert – aber Domingo freut sich. Wenn der Portier den Namen das nächste Mal hört, ist es vielleicht im Zusammenhang mit einer Opernsendung im Fernsehen, und möglicherweise sieht er sich die Oper an, und unter Umständen kauft er sich dann zum ersten Mal eine Opernplatte. Wenn das passierte, dann wäre niemand glücklicher als Plácido Domingo.

Am bekanntesten ist Domingo natürlich für seine Platten- und CD-Aufnahmen; die folgende Geschichte zeigt allerdings, daß Plattenfirmen und Künstler oft die schwersten Hürden nehmen müssen, bevor die Öffentlichkeit die Früchte ihrer Arbeit genießen kann.

Alle Vorbereitungen für eine Neueinspielung von Puccinis *Madame Butterfly* sind getroffen und die Aufnahmen mit dem Tenor sollen in zwei Tagen in London beginnen. Plötzlich behauptet eine andere Plattenfirma, der erste Tenor für diese Rolle sei bei ihr unter Vertrag, und droht mit einer einstweiligen Verfügung, um die Aufnahme der Konkurrenzfirma zu verhindern. Was soll man tun? Die einfallsreiche Geschäftsführerin in London setzt sich ans Telefon und ruft jedes Hotel in Las Palmas an, bis sie Plácido Domingo ausfindig gemacht hat, von dem sie weiß, daß er dort singt, und erklärt ihm die mißliche Lage, in der ihre Firma steckt. Ja, er würde ihnen gerne helfen, aber er singt morgen abend in *Tosca,* und am nächsten Tag geht keine Maschine nach London. Macht nichts, sagt sie, hörbar erleichtert über seine Hilfsbereitschaft, ich werde mir etwas einfallen lassen. Und das tut sie auch. Am Morgen nach seinem Auftritt in Las Palmas fliegt Domingo nach Madrid, wo er auf einen Anschlußflug nach London umsteigt. Etwa um 19 Uhr kommt er in Heathrow an. Ein Wagen bringt ihn direkt zur All Saints' Church in Tooting im Süden Londons, wo die *Butterfly*-Aufnahmen gerade beginnen. Bei seiner Ankunft probt der Dirigent Lorin Maazel bereits mit dem Orchester. Domingo steigt sofort ein, und als die Session spät am Abend beendet wird, ist ein guter Teil des ersten Aktes »unter Dach und Fach«.

Die Firma war CBS, die ihren Hauptsitz in Amerika hat, das Jahr war 1978. Die Klassikabteilung von CBS ist nur ein kleiner Teil von CBS Records, die ihrerseits eine Unterabteilung des gigantischen Columbia Broadcasting System ist, einem von William Paley aufgebauten Konzern, dem eines der größten Television Networks Amerikas, etliche Verlage, die Klavierfabrik Steinway & Son sowie eine Vielzahl von Finanz- und Investmentunternehmen mit Tochtergesellschaften in etwa 40 verschiedenen Ländern auf der ganzen Welt gehören.

CBS Records war verständlicherweise immer bestrebt, Gewinne zu erwirtschaften und in den Augen der Muttergesellschaft im besten Licht zu erscheinen, und natürlich auch gegenüber ihrer größten amerikanischen Konkurrentin, RCA Records, die Teil eines anderen Megakonzerns ist, der Radio Corporation of America. RCA wurde lange vor CBS gegründet und hatte in dem kühnen Radio- und Schallplattenpionier General David Sarnoff ihre Vaterfigur. Jahrelang hatte RCA praktisch ein Monopol über die Schallplattenindustrie in den Vereinigten Staaten, und eine Liste ihrer Künstler liest sich wie ein Who Is Who der Musikwelt des 20. Jahrhunderts. Einer der ersten und vielleicht der größte aller Schallplattentenöre, Enrico Caruso, war unter Vertrag bei RCA, und es ist eine Streitfrage, ob sie mehr für ihn tat oder er für sie. Zu den RCA-Künstlern gehören auch Toscanini, Rubinstein, Heifetz, Horowitz und in jüngster Zeit Opernsänger vom Format einer Leontyne Price und eines Sherrill Milnes.

CBS Records kam eigentlich erst mit dem Beginn des LP-Zeitalters groß heraus (RCA versuchte, sich den LPs zuerst zu widersetzen und dann mit dem Absatz von 45er Platten zu umgehen); CBS produzierte in den 50er und 60er Jahren eine Reihe wunderbarer Schallplatten. Sie war die Stammfirma von Bruno Walter, und einige der besten frühen Aufnahmen von Mahler erschienen unter dem CBS-Label. CBS produzierte zu dieser Zeit auch maßgebliche Versionen moderner Klassik; z. B. dirigierte Strawinsky seine eigenen Werke, und Boulez spielte das Gesamtwerk von Webern ein. Opern überließ CBS jedoch lieber den britischen und europäischen Firmen und ihrer amerikanischen Konkurrenz RCA. Der damalige Direktor der CBS Classical Division, Goddard Lieberson, der selbst kein Opernfreund war, glaubte, daß die meisten Opern eigentlich keine gute Musik darstellten und daß ihr Publikum aus launenhaften Banausen bestünde, und er war völlig überzeugt, daß Opernplatten mit dem CBS-Label sich nicht verkaufen würden. RCA hatte dagegen ein spektakuläres Verzeichnis von Vertragssängern und einen eindrucksvollen Katalog von Opernschallplatten aufzuweisen. Als in den späten 60er Jahren ein strahlender neuer Tenor am amerikanischen Firmament auftauchte, erschien es sowohl ihm als auch RCA logisch, daß er einen Exklusivvertrag mit ihnen unterschreiben würde.

Domingo wurde auch schon von anderen Firmen hartnäckig umworben. Die britische Firma Decca z. B. produzierte eine Sologesangsplatte von ihm, die Nello Santi dirigierte und deren erste Auflage 1970 erschien; und sogar die Stimme des neunzehnjährigen Plácido gibt es auf Platte zu hören, und zwar in einer Aufnahme von *Mi Bella Dama*, der mexikanischen Version von *My Fair Lady*, die 1960 in Mexico City entstand. Aber seit dem Beginn seiner Schallplattenkarriere zog es Domingo zu RCA. Einen Monat vor seinem Debüt an der Metropolitan Opera im September 1968 machte er eine Solo-LP für RCA und ihren Produzenten Richard Mohr. Die Platte erschien 1969, und das Cover zeigt einen ziemlich ernst und mediterran aussehenden jungen Mann mit einem runden Gesicht, der eine dunkle Jacke trägt und kompromißlos in Fred Schnells Kamera starrt. Schon bald spielte Domingo bis zu vier oder fünf vollständige Opern pro Jahr ein. Zu den Aufnahmen, die er in den späten 60er Jahren und von Anfang bis Mitte der 70er Jahre für RCA machte, gehören u. a. seine erste komplette *Aida* (inzwischen hat er sie dreimal aufgenommen), *La Bohème, Andrea Chénier, Norma, Simon Boccanegra, Tosca, Il Trovatore, I Vesperi Siciliani, La Forza del Destino* und viele andere. In jener Zeit war Domingos Arbeitsgier beinahe unersättlich, und selbst eine so opernorientierte Firma wie RCA konnte nicht all die Platten unterbringen, die er machen wollte. Als sich anderweitige Aufnahmemöglichkeiten boten, gegen die RCA keine Einwände hatte oder zu denen sie sich ihr Einverständnis gern abringen ließ (*Don Carlos* unter Giulini für EMI, zusammen mit Caballé eine *Aida* für EMI, und *Carmen* für Decca unter Solti), griff Domingo eifrig zu.

Was aber, wenn sich eine unwiderstehliche Gelegenheit böte, zu der RCA ihn nicht entlassen würde? Dieser Fall mußte früher oder später eintreten, denn die verschiedenen Plattenfirmen rannten Domingo mit immer verlokkenderen Angeboten die Tür ein. Besonders die Deutsche Grammophongesellschaft war daran interessiert, ihn anzuwerben, und es dauerte nicht lange, so unterschrieb er mehrere attraktive Schallplattenverträge. Inzwischen hatte man bei CBS, dem großen Rivalen von RCA, die bisherige Strategie revidiert. Goddard Lieberson war in den Ruhestand getreten, und neue Leute waren in der Firma nachgerückt. Besondere Erwähnung verdient Paul Myers, ein Engländer, der jahrelang beim Rundfunk und bei CBS Records in New York gearbeitet hatte und der nun nach London zurückkehrte, um die Leitung der europäischen Geschäftsstelle der CBS Classical Division zu übernehmen.

London war in der Mitte der 70er Jahre genau der richtige Ort. Es war in vieler Hinsicht die Hauptstadt der Musikwelt. Während sich New York eines einzigen Symphonieorchesters von internationalem Rang rühmen konnte, gab es in London deren fünf. Wie New York hatte auch London von dem Exodus mitteleuropäischer Talente auf der Flucht vor Hitlers Holocaust enorm profitiert. London lag auch geographisch im Mittelpunkt der Musikwelt, so daß Künstler, die im Zeitalter des Jets ihrer Karriere wegen in ganz Europa und zwischen Europa und den Vereinigten Staaten hin- und herdüsten, London als angenehmen Ort für Zwischenlandungen empfanden. London war mit Sicherheit der ideale Ort für Plattenaufnahmen. Die Unzahl talentierter Orchestermusiker und die legendäre Fähigkeit englischer Instrumentalisten, vom Blatt zu spielen, erlaubten es einem Produzenten, jederzeit ein erstklassiges Ensemble zu buchen, das gleich in das Aufnahmestudio gehen und alles Gewünschte spielen konnte. Außerdem hatte die Musikergewerkschaft trotz ihrer Bemühungen um das Wohlergehen ihrer Mitglieder die Gagen der Orchestermusiker nicht auf das unerschwingliche Niveau der Vereinigten Staaten hochgeschraubt, folglich waren die Gesamtkosten für Plattenaufnahmen in London geringer als an anderen Orten mit vergleichbaren künstlerischen und technischen Qualitätsmaßstäben.

Sobald Paul Myers in London war, begannen er und seine enthusiastische Assistentin Vivienne Taylor, eine neue CBS-Marktpolitik zu entwickeln. CBS sollte Opern produzieren, wollte aber nicht – zumindest vorläufig – mit den gegenwärtigen Marktgiganten Decca und EMI in Großbritannien, Philips und DGG auf dem Kontinent und vor allem RCA in den USA konkurrieren. Statt also gleich eigene Aufnahmen von *Tosca, Bohème, Rigoletto, Traviata* oder *Carmen* in Angriff zu nehmen, versuchten Myers und CBS es vielmehr mit einem weniger bekannten Repertoire. 1975 produzierte CBS Massenets Einaktoper *La Navarraise* – und zu ihrer unverhohlenen Freude entdeckten sie, daß RCA selbst eine Aufnahme dieses Werkes mit Domingo vorbereitet hatte, daß ihnen CBS jedoch zuvorgekommen war. Ein Jahr später beschloß man, Charpentiers *Louise* aufzuzeichnen, eine bezaubernde Oper, wie einem Renoir-Gemälde entsprungen (passenderweise schmückte CBS das Plattencover mit einem solchen). Für *Louise* engagierte man jene sympathischste aller Sopranstimmen, Ileana Cotrubas, für die Titelrolle und für ihren Geliebten Julien (Charpentiers eigenes Alter ego) Plácido Domingo. Domingo hatte schon früher für CBS gearbeitet. 1970 war er bei Bernsteins Aufnahme von Verdis Requiem in letzter Minute eingesprungen, und ein Jahr später hatte er im *Rosenkavalier* unter demselben Dirigenten die kleine, aber sehr exponierte Rolle des »italienischen Tenors« eingespielt. Dies war eine der wenigen Opernschallplatten, die durch Liebersons enge Maschen geschlüpft war. Für diese Aufnahmen war RCA bereit gewesen, Domingo aus dem Vertrag zu entlassen, und man ließ ihn auch *Louise* für ein fremdes Label machen.

Paul Myers und seine Mitarbeiter bei CBS setzten immer größeres Vertrauen in die Oper, und sie drangen immer weiter in den Kern des Standardrepertoires vor. Als Covent Garden eine köstliche Inszenierung von Donizettis *L'Elisir d'Amore* herausbrachte, ganz in Rosa, Gelb und Mauve und mit Rollkulissen, die von dem »Bauernvolk« des Chores bedient wurden, hielt Myers es für an der Zeit, die Oper neu einzuspielen. CBS bot Domingo einen Vertrag an, und RCA gab ihn wieder frei.

An diesem Punkt in seiner Laufbahn empfand Domingo den Exklusivvertrag mit RCA zweifellos als beengend. Er bat so oft um Entbindung vom

Vertrag, daß dieser praktisch öfter gebrochen als eingehalten wurde. Einige Jahre lang versuchte er, sich von den Fesseln der Exklusivität zu befreien. Als CBS eine Aufnahme von *Madame Butterfly* ins Auge faßte, war in Domingos Vertrag mit RCA nur noch festgelegt, daß RCA das erste Anrecht auf einige bestimmte Opern hatte; ansonsten stand es ihm frei, zu arbeiten, für wen er wollte. Unglücklicherweise war *Madame Butterfly* eine der Opern, über die RCA das Vorrecht genoß – Paul Myers hatte davon keine Kenntnis, als er seine CBS-Platte vorbereitete. Domingo hatte Myers Vorschlag enthusiastisch angenommen – aber Domingo hat ja bekanntlich die entwaffnende Angewohnheit, bei den verschiedensten attraktiven Angeboten seine Zusage zu geben, die er dann aber aus Zeitmangel selten halten kann. Doch in diesem Fall hatte er Zeit gefunden: In einem überfüllten Terminkalender hielt er sich zwei volle Tage frei, an denen er für CBS alle Passagen von *Butterfly* aufnehmen wollte, in denen Pinkerton, der Tenor, vorkommt. Dies sollten die ersten zwei Tage im Aufnahmeplan sein – die einzigen Termine, an denen Domingo überhaupt zur Verfügung stand. Er wollte zu den Einspielungen aus den Vereinigten Staaten einfliegen – und sofort danach wieder zurück. Paul Myers erinnerte sich an den Tag, an dem er in seinem New Yorker Büro war und sich darauf vorbereitete, für ein paar Tage nach Cleveland zu reisen, wo er mit Lorin Maazel Beethovens *Eroica*-Symphonie aufnehmen wollte. Nach dem Cleveland-Termin wollten die beiden zu den *Butterfly*-Aufnahmen nach London fliegen ...

In Myers Büro wird ein Einschreiben abgeliefert. Es ist von seinem Kollegen bei RCA, Thomas Shepard, der ihm erläutert, daß Domingo mit einer Anzahl bestimmter Opern bei RCA unter Vertrag sei, zu denen auch *Butterfly* gehöre und daß RCA ihn unmöglich freistellen könne. Myers erbleicht. Er kennt Tom Shepard schon seit Jahren. Sie sind zwar Konkurrenten, aber dennoch Freunde, und beiden liegt etwas an guter Musik und guten Schallplatten. Myers erinnert sich an sein Telefongespräch mit Shepard. »Plácido kann es kaum erwarten, unsere *Butterfly* zu machen«, wendet er ein. »Wir haben erst neulich darüber gesprochen, und er freut sich sehr darauf.« – »Das glaube ich«, erwidert Tom, »aber ich muß dir mitteilen, daß wir selbst eine *Butterfly* mit Plácido geplant haben, so daß ich ihn wirklich nicht freigeben kann.« Paul stöhnt bitter resigniert ...

Madame Butterfly ist einer der ersten Vorstöße in das Kernrepertoire, den CBS unternimmt, der erste größere Versuch, ihrem amerikanischen Erzrivalen RCA das Gebiet streitig zu machen, das die Firma bisher beherrschte. In einer solchen Lage darf man nicht den Kopf verlieren. Die einzige Frage, die sich Myers und Maazel auf ihrem Flug nach Cleveland stellt, ist nicht, ob die

Butterfly klappen wird, sondern wie und mit wem ... In Cleveland nimmt Maazel das Orchester hart ran. Aber es ist dies gewöhnt. Schließlich war es jahrelang das Orchester jenes Zuchtmeisters unter den modernen Maestros, des verstorbenen George Szell. Zwischen den *Eroica*-Sitzungen beraten sich Myers und Maazel eifrig über *Butterfly*. Es kommt nicht in Frage, die Londoner Aufnahmetermine zu streichen. Das heißt, man könnte sie zwar ausfallen lassen, aber die Gagen für das Ensemble und das Orchester sowie die Studiokosten müßten trotzdem bezahlt werden. Die Abschnitte ohne Tenor könnten vielleicht eingespielt und der Rest verschoben werden, bis sich ein Tenor fände. Aber selbst dann müßte man noch zwei Tage für ein unbenutztes Studio bezahlen. Maazel bietet sich großzügigerweise an, CBS aus der Patsche zu helfen und die Studiozeit dazu zu nutzen, eine LP mit *Wagner*-Ouvertüren einzuspielen. Für die Rolle der *Butterfly* ist Renata Scotto vorgesehen, die diese Rolle ursprünglich unter Maazel an der Mailänder Scala singen sollte. Scotto und Maazel hatten der Scala abgesagt, aber es war doch wohl die nächstliegende Lösung für das Dilemma, in dem CBS sich befand, den Tenor der Scala, Giacomo Aragall, für die Plattenaufnahme zu engagieren. Aragall hat eine der einnehmendsten Stimmen, und auch wenn er nicht ein so ausgereifter und erfolgreicher Künstler ist wie Domingo, so ist seine Stimme kaum weniger schön. Auf jeden Fall, so überlegt sich Myers, ist Pinkerton für einen ersten Tenor eigentlich eine kleine Rolle. Man hört viel von ihm im ersten Akt, aber dann tritt er erst am Schluß der Oper wieder kurz auf. Man lädt Aragall ein, und er nimmt erfreut an – aber die Aufnahmen der Abschnitte mit dem Tenor müssen dennoch auf einen anderen Termin verlegt werden.

Drei Monate später sind alle Abschnitte von *Butterfly*, in denen der Tenor nicht vorkommt, so gut wie fertig. Alle freuen sich darauf, den Rest der Oper mit Aragall aufzuzeichnen. Aber als der Termin mit Aragall endlich näherrückt, schlägt bei Myers eine zweite Bombe ein, Aragall sei anscheinend verpflichtet, zwar nicht durch einen formellen Vertrag, aber durch einen ausführlichen Brief, den er unterschrieb, die *Butterfly* für eine kanadische Firma aufzunehmen. Würde die kanadische Firma ihn bitte freigeben? Kommt überhaupt nicht in Frage! Sie droht CBS, durch eine einstweilige Verfügung zu verhindern, daß *Butterfly* mit Aragall weiterproduziert wird.

Dieses Mal ist Myers verzweifelt. Er reißt sich zusammen und ruft Tom Shepard erneut in New York an, um ihm seine ausweglose Lage zu schildern. Besteht denn wirklich keine Möglichkeit, daß Domingo CBS aus der Klemme helfen könnte? Nur dieses eine Mal? Shepard zeigt größtes Verständnis, aber einer Freigabe Domingos kann er noch immer nicht zustimmen. RCA, wiederholt er, will ja eine eigene *Butterfly* mit Domingo machen. Myers plaudert weiter, tapfer bemüht, seine Niedergeschlagenheit zu verbergen. »Ach ja, das hast du ja erwähnt«, sagt er matt. »Wer wird eigentlich die Titelrolle singen?« – »Kiri Te Kanawa«, erwidert Tom Shepard. Myers muß jetzt schnell schalten. Er kennt und mag Te Kanawa. Aber er weiß auch, daß *Butterfly* nicht zu ihren Rollen gehört und daß sie lange dafür brauchen würde, die Rolle aufnahmereif einzustudieren. Sie gehört nicht zu den Künstlern, die, wie etwa Domingo, sich ans Klavier setzen und eine Rolle beinahe vom Blatt lernen können. Paul erklärt Tom dies so taktvoll wie möglich, und dieser muß zugeben, daß eine Domingo/Te Kanawa-*Butterfly* noch Jahre auf sich warten lassen könnte. Shepard läßt sich Myers' Problem noch einmal durch durch den Kopf gehen – all diese *Butterfly*-Szenen ohne Tenor bereits im Kasten –, und er weiß, daß Myers sein Bestes tun würde, um ihm zu helfen, wenn er in einer ähnlichen Notlage wäre. »Okay, Paul«, sagt er schließlich mit einem Lächeln, das die ganze Transatlantikleitung entlang zu hören ist, »ich gebe mich geschlagen!« Verbale Umarmungen und Händeschütteln – und schon setzt sich Myers in Bewegung. Es sind nur noch drei Tage, bis die verschobenen Tenoraufnahmen beginnen sollen. Domingo muß gefunden werden. Und zwar schnell. Vivienne Taylor hat bereits ermittelt, daß er in Las Palmas ist, und es beginnt ein hektisches Hin- und Hertelefonieren. Der Rest ist Grammophongeschichte, wie alle bezeugen können, die die wunderbare CBS-*Butterfly* von 1979 gehört haben.

Ich sollte vielleicht hinzufügen, daß es zwischen der ersten und zweiten Aufnahmesitzung eine zweitägige Pause gab, die Domingo seelenruhig bei seiner Familie verbrachte. In Barcelona.

Von Op bis Pop

Domingo hat nicht nur Opern auf Platte aufgenommen. Vielen Menschen ist er auch als Interpret populärer Unterhaltungsmusik vertraut. Von seiner Schallplatte mit John Denver, »Perhaps Love«, wurden in den ersten zwei Jahren nach Erscheinen über eineinhalb Millionen Scheiben verkauft, und auch nachfolgende LPs mit gemischten Titeln haben Einzug in die internationalen Hitlisten gehalten.

Domingos Karriere als Sänger von Popmusik hat ihm, wie er selbst erwartete, scharfe Kritik eingebracht, besonders von seiten derer, die »ernste« und »populäre« Musik für unvereinbar halten. »Warum verschwendet er sein Talent an solches Zeug?« fragte mich ein berühmter Kollege ärgerlich herumfuchtelnd. »Will er etwa noch reicher und berühmter werden?« – »Daß er sich für dieses Popbusiness hergibt«, meinte ein anderer verächtlich, »und dabei ist er noch nicht einmal gut. Plácido ist ein großartiger Operntenor, aber ein miserabler Schnulzensänger.« – »Plácido ist einer der wirklich großen Künstler dieses Jahrhunderts«, schwärmte ein weiterer. »Wie kann sich solch ein Mensch danach sehnen, als Popstar angehimmelt zu werden? Es ist wirklich entwürdigend.« Einige Domingo-Beobachter verstehen die Mehrgleisigkeit seiner Karriere und die damit verbundene Publicity als Neidreaktion auf die hysterische Popularität (ganz zu schweigen von dem Einkommen), die Pavarotti jahrelang genoß. »Plácido ist bei weitem der bessere Künstler, aber er ärgert sich darüber, wie die Öffentlichkeit, besonders in den Vereinigten Staaten, glauben gemacht wurde, daß Luciano *numero uno sei*«, gibt mir eine Sopranistin, die beide gut kennt, zu verstehen. »Er will nur das, was ihm gebührt.«

Domingo fühlt sich von solchen Angriffen natürlich verletzt, aber er versucht, sich philosophisch darüber hinwegzusetzen. »Ich singe einfach alles gern, was gute Musik ist«, sagt er. »Die besten Zarzuela-Nummern oder die Songs von Lennon und McCartney oder Sammy Cahn oder John Denver, das sind die Kunstlieder von heute, und ich singe sie ebenso gern wie die größten Opern.« Darüber hinaus erinnert er sich immer wieder daran, daß er nicht der erste klassische Sänger ist, der das populäre Repertoire seiner Zeit interpretiert. Patti, Melba, Caruso, Gigli, Tauber, Schipa und Pinza – sie alle hatten ein umfangreiches Repertoire an volkstümlichen Liedern. Als kritische Bemerkung gegenüber Pavarotti erklärt Domingo, daß er mit seiner Doppelkarriere ein viel größeres Gebiet als sein italienischer Rivale erschlossen habe; Domingo gibt bereitwillig zu, das Zeitungsgeschwätz darüber, wer von den beiden nun der Größere sei, ärgere ihn sehr. Ebenso entschieden bestreitet er aber, daß die berüchtigte Rivalität auch nur den geringsten Einfluß auf seine Arbeit und die Auswahl seiner Musik habe.

Und wie sieht es mit dem Vorwurf des Kommerzialismus aus? Es ist nicht zu leugnen, daß Domingo mit seinen Pop-LPs und -CDs eine Menge Geld verdient. »Wenn ich eine Oper aufnehme«, erklärt er, »ist die Mühe enorm, aber der Absatz gering. Mit *Oberon* oder selbst mit *Aida* werden meine Kinder oder Enkel kaum Einkommen erzielen, aber mit einer Aufnahme wie ›Perhaps Love‹ könnte ihnen ein Gewinn zukommen.« Sie könnten tatsächlich davon profitieren. Klassikschallplatten haben einen kümmerlichen Anteil von 4 oder 5 Prozent am gesamten Plattenmarkt; wenn ein Sänger jedoch zu einem festen Begriff geworden ist und wirklich populäre Platten aufnimmt, dann verkaufen sich diese nicht nur zu Tausenden, sondern zu Hunderttausenden oder sogar Millionen. Aber Geld scheint nicht das primäre Motiv zu sein. Wenn es dies wäre, könnte Domingo sein Jahreseinkommen beträchtlich erhöhen, indem er einfach mehr Engagements für Popkonzerte und Platten annehmen würde als für Opern.

Weit wichtiger für Domingo ist seine Überzeugung, daß er für seine erste Liebe, die Oper, vielleicht ein neues Publikum gewinnen kann, wenn er mit seinen Popplatten seine Kunst und seinen Namen bekannter macht. »Sie sollten einmal die Briefe sehen, die ich erhalte«, berichtet er enthusiastisch, »in denen mir Leute schreiben, sie kämen in die Oper, weil sie mich ›Perhaps Love‹ singen hörten oder mich im Fernsehen sahen, als ich eine meiner Pop-LPs vorstellte.« Domingo glaubt auch, daß die gängige Popmusik einer der wenigen Wege ist, der ihm und seinem Talent bei seiner Bemühung, mit der musikalischen Entwicklung seiner Zeit Schritt zu halten, nicht versperrt ist. Das dissonante Neuland der »ernsten« Musik findet er unsingbar, ebenso die neuesten Trends in der Rockmusik. Die einzige Form singbarer zeitgenössischer Musik, die ihn wirklich anzieht, ist das Werk von Komponisten wie Andrew Lloyd Webber und Lee Holdridge, beides Komponisten, die noch immer ein Ohr für gute Melodien haben und diese auch in einer ansprechenden und (für den Sänger und das Publikum gleichermaßen) zugänglichen Art und Weise arrangieren können.

Es gibt einen weiteren, noch tiefer in Domingos Persönlichkeit verwurzelten Grund, weshalb er sowohl klassische als auch populäre Musik meistern, zwei verschiedene Arten von Publikum ansprechen und soziale und kulturelle Brücken schlagen will. Er selbst antwortet oft auf die Frage, warum er Popmusik singt, daß er dadurch in seine Jugend zurückkehre. Als Junge trieb er sich mit den Sängern aus dem Ensemble seiner Eltern herum, half ihnen am Piano bei den Proben, kannte jeden Dialog und Liedtext und war gelegentlich sogar selbst mit auf den Brettern. Denjenigen unter seinen Kritikern, die behaupten, er erniedrige sich mit solch gewöhnlicher Popmusik, kann er zu Recht erwidern, daß diese sehr nahe an seinem eigentlichen musikalischen Ursprung liege.

Wie nahe sind sich die beiden wirklich? Liegt der Stil von John Denver und Henri Mancini einem Menschen, der mit Zarzuela aufwuchs? Die Plattenaufnahmen bieten einen Hinweis. Hören Sie sich zunächst Domingo an, wenn er Zarzuelas oder spanische Tangos singt, und legen Sie dann »Perhaps Love« oder »My Life for a Song« auf. In der spanischen Musik ist seine Stimme kräftiger und leidenschaftlicher, in den anderen Aufnahmen ist sie gelegentlich ein wenig gehaucht. Der Stil der Popsongs, an denen sich Klassiksänger am erfolgreichsten versuchen, ist in der Regel der Stil, der ihnen am ehesten entspricht: John McCormacks irische Balladen und Stuart Burrows' walisische Lieder, Richard Tauber in der Wiener Operette oder Richard Tucker in der jüdischen Chazzanot, Caruso oder Gigli (oder Pavarotti) in Leoncavallos »Mattinata« oder den Liedern von Tosti. Manche behaupten, Domingo täte besser daran, bei der Zarzuela und »Granada« zu bleiben.

Diese Sicht ist zu einseitig. Schließlich unterscheidet sich die italienische oder französische Oper deutlich von dem heimischen Stil eines Spaniers, der in Mexiko aufwuchs, und dennoch beweisen Domingos Leistungen in diesem Bereich eine absolute Meisterschaft. Aber wenn Domingo amerikanische Schlager oder Musik im amerikanischen Stil singt, entdecken einige Kritiker eine gewisse Dämpfung, ein Abschalten mehrerer Register und eine Veränderung des Tempos, mit deren Hilfe er sich auf etwas Unbekanntes und Leichtgewichtiges einstellt. Wenn Domingo eine jener leisen, zarten Phrasen singt, schleicht sich ein leichtes Lächeln in seine Stimme ein, wie bei einem Erwachsenen, der ein Kind zu gewinnen sucht – was die Interpretation keinesfalls weniger ansprechend, wenn auch einigermaßen forciert macht. Man kann beinahe hören, wie er das Kinn und die Augenbrauen hebt, um das Mikrofon zu liebkosen, wie er die Unterlippe vorschiebt und die Hände nach seinen Zuhörern ausstreckt.

Daraus lassen sich allerdings keine Rückschlüsse auf irgendwelche ernsthaften künstlerischen Mängel ziehen, sondern höchstens auf seine Persönlichkeit und letztlich vielleicht auf seine Motivation. Denn Domingo scheint nicht nur danach zu streben, ein Künstler zu werden, der zu den vortrefflichsten Leistungen fähig ist, sondern gleichzeitig auch als lockerer und publikumsnaher Unterhalter Erfolg zu haben, sowohl der größte Meister in der esoterischen Welt der Großen Oper als auch der »Mann von nebenan« zu sein. Es gibt keinen ersichtlichen Grund, weshalb man nicht versuchen sollte, großer Künstler und netter Kerl zu sein, und Domingos bisherige Karriere scheint zu beweisen, daß er auf zwei Hochzeiten besser tanzen kann als die meisten anderen auf einer. Er bestreitet nicht, daß er mit außergewöhnlichem Talent begabt ist. Er kennt seinen künstlerischen Wert und ist realistisch genug, ihn hoch einzuschätzen. Aber er ist auch ein von Natur aus freundlicher Mensch, der das Bedürfnis hat, populäre Musik zu singen und als »netter Bursche« zu gelten. Man könnte beinahe sagen, er habe einen populistischen, sentimentalen Zug, der ihn dazu veranlassen kann, sich spontan an das Klavier zu setzen und Rodgers und Hammerstein oder Irving Berlin zu singen oder mit jedem beliebigen Gesprächspartner über die neuesten Fußballergebnisse zu plaudern. Seine Karriere in der Oper und in der Schlagerbranche sind somit beide echter Ausdruck seiner Talente, seines Geschmacks und seiner Persönlichkeit. Aber der doppelte Weg, den Domingo gewählt hat, erfordert ein vorsichtiges Ausbalancieren persönlicher und beruflicher Beweggründe, und er weiß, daß seine Unternehmungen weiterhin einem inneren Bedürfnis entsprechen müssen, wenn der Hochseilakt Erfolg haben soll. Alle Hochseilartisten riskieren abzustürzen; je höher sie steigen, desto tiefer können sie fallen. Während Domingo entschlossen vorwärtsschreitet – wobei er sich im klaren ist, daß die Haie ihn fressen werden, wenn er wegen seiner Popkarriere als Opernsänger ins Stolpern kommt, und daß er sich mit einer erfolglosen Schlagerplatte zum Gespött machen würde –, bleibt er völlig zuversichtlich, »cool« und scheinbar ausgeglichen. Auf jeden Fall wirkt er so, wenn er solche Schlagerplatten macht ...

Das Studio befindet sich in einer eher schäbigen Straße des New Yorker Vergnügungsviertels, über dem Manhattan Community College. Um hinaufzugelangen, passiert man einen ungekennzeichneten Seiteneingang und eine rostige Tür und fährt in einem Warenaufzug hoch, der aussieht, als sei er seit 30 Jahren nicht mehr benutzt worden. Oben angelangt, folgt man einigen Korridoren mit Kaffeeflecken an der Wand, tritt durch eine ungestrichene Tür ein, auf der »Studio« steht, und gelangt tatsächlich in ein Studio. Hier wird Plácido Domingo in den nächsten fünf Stunden singen.

Der Titelsong, »Perhaps Love«, ist ein Duett, das Plácido und John Denver, der das Lied geschrieben hat, zusammen singen. Es war schon im März auf Band aufgenommen worden, aber jetzt, im Juni 1981, wird Domingo seinen Part noch einmal singen, damit die Toningenieure mehr Material haben, wenn sie die Bänder später schneiden. Bei den früheren Aufnahmen hat Domingo einige seiner eigenen Lieder und das Duett mit Denver in Begleitung einer Rhythmusgruppe gesungen. Während Domingo in Europa war, ist in Los Angeles eine Orchesterbegleitung von Lee Holdridge aufgezeichnet und auf den Soundtrack synchronisiert worden; diese vollständige Orchestrierung wird Domingo nun über Kopfhörer eingespielt, während er »Perhaps Love« und die restlichen Nummern durchsingt. Einige der Lieder singt er vom Blatt, aber sein Vortrag gewinnt mit jedem Durchgang an Kraft, Kontur, Klarheit und musikalischem Ausdruck. In dem Song von Tony Renis, »He Couldn't Love You More«, erweckt er ein Gefühl von Eifersucht und Verzweiflung, das des größten Interpreten von Verdis Othello durchaus würdig ist.

Ein Großteil der Initiative nicht nur für dieses Album, sondern für Domingos Schlagerkarriere insgesamt ging von dem Produzenten Milton Okun aus. Nach einem Studium der klassischen Musik arbeitete Okun zunächst als Musiklehrer in New York und machte sich dann als Arrangeur, besonders von Folk Music, selbständig. Etliche Jahre war er für Hab Belafonte tätig. Dann setzte der Folk-Music-Boom der 60er Jahre ein, der Okuns Karriere sehr zugute kam, und in dieser ganzen Zeit arbeitete er als Arrangeur oder als Plattenproduzent für viele Spitzen-Folk-Sänger, unter anderem für das Chad-Mitchell-Trio und für Peter, Paul and Mary. Durch seine Zusammenarbeit mit dem Mitchell-Trio lernte er John Denver kennen, und als sich Denver bald darauf selbständig machte, wurde Okun sein Stammproduzent. Als »Perhaps Love« herauskam, war Okun längst einer der erfolgreichsten Popmusikproduzenten in der Plattenindustrie.

Trotz all seines Erfolges in der exponierten Welt der Popmusik empfand Okun noch immer eine tiefe und besondere Zuneigung zu seiner ersten Liebe, der klassischen Musik, speziell der Oper. Die meisten führenden Opernsänger der 60er Jahre enttäuschten ihn, aber er war begeistert, als Domingo auftauchte. Dies war ein neuer Künstler, der, zumindest seinen Platten nach zu urteilen, alle Vorzüge aufwies, die man sich von einem Sänger erträumt: Er hatte nicht nur eine einzigartige Stimme, sondern war auch ein hervorragender Musiker und Musikschauspieler. Okun war Plattenproduzent und hatte sich eine gesunde Skepsis gegenüber Platten bewahrt. Vielleicht waren diese frühen Domingo-Platten Zufallstreffer oder hervorragend bearbeitet. Als aber eine vollständige Oper nach der anderen herauskam und Domingo denselben unglaublichen Standard gesanglicher Vollendung hielt, sah sich Okun gezwungen, seinen eigenen Ohren zu trauen. Er spann eine Phantasie: Eines Tages würde er Domingo kennenlernen und vielleicht sogar mit ihm zusammenarbeiten.

Mitte der 70er Jahre lernten sich die beiden zufällig kennen. Sie waren beide für einen Grammy Award, den Oscar der Plattenindustrie, nominiert und saßen bei der Verleihungszeremonie am selben Tisch. Okun gewann einen Preis und Domingo nicht, und als Milt an jenem Abend nach Hause ging, hatte er, zweifellos als einziger Preisträger dieses Abends, Anwandlungen von Ungläubigkeit und Verzweiflung. Er konnte einfach nicht fassen, wie stur und verbohrt die Jury gewesen war. Als er nach Hause kam, erzählte er seiner Frau Rosemary sofort, daß er Plácido Domingo kennengelernt habe (vermutlich erwähnte er auch, daß er im Laufe des Abends einen Grammy Award gewonnen hatte!) – und in den nächsten fünf Jahren versuchte er mit jedem Trick, der ihm einfiel, RCA (noch immer Domingos

Stammfirma) oder jede andere Plattenfirma, die ihm Gehör schenkte, dazu zu überreden, ihn eine Platte mit Plácido Domingo produzieren zu lassen. Er hatte mehrere Ideen: Domingo könnte beispielsweise spanische Kunst- oder Volkslieder singen, vielleicht von Segovia auf der Gitarre begleitet. Keine einzige Plattenfirma ging auf diese Vorschläge ein, und Domingo erinnert sich nicht, daß er etwas von Okuns Vorstellungen erfuhr. Inzwischen sah sich Okun jeden Auftritt von Domingo an, dem er beiwohnen konnte, und ging manchmal nach der Vorstellung hinter die Bühne. Einmal wurde er Domingo vom Präsidenten von RCA Records mit den Worten vorgestellt: »Milt ist der Mann, der die Platten von John Denver produziert« – worauf Domingo lediglich erwidern konnte: »Es tut mir leid, aber der Name ist mir unbekannt.«

Okuns Pläne schienen in eine Sackgasse geraten zu sein. Eines Abends jedoch sah das Ehepaar Okun Domingo in der Johnny-Carson-Show im Fernsehen. Er plauderte über seine Erfahrung mit populären Musicals in Mexiko und sang ein paar Nummern aus *My Fair Lady*. Als er einige Takte von »On the Street Where You Live« gesungen hatte, drehte sich Rosemary zu ihrem Mann um und sagte: »Milt! *Solche* Platten solltest du mit ihm machen. Laß ihn Popmusik singen!«

Und wieder verstrich die Zeit. Inzwischen war es 1980. Schließlich bestand Rosemary darauf, daß Milt, wenn er wirklich so mutig war, wie er immer glaubte, Domingo einen Brief schreiben und ihm einen klaren Vorschlag unterbreiten solle: Ein Album mit populärer Musik, die sehr wohl mit Domingos Stimme zu vereinbaren wäre und mit dem er ein breiteres Publikum gewinnen könnte. Ihr Instinkt erwies sich als richtig. Der Brief wurde abgeschickt, und nach mehreren nachhakenden Telefonanrufen und wochenlangem weiterem Warten klingelte bei der Familie Okun schließlich das Telefon. Eine sanfte Stimme sagte: »Milton? Hier spricht Plácido ...«

Okun zeigt sonst kaum seine Gefühle, aber er beschreibt diesen Telefonanruf noch immer als den wohl glücklichsten Augenblick in seiner ganzen Laufbahn. Die beiden beschlossen, sich im November in Los Angeles zu treffen, wenn Domingo ein Konzert im Dorothy-Chandler-Pavillon geben und im Shrine-Auditorium eine Platte mit Arien aufnehmen würde, beide Male mit dem Los Angeles Philharmonic Orchestra unter Giulini. Milt machte zu der Zeit eine Platte mit John Denver in Los Angeles, und er lud John zu dem Konzert ein. Sie saßen in der vierten Reihe, und John war überrascht von dieser gewaltigen Stimme, als er sie zum ersten Mal aus der Nähe hörte. Milt erinnert sich, daß Denver sich ständig im Auditorium umsah; er erfuhr später, daß er die Lautsprecher suchte!

Inzwischen wußte Domingo, wer John Denver war, und hatte Okun gebeten, ihn nach dem Konzert mit in die Garderobe zu bringen. Das bedeutete, daß sie wie alle anderen auch über eine Stunde Schlange stehen mußten, während Domingo und Giulini für das Plattencover fotografiert wurden, aber Denver beklagte sich nicht. Als die beiden sich schließlich kennenlernten, gratulierte Domingo Denver zu »Annie's Song«. »Kürzlich war ich mit Jimmy Galway in New York beim Abendessen, und er war hellauf begeistert von Ihrem wunderschönen Lied.« Denver, noch etwas eingeschüchtert durch die Begegnung mit dem Inhaber dieser Stimme, freute sich natürlich. Okun fragte Domingo sofort und nicht ganz beiläufig, ob er nicht Galway nacheifern und »Annie's Song« selbst aufnehmen wolle. Alle lächelten höflich, und Domingo fügte hinzu: »Das Lied klingt so, als gehöre es in meine Kehle.«

Bei dieser Unterhaltung kam Okun auf die ausgefallene Idee, »Annie's Song« mit Domingo als Sänger, Galway an der Flöte und Denver an der Gitarre aufzunehmen. Dieses ehrgeizige Projekt (ein Freund nannte es »Overkill«) reifte nie aus – aber es war der zündende Funke für eine Zusammenarbeit zwischen Domingo und Denver.

Im Dezember 1980 flog Domingo zu John Schlesingers spektakulärer Neuinszenierung von *Hoffmanns Erzählungen* in Covent Garden nach London. Auch Okun, der seine Plattenaufnahmen mit Denver abgeschlossen hatte, reiste dorthin. Desgleichen tat, wie der Zufall so will, Joe Dash von CBS, der mit der ausdrücklichen Absicht nach London gekommen war, Domingo zu überreden, seinen Markt mit einer Popplatte auszuweiten. »Ist das nicht ein Zufall«, meinte Plácido, »ein Popmusikproduzent aus Amerika hat mich schon eine ganze Weile mit der gleichen Absicht verfolgt.«

»Wie heißt er?« fragte Dash.

»Milton Okun.«

»Okun?« sagte Dash. »Nun, der gehört wirklich zur Spitze!«

Danach war es nur noch eine Frage der Zeit, bis Domingo mit Milton Okun seine erste Nicht-Opern-Platte für CBS machte.

Und es dauerte im Grunde gar nicht lange. Nach der Premiere von *Hoffmanns Erzählungen* kehrte Okun von London in die Staaten zurück. Sechs Wochen später kam er in Domingos Apartment (er wohnte zu der Zeit im Hampshire House am Central Park South), um eine erste Vorauswahl möglicher Songs durchzusehen. Domingo versprach, im März ein paar Termine für die Aufnahmen freizuhalten, und Okun versicherte, daß bis dahin neue Arrangements für alle Lieder vorliegen würden. Die beiden beschlossen, einen kleinen Imbiß einzunehmen, und als sie sich zum Essen hinsetzten, sagte Domingo: »Wir nehmen im März auf, nicht wahr?«

»Richtig.«

»Lassen Sie mich einmal sehen; Ende April singe ich in Wien in einer Neuinszenierung von *Andrea Chénier*, und anschließend habe ich ein paar freie Tage ... Ich würde gerne eine Weihnachtsplatte machen – hätten Sie nicht Lust, die auch zu produzieren?«

»Ja!« sagte Okun, ohne Luft zu holen – und dachte sich im stillen, daß er fünf Jahre gebraucht hatte, um seinen ersten Plattenvertrag mit Domingo zu bekommen, und fünf Minuten für den zweiten.

Nach dem Lunch gingen sie die Lieder durch, die Okun mitgebracht hatte; Domingo spielte sie auf dem Klavier, sang sie, transponierte sie in verschiedene andere Tonarten und grenzte die Auswahl auf eine kleine Liste für den Aufnahmetermin im März ein.

Nicht nur Domingos Laufbahn war an diesem Punkt an einem Scheideweg angelangt, sondern auch die von John Denver. Domingo war im Begriff, einen neuen Kurs einzuschlagen, der zweifellos kontrovers war, den er aber gerne ausprobieren wollte. Denver hingegen, einst Amerikas beliebtester Popsänger, hatte schon seit Jahren keinen Hit mehr herausgebracht. Nun erlitten er und Okun einen harten Tiefschlag, denn RCA weigerte sich, die Songs zu produzieren, die Denver in Los Angeles aufgenommen hatte, als Domingo dort sein Konzert gab. Sie mochte vielleicht nicht Denvers absatzstärkste Platte werden, aber sie enthielt immerhin einen neuen Song mit dem Titel »Perhaps Love«, der sowohl Denver als auch Okun äußerst hitverdächtig erschien.

Heute erzählt John seinen Zuhörern, daß »Perhaps Love« eines seiner persönlichen Lieblingslieder ist, vielleicht sogar der beste Song, den er je schrieb. »Eines Tages fuhr ich die kalifornische Küste entlang«, sagt er, »und ich tat mir richtig selber leid« (das war zu der Zeit, als seine Ehe zerbrach), »und dann dachte ich an euch wunderbare Menschen, und das gab mir wieder richtig Mut. Und in diesem Augenblick« – er zeigt sein seltsam bübisches Lächeln – »genau in diesem Augenblick kam mir dieser Song in den Sinn. Ich griff schnell zu, bevor er mir entfliehen konnte« – und wieder lächelt er – »und hier ist der Song, speziell für euch!« Und natürlich singen seine Zuhörer mit und toben am Ende vor Begeisterung. Aber damals, im Jahre 1980, waren die Aussichten für »Perhaps Love« alles andere als rosig. RCA weigerte sich nicht nur, die Platte zu produzieren, sondern trennte Denver von Okun und teilte ihn einem anderen Produzenten zu.

Inzwischen hatte sich Okun in seine neue Aufgabe vertieft, geeignete Lieder für Domingo zu finden. Eines Tages rief John Denver ihn an. Er gab zu verstehen, daß er mit seinem neuen RCA-Produzenten nicht gut auskomme, und insbesondere wollte Denver Okun die traurige Mitteilung machen, daß der neue Produzent nicht einmal eine Aufnahme von »Perhaps Love« machen wollte.

Okun, der mittlerweile alles aus der Optik seiner neuesten Leidenschaft sah, hatte eine Idee.

»John, du willst diesen Song auf Platte, nicht wahr?«

»Richtig.«

»Und RCA will ihn dich nicht singen lassen?«

»Nein.«

»Hättest du etwas dagegen, wenn ich den Song Plácido gebe und er ihn für CBS singt – mit dir an der Gitarre?«

»Großartig!«

Okun geht noch einen Schritt weiter. »Vielleicht könntest du es mit Plácido im Duett singen?«

Denver fürchtet, daß RCA ihm nicht erlauben wird, auf einem anderen Label zu singen.

»Wir wollen es trotzdem aufnehmen«, sagt Milt. »Wenn es nichts taugt, macht es auch nichts. Aber wenn es gut rauskommt, kann RCA nicht behaupten, sie hätten das Vorrecht auf den Song gehabt, und wenn eine andere Firma einen Hit von Denver herausbringt, kann das dem Absatz der Denver-Platten von RCA nur nützen.«

John ist ganz begeistert. Aber er macht sich auch Sorgen. Er erinnert sich an jene gewaltige Stimme, die völlig ohne Verstärker auskommt.

Einen Monat später, im März 1981, treffen sich Denver und Domingo erneut, diesmal im CBS-Studio in der 52. Straße in New York. Die Zusammenarbeit klappt auf Anhieb, und die Aufnahmen verlaufen reibungslos. Die beiden Sänger, die in bezug auf Ausbildung, Hintergrund, Talent und Geschmack so verschieden sind, arbeiten gerne zusammen. Nachdem Denver das Studio verlassen hat, nimmt Domingo noch ein paar weitere Nummern auf. Eine davon ist »On the Street Where You Live« aus *My Fair Lady*. Seine Zweitkarriere hatte, ohne daß er es damals wußte, damit begonnen, daß er ein paar Takte aus diesem Song in der Johnny-Carson-Show vortrug. Allerdings fehlt dieses spezielle Stück auf dem Album, das später erschien, denn Plácido hatte in seinem Enthusiasmus darauf bestanden, zwölf Songs für eine Scheibe aufzunehmen, auf die nur zehn paßten. An diesem Abend besucht Plácido die Premiere des neuen Broadway-Stücks *Woman of the Year*, in dem Lauren Bacall die Hauptrolle spielt. Das Stück gefällt ihm, er gratuliert Bacall anschließend mit einer Umarmung und teilt Okun am nächsten Tag mit, daß in der Show ein Lied vorkomme, das er gerne probieren möchte; es trägt den Titel »Sometimes a Day Goes By«. Sie treiben die Noten auf, klären die Urheberrechte – und am nächsten Tag nimmt Plácido das Lied auf. Er gerät allerdings in Terminschwierigkeiten, denn er wird in Europa erwartet; also müssen die Sessions vorübergehend unterbrochen werden, bis er drei Monate später wieder in New York ist. Als Plácido gegangen ist, spielt Okun das »Perhaps-Love«-Duett ab und ist überzeugt, einen Riesenerfolg an der Hand zu haben. Er kann immer noch nicht sicher davon ausgehen, daß RCA Denvers Stimme auf einem CBS-Label genehmigen wird. Deshalb muß im Juni, wenn die Aufnahmen weitergehen, der ganze Song noch einmal allein mit Domingo aufgenommen werden, damit auf jeden Fall je nach Erfordernis genügend Versionen mit und ohne Denver vorliegen. Domingo hat, als es soweit ist, keine Einwände. Er singt das Lied gerne.

Im Juni sind alle in dem schäbigen Studio über dem Manhattan Community College, locker und entspannt. Man merkt kaum, daß Domingo am Abend zuvor vor 250 000 Menschen im New Yorker Central Park in *Tosca* gesungen und seither nur ein paar Stunden geschlafen hat. Heute ist er gut in Form, und er ist froh darüber, sich für jeden Song soviel Zeit nehmen zu können, wie nötig ist, um ihn absolut perfekt zu singen. Es besteht kein Grund zur Eile.

Das Studio ist für sechs Stunden gemietet, und Domingo hat für den Rest des Tages nichts mehr zu tun – außer, daß er an diesem Abend über eineinhalb Kontinente hinweg nach Buenos Aires fliegt.

Die Eröffnungsphrase von »Perhaps Love« bereitet heute ebenso große Schwierigkeiten wie im März. Sie beginnt leise und muß sehr gedämpft gesungen werden. Gelegentlich verliert die Stimme ihre gewohnte Klarheit und klingt gehaucht. Im Kontrollraum löst das Problem keine Beunruhigung aus, denn Domingos Stimme wird mit der resonanten Orchesterbegleitung von Lee Holdridge gemischt. Aber im Tonstudio selbst klingt Domingos Stimme unbestreitbar trockener, als sie sollte, und er ist an diesem Morgen etwas verschleimt. Er wiederholt die Phrase so lange, bis nicht nur Okun und die Toningenieure, sondern auch er selbst damit zufrieden ist.

Im Kontrollraum hört er sich den letzten Mitschnitt an. Der Klang ist wunderbar fließend. Domingo ist begeistert und macht Okun Komplimente; er glaubt, daß Milton mehr aus seiner Stimme heraushole, als man dies bei all seinen anderen Platten getan habe. Okun spielt mit der Vorstellung, eines Tages vielleicht auch ein klassisches Album mit Domingo zu produzieren …

Domingo spricht Englisch fließend und witzig (obwohl er die Angewohnheit hat, »than« statt »that« zu sagen) – aber Lieder in Englisch auf Platten aufzunehmen ist etwas anderes. In der Oper sind die Texte häufig bekannt, leicht zu vermitteln (besonders im Italienischen) oder in gewissen Passagen der Musik so untergeordnet, daß ihre Bedeutung im einzelnen unwichtig ist. Aber in neuen Solosongs, die in keinerlei dramatischem Zusammenhang stehen und den Hörern nicht vertraut sind, kann der Text entscheidend sein, es kommt vor, daß die Worte wegen Domingos warmem mediterranem Akzent gelegentlich schwer verständlich sind. In Renis' Lied »He Couldn't Love You More« ist Domingos Aussprache an ein paar Stellen weit unter Durchschnitt. Plácido selbst ist besorgt über die Phrase »the stranger at the party«: Sollte er es als »party« aussprechen oder, wie in der amerikanischen Idiomatik, als »pardi«? Man macht Witze darüber, ob die Platte primär auf den britischen oder den amerikanischen Markt abzielt, und er artikuliert es schließlich irgendwo dazwischen. Davor war es die Phrase »Love is like a resting place« aus »Perhaps Love«, die ihm Sorgen machte. »Klingt es nicht zu sehr wie ›Love is like a wrestling place‹?« hatte er stirnrunzelnd gefragt, und jemand hatte augenzwinkernd gemeint, na ja, manchmal sei Liebe das auch ...

Für Lunch ist keine Zeit. Domingo trinkt schwarzen Kaffee aus einem Getränkeautomaten und nimmt einige Bissen von einem Teller mit Sandwiches, den eine aufmerksame Person besorgt hat – dann geht es zurück an die Arbeit. Ein spanisches Fernsehteam ist anwesend; es bereitet einen Dokumentarfilm über ihn für die Sendung 300 000 000 vor – ein Programm, das in der gesamten spanischsprechenden Welt ein Publikum von schätzungsweise dreihundert Millionen erreicht. Domingo erklärt ihnen kurz die Lage und gewährt ihnen sogar Zugang zum Studio, während er noch einen weiteren Mitschnitt von »Perhaps Love« macht. Bei dieser Sitzung ist auch ein Journalist des »People«-Magazins dabei, der ein Feature über Domingo vorbereitet. Das Telefon klingelt; »Newsweek« möchte wissen, wann und wo er interviewt werden kann. Er wird später zurückrufen, wenn die Sitzung beendet ist – bevor er zum Flughafen fährt.

Eine letzte Aufnahme des letzten Liedes – und danach willigt Plácido ein, es noch einmal aufzunehmen, dieses Mal auf Wunsch des spanischen Fernsehteams. Er scheint noch immer die Kraft zu haben, weiterzumachen. »Woher nehmen Sie nur all die Energie?« fragt jemand. »Perhaps love!« scherzt Domingo.

Er kommt noch rechtzeitig zu seinem Flug nach Buenos Aires und liefert in der argentinischen Hauptstadt mit seinen Auftritten in Verdis *Othello* eine wahre Sensation. Wo immer er in Buenos Aires hingeht, wird er wie ein siegreicher Held gefeiert. Man bietet ihm eine in seinen Augen astronomische Gage für einen Konzertauftritt an, den er aber wegen seines bereits überfüllten Terminkalenders ablehnt. Er ist schließlich in Argentinien, um als *Othello* aufzutreten. Aber eines Nachts, als all das Küssen und Händeschütteln, die Interviews und Autogramme nach *Othello* vorüber sind und alle aus dem Theater nach Hause und zu Bett gegangen sind, schleicht sich Domingo in ein Studio und verbringt den Rest der Nacht damit, voller Leidenschaft eine Platte aufzunehmen, die sein bestverkauftes Album mit Tangos werden sollte.

Milton Okun fiel ein Stein vom Herzen, als er es endlich schaffte, von RCA die Zustimmung zu dem Duett von Denver und Domingo auf einer CBS-Platte zu bekommen. Aber Okun wollte mehr als nur das. Er ersuchte RCA um die Genehmigung, das Duo auch als CBS-Single herausbringen zu dürfen. Es könnte sich millionenfach verkaufen. Und da Domingo selbst ein ehemaliger RCA-Exklusivstar sei, wäre es für den Absatz von Klassikschallplatten im RCA-Katalog nicht unbedingt von Nachteil, wenn Millionen Menschen Domingos Namen im Mund hätten. Okun war von der Berechtigung seines Anliegens so überzeugt, daß er sich direkt an die Spitze wandte und den Präsidenten von RCA-Records, Bob Summers, anrief. »›Perhaps Love‹ muß unbedingt als Single erscheinen. Es ist eine großartige Platte«, sagte er. Und erhielt als Antwort ein entschiedenes Nein.

Die LP kam im Oktober 1981 heraus. Der Titelsong wurde vom Radiosender WFIL in Philadelphia gespielt, und sofort riefen bei der Rundfunkanstalt Zuhörer an, die näheres über die Platte wissen wollten. Mehrere andere große Popmusiksender machten innerhalb der nächsten Tage dieselbe Erfahrung – einige dieser Sender hatten schon seit Jahren keine neue Platte von Denver gespielt. Okun erinnert sich, daß er abermals zu Summers ging und bei RCA um die Lizenz für die CBS-Single ersuchte. Oder könnte RCA die Nummer nicht selbst als Single produzieren? CBS würde darüber mit sich reden lassen. Hauptsache, die Scheibe käme in die Plattenläden. Und zwar schnell. Und wieder lautete die Antwort nein. Okun kochte innerlich. Er erinnert sich, daß er zum Präsidenten von RCA sagte: »Selten hat der Geschäftsführer einer großen Plattenfirma Gelegenheit, einen Hit gleich zweimal zu vermasseln, aber Sie haben es soeben geschafft!«

Die LP war ein riesiger Erfolg und übertraf sämtliche Erwartungen. Okun hatte mit einem Verkauf von 200 000 Scheiben gerechnet; aber bereits ein Jahr nach ihrem Erscheinen überstieg der Absatz die Millionengrenze.

Monatelang war der Titelsong »Perhaps Love« in allen Radiosendern in Amerika, England und anderen Ländern zu hören. In Spanien war die Platte wochenlang auf den obersten Plätzen. Wenn sich die Platte in allen Ländern, in denen sie erhältlich war, so gut verkauft hätte wie in Österreich, dann wären im ersten Jahr zehn Millionen Stück abgesetzt worden.

Ein Ergebnis dieses Erfolges war, daß unzählige Menschen Domingos Stimme zum ersten Mal hörten und ihn schätzen lernten, wenn auch nur als »den, der mit John Denver singt«. An der Met, in Covent Garden, in Wien und in Mailand stellte Domingo erfreut fest, daß Bühnenarbeiter, die bisher respektvoll zurückhaltend gewesen waren, ihn nun Plácido nannten und ihm erzählten, sie hätten einen seiner Songs auf einem lokalen Popsender gehört.

Okun hatte für die Kosten dieser Platte von Anfang an selbst gebürgt, aber seine Zuversicht in dieses Projekt war reich belohnt worden. Bei CBS Masterworks nahm man dies gebührend zur Kenntnis und trat mit einem langfristigen Vertrag an Domingo heran – einem Abkommen über den Zeitraum von sechs Jahren, in dem Domingo im Schnitt pro Jahr eine Nicht-Opern-Platte für CBS machen würde. Plácido reizte dieses Angebot. Er wußte, daß es einerseits von Vorteil wäre, für verschiedene Plattenfirmen zu arbeiten, daß dies aber andererseits den Publicity-Aufwand, den jede einzelne Firma für ihn zu leisten bereit wäre, möglicherweise verringern könnte. Wenn er einen Exklusivvertrag mit CBS unterschreiben würde, zumindest für seine Nicht-Opern-Alben, so wäre CBS eher dazu bereit, ihn als vielversprechendes Produkt zu fördern, als wenn er gelegentlich einmal eine einzelne Platte für sie machte und andere Scheiben für Konkurrenzfirmen aufnahm. Außerdem wäre es gut, eine Garantie für mehrere Jahre und für mehrere Alben zu haben. Dies würde bedeuten, daß Domingo strategisch planen, ein relativ abgerundetes Repertoire populärer Schallplatten aufbauen und dadurch ein klar charakterisiertes Profil in der Öffentlichkeit erwerben könnte, was ihm nicht gelingen würde, wenn jedes Album ein ausgesprochener Einzelfall wäre. Wenn sein Plan funktionierte, würde er weiterhin Pop-LPs machen können, auch wenn seine Opernkarriere ihren Höhepunkt überschritten hätte. Das CBS-Angebot gab ihm die Möglichkeit zu einer willkommenen Langzeitplanung. Andererseits war er auf jeden Fall in erster Linie ein »klassischer« Künstler, für Opernliebhaber sogar einer der größten, während er für die Geschäftsführer von CBS, die jedes Jahr ihre Bilanz ausgleichen mußten, ein weit weniger marktfähiges Produkt war als etwa ein Neil Diamond oder ein Kenny Rogers und daher einen beträchtlich weniger großzügigen Vertrag wert war. Domingo, der in der Welt der Oper ein so großes Fingerspitzengefühl in Fragen der Persönlichkeit und der Politik bewies, bewegte sich in der Welt der Massenunterhaltung noch mit einer gewissen naiven Unschuld. Er wußte, daß CBS ihm eine geringe Vorauszahlung anbot (sie entsprach für jede Schallplatte etwa dem, was er bei einem einzigen Opernauftritt verdiente) und daß auch das Tantiemenabkommen eher dürftig war, aber er konnte nicht wissen, daß er höhere Forderungen hätte stellen können. Ein inneres Gefühl hielt ihn davon ab, den angebotenen Vertrag zu unterschreiben, und ausnahmsweise bewährte sich sein Instinkt, sich keine Möglichkeiten zu verbauen. Milt Okun riet ihm ebenfalls von der Unterzeichnung ab. Inzwischen kletterte »Perhaps Love« in den Charts weiter nach oben, es erreichte Verkaufsziffern von 50 000 in einem Land, 25 000 in einem anderen und weitere 50 000 in einem dritten – und das überzeugte CBS. Als Domingo ihren Vertrag schließlich unterschrieb, hatte man das ursprüngliche Angebot verzwanzigfacht. Trotz dieser kolossalen Aufstockung blieb Domingo noch immer weit hinter den wirklichen Popgrößen zurück, denen Garantien von 30 oder 40 Millionen Dollar für ihre Exklusivrechte geboten werden. Aber zumindest hatte er nun das Gefühl, daß dies eine realistischere Annäherung an seinen echten Marktwert – um nicht zu sagen Kunstwert – war.

Der unglaubliche Erfolg von »Perhaps Love« hatte u. a. zur Folge, daß Milton Okun mit Hunderten von neuen Songs überschüttet wurde, die Komponisten populärer Musik Domingo für seine nächste Schlagerplatte anboten. Die Schlagermasche hatte offensichtlich eingeschlagen, und die einzige Frage, die sich inzwischen jeder stellte, war nicht, *ob* »Perhaps Love« eine zweite Scheibe folgen würde, sondern wann und welche.

Diese Fragen wurden in den nächsten Monaten geklärt. Okun folgte Domingo für den Rest des Jahres 1981 durch Europa und Amerika; an einem Ort erwischte er ihn am Telefon, an einem anderen in der Garderobe nach dem Auftritt. Sie erwogen eine Reihe von Liedern und einigten sich schließlich auf eine Liste von vielleicht 20 Möglichkeiten, von denen außer ein oder zwei alten Favoriten alle neu waren.

Früher arrangierte Okun alles selbst, aber heutzutage engagiert er dazu häufig Lee Holdridge, einen der Meister dieses Faches. Holdridge ist ein in Costa Rica geborener Amerikaner, ein kräftig gebauter junger Mann mit dunklem Schnurrbart und einer Plácido-Domingo-Frisur. Er studierte klassische Musik bei einem Lehrer, der so aufgeschlossen war, daß er die Sonatenform anhand von »Smoke Gets in Your Eyes« demonstrierte. Holdridge hat eine Reihe ernster Orchesterwerke komponiert, aber das meiste Geld verdient er mit Kompositionen für Film und Fernsehen. Er lebt in Los Angeles und ist einer jener Glückspilze, die immer wieder eine Gelegenheit finden, ihre Talente unter Beweis zu stellen. Er hat nicht nur die Lieder auf Domingos Duo-Album mit Denver und seiner Weihnachtsplatte arrangiert, sondern einige dieser Nummern auch selbst komponiert – allen voran die »American Hymn« (das Thema der Fernsehserie *East of Eden*). Während der ersten Hälfte des Jahres 1982 wurden Holdridges Fähigkeiten als Arrangeur erneut auf die Probe gestellt, als er mit den Partituren für Domingos nächste Popplatte kämpfte und versuchte, für jeden Song eine geeignete Begleitung zu schreiben und dabei der Platte als Ganzes ein einheitliches Klangbild zu geben.

Lee bewältigt die Arbeit in Rekordzeit und schreibt außerdem einen Originalsong, der die Titelnummer des neuen Albums sein wird. Ende August fliegt er zu den Aufnahmen nach London. Milton Okun und seine Familie haben in Frankreich Urlaub gemacht, während Domingo in Salzburg *Hoffmanns Erzählungen* gesungen, in Paris und Rom mit Zeffirelli *La Traviata* verfilmt und sich in seinem Haus in Monte Carlo ein wenig ausgeruht hat. Nun kommen alle in einem verregneten London zusammen und treffen sich in den CBS-Studios in der Nähe der Goodge-Street. Sie werden von einer fünfköpfigen Begleitband erwartet, britischen Improvisationsmusikern, die sich zu diesem Anlaß zusammengetan haben – Piano, Gitarren und Schlagzeug – und die Holdridges Musik unter seiner eigenen Anleitung spielen werden. In ein paar Tagen wird ein vollständiges Orchester bereitstehen.

Domingos Pläne für diesen Sommer sind schiefgegangen. Die Verfilmung von *La Traviata* dauerte länger als geplant und kostete ihn Zeit, die er ursprünglich für andere Dinge freigehalten hatte. Da sich die Dreharbeiten immer länger hinzogen, pendelte Domingo schließlich zwischen einem halben Dutzend europäischer Städte hin und her, stand häufig einen Abend in einem Land auf der Bühne und schon am nächsten Tag in einem anderen Land vor der Kamera.

Er hat auch noch andere Probleme. Die Klatschspalten der Regenbogenpresse haben mit gehässigen und substanzlosen Andeutungen Gerüchte über eine Affäre zwischen Plácido und Gina Lollobrigida verbreitet. Die Lollo hatte bei den Dreharbeiten zu Zeffirellis *La Traviata* zugesehen und fotografiert und dabei ein paar Aufnahmen von Domingo gemacht. Sie hatten über Filme und Dreharbeiten gesprochen und waren zusammen fotografiert worden; und er hatte ein paar Vorschläge gemacht, wie sie nach ihrer legendären Filmkarriere möglicherweise ein Comeback ansteuern könnte. Das amerikanische Skandalblatt »National Enquirer« stürzt sich auf diese flüchtige Bekanntschaft und stellt sie als heimliche leidenschaftliche

Romanze dar. Domingo ist natürlich außer sich. Er weiß, welch unbegründete Sorgen all dies Marta bereiten wird, wenn sie von der Geschichte erfährt. Jeder reiche, berühmte und gutaussehende Mensch zieht wohl zwangsläufig ein gewisses Maß an Publicity dieser Art auf sich, und sein Privatleben wird automatisch zum Gegenstand öffentlicher Neugier und zum Thema von Klatsch. Aber Domingos Berufsalltag ist bereits so vollständig ausgefüllt, daß es schon ziemlich rücksichtslos von den Medien ist, daß er sich auch noch mit schädlicher Publicity über sein Privatleben auseinandersetzen muß. Er läßt sich jedoch wenig davon anmerken, als er im CBS-Studio in London auftaucht. Er strahlt seinen üblichen entspannten Humor aus, wirkt in seinen Jeans und dem saloppen Hemd gebräunt und gesund und hat bereits wieder etwas von der Fülle, die er für Zeffirellis Film verlor. Als er mich sieht, grinst er und setzt sein bestes *Sunday-Times-Magazine*-Titelblattgesicht auf – den Rachen so weit wie möglich aufgerissen – und fragt mich aus 15 Zentimeter Abstand: »Erkennst du mich, Daniel?«

Seine Arbeitsgier ist gewaltig und scheint trotz des Tempos der letzten 15 Jahre nichts von ihrem Furor eingebüßt zu haben. Sein Enthusiasmus für sein jeweiliges Arbeitsprojekt gleicht immer ein wenig der Begeisterung eines Kindes für ein neues Spielzeug, und diesmal steckt er alle im Studio an. Die Hände in den Taschen, den massigen Kopf vorgeschoben, die hellwachen Augen weit geöffnet, das linke Bein ungeduldig zuckend, steht er wie unter Strom. »Ni-i-i-ih«, beginnt er in einem tiefen Arpeggio zu vokalisieren. »Ni-i-i-ih« einen Halbton höher, und so weiter, bis er *e* und *f* erreicht. Er geht in seine schalldichte Kabine, wo er so viel singen kann, wie er will, ohne jemanden zu stören, während die Toningenieure mitlauschen, wie das Orchester im Studioraum die Instrumente stimmt und Plácido in der Kabine singt, und dabei alle Aufnahmegeräte richtig einstellen.

An einem dieser Tage erhält ein Fernsehteam Zutritt zum Studio und bittet darum, Domingo beim Aufnehmen eines seiner Lieder filmen zu dürfen. Könnten sie ihn filmen, wenn er »My Life for a Song« singt? Dies ist das neue Stück von Lee Holdridge, das die Titelnummer des Albums werden soll.

Domingo singt es einmal ohne Kameras durch, einfach um ein Gefühl dafür zu bekommen; anschließend kommen er und Holdridge in den Kontrollraum zum Playback. Playbacks werden mit ungeheurer Lautstärke abgespielt, aber niemand scheint etwas dagegen zu haben, am allerwenigsten die Solisten. Die Toningenieure in der Popmusikwelt neigen dazu, ihre Geräte stärker aufzudrehen als ihre Kollegen in der klassischen Musik. George Martin erinnert sich, wie bei den nächtelangen Aufnahmesessions mit den Beatles die Playbacks immer lauter wurden, vielleicht um die allmählich einsetzende Betäubung des Hörorgans auszugleichen, so daß jeder, der um fünf Uhr morgens zufällig zu einer dieser Sessions stieß, ein geplatztes Trommelfell riskierte.

Domingo hört sich das Ergebnis seiner Arbeit mit der Unvoreingenommenheit eines Außenstehenden an. Ja, gibt er zu, es war ziemlich gut. »Aber ich habe das Gefühl, ich drücke ein bißchen aufs Tempo«, sagt er zu Lee und deutet auf ein paar Stellen in der Partitur, die ihm etwas schleppend vorkommen. Es ist natürlich Lees Musik, und der argumentiert, daß sie einigermaßen getragen gespielt werden sollte, um die richtige Wirkung zu erzielen. Schon möglich, meint Plácido nachdenklich, aber er erinnert sich an ein anderes Stück von Lee, »American Hymn«, die letzte Nummer auf dem Album »Perhaps Love«. »Ich habe *East of Eden* ein paarmal im Fernsehen gesehen«, sagt Plácido, »und der Song eignet sich da hervorragend als Erkennungsmelodie.« Holdridge fühlt sich geschmeichelt. »Aber« – es mußte ja ein Aber kommen – »die Fernsehversion ist schneller als unsere, und ich glaube, wir würden auch hier bei ›My Life for a Song‹ der Musik gerechter werden, wenn wir sie um einen Bruchteil beschleunigten. Oder vielleicht nicht schneller, sondern drängender. Was meint ihr?«

»Warten wir damit, bis das Orchester hier ist«, entscheidet Okun. Plácido wird in ein paar Tagen bei einer der Orchestersitzungen dabei sein, und dieser spezielle Song scheint im besonderen Maß die Koordination aller Beteiligten zu erfordern. Das Fernsehteam wird etwas anderes drehen müssen. Andere Songs auf der Liste bieten weniger Probleme, sie können mit der Fünf-Mann-Band aufgenommen und später mit dem Orchestersound gemischt werden.

»Blue Moon« ist eines dieser Lieder. Eigentlich ist es eine Mischung aus »Blue Moon« und »Moon River«; es hat Anklänge an das erste, die beschwingte Melodie des zweiten und kehrt am Schluß wieder zum ersten zurück. Ein Schnell-langsam-schnell-»Mond-Sandwich«. Sie spielen das Stück ein und kommen zum Playback in den Abhörraum. Das Lied ist reizend. Und sehr kurz. Zum Glück, bei all diesen strapazierten Trommelfellen! »Aber ist es nicht zu kurz?« fragt Plácido. Wie lang war es – ungefähr zwei Minuten? Zwei Minuten und vier Sekunden, teilt man ihm mit. Es beginnt mit einer sehr simplen, beinahe kindischen Reihe von Dudelakkorden, der archetypischen Aufmotzbegleitung, und Plácido findet, daß der Song in der gegenwärtigen Fassung zu beiläufig ein- und aussetzt. Einige von Domingos tiefen Tönen gehen in der Orchestermusik verloren, und er muß noch an seiner Aussprache arbeiten. Das Stück ist noch immer nicht ganz perfekt, und im Kontrollraum werden die verschiedensten Vorschläge gemacht, wie man das Stück verbessern könnte. »Sinnlos«, erwidert Holdrige auf einen Vorschlag, der darauf hinausliefe, die ganze Orchesterpartitur umzuschreiben. Eine andere brillante Idee würde bedeuten, das Stück um die Hälfte zu verlängern. Schließlich ist es, wie so oft, Domingo selbst, der allmählich eine Lösung ausarbeitet, die allen als die praktikabelste erscheint. Er dehnt und adaptiert das erste Drittel des Sandwiches, indem er unter anderem beim dritten Vorkommen des Wortes »blue« eine kurze hohe Note einfügt, um so jeglichen Eindruck von Monotonie zu vermeiden – und die neue Version klingt bei weitem überzeugender.

Die Begleitmusiker machen eine Pause, und sofort nutzt das beharrliche Fernsehteam den Raum, denn es wartet immer noch gespannt darauf, Domingo beim Singen zu filmen. Die Crew baut schnell ihre Scheinwerfer auf, Domingo begibt sich willig in seine kleine Kabine zurück, setzt die Kopfhörer auf und mimt einen der Songs, die am Vortag eingespielt wurden, eine packende Schnulze mit dem Titel »I Couldn't Live Without You«. Okuns Ingenieure spielen das Band in das Studio ein, und Plácido macht, wie man in dieser Branche sagt, einen »lip-sync«. Und mehr als das. Nicht nur imitiert er die Worte mit gewaltiger Leidenschaft und Energie, er bewegt auch seine Hände und seinen Körper mit der Musik, um sowohl den Gefühlsgehalt der Musik als auch die beim Singen erforderliche körperliche Anstrengung absolut überzeugend zu suggerieren. Wer ihn aus der Kontrollkabine beobachtet, kann unmöglich feststellen, daß er mimt. Und als der Song vorüber ist, ist er bereit, ihn noch einmal zu singen, für den Fall, daß seine Lippenbewegungen nicht durchweg synchron waren.

Es wird spät. Heute fing man um 14 Uhr mit der Arbeit an. Jetzt ist es 21 Uhr, und die Sitzung muß um 22 Uhr beendet sein. Gestern war es die gleiche Geschichte. Zwei Doppelsitzungen an zwei Tagen; es scheint also wenig Sinn zu haben, heute noch etwas anderes auf Band aufnehmen zu wollen. »Aber sollten wir nicht den nächsten Song, ›Remembering‹, probieren?« fragt Plácido. Seine Stimme klingt beim Sprechen schon etwas strapaziert, und Milton hält es für klüger, mit diesem Stück bis zur nächsten Sitzung zu warten. »Wir können es ja einmal schnell durchgehen«, schlägt Plácido vor; er scheint am wenigsten von allen Anwesenden über die Strapazierung seiner Stimme besorgt zu sein.

Das Stück ist schwierig: Die *Tessitura* ist hoch, und Plácido muß eine Menge schneller Wörter über die Lippen bringen, aber er wird mit den meisten Zungenbrechern leicht fertig. Nicht nur das, er macht den Durchgang in einem Supertempo, und es gelingen ihm dabei einige der brillantesten hohen Noten des ganzen Tages. Er stürzt herein, um sich das Playback anzuhören. Er ist mit seiner Aussprache nicht ganz zufrieden. »Worin besteht eigentlich genau der Unterschied zwischen den Vokallauten in ›warmth‹ und ›worth‹«, fragt er – er bringt es nie fertig, den Unterschied klar und hörbar zu artikulieren. Und wie sollte er das »r« aussprechen? Es gibt auch musikalische Probleme. »Gebe ich bei diesem hohen *as* nicht zuviel Stimme hinein?« fragt er. »Ich singe es, als sei es eine Opernarie«, sagt er, und er weiß wirklich nicht, ob er den musikalischen Stil genau getroffen hat und ob es bei dieser Art von Musik überhaupt angebracht ist, seine Stimme mit soviel Kraft und Intensität zu entfalten. Man murmelt sich schon Bemerkungen über seine Unermüdlichkeit zu; hat er nicht allmählich genug, sollte er nicht seine Stimme für morgen ausruhen? Er läßt seine Kinnladen herunterhängen und tut so, als krächze er. »Morgen, morgen, morgen«, bringt er mit gebrochener Stimme hervor, gleichzeitig *Annie* und *Macbeth* zitierend.

Er unterläßt das Krächzen und geht noch einmal in seine Aufnahmekabine zurück. Es ist 21.45 Uhr. Er singt »Remembering« erneut. Holdridge ist nicht zufrieden. Einer seiner Musiker setzte ein paar Takte vor dem Schluß zu spät ein. »Wir können das wahrscheinlich durch Schneiden korrigieren«, sagt Lee, aber er klingt nicht völlig überzeugt. »Na los, Lee«, sagt Domingo, »machen wir es noch einmal richtig.« Und abermals gehen sie in den Aufnahmeraum. Sie nehmen die zweite Hälfte des Liedes noch einmal auf, den Teil mit all den hohen Noten. Und wiederholen es ein weiteres Mal, um ganz sicherzugehen. Die hohen Noten sind alle lang, rund, stark, dunkel und resonant. Domingo singt sie wirklich so, als sei das Stück eine Opernarie. Aber er hat völlig recht.

Es ist 22 Uhr, und die Leute zerstreuen sich allmählich. Die Musiker verlassen das Studio, bis auf einen Gitarristen, der eine kurze Passage neu aufnehmen muß. Holdridge fragt Okun, ob sie ein paar kleine Schnitte machen könnten, nur um sicherzustellen, daß das Ende von »Remembering« auch wirklich funktioniert. Kleine Schnitte werden oft große Schnitte, und es ist bereits weit nach 22.30 Uhr, als die letzten für heute Schluß machen. Domingo lehnt eine Einladung zum Abendessen dankend ab, weil er dann versucht wäre, zuviel zu reden. Die scheinbar so unermüdliche göttliche Stimme muß sich wohl doch ab und zu ausruhen.

Sie kann sich übrigens einen ganzen Tag lang erholen, denn der nächste Tag ist ein britischer Feiertag, und die Begleitmusiker würden sich nur mit einer astronomischen Gage in ein Aufnahmestudio locken lassen. Als die Sitzungen weitergehen, ist Domingo wieder absolut fit, und er sieht fabelhaft aus in seiner dicken, bunten Wollstrickjacke, die er bei seinem letzten

Italienaufenthalt kaufte und in der er später für das Albumcover fotografiert werden soll. Zwar hat er sich ausgerechnet an diesem Tag nicht rasiert, und ihm fehlt die charakteristische After-Shave-Aura, die ihn sonst überallhin begleitet. Aber der dunkle Schatten um sein Kinn verleiht ihm ein noch robusteres Aussehen als gewöhnlich, und sicherlich hat keine der Frauen, die in den nächsten paar Stunden im Studio auftauchen, irgend etwas gegen seine demonstrativ legere Art einzuwenden.

Heute ist ein vollständiges Orchester versammelt – 45 Musiker gegenüber den fünf der früheren Sessions. Für die heutige Doppelsitzung haben Domingo, Okun und Holdridge all jene Stücke aufgespart, die die größte Konzentration und Koordination erfordern. Morgen fliegt Domingo nach Wien, und das Orchester kann die Begleitung für die Nummern einspielen, die er bereits auf Band gesungen hat. Heute – und nur heute – werden alle Beteiligten gemeinsam miteinander arbeiten.

Plácido ist tief versunken in die italienischen Sportberichte im gestrigen *Corriere dello Sport*. Er ist gut aufgelegt, wenn auch ein wenig gekränkt über die absurde Lollobrigida-Geschichte, die inzwischen in der Presse der verschiedensten Länder zirkuliert. Er erwägt, irgendwelche juristischen Schritte dagegen einzuleiten. Soll er die Lollobrigida anrufen, um herauszufinden, wie die Geschichte überhaupt anfing? Nein, denn das könnte leicht weitere Schlagzeilen zur Folge haben, wie etwa: »Spanischer Tenor hat heißen Draht zu Lollo.« Am besten gar nichts unternehmen und die ganze Sache einfach vergessen. Er blättert zurück zu den Sportmeldungen.

Die Orchestermitglieder nehmen Platz, und Holdridge steht auf dem Podium. Es ist Zeit, an die Musik zu denken, und die Schatten weichen von seinem Gemüt, wenn auch nicht aus seinem stoppeligen Gesicht, als Domingo in seine schalldichte Aufnahmekabine geht und sich die Kopfhörer aufsetzt. Die Sitzung beginnt mit der Titelnummer »My Life for a Song«. Es ist eine Eigenkomposition von Lee Holdridge, eine heftig bewegte Melodie zu einem Text von Carol Connors.

My life for a song
More than anything I just knew I had to sing.
Was it wrong to give the best of me
When my destiny was in my song...?
My life for a song I would gladly give
If I knew my song would live for all time.
There'll be a part of me
That will always be in my song.

Auf Papier mag dies banal klingen, und es klingt mit Sicherheit banal, wenn Sie oder ich es singen. Aber durch die unwiderstehliche Überzeugungskraft, mit der dieser Mann die Worte singt, nimmt die ganze Komposition eine Ausdrucksstärke an, die selbst ihren Komponisten überrascht. Holdridge ist begeistert von der Veränderung, die seine Schöpfung erfährt, und er meint zum Scherz, er hätte beinahe das Dirigieren vergessen. Er und Plácido kommen in den Kontrollraum, um sich das erste Playback anzuhören. Lee steht zwischen den zwei riesigen Lautsprechern, Plácido sitzt neben Milton am Mischpult. Plácido trägt seine »Lee«-Jeans; es gibt nicht sehr viele Sänger, die den Namen ihres Komponisten an der Hüfte tragen ...

Die Musik quillt in gewaltigen Klangwellen aus den zwei Lautsprechern, und man erwartet beinahe eine Cinemascopevorstellung. Holdridges Werk besteht zum Großteil aus Filmmusiken, und er hat zweifellos ein Talent dafür, herrlich bewegte Klanggebäude zu errichten. Der erste Mitschnitt ist gut. Aber er ist noch nicht ganz perfekt. Plácido will, wie üblich, seiner Interpretation mehr Ausdruck, mehr Kontrast, mehr Intensität verleihen. Zum Beispiel diese leicht introspektive Frage: »Was it wrong to give the best of me ...?« Sollte er die nicht ein wenig leiser singen? Doch dann müßte Lee das Orchester dämpfen, nicht wahr? Lee ist gerne bereit, alles zu versuchen, und die Männer gehen für ein Retake auf ihre jeweiligen Plätze zurück. Dieses Mal singt Plácido mit seinem ganzen Körper. Die Fäuste geballt, die Arme ausgestreckt, die Brauen zusammengezogen und das Kinn angespannt und gesenkt. Die Aufnahme klingt beinahe makellos, aber bevor Milton alle zum Playback hereinrufen kann, fragt Plácido, ob sie den Song nicht noch einmal machen könnten; dieses Mal will er die Reprise mit einem weicheren Kopfton singen. Bis zur Pause hat er nicht weniger als sechs komplette Takes von »My Life for a Song« und weitere sieben Takes von verschiedenen Passagen des Stückes aufgenommen. Alles in allem dreizehn Mitschnitte.

Alle gehen auf ihre Plätze zurück und wenden sich dem Song vom Time Rice und Andrew Lloyd Webber, »I Don't Talk to Strangers«, zu, der speziell für Plácido geschrieben wurde. Domingo probierte das Lied ein paar Monate zuvor in einer Fernsehshow aus, aber er war unzufrieden gewesen. »Bei Fernsehauftritten wird gewöhnlich ein Mikrofon an einem festgemacht«, erklärte er, »und man hat keinen Spielraum; man kann bei besinnlicheren Stellen nicht näher herangehen, oder weiter weggehen, wenn die Musik mehr Stimme erfordert, so wie ich es hier kann.«

Dann unterhält er alle mit einer Vorführung zum Thema »Spielen mit dem Mikrofon«, während er verschiedene Versionen des Liedes aufnimmt. Als es noch keine Elektronik gab, mußten Caruso und Melba um ihr primitives Mikrofon herumtanzen, um nicht zu übersteuern oder das Orchester zu übertönen. Auch wenn sich die Aufnahmetechniken seither wesentlich verbessert haben, bewegt sich Plácido frei in seiner Kabine, wobei er sein Mikrofon abwechselnd mit den Lippen liebkost oder zurückweicht und es aus vollem Hals anschreit, je nach den musikalischen Erfordernissen. Er spielt großartig mit dem Wort »madly« und setzt mit dem langen »m« bei jedem Take früher ein. Er singt es so leidenschaftlich, wie er nur kann, und lächelt dann seiner kleinen Zuhörerschaft durch die Glasscheibe verstohlen zu. Die feurige Aussprache ist beinahe zu emphatisch, doch hat seine spanische Version, »m-m-mahddly!« einen gewissen Reiz.

Er fühlt sich wohl in seiner Kabine. Er hört das Orchester und seine eigene Stimme durch den Kopfhörer und kann so seinen Anteil an der Gesamtharmonie instinktiv ausbalancieren. »Bei Opernaufnahmen muß man in der Regel das Orchester übersingen und kann seinen eigenen Beitrag oder etwaige Mängel kaum beurteilen. Hier, glaube ich, kann ich das. Ich würde einmal gerne eine Oper so aufnehmen.«

»Aber dann müßte man das gesamte Opernrepertoire neu aufnehmen, wenn man erst einmal damit angefangen hat«, sagt jemand. Plácido setzt sein Schelmengesicht auf und scheint an diesen Aussichten tatsächlich Gefallen zu finden.

»Machen wir nun Placis Song.« Placi ist Plácido Domingo III., ein aufgeweckter und talentierter Siebzehnjähriger, auf den sein Vater ungemein stolz ist. Vor einem Monat improvisierte der kleine Placi in Salzburg auf dem Klavier, und er sang eine nette Melodie, die er auf Kassette aufnahm. Inzwischen hat Milton Okun die Melodie vollständig ausgearbeitet, er gab sie Holdridge zur Bearbeitung für Orchester und ließ einen Text für das Stück schreiben – und siehe da, ein neuer Song mit dem Titel »There Will Be Love« war geboren. Ein kleiner Hinweis darauf, was die Popplatten Domingo bedeuten, mag in seinem engen Verhältnis zu seinen Söhnen liegen. Er hat etwas Jungenhaftes an sich, und er ist sichtlich bemüht, mit seinen Kindern soweit wie möglich auf derselben Wellenlänge zu bleiben. Musik zu singen, die bei einer jüngeren Generation beliebt ist, bietet vielleicht eine Möglichkeit dazu. Ein Lied zu singen, das einer seiner Jungen geschrieben hat, ist mit Sicherheit ein idealer Weg. Er geht in seine Kabine zurück und macht einen Durchgang. Der kleine Placi hat seinem Vater einige Fallen gestellt. Das Lied, das in Ges-dur geschrieben ist, hat einen Tonumfang von beinahe zwei Oktaven, vom tiefen *b* bis zum hohen *as*, und Domingo fürchtet, die *Tessitura* im ersten Teil des Liedes sei für seine Stimme zu tief. Als man die Playbacks der ersten Takes hört, stellt sich heraus, daß er wohl recht hat. »Sollten wir es einen halben Ton höher probieren«, überlegt er, »in G-dur statt in Ges-dur?« Holdridge fragt die Orchestermitglieder, ob sie transponieren können, was sie bejahen, und Domingo geht ein weiteres Mal in seinen Glaskasten. Lee spielt mit dem Orchester in der neuen Tonart G-dur, und Plácido fängt an zu singen. Verwirrung. Er hört seine Stimme nicht richtig über Kopfhörer und kann daher seine Lautstärke nicht beurteilen. Er winkt alle ab und ruft in dem ihm eigenen Englisch: »Ich brauche mehr meine eigene Stimme, bitte«, worauf Milton erwidert: »Die ganze Welt braucht sie!« Das Problem wird gelöst, und Placis Song klingt weitaus brillanter als zuvor. Die Stimme seines Vaters schwingt sich mit Leichtigkeit auf das hohe *a* (er singt heute schon beinahe 5 Stunden), und beim Publikum stimmen alle darin überein, daß sein Vorschlag richtig war, die Tonart zu erhöhen. »Das einzige Problem ist«, sagt er mit ernster Miene, »wir werden uns vergewissern müssen, daß der Komponist mit der Veränderung einverstanden ist.« Dann gesteht er inmitten des Gelächters, daß Placi nicht einmal weiß, daß sie seinen Song aufnehmen.

Holdridge meldet, daß die Musiker sich beschweren. »Dieser Typ hat angeblich die großartigste Stimme der Welt, und wir haben ihn noch nicht einmal singen gehört. Kann er nicht vor unseren Ohren proben statt in seiner Kabine, und kann man uns nicht ein Playback in das Studio einspielen?« Okun ist platt. So lange er schon in diesem Beruf arbeitet, haben noch nie Studiomusiker solch ein Anliegen geäußert. Doch beim nächsten Song, der letzten Nummer, tut er ihnen gern den Gefallen.

Für diesen abschließenden Song dachte man an Jacques Préverts Gedicht »Feuilles Mortes« (»Herbstblätter«), das Yves Montand vor 20 Jahren berühmt machte. Ein zartes, wehmütiges Lied – Domingo zögerte ein wenig, es zu singen. Eignete sich seine Stimme dafür? Feierte Montand nicht gerade ein Comeback? Montand sollte auf seiner bevorstehenden Amerikatournee sogar ein Konzert in den heiligen Hallen der Metropolitan Opera geben; würde es nicht so aussehen, als versuche Domingo, auf dem Erfolg eines anderen mitzuschwimmen? Andererseits gefiel ihm das Lied, und er glaubte, er würde ihm auf seine Art gerecht werden können. Erst vor ein paar Stunden hatte er mit einem Freund in Paris am Telefon geplaudert und sich über einige Ausspracheregeln erkundigt – wann wird das »s« am Ende von »tous« ausgesprochen; gibt es bei »deux ensemble« eine Liaison? Und während sich nun alle anderen eine Pause gönnen, hört er sich eine Montand-Platte an, um sich eines jeden einzelnen dieser schwierigen Wörter zu vergewissern.

Der Zeiger steht schon kurz vor 9 Uhr, und es ist Zeit, daß alle ein letztes Mal auf ihre Plätze gehen. »Autumn Leaves«, Take One. Das Lied beginnt auf englisch und geht dann zum Französischen über. Der erste Mitschnitt ist in Ordnung, aber es fehlt das Feuer. Die weitausladende Melodie sollte schneller sein – inzwischen beinahe schon ein vorhersehbarer Vorschlag. Und dieser quasi-parlando Vers auf französisch – klingt er einigermaßen? Nun ja, eigentlich nicht. »Auf jeden Fall«, sagt Lee, »kennt jeder die Melodie, aber niemand weiß, daß es diesen kleinen Vers in der Mitte überhaupt gibt. Man kann ihn zwar nicht herausnehmen, aber vielleicht könnte man ihn kürzen. Oder mit mehr Nachdruck bringen.« Domingo denkt über den Aufbau des Liedes nach, seine Dauer, die Modulationen und die Obergangspassagen, die nötig wären, wenn man diesen oder jenen Abschnitt streichen würde. Und er denkt auch an das Publikum, auf das die Platte abzielt. Seine Sinne sind hellwach, aber eine Heiserkeit macht sich inzwischen beim Sprechen bemerkbar. Man nimmt verschiedene weitere Versionen auf. Domingo ist müde. Sein Kopf sinkt, und mit den dunklen Schatten um sein unrasiertes Gesicht wird er seiner eigenen Verkörperung des Hoffmann in der Tavernenszene jener Oper immer ähnlicher.

Er nimmt einen letzten großen Anlauf, hebt den Kopf, nimmt die Noten und geht erneut in seine Kabine zurück. Der Mitschnitt ist ausgezeichnet, und Domingo kommt strahlend heraus und sieht so aus, als wäre er bereit, eine weitere Version zu machen, falls jemand darauf besteht. Aber alle sind erledigt. Für viele ist es offensichtlich weitaus anstrengender, Plácido Domingo bei der Arbeit zuzusehen, als selbst in Plácido Domingos Haut zu stecken.

Plácido Domingos Arbeit ist jedoch noch nicht zu Ende.

Während des letzten Teils der Sitzung hat nämlich eine Vertreterin einer anderen Plattenfirma, für die er arbeitet, der Deutschen Grammophon, geduldig auf ihn gewartet. Domingo hat versprochen, als Werbung für zwei seiner demnächst erscheinenden DGG-Platten ein Interview mit ihr zu machen, das über regionale Radiosender in ganz England ausgestrahlt werden soll. Während alle anderen zusammenpacken und sich erschöpft von Plácido verabschieden, versucht er, wieder eine klare Stimme und einen klaren Kopf zu bekommen, um zu seinem Radiopublikum voller Enthusiasmus über *Turandot* und *Aida* zu sprechen.

Viele Menschen genießen Opern häufiger vor dem Plattenspieler als in Live-Aufführungen, und für Millionen ist praktisch der einzige Zugang zur Oper das Fernsehen. Domingo war immer zu den größten Opfern bereit, um im Fernsehen aufzutreten, nicht nur in Opern, sondern auch in Talkshows, Interviews, Varietésendungen – was immer es ihm gestattete, das größtmögliche Publikum zu erreichen. Er wurde eigentlich erst zu einem Begriff für die breite Öffentlichkeit, die nicht in die Oper geht, nachdem er als regelmäßiger Gast in Fernsehtalkshows aufzutreten begann. Als Rosemary Okun ihn in den USA einige Nummern aus *My Fair Lady* in der Johnny-Carson-Show singen sah, dachte man in Domingos Umgebung zum ersten Mal an eine neue Karriere als Popsänger; in Großbritannien wurde Domingo an jenem Abend auf einen Schlag zu einem populären Prominenten, als er zusammen mit Sammy Cahn und Cliff Richard als Star der Michael-Parkinson-Show im BBC auftrat. Domingo spricht im Fernsehen eifrig über seine Kunst, illustriert sie mit einer Kostprobe aus seinem Repertoire und schaltet dann mühelos in eine Standardplauderroutine um, ohne herablassend oder würdelos zu wirken. Sein großartiger Gesang wirkt auf Fernsehzuschauer, die ihn nicht kennen, manchmal wie ein Schock und ist vielleicht zu intensiv, als daß man ihn an einem kleinen Bildschirm mit schwacher Klangqualität richtig genießen könnte. Aber die augenscheinliche Intelligenz dieses Mannes, ganz zu schweigen von seinem attraktiven lateinamerikanischen Macho-Look, nimmt immer wieder Zuschauer für ihn ein, die ihn beim ersten Kennenlernen eher ehrfurchtgebietend als sympathisch finden.

Domingo ist davon überzeugt, daß das Fernsehen, wenn es richtig eingesetzt wird, von großem Nutzen sein kann, und er hält es für die beste Methode, die offenkundige Kluft zwischen den wenigen, die in die Oper gehen, und den Millionen, die sich von ihr nicht angesprochen fühlen, zu überbrücken. Er zielt nicht nur darauf ab, durch seine Fernsehauftritte mehr Menschen dazu zu ermutigen, sich Opern anzuhören, sondern es ist ihm auch wichtig, daß seine Opernauftritte, so weit wie möglich, im Fernsehen oder auf Video gesehen werden können. Bis zum heutigen Tag hat er etwa 50 Opernmitschnitte für das Fernsehen gemacht, sicherlich ein unerreichter Rekord. Er ist der ideale Darsteller für dieses neue Medium. Ausgesprochen wenige Sänger besitzen die Stimme, das Aussehen *und* das schauspielerische Talent.

Es ist der 2. November 1982, 16.45 Uhr. Ein großer Augenblick in der Fernsehgeschichte, denn genau in dieser Minute wird der vierte Sendekanal des britischen Fernsehens eingeweiht. Nur in wenigen Ländern gibt es vier landesweite Fernsehkanäle, und wenn Channel Four nur einen Bruchteil von dem hält, was es verspricht, werden die britischen Zuschauer in Zukunft mit echten Auswahlmöglichkeiten gesegnet sein und nicht bloß, wie in anderen Ländern, mit einer Reihe seichter Unterhaltungssender.

In diesem historischen Augenblick sitzt Plácido Domingo in einem Übertragungswagen und betrachtet einen Fernsehbildschirm, aber er sieht nicht Channel Four. Domingo sitzt in einem der Ü-Wagen, die draußen vor dem Dominion Theatre in der Tottenham Court Road stehen, und er sieht zu, wie Kiri Te Kanawa drinnen im Theater eine Show probt. Humphrey Burton von BBC produziert ein Christmas Special – »Call Me Kiri« –, und Plácido wird einer ihrer Stargäste sein. Sie wird u. a. auch die Sopranistin Norma Burrowes, die Tänzerin Doreen Wells und jene einmalige walisische Kombination aus Komödiant und Tenor, Sir Harry Secombe, begrüßen. Vor ein paar Jahren stellte BBC eine Plácido-Domingo-Christmas-Show zusammen, bei der Kiri sein Stargast war. Heute revanchiert sich Kiri.

Domingo ist hauptsächlich deshalb in London, um seiner Liste von Video-Aufnahmen Puccinis *La Fanciulla del West* (Das Mädchen aus dem Goldenen Westen) hinzuzufügen. Wie *Madame Butterfly* des gleichen Komponisten basiert auch *Fanciulla* auf einem Schauspiel des amerikanischen Dramatikers David Belasco und ist eigentlich der erste Spaghetti-Western, eine Geschichte mit Guten und Bösen, mit Lust und Blut aus den Tagen, als der Westen wirklich wild war – genauer gesagt aus dem Kalifornien des Goldrausches. Das Mädchen, dem das Stück den Titel verdankt, Minnie, ist eine waffentragende, bibelschwingende, typisch amerikanische Blondine, die die Goldgräber zivilisiert und den bekehrten Banditen Ramirez, alias Dick Johnson, liebt, beschützt und schließlich vor der Hinrichtung rettet. Es ist eine Geschichte wie für einen Stummfilm, bei der auch ein schurkenhafter, lüsterner Sheriff Jack Rance im dunklen Mantel nicht fehlt. Wie viele Stummfilme, aber nur wenige Opern hat das Stück ein melodramatisches Happy-End, bei dem die Retterin aus letzter Not und der Gerettete händehaltend davongehen und ihrem geliebten Kalifornien für immer Lebewohl sagen. Domingo/Ramirez/Johnson hat an diesem Morgen vier Stunden lang *Fanciulla* in Covent Garden geprobt. Er spielte die männliche Hauptrolle schon bei der Premiere dieser Inszenierung im Jahre 1977, aber das Stück muß überarbeitet werden, und der damalige Regisseur, Piero Faggioni, ist hier, um alle wieder in Form zu bringen. Die Generalprobe ist morgen früh und die Premiere in ein paar Tagen. Die dritte Vorstellung soll gefilmt werden.

Es gibt Fernsehen und Fernsehen. Auftritte in Plaudershows erfordern weder viel Zeit noch viel Mühe; es ist bekannt, daß Domingo zu solchen Auftritten manchmal direkt nach einem Transatlantikflug ins Studio spaziert. Fernsehaufzeichnungen von Opern sind dagegen weitaus komplizierter, besonders wenn die Filmleute, wie hier in Covent Garden, nicht schon vorher mit den Kameras zugegen sein können und die Fernsehübertragung daher spezielle Proben erfordert. Aber die Auftritte, die am meisten Arbeit verlangen, sind wahrscheinlich die Fernseh-Specials, wie etwa die Show, in der Domingo Kiri Te Kanawas Gast ist. Eine einstündige Fernsehshow kann für die Stars insgesamt 15 oder 20 Stunden Probe- und Aufnahmezeit bedeuten. Domingo blickt zu den TV-Monitoren im Fernsehwagen hinauf und sieht Kiri, wie sie immer wieder ihre Stichwortkarten liest. Ihre häufigen Versprecher kosten viel Zeit, wenn sie auch zweifellos viel von ihrem Charme ausmachen, besonders wenn sie ein Rugby-Team aus Maori vorstellt: »Ich bin froh, Sie auf *meiner* Seite zu haben«, sagt sie über die eindrucksvolle Sportlermannschaft. Sie singen zusammen ein Maori-Volkslied. Der korpulente Harry Secombe taucht im Fußballdreß aus ihrer Mitte auf, verursacht allseits unbeherrschtes Kichern und wird dann von dem Maori-Team weggetragen, als sei er nur der Ball. Kiri geht in die Garderobe und tauscht ihr langes Kleid mit einem bezaubernden goldenen Hosenanzug, während Burtons Bühnenhandwerker eine ländliche Szene aufbauen: hier ein Schwan, dort ein paar Schildkröten sowie ein paar Felsen, auf denen eine Gruppe Kinder sitzt, deren Kleidung die verschiedenen Völker der Erde repräsentiert. Kiri tritt auf und setzt sich inmitten dieses bunten Häufleins kleiner Afrikaner, Inder und Indianer auf einen Felsen und singt ihnen »Das häßliche kleine Entlein« vor, das Lied, das auf dem Märchen von Hans Christian Andersen basiert und durch Danny Kaye berühmt wurde. Die Scheinwerfer sind heiß: Ein kleiner Junge in einem dicken Eskimoanzug beginnt zu taumeln und braucht einen Schluck Wasser; ein Bühnentechniker kommt herüber und fächelt ihm Luft zu. Ein Spotlight wirft einen Mikrofonschatten auf Kiri, aber man scheint den Beleuchter nicht über die Sprechanlage erreichen zu können.

»Alles ruhig jetzt, bitte«, ruft der Bühnenregisseur, als er und der Dirigent Robin Stapleton ihre Anweisungen erhalten und Kiri sich anschickt, den geduldigen Kindern ihr Lied erneut vorzusingen. »Zehn, neun, acht, sieben ...« Ein kleiner Junge beugt sich herüber und flüstert Kiri zu, er müsse unbedingt schnell mal ..., also verzögert sich die Angelegenheit noch weiter.

Während Domingo die Monitoren betrachtet, ist er außergewöhnlich unruhig. Er hat sich irgendwo heftig das Bein gestoßen und glaubt einen Moment lang, er könnte sich verletzt haben. Er ist auf jeden Fall müde, er hat gerade vier Stunden Proben für *Fanciulla* in Covent Garden hinter sich und muß nun auch noch feststellen, daß er seinen Fernsehbeitrag nicht pünktlich proben kann, sondern wahrscheinlich den ganzen Abend hier zubringen wird. Morgen soll er tagsüber in einer öffentlichen Generalprobe für *Fanciulla* auftreten, und auch am Abend muß er wieder auf der Bühne stehen, und zwar bei den endgültigen Dreharbeiten zu Kiris Show vor einem Live-Publikum im Dominion Theatre.

Ein hektischer Terminkalender, sogar für Domingos Maßstäbe. In den vergangenen drei Wochen hatte er in New York gesungen (wo er wegen einer starken Erkältung mitten in der Aufführung von *La Gioconda* an der Met aussteigen mußte), er hatte in Chicago und Mexico gesungen, war zum Probenbeginn für *Fanciulla* nach London gekommen, für drei Tage nach Rom geflogen, um vor dem Papst zu singen und von ihm ausgezeichnet zu werden, und hatte sich nun wieder in die Probe in Covent Garden gestürzt und die BBC-Show sozusagen dazwischengequetscht. Doch Domingos körperliche Müdigkeit ist nur ein Teil des Problems. »Eigentlich ist es mein Kopf«, sagt er, »der wirklich müde ist.« Er bräuchte einen Monat, in dem er über keinerlei Verpflichtungen nachdenken, keine Termine in seinem überfüllten Kalender unterbringen, sich in keine Opernrollen hineindenken, keine Abflugtermine einhalten, keine Kostüme anprobieren, keinerlei Telefongespräche führen und keine Verträge aushandeln müßte. Es ist nicht nur das Singen, sondern vielmehr das erbarmungslose und schwierige *Nachdenken*, das Domingos Beruf ständig erfordert und das die Hauptursache für die Anspannung ist, die er nun verspürt. Er bringt es nicht fertig, geistig abzuschalten.

»Das häßliche kleine Entlein« ist schließlich zur allgemeinen Zufriedenheit »im Kasten«, man macht eine kurze Teepause, und zu guter Letzt tritt Domingo mit Abendjackett und schwarzer Krawatte auf die Bühne. Er neigt dazu, die Schultern hängen zu lassen, und heute ist diese Tendenz noch stärker als sonst. Er wird eine kurze Arie singen – »Ch'ella mi creda libero e lontano« aus *Fanciulla*.

Diese Arie wird von einem Charakter gesungen, der sich nach Freiheit sehnt und am liebsten weit weg wäre. Plácido will es nur einmal singen. Und das tut er auch. Harry Secombe traut kaum seinen Ohren, und das Orchester klopft anerkennend auf die Notenpulte. Robin Stapleton ist entzückt und bekundet dies auch. Domingo lächelt matt und verläßt mit kurzen

Schritten und vornübergebeugt die Bühne. Er geht in den Fernsehwagen zurück, in dem Burton sitzt. »Das war ausgezeichnet, Plácido!« Domingo ist nicht überzeugt. Er will ein Playback hören. Für Domingos Maßstäbe klingt es ein wenig heiser und entbehrt ein wenig des Gefühls leuchtender Zuversicht, aber es ist trotzdem ziemlich gut. Burton hatte sich auf Schwierigkeiten eingestellt und die Arie vorsichtshalber mit verschiedenen Mikrofonen aufgenommen – es standen Bodenmikrofone, ein Standmikrofon und ein Galgenmikrofon zur Verfügung. Domingo ist eigentlich zufriedener, als er erwartet hat, und sagt, er sei bereit, zu bleiben und seine übrigen Nummern zu singen. Burton hatte nicht die geringste Ahnung, daß Domingo überhaupt an Aussteigen dachte, und er spürt einen düsteren Schatten herauf- und vorüberziehen. Domingo sagt nicht oft Shows ab, zu denen er sich verpflichtet hat, aber diesmal hätte er es beinahe getan. Er steigt langsam aus dem Fernsehwagen und schlurft in das Theater zurück. »Ich kann diese Arie um so vieles besser singen«, murmelt er voller Unzufriedenheit mit sich selbst, während er sich an all den Folklorekindern vorbei die drei dunklen Treppenaufgänge zu seiner Garderobe hinaufbemüht. Nach einer einstündigen Pause müssen er und Kiri mit ein paar Nummern aus *West Side Story* anfangen.

In seiner Garderobe liegt Domingo auf seiner Couch ausgestreckt und versucht sich zu entspannen. Er nimmt an dieser Show allein aus Freundschaft zu Humphrey Burton und Kiri teil. »Ich dachte, die Generalprobe für *Fanciulla* sei heute, so daß ich zuerst sie und anschließend Humphreys Show hätte machen können und dann vor der Premiere in Covent Garden zwei Tage frei gehabt hätte.« Er trifft eine Entscheidung. Er wird versuchen, die Nummern aus *West Side Story* so gut zu singen, wie er kann, und Humphrey muß sie heute abend filmen; Plácido kann morgen abend nach der Generalprobe von *Fanciulla* noch einmal kommen und sie erneut singen. »Manchmal wünschte ich, ich wäre ein Pianist«, träumt er. »Jemand wie Maurizio Pollini kann den ganzen Vormittag spielen und, wenn es sein muß, am selben Tag zu einem weiteren Anlaß etwas anderes spielen. Aber niemand scheint zu verstehen, daß die Stimme nicht wie ein Musikinstrument ist. Sie ist ein Teil von dir. Wenn du sie benutzt, verbrauchst du dich selbst. Überall erwartet man, daß ich die Stimme einsatzbereit bei mir habe.« Während seines Londoner Aufenthalts soll er zum Ehrenmitglied des Royal College of Music ernannt werden. Eine große Ehre, die kaum einem Nicht-Briten zuteil wird – aber auch dort soll er singen ...

Ein junger Mann bringt die Erfrischungen, die Plácido bestellt hat: einen schwarzen Kaffee im Pappbecher und einen warmen Apfelstrudel von

McDonalds von der anderen Straßenseite. Im Hintergrund hängt Plácidos zuverlässiger und gewissenhafter Garderobier vorsichtig dessen Abendjakkett auf und legt ein rosa Hemd für *West Side Story* bereit. »Mein Gott, ich wünschte, ich wäre ein Pianist oder ein Geiger«, murmelt Domingo wieder, während er halbherzig in seinem Apfelstrudel herumstochert.

Der Plattenproduzent Milton Okun hat ein paar neue Liedtexte gebracht, die Domingo eifrig liest. Plácido erzählt Milton begeistert von dem *Traviata*-Film, den er nun in geschnittener Form gesehen hat. Er glaubt, daß Zeffirelli hervorragende Arbeit geleistet hat, und ist voller Lob für Teresa Stratas. Er berichtet Milton auch über die neuesten Romanzen, die er laut Klatschpresse angeblich gerade hat. Eine Zeitung behauptet, er habe eine Affäre mit Raquel Welch, und eine andere bringt seinen Namen mit einer Frau in Verbindung, die er nicht einmal persönlich kennt, aber gewiß sehr gerne kennenlernen würde, nämlich Claudia Cardinale. Irgendwie ist dies alles sehr komisch. Aber sollte er je einen von denen treffen, die all diese absurden Geschichten erfinden, so würde er ihm persönlich die Fresse einschlagen.

Domingo richtet sich auf seiner Couch auf und blickt in den Spiegel. Seine Augen sehen müde aus. Für den Bruchteil einer Sekunde erscheinen in dem sich gegenüberstehenden Spiegelpaar tausend identische, in die Tiefe fliehende Bilder eines erschöpften Plácido Domingo, die sich gegenseitig traurig anblicken. Er wendet sich wieder Okun zu. Milton hat ihm die bearbeiteten Versionen ein paar kürzlich aufgenommener Popsongs vorgespielt. Es kommen eine paar Passagen vor, die Plácido noch einmal aufnehmen will. Milton ist gerne bereit dazu. Aber wann? Das ist immer die große Frage bei Plácido. »Milton, ich weiß, wann wir sie aufnehmen könnten: in irgendeiner Nacht nach einer *Fanciulla*-Vorstellung«, schlägt Plácido vor. »Schließlich werde ich mich dann gut eingesungen haben, und *Fanciulla* ist nicht so anstrengend wie etwa *Der Bajazzo*.« Es ist ein wenig überraschend, daß er diesen Gedankengang mit *Bajazzo* beendet.

Aber schließlich fühlt sich Domingo im Moment etwa so wie Canio in der Oper, der selbst dann auftreten muß, wenn er nicht die geringste Lust dazu verspürt.

»In einer Nacht nach *Fanciulla*? Ja, Plácido, natürlich«, sagt Okun, der es kaum glauben kann, daß dieser erschöpft vor ihm liegende Koloß allen Ernstes solch einen Vorschlag macht.

»Jedenfalls«, fügt Plácido nachdenklich hinzu, ohne jedoch selbst davon überzeugt zu sein, »kann ich mir so wahrscheinlich eher einen Tag frei machen.«

Er reißt seine müden Knochen von der Couch hoch und fängt an, über die *West-Side-Story*-Stücke nachzudenken. Tonight, tonight. Maria, Maria, Maria, Maria, Maria, Maria, Maria – Maria! So viele Marias; wird er sich jemals merken können, wie viele es sind? Er wird einen Rosenkranz brauchen, um sie abzuzählen. »Mit Ihren neuesten Beziehungen zum Papst dürfte das kein Problem sein!« versichert ihm Humphrey Burton.

In seinem rosa Hemd, einer schwarzen Hose und einer schwarzen Weste betritt Domingo mit federnden Schritten die Bühne des Dominion. Kiri trägt ein langes, elegantes Kleid, zu vornehm für Maria, aber es wird auf dem Bildschirm gut wirken. Plácido und Kiri stehen zusammen vor einer Abbildung von Manhattans West Side. Es ist keine ausführlich gestaltete, farbige Kulisse wie die auf der Freilichtbühne in Bregenz, sondern eine Art grauer »Mondrian«-Struktur mit einer Treppe und einem Durchgang als realistischen Requisiten. Das Spotlight muß richtig eingestellt werden. Ein Mikrofonschatten fällt auf Plácidos Gesicht; könnte man dies durch andere Beleuchtung vermeiden, oder sollte man das Mikrofon oder Plácido anders plazieren? Die Wäsche in der »Mondrian«-Kulisse muß ein wenig verschoben werden, um die Gesamtkomposition richtig zu balancieren. Dazu muß eine Leiter gefunden werden. Die Minuten vergehen, und Plácido und Kiri stehen, stehen, stehen – und noch immer wurde nichts geprobt, geschweige denn aufgenommen. Heute nacht, heute nacht. Es muß unbedingt heute nacht passieren. Morgen abend wird Plácido nicht hier sein ...

Kiri Te Kanawa strahlt selbst am Ende eines harten Probentages noch immer ihr entzückendes Temperament aus, und Domingo will sie zufriedenstellen. Sie arbeiten gut zusammen, und um 21.15 Uhr sind ihre beiden Duette (»Tonight« und »There's a Place for Us«) schließlich abgedreht. Humphrey Burton gestattet es den vielen Pressefotografen im Haus, für eine kurze Fotopause auf die Bühne zu kommen. Harry Secombe hat ebenfalls all diese Stunden geduldig in dem dunklen Theater gewartet, denn er soll – ausgerechnet – eine Arie aus *Bajazzo* singen. Er kommt heute nicht mehr dazu, er wird aber zum Mittelpunkt der Fotopause; er erzählt Kiri unanständige antipodische Limericks (auf die sie schlagfertig eingeht), meint scherzend, daß sie beide Meister dieses Fachs seien, reißt Possen, die Plácido zum Lachen bringen, wie er den ganzen Tag noch nicht gelacht hat, und albert zum Vergnügen aller herum. Doreen Wells hat ebenfalls beinahe den ganzen Tag im Theater verbracht, denn sie sollte den Sterbenden Schwan probieren. Ihr Haar ist eingewickelt, und sie will sich zwar nichts von den Frivolitäten entgehen lassen, aber sie möchte nicht fotografiert werden. Also ist es ganz selbstverständlich, daß jemand sie knipst.

Alle Stars, außer Domingo, verabschieden sich schließlich. Er muß noch »Maria« aufnehmen und singt das Lied (und zählt die Marias) natürlich einwandfrei. Dann bittet er darum, den letzten Abschnitt noch einmal aufnehmen zu dürfen, den schwierigen Teil mit den gedämpften hohen Noten. Er hatte einen Takt vor dem Orchester ausgesetzt und würde lieber gleichzeitig mit ihm aufhören. Der offizielle Feierabend ist inzwischen längst überschritten; das Fernsehteam baut schon die Ausrüstung ab und murmelt von Überstunden. Sie müssen morgen früh wieder hier sein und sollten sich ausschlafen. Aus Rücksicht auf Burtons Situation und seine eigene schlägt Domingo vor, nur die Tonspur noch einmal aufzunehmen. »Sie werden sehen, daß ich während des letzten Taktes meinen Mund offenbehielt, also dürfte es kein Problem sein, zu synchronisieren.« Burton ist skeptisch, sagt aber nichts. Er und seine Toningenieure sind einverstanden, daß Domingo den Schluß noch einmal singt. Ruhe, bitte. Letzte Aufnahme. Und Plácido steht einfach da, die Mikrofone nehmen auf, aber die Scheinwerfer sind schon aus, und er singt die hohe Schlußkadenz seines letzten Liedes noch einmal. Mar-i-aah. Alle applaudieren. Als er die Bühne verläßt, sieht er bleich und erschöpft aus. Wenn Kiri morgen Rossinis Katzenduett mit Norma Burrowes und »We're a Couplet of Swells« mit Harry Secombe probt und wenn Doreen Wells endlich ihre Tanznummern zur Aufführung bringt, wird Domingo bei der Generalprobe von *La Fanciulla del West* in Covent Garden sein. Jemand wünscht ihm Glück. Er tut so, als schlitze er seinen Hals auf und murmelt, daß er morgen nicht singen werde. »Ich werde einfach mimen«, sagt er in gedrückter Stimmung. Und geht nach Hause ins Bett. Als Humphrey Burton später »Maria« für die Sendung bearbeitet, stellt er fest, daß Domingo tatsächlich während des letzten Taktes im Video-Mitschnitt seinen Mund offenhielt, wodurch es Burton möglich wird, mittels einer geschickt eingesetzten, zwei Sekunden langen Zeitlupe die zuletzt aufgenommene Version des Soundtrack auf das Ende des Films zu montieren, genau so wie Domingo es vorausgesagt hat.

Am Tag nach seiner Marathonsitzung im Dominion Theatre erscheint Domingo pünktlich und gut ausgeschlafen als sympathischer Bandit Ramirez alias Dick Johnson zur Generalprobe für *Fanciulla*. Er trägt den Cowboyhut, mit dem man ihn auf Plakaten in allen Londoner U-Bahn-Stationen sieht, aber ohne den Schnurrbart, den er damals gerade trug, als das Bild gemacht wurde. Er stolziert großspurig herum, spielt mit seiner Flinte und seinem Sattel, tanzt mit der Heldin Minnie und singt gedämpft, aber ausgesprochen klar. Das Publikum, das aus Freunden von Covent Garden besteht, ist offensichtlich begeistert, und Domingo fühlt sich angefeuert. Als Johnson im zweiten Akt angeschossen wird und sich eine Leiter hinaufschleppen muß, um sich zu verstecken, drückt sein Schauspiel echten Schmerz aus. Und als er zur Schlußarie im letzten Akt kommt, mit der er am Abend zuvor im Dominion Theatre so unzufrieden war, tritt er in das Rampenlicht und singt mit all der Kraft und dem Pathos, die ihm zu Gebote stehen. Am Ende hat er einen festeren Stand, trägt sein Haupt höher, und seine Schritte sind gemessener. Beim letzten Vorhang strahlt ein breites Lächeln über sein Gesicht. Und bei einem späten Lunch in einem nahegelegenen Restaurant mit seiner Familie und den Solisten von *Fanciulla* sprüht er wieder wie gewöhnlich vor Energie und Humor.

In den nächsten Tagen muß er *Fanciulla* leben, essen, schlafen und träumen. Die Premiere ist ein voller Erfolg, das ausverkaufte Haus applaudiert und ruft die üblichen »Bravos«, und in ein paar Sitzreihen wird sogar geschrien. Die Presse lobt Domingos »triumphale« Wiederaufnahme dieser Inszenierung – »ihm ist hier ein wahrer Höhenflug in seiner Kunst gelungen«, schwärmt ein Kritiker, während ein anderer ihm dafür Komplimente macht, daß er seine Rolle ebensogut spielt wie singt.

Während sich am nächsten Morgen, einem Samstag, seine Kollegen und ein Großteil des Premierenpublikums zweifellos von der Aufregung des Vorabends erholen, begibt sich Domingo in das Round-House im Londoner Camden Town, um ein paar Abschnitte aus Puccinis wenig bekannter *La Rondine* zu synchronisieren und Kiri Te Kanawa bei einigen schwierigen Passagen zu helfen, die nicht so ganz klappten, als sie die Oper vor ein paar Monaten aufnahmen.

Wird Plácido Domingo wenigstens einen friedlichen Sonntag verbringen? Im Gegenteil – um 10 Uhr vormittags muß sich die gesamte *Fanciulla*-Besetzung im Royal Opera House in Covent Garden einfinden und sich darauf einstellen, gute 12 Stunden dort zu verbringen. Die übernächste Vorstellung soll verfilmt werden, und jede Einstellung, jedes Bild und jeder Takt müssen mühselig geprobt und koordiniert werden. Für Mittwoch und Donnerstag sind weitere Fernsehproben angesetzt – ganz zu schweigen von den drei Vorstellungen in dieser Woche. Unter solchem Druck kann man selbst die besten Opern hassen lernen.

Fanciulla del West gehört wohl nicht zu dieser Kategorie, obwohl sie das unverkennbare Markenzeichen ihres Komponisten, Giacomo Puccini, trägt, des Schöpfers von *La Bohème*, *Tosca*, *Madame Butterfly* und *Turandot*, die zu den erfolgreichsten und meistgeliebten aller Bühnenmusikwerke zählen. *Fanciulla* entstand in einer schwierigen Phase in Puccinis Leben.

Seine Frau Elvira hatte ihn öffentlich beschuldigt, eine Affäre mit ihrer jungen Dienerin Doria zu haben, und wenn Puccini auch zweifellos hin und wieder seine Zuneigung von seiner schwierigen und eigensinnigen Frau abwandte, so war er doch von dieser Anschuldigung zutiefst betroffen. Das Mädchen litt jedoch weitaus mehr, beging Selbstmord, und eine häßliche Familienszene nahm das Ausmaß einer echten Tragödie an – einer Tragödie zudem, die direkt den unterbewußten Zwangsvorstellungen eines Menschen entsprang, dessen Werk in der Regel Leiden und Tod unschuldiger junger Frauen thematisierte. Puccini war verzweifelt über die schreckliche Entwicklung der Ereignisse, und wenn seine persönliche Ehre auch gerettet wurde, als eine Untersuchung ergab, daß Doria als Jungfrau gestorben war, so waren sein Seelenfriede und sein häuslicher Friede dadurch kaum wiederhergestellt.

All dies mag zum Verständnis der Absonderlichkeit dieser Oper beitragen. Puccini braucht im ersten Akt zu lange, um den Schauplatz und die vielen Bergarbeiter einzuführen, die in der Handlung nur eine untergeordnete Rolle spielen. Die Orchestrierung ist durchweg reich und vielfältig, aber sie ist uneinheitlich, so als drängten sich verschiedene Stile und Formen um die Führung. Das melodramatische und süßliche Ende hat nichts gemeinsam mit jenen schaurigen *coups de théâtre*, die Puccinis Meisterwerke beschließen. Aber trotz alledem birgt seine kalifornische Oper einen Reichtum an Goldstücken, wenn man nur bereit ist, danach zu graben. Ihre großen Momente – das Minnie-Johnson-Duett am Ende des ersten Aktes, die Scarpia-ähnliche Figur des Sheriff Rance, der mit Minnie um Johnsons Leben spielt, und Johnsons Arie vor dem Schafott sind so einprägsam wie Puccinis Meisterwerke, und ihre subtilen thematischen Details werden mit jedem weiteren Zuhören klarer. *Fanciulla* ist ein Werk, das einem ans Herz wächst.

Die Sonntagsprobe wird offenbar eine Marathonsitzung werden, und jeder auf der Bühne versucht, seine Energien zu schonen. Die Sänger mimen ihre Rollen lediglich – manche übertreiben ihre Gestik bewußt; sie werden nur vom Piano begleitet, und Nello Santi dirigiert unbeirrt. Manchmal erinnert das Ganze an Charlie Chaplins *Gold Rush* – besonders, wenn man die Arbeit auf einem der Schwarzweißmonitoren verfolgt. An einer Stelle im zweiten Akt umarmen sich der Held und die Heldin leidenschaftlich in Minnies Blockhütte, während ein Schneesturm die Tür immer wieder wild auf- und zuschlägt. Valentino-Filme waren kaum melodramatischer und romantischer, und die Ähnlichkeit mit dem Film wird noch deutlicher, als der BBC-Produzent John Vernon alle bittet, eine komplizierte Szene nur halb so schnell zu spielen, so daß er alle seine Kamerawinkel richtig ausprobieren kann.

Vernon und der Bühnenbildner Piero Faggioni beschließen, sozusagen rückwärts zu arbeiten und mit dem dritten Akt zu beginnen. Wie der erste Akt enthält auch dieser verschiedene Einleitungsstücke für bestimmte Teile des Ensembles, besonders eine Verfolgungsjagd durch die Berge, die damit endet, daß der Bandit Johnson/Ramirez mit gefesselten Händen herbeigeschleppt wird. Es macht also nichts, wenn Domingo an diesem Morgen ein wenig verspätet im Opernhaus eintrifft, und als sein Auftritt schließlich erfolgt, spielen Ersatzleute seine Rolle des Gefangenen, der von seinen Häschern abgeführt wird. Maestro Santi singt, wenn man es so nennen kann, Johnsons Verse. Es ist alles ein wenig fad, aber für Vernon, dem es auf die Position der Figuren ankommt, ist im Moment ein Körper wie der andere. Doch nicht so für Faggioni. Er springt ständig über die wackelige Brücke, die über den Orchestergraben auf die Bühne führt, schiebt eine Gruppe von Chormitgliedern hier-, eine andere dorthin und weist den Solisten immer wieder neue Plätze zu. Die Spielhandlung muß jedesmal unterbrochen werden, wenn Faggioni und Vernon sich hinter dem Regiepult zur Beratung zurückziehen und Einzelheiten diskutieren. Faggioni rasselt seine Ideen in gebrochenem Englisch wie aus der Maschinenpistole herunter, und Vernon antwortet auf seine beherrschte Art und gibt die letzten Entscheidungen über Draht an seinen jeweiligen Kameramann weiter. »Können wir bei ›andiamo‹ anfangen, alle bitte«, ruft Vernon in seiner knappen britischen Manier, und alle begeben sich auf die »andiamo«-Position zurück, und der Stummfilm wird weitergekurbelt.

Dies ist eine aufwendige, spektakuläre Inszenierung, und wenn es davon eine Aufzeichnung für die Nachwelt geben soll, dann lohnt es sich, alles perfekt zu machen. In jedem Akt kommen große Holzbauten vor – Balken, Brücken, Balustraden, Bretterstege –, die ein authentisches Bild von Ort und Zeit der Handlung, den Bergen und Wäldern im nördlichen Kalifornien des 19. Jahrhunderts, vermitteln. Und der letzte Akt, der in einer Bergschlucht stattfindet, bietet sogar ein hölzernes Wasserrad, das sich zu drehen beginnt, wenn der Schlußvorhang fällt. Der Designer war Ken Adam, der altgediente Ausstatter von *Dr. Strangelove*, *Chitty-Chitty-Bang-Bang*, Bad Lyndon und der meisten James-Bond- und Len-Deighton-Filme. Auch er möchte, daß die Video-Aufzeichnung gelingt, und hält sich mit seiner italienischen Frau in der Nähe von Faggioni und Vernon auf, während die Fernsehproben mühsam vorangehen.

Die Video-Aufzeichnung wird von einem reinen BBC-Team aufgenommen und soll zu Beginn des Jahres 1983 vom BBC-Fernsehen ausgestrahlt werden. Nach dieser einen Sendung fallen die Rechte wieder auf die kürzlich gegründete Gesellschaft mit dem Namen Covent Garden Video Productions Ltd. (CGVP) zurück, die Tochter einer noch jüngeren Firma namens National Video Corporation. NVC entstand aus dem Zusammenfluß verschiedenster Ströme. Als das Royal Opera House die immer drastischer werdenden Auswirkungen der Inflation und Rezession zu spüren begann, mußten sich der Generaldirektor, Sir John Tooley, und seine Mitarbeiter überlegen, ob es nicht Mittel gebe, die Finanzierungsquellen von Covent Garden zu vermehren. Natürlich erhielten das Haus und seine Künstler Tantiemen aus Fernsehübertragungen, so wie sie schon immer Vergütungen für Live- oder Studiosendungen im Radio bekommen hatten, und das BBC-Fernsehen schien eine wachsende Anzahl von Produktionen zu übernehmen. Aber das Fernsehen bereitet im Grunde ein recht vergängliches Vergnügen. Könnte man nicht die Fernsehübertragungen zu etwas ständig Verfügbarem entwikkeln, zu Unterhaltungsträgern, die vielleicht von BBC in Verbindung mit Covent Garden an die immer größer werdende Zahl von Menschen vertrieben werden könnten, die zu Hause bereits ihr eigenes Video-Abspielgerät besaßen oder bald besitzen würden? Und da man annehmen konnte, daß diese Home-Video-Besitzer schon bald illegale Fernsehmitschnitte produzieren würden, so wie schon viele Raubkopien von Soundtracks von Radiosendungen herstellten, schien es an der Zeit zu sein, sobald wie möglich einen richtigen Filmproduktions-, Vermarktungs- und Vertriebsmechanismus zu organisieren. Wenn dies möglich sein sollte, würden alle Beteiligten, Covent Garden, BBC und die Zuschauer, davon profitieren.

Als Tooley und seine Kollegen anfingen, sich zu diesen Fragen Gedanken zu machen, war Robin Scott Programmdirektor von BBC-2, dem britischen Fernsehsender, der die meisten Ballett-, Opern- und Theateraufführungen überträgt. 1977 wurde Scott stellvertretender Verwaltungsdirektor von BBC Television, und es war eines seiner besonderen Anliegen, nach Wegen zu suchen, wie BBC sich die rapide Entwicklung neuer Satelliten-, Kabel- und Videotechnologien zunutze machen konnte. BBC stand vor einer Reihe aufregender neuer Möglichkeiten, aber auch eventueller Gefahren. Insbesondere hatte sich BBC im Laufe der Jahre ein enthusiastisches, wenn auch kleines Publikum für Opern- und Ballettübertragungen geschaffen. Wie konnte man sich diese Zuschauerschaft erhalten, wenn die kommerziellen Unternehmer mit den neuen Technologien kräftig um deren Aufmerksamkeit warben; BBC sah keine Möglichkeit, Video selbst kommerziell zu nutzen – es war eine Rundfunkanstalt und kein Verlag, eine öffentlich-rechtliche Anstalt und kein Privatunternehmen. Aber angenommen, BBC könnte die Übertragungsrechte an Programmen erwerben, die anschließend legitim auf dem Videomarkt abgesetzt werden konnten ...

Scott glaubte fest an die Videorevolution und ihre Fähigkeit, Elitekünste einem größeren Publikum zu eröffnen. Als ehemaliger Fernsehregisseur und -produzent hatte er sich bei BBC als Kunstmanager verdient gemacht. Obwohl er 1980 bei BBC seinen Abschied nehmen sollte, wußte er, daß er all die Projekte, denen er in den vergangenen Jahren so viel Interesse und Energie gewidmet hatte, nicht einfach aufgeben konnte. Vielleicht konnte er auch nach der Pensionierung noch eine Aufgabe übernehmen, von der auch seine ehemaligen Kollegen profitieren würden. Wie der Zufall so wollte, suchte ein Londoner Finanzmann namens Julian Wills genau zu dieser Zeit nach Möglichkeiten, Investitionen in Opern- und Ballettproduktionen in Covent Garden mit Fernseh- und Video-Expertise und Vertriebs-Know-how zu kombinieren, und es gelang Wills mit seiner glücklichen Mischung aus Geld und Begeisterung, Scott den Rückhalt zu geben, den er brauchte. Es dauerte nicht lange, bis die beiden zusammen mit ihren Freunden von BBC und dem Royal Opera House ein Dreierabkommen ausgearbeitet hatten, das zur Gründung einer Firma führte, die Covent Garden Video Productions Limited heißen sollte.

Das erste Resultat dieses neuen Abkommens, das gerade noch rechtzeitig mit den verschiedenen Gewerkschaften abgesprochen wurde, war die spektakuläre Inszenierung von *Hoffmanns Erzählungen* am Royal Opera House, in der Regie von John Schlesinger und mit Domingo als Star. Wills und Scott erwarteten keine schnellen Gewinne. Aber schließlich spielte diese erste Oper, für die CGVP ungefähr 200 000 Pfund ausgegeben hatte, ihre Herstellungskosten durch Fernsehlizenzen und Videoverkäufe innerhalb von zwei Jahren ein.

Der Regisseur Piero Faggioni ist ungeduldig. Domingo ist noch immer nicht eingetroffen, und da die verschiedenen Ersatzleute die Rolle des Johnson nicht richtig spielen, läuft Faggioni, der früher selbst Schauspieler war, auf die Bühne und übernimmt den Part. Er kämpft mit seinen Häschern, blickt Sheriff Rance wütend an und begeistert alle auf der Bühne. Nicht genug, ein Tenor aus dem Chor, John Kerr, geht in den Orchestergraben hinunter, stellt sich vor Santi neben das Klavier und singt Johnsons Verse. Kerr gelangt bis zu der großen Tenorarie, »ch'ella mi creda«, während Faggioni oben mimt. Solch eine Gelegenheit bietet sich Kerr nicht oft, und er legt sich voll ins Zeug. Was er jedoch nicht weiß, aber alle anderen sehen können, ist, daß genau in diesem Augenblick Domingo auf die Bühne schlendert, um seine Rolle zu übernehmen. Niemand, und schon gar nicht Domingo, hat das Herz, Kerr in voller Fahrt zu unterbrechen. Aber die lachenden Gesichter auf der Bühne und im Zuschauerraum fallen allmählich auch dem konzentrierten Kerr auf. »Der andere Tenor ist gerade eingetroffen«, sagt Faggioni freundlich. Kerr nimmt eine Runde Applaus entgegen und schlüpft in seine Rolle des chorsingenden Goldgräbers zurück.

Während der nächsten Stunde steht Domingo auf den wackeligen Holzstufen unter dem behelfsmäßigen Galgen neben dem Wasserrad und hat einen Strick um den Hals. In der Oper ist Johnson bereits darauf gefaßt, gehängt zu werden, doch dann taucht Minnie auf. Sie läßt die Hinrichtung unterbrechen und bringt die rauhbeinigen Goldgräber dazu, Johnson die Schlinge vom Hals zu nehmen, da er in Wirklichkeit ein guter Kerl ist, und geht mit ihm auf den sprichwörtlichen Sonnenuntergang zu. Wie soll Johnson reagieren, wenn Minnie auftritt? Auf wen von beiden sollte sich die Kamera im entscheidenden Augenblick konzentrieren? An welcher Stelle sollte Minnie auf ihrer baufälligen Treppe stehenbleiben und auf Johnson blicken? Heute wird Minnie von einer kalifornischen Blondine gespielt, Carol Neblett, die zusammen mit Domingo und Silvano Carroli zu der Originalbesetzung gehört, die 1977 bei der Premiere dieser Inszenierung auf der Bühne stand. Carol hat erst vor kurzem ein Baby zur Welt gebracht, und für die ersten Vorstellungen dieser Saison wurde eine andere amerikanische Sängerin engagiert, Marilyn Zschau, die wir noch bei einer späteren Gelegenheit kennenlernen werden. Aber Carol wird in der Vorstellung auftreten, die gefilmt werden soll, und sie kommt heute voller Vitalität herein. »Halt, halt, halt, halt, halt, halt, halt, halt!« Es ist Faggioni. Carol ist auf ihrer Treppe zu weit hinuntergestiegen und muß noch einmal abtreten und erneut hereinkommen. Aber erst nachdem Faggioni alle bittet, »zur Rückkehr unserer kleinen Neblett einen Applaus« zu spenden. Er hat die Angewohnheit, Leute bei ihrem Nachnamen zu nennen, es ist ein Zeichen von Zuneigung. Die große und hübsche Carol hat absolut nichts »Kleines« an sich. Vielleicht denkt er an ihr sieben Wochen altes Baby.

Domingo steht geduldig unter seinem Galgen, noch immer die Schlinge um den Hals; das Ende des Seils hält ein Haufen von Desperados in den Händen, die so tun, als hängten sie ihn jeden Moment auf. Es ist eine beinahe komische Szene, auch wenn sie nicht ganz ungefährlich ist. »Wenn auch nur einer eine falsche Bewegung gemacht hätte, wäre es aus gewesen!« sagt ein Freund später zu Domingo. »Ich weiß«, erwidert er mit gespielter Besorgnis, »und wenn man sich vorstellt, daß die Hälfte von ihnen Tenöre sind...!«

Die Szene wird noch einmal geprobt. Auf der Bühne hockt jemand auf allen vieren und plaudert mit dem Mann im Souffleurkasten. Silvano Carroli, der böse Sheriff, unterhält sich freundlich mit der großen blonden Carol/Minnie. Der Pianist im Orchestergraben beklagt sich, daß er Zugluft im Rücken habe, die seine Notenblätter immer wieder zu früh umschlage. Schließlich ist es Zeit für den Lunch, und das bedeutet, daß alle für eine Stunde entlassen werden. Es gibt nicht viele Orte, an denen man an einem Novembersonntag um zwei Uhr in London essen gehen kann – und schon gar nicht, wenn man wie ein Sheriff oder ein Desperado aus dem 19. Jahrhundert gekleidet und geschminkt ist und in 60 Minuten wieder zurück sein muß. Einige Mitglieder des Ensembles haben Sandwiches und Kaffee in Thermosflaschen mitgebracht. Domingo schließt sich den Ehepaaren Adam und Carroli an, die sich aus Soho chinesisches Essen bringen lassen. Sie setzen sich in einer Ecke der Garderobe im Erdgeschoß des neuen Anbaus von Covent Garden um einen Tisch und warten auf die Speisen. Als es endlich kommt, ertönt durch die Sprechanlage bereits Domingos Aufruf für den nächsten Akt. Aber das macht nichts. Er ist ein leichter Esser. Er ruft schnell Marta an und geht zur Bühne.

Sie probieren den zweiten Akt. Man sieht nicht genügend Schnee, wenn die Tür von Minnies Hütte offensteht. Aber wenn die Schneemaschine mehr Styropor-Flocken auf Domingos Jacke sprüht – das heißt genug, um für das Fernsehpublikum sichtbar zu sein –, wirkt es dann nicht komisch, wenn der Schnee nicht schmilzt? Domingo und Neblett umarmen einander immer wieder vor der sich öffnenden und schließenden Hüttentür, während von dem unter ihnen stehenden Klavier die Stummfilmbegleitung herauftönt. Domingo wird angeschossen und versteckt sich, und Carroli tritt auf und spielt mit Neblett um Domingos Leben, und er agiert um so melodramatischer, je häufiger sie die Szene durchgehen. Eine weitere Pause folgt, als Minnies Hütte abgebaut und an ihrer Stelle ein Polka-Saloon errichtet wird. Der erste Akt ist der längste und dramatisch schwierigste. Jede dieser kleinen Szenen, die der Charaktereinführung dienen, muß perfekt sein – das heißt perfekt für Faggioni und auch für Vernon und seine Kameraleute. Der Akt wird peinlich genau geprobt, Einstellung für Einstellung, und als das Ensemble es endlich bis zum Schluß des Aktes geschafft hat, sind alle völlig erschöpft. Es ist bereits spät am Abend, als sie endlich entlassen werden.

Montag ist ein Ruhetag. Den braucht man auch, am Dienstag müssen alle auf der Bühne stehen. Bis zum Dienstagabend haben sich alle erholt, und die Vorstellung – Nebletts erste in dieser Saison – ist ein großartiger Erfolg. Das unvermeidliche Umarmen, Händeschütteln und Autogrammegeben dauert bis in die frühen Morgenstunden an, aber das gesamte Ensemble ist für zehn Uhr vormittags wieder einberufen, um möglichst einen Nonstop-Durchgang der kompletten Oper für John Vernons Kamera zu machen. »Ich weiß nicht, warum ich nachts nach Hause gehe oder mein Kostüm ausziehe«, sagt einer der Goldgräber resigniert. Der Durchlauf wird zwar nicht gerade sehr kurz, aber relativ schmerzlos sein. Die Künstler wissen, daß sie die Worte nur mit den Lippen andeuten und die Rollen nur pro forma durchexerzieren müssen. Nach ein paar erfolgreichen Vorstellungen und all der harten Arbeit für Vernon am Sonntag haben alle ein ziemlich gutes Gefühl. Neblett tritt in Minnies Kleid auf, aber im Haar trägt sie Lokkenwickler.

Woanders braut sich jedoch etwas zusammen. Am Regiepult kommt es zwischen Faggioni und Vernon zu Spannungen. Sie waren schon seit ein paar Tagen zu spüren. Vernon muß sich vorwerfen lassen, daß er mit seinen Kameras nicht die Szenen einfange, die Faggioni mit seinem Bühnenbild und seiner Regie kreieren will. Faggioni, launisch, lebhaft und impulsiv, wie er nun einmal ist, kocht über. Er beschuldigt Vernon, all die gute Arbeit zunichte zu machen (Faggioni drückt sich noch viel drastischer aus), die über all die Jahre seit der Premiere 1977 in diese Produktion gesteckt wurde. Es besteht wahrscheinlich ein unvermeidlicher Interessenkonflikt zwischen dem Mann, der für die Bühnenregie verantwortlich ist, und dem Fernsehregisseur, doch hat Vernon, einer der erfahrensten BBC-Produzenten, die außerhalb des Studios drehen, noch nie diese Art von Widerstand erlebt. Er glaubt, Faggioni vergeude wertvolle Probezeit, indem er zu viele Details der Inszenierung ändere und dadurch alle verwirre, und nicht zuletzt auch Vernons Kameraleute. Was geschieht, wenn unbezähmbares italienisches Temperament und unbeirrbares britisches Phlegma aufeinanderprallen? John Vernon schaut behäbig und gentlemanlike über die kleinen Gläser seiner Lesebrille, versucht, mit wenig Aussicht auf Erfolg, Punkt für Punkt auf Faggionis Beschwerden einzugehen, und meint in seiner ruhigen, aber bestimmten Art, daß er Pieros Sicht der Dinge natürlich anerkenne, Piero aber doch zugeben müsse, daß... Faggioni läßt ihn nicht ausreden, und es bedarf all der Diplomatie des Intendanten Sir John Tooley und seines Stellvertreters Paul Findlay, die Sache wieder auszubügeln.

Während das Ensemble herumsitzt und auf weitere Anweisungen wartet, fragt jemand Domingo, wie die Verfilmung einer komplizierten Bühneninszenierung mit der Herstellung eines Opernfilms zu vergleichen ist. Domingo erinnert sich noch sehr lebhaft an die kürzliche Verfilmung von *La Traviata* mit Zeffirelli. »Das große Problem bei einem Film ist die Zeit.

Alle Termine werden immer enorm überzogen.« Als Domingo vor ein paar Jahren in Rom *Tosca* für Unitel verfilmte, mußte der letzte Drehtermin auf die Nacht verlegt werden, da Domingo am nächsten Morgen einen Flug erwischen mußte. »Aber bei einem Film hat der Regisseur wenigstens alle Bewegungen, Einstellungen und Kamerawinkel peinlich genau im voraus festgelegt. Wenn man die Szene betritt, hat man nichts weiter zu tun, als das zu spielen, was einem gesagt wird.« – »Und hier?« – »Hier ist es genau umgekehrt. Hier wissen wir alle Gänge, und der Filmregisseur muß sich nach uns richten. Die Proben sind eigentlich eher für ihn als für uns. Aber wenigstens«, fügt Domingo dankbar hinzu, »gibt es hier eine strenge Terminplanung. Es gibt kein Überziehen. Das Stück muß am Freitagabend im Kasten sein!«

Der Durchgang vom Mittwoch kommt zum Ende, und während Vernon und Faggioni sich in einem Zustand angespannten Burgfriedens zurückziehen, um über die Lektionen nachzudenken, die sie gelernt haben und noch lernen müssen, zerstreut sich das Ensemble. Domingo muß sich noch um anderweitige Geschäfte kümmern. Die DGG hat mit Covent Garden vereinbart, daß Domingo heute nachmittag um 17.30 Uhr Kopien seiner Platten signieren wird. Bereits kurz nach 14 Uhr bildet sich eine Schlange, und als 17.30 Uhr näherrückt, säumen Hunderte von Menschen sämtliche Straßen um das Haus herum. Einer Tänzerin des Balletts, das heute abend auftritt, schlägt einen Moment das Herz höher, als sie verfrüht am Bühneneingang eintrifft und überzeugt ist, die Schlange warte auf ihre Show. Sie wird jäh ernüchtert, als sie erfährt, was der wirkliche Grund für diese Menschenansammlung ist.

In seiner Garderobe kämmt Domingo sein Haar, zieht seine Krawatte zurecht und spritzt sich einen großzügigen Schuß After-Shave-Lotion über das Gesicht. Er sieht entspannt und zufrieden aus, als die Repräsentanten der Deutschen Grammophon-Gesellschaft ihn für den Empfang hinter einem kleinen Tisch plazieren. Er befindet sich in einer der Solistengarderoben im neuen Anbau des Royal House, der erst vor wenigen Monaten von Prinz Charles eingeweiht wurde. Domingo hat zwar seine Zweifel – früher hatte man wenigstens die Gewißheit, sich genau in dem Raum umzuziehen, den auch die großen Tenöre der Geschichte benutzt hatten, angefangen bei Gigli, Martinelli und Caruso, bis hin zum legendären Mario. Aber was Domingos neuer Garderobe an »Geistern« fehlt, wird mehr als wettgemacht durch den Luxus, den sie zu bieten hat, wie etwa eine eigene Dusche, eine Toilette und ein Klavier.

Domingo setzt sich an den kleinen Tisch und probiert seine Unterschrift auf einigen Schallplatten, die ihm die Mitglieder der »Familie« vorlegen, die sich um ihn herumdrängen, bevor die Menge eingelassen wird. »Für Wally«, versucht Domingo mit einem Filzstift auf einer glänzenden Oberfläche zu schreiben, aber die Tinte ist kaum leserlich. *Che penna infame!* (dieser Federhalter ist schrecklich!) schreit Rodolfo im letzten Akt von *La Bohème*, und Domingo setzt sein Rodolfo-Gesicht auf. Man besorgt ihm einen Kugelschreiber, der sich jedoch kaum besser eignet. Von allen Seiten reicht man ihm ein halbes Dutzend Schreibinstrumente, und Domingo macht Witze über seine »Wahl der Waffen«.

Draußen im Korridor werden die ersten Leute hereingelassen. Am sichtbarsten ausgestellt sind Domingos neueste vollständige Opernplatten, *Turandot* und *Aida*, seine jüngsten Alben mit Liedersammlungen für die DGG, »Viva Domingo« und »The Best of Domingo«, sein Tango-Album, »Be My Love«, natürlich *Fanciulla* und jede Menge andere Platten. Allein für diese Firma hat Domingo außerdem *Carmen*, *Werther*, *Samson und Dalila*, *La Traviata*, *Rigoletto*, *Ballo*, *Luisa Miller*, *Macbeth*, die Requiems von Verdi und Berlioz, Berlioz' *Damnation de Faust* und *Béatrice et Bénédict*, deutsche Opern, unter anderem *Die Meistersinger* und *Oberon* sowie Beethovens Chorsymphonie aufgenommen. Die Menschen, die jeweils in Gruppen in den Korridor eingelassen werden, haben beim Warten jede Menge Zeit, um zu entscheiden, welche Platte sie den »Meistersinger« signieren lassen wollen.

Das ist auch ganz gut so, denn so haben sie genügend Zeit zum Überlegen und zum Kaufen. Domingo ist wie ein guter Arzt – für die, die gerade bei ihm sind, ist er die Aufopferung in Person, aber das bedeutet zwangsläufig, daß viele Menschen sehr lange warten müssen, bis sie an der Reihe sind. Seine Großzügigkeit übertrifft sich selbst, als die gelähmte Mrs. Shackleton mit zwei Freundinnen hereinkommt und mit großen Schwierigkeiten, aber ohne fremde Hilfe auf ihn zugeht. Margaret Shackleton kommt aus Cheshire, einem Vorort von Manchester, und wäre ohne Plácido Domingos Inspiration möglicherweise nicht mehr am Leben. Sie leidet an Knochenmarkkrebs und verlor mit sechzehn Jahren ein Bein, aber es gelang ihr, mit viel Mut und Entschlossenheit und mit einer Beinprothese ein relativ normales Leben zu führen, und sie heiratete sogar und brachte zwei Kinder zur Welt. Im Laufe der Zeit verschlechterte sich jedoch ihr Zustand, und sie konnte nur noch an Krücken gehen. »Sie werden nie wieder gehen können«, sagten ihr die Ärzte und bereiteten sie darauf vor, daß sie nicht mehr lange leben würde. Manche Menschen gewinnen Zuversicht durch jene, die ihnen nah und lieb sind. Margaret Shackleton schöpfte neuen Lebensmut durch einen Mann, den sie nie gesehen hatte, dessen Stimme sie aber um so besser kannte: Plácido Domingo. Im Haus der Familie Shackleton wurden Domingos Platten ständig gespielt – und vor einem Jahr ging Margaret mit ihren Krücken nach London, um den Mann kennenzulernen, der die Quelle ihres neuen Lebenswillens gewesen war. Der Anlaß war ein ähnliches Plattensignieren wie heute. Plácido ging über vor Lächeln und gütiger Ermutigung, und Margaret beschloß ihr kurzes Zusammentreffen mit den Worten: »Ich schwöre, daß ich auf eigenen Beinen stehen werde, wenn ich Sie das nächste Mal sehe!«

Sie hat ihr Wort gehalten. Heute hat sie eine neue Prothese, die sie vor einem Jahr nicht hätte benützen können. Sie trägt stolz das königsblaue »Plácido-Domingo«-Album mit seiner bibelhaften, goldverzierten Seitennumerierung, das sie zusammengestellt hat, und geht, zwar wackelig, aber ohne Hilfe, auf ihren Schutzpatron zu.

Was soll man da sagen? Plácido blättert das Buch durch (er habe eine Aura, so liest er, die mit der des Papstes zu vergleichen sei) und sieht unzählige Seiten mit Zeitungsausschnitten über ihn, Fotos von jeder erdenklichen Quelle und an Mrs. Shackleton gerichtete Briefe von Schallplattenfirmen, Domingos Agenten und Managern, vom Herausgeber der Zeitschrift *Opera*, den Public-Relations-Leuten von Rolex-Uhren und vielen anderen.

Die Situation macht einen vielleicht etwas verlegen, sie ist aber zugleich höchst rührend.

Der Abend schreitet fort, und irgendwie gelingt es Plácido, sich einen Weg durch die riesige Menschenmenge zu bahnen. »Ich wollte Ihnen schon immer einmal für Ihren wunderbaren Bajazzo danken«, schwärmt Angela. Beryl möchte, daß er eine EMI-Platte signiert, die sie mitgebracht hat, und in seiner »ökumenischen« Art sieht Domingo keinen Grund, ihr diesen Wunsch abzuschlagen. »Für Peter«, schreibt er, und sein Handgelenk wird schon lahm, »Für Joy«, »Für Lindsay«, »Für Eddie« – und gegen 20.30 Uhr werden die allerletzten in der Schlange zu der wundertätigen Berührung durch den Mann, den *Newsweek* kürzlich »the King of Opera« nannte, eingelassen. Der King gewährt ihnen allen sein Autogramm, und sie verlassen die Audienz geheilt von allen möglichen Leiden, die sie sich während des langen Wartens draußen zugezogen haben mochten – und außerdem erleichtert, je nachdem, wie viele Platten sie gekauft haben, um Beträge zwischen fünf und fünfzig Pfund.

In dieser Nacht wird Domingo nach der vierstündigen *Fanciulla*-Probe und dem dreistündigen Autogrammgeben über die regennassen Autobahnen durch die Midlands nach Norden gefahren, denn er will seinen ältesten

Sohn José besuchen. Joe ist Plácidos Sohn aus seiner kurzen ersten Ehe; er lebt schon seit einigen Jahren in England und hat eine wechselhafte Laufbahn hinter sich, aber er nimmt im Herzen seines liebevoll besorgten Vaters einen besonderen Platz ein. So oft er kann, ruft Plácido Joe an oder besucht ihn, und oft nimmt er sich inmitten seiner Verpflichtungen auf dem Kontinent einen halben Tag für eine kurze Reise nach England frei. Er versucht, so weit wie möglich für seinen Sohn da zu sein und sich um ihn zu kümmern, und wenn es eine Auszeichnung für elterliche Fürsorge gäbe, so hätte Plácido sie schon längst verdient. Aber er hat ständig das Gefühl, viele der Probleme, die Joe hatte, seien eine Folge davon, daß Plácido größtenteils ein abwesender Vater war – und zudem einer, der seit langem mit einer zweiten Frau verheiratet ist, die ihm selbst zwei Söhne geschenkt hat. Die Beziehung zwischen Joe und Plácido wird von verschiedenen möglichen Konfliktquellen beschwert, und Plácido weiß, daß er sich immer wieder Mühe geben muß, wenn diese Vater-Sohn-Beziehung Bestand haben soll.

Plácido denkt in diesem Augenblick an viele Dinge. Um Zeit für ein Gespräch über wichtige geschäftliche Angelegenheiten mit Milton Okun zu finden, muß er sogar die Hälfte der Strecke mit Milt fahren, während sein eigener Chauffeur dicht hinter ihnen folgt und Plácido übernimmt, wenn Milt umkehren möchte. Und was besprechen Plácido und Milt auf ihrer gemeinsamen Autobahnfahrt? Den genauen Arbeitsplan für ihre Nachtschicht im Tonstudio. Am nächsten Tag erfolgt nach einer weiteren Probe von *Fanciulla* für Vernons Kameras nun endlich die Vorstellung, die verfilmt wird. Es mag sein, daß *Fanciulla* nicht so anstrengend ist wie *Bajazzo*, aber es gibt nur wenige Aufführungen, die intensiver waren als diese. Und nicht nur wegen Domingo. Carol Neblett wirft sich mit wahrer Begeisterung auf die Rolle der Minnie, und Carrolis Rance war noch nie so finster und drohend. Alle befolgen die detaillierten Anweisungen, die Faggioni und Vernon ihnen eine ganze Woche lang gegeben haben. Nur ein kurzer Abschnitt aus dem ersten Akt muß ein zweites Mal aufgenommen werden, weil eine Baßklarinette ihren Einsatz verpatzt hat. Das Publikum ist entzückt, auch wenn ihm solche Spezialeffekte, wie Robert Lloyds Pistolenwirbeln im Stile von John Wayne und das Drehen des Wasserrades, vorenthalten werden – möglicherweise weil solche Szenen in einer bereits ohnehin *action*-geladenen Inszenierung im Fernsehen zu viel Aufmerksamkeit auf sich ziehen würden. Drei volle Tage keine *Fanciulla* mehr – in dieser Zeit wird Domingo kurz nach Rom fliegen, um einige Details im *Traviata*-Film zu korrigieren, sowie nach Mailand, wo er die bevorstehende Inszenierung von *Ernani* an der Scala besprechen wird, und dann nach Genf, um Placi und Alvaro kurz in ihrer Schweizer Schule zu besuchen. Wieder in London, muß er sich dann einen Tag vor einer weiteren *Fanciulla*-Vorstellung einer einzigartig britischen Zeremonie unterziehen.

In seiner hundertjährigen Geschichte hatte das Londoner Royal College of Music dreißig Jahre lang die Person zur Präsidentin, die aus Umfragen regelmäßig als »populärste Frau des Landes« hervorgeht – die Königinmutter, die von allen hinter ihrem Rücken liebevoll als »Queen Mama« bezeichnet und mit »Ma'am« angesprochen wird. Wegen ihrer natürlichen Anmut, ihren blumen- oder federgeschmückten Hüten, dem spontanen und gewinnenden Lächeln und ihren großen Leistungen im Dienste der Öffentlichkeit, zu denen auch der Mut und die Initiative gehören, die sie in Britanniens trübsten Stunden während des Zweiten Weltkriegs bewies, ist die Königinmutter eine wirklich hochgeschätzte Persönlichkeit, nicht zuletzt in der Welt der Musik, für die sie wie ihr Enkel, Prinz Charles, immer sehr viel übrig hatte. Man kann es natürlich nicht mit Sicherheit sagen, aber viele ihrer königlichen Verpflichtungen sind ihr zweifellos eine Last, die sie nur im Dienste des Königreiches auf sich nimmt, wohingegen sie ihren jährlichen Besuch im Royal College of Music wahrscheinlich als besonderes Vergnügen betrachtet.

Der »Besuch der Präsidentin« ist unter anderem Anlaß zur Verleihung verschiedener Ehrentitel. In der Regel sind dies jedoch nicht Ehrendoktorwürden; in den letzten hundert Jahren sind nur fünf solcher Titel vergeben worden (drei davon an musikliebende Könige) – ein sechster soll allerdings an diesem Nachmittag Sir Michael Tippett verliehen werden. Die Ernennung von Mitgliedern des Royal College of Music ist ein Teil der alljährlichen Pflichten der Königinmutter, und die Liste der *Fellows* liest sich wie das *Who's Who* der britischen Musikwelt. Zu den Mitgliedern, die heute neu ernannt werden, gehören mehrere distinguierte Musiker und zwei internationale Superstars, Daniel Barenboim und Plácido Domingo.

Domingo und Barenboim sind alte Freunde und haben viel gemeinsam. Mehrere von Domingos Platten mit französischen Werken – Saint-Saëns' Oper *Samson und Dalila*, Berlioz' Requiem, *Damnation de Faust* und *Béatrice et Bénédict* – hat Barenboim dirigiert. Domingo hätte auch in Barenboims Aufzeichnung von Berlioz' *Romeo und Julia* singen sollen, aber er stieg zu einem ziemlich späten Zeitpunkt aus, worüber Barenboim damals recht verärgert war. Heute plaudern sie freundschaftlich und lebhaft miteinander in Spanisch – Barenboim verbrachte einen Teil seiner Jugend in Argentinien, Domingo in Mexiko. Sie haben auch Israel gemeinsam, wo

Barenboim als Jugendlicher und Domingo Anfang Zwanzig war. Von Domingos Hebräisch ist heute nur noch das Wichtigste übriggeblieben, aber er erzählt gerne, wie er einmal in New York ein paar Israelis im Aufzug belauschte, die über ihn sprachen, wie er sie ausreden ließ – und sie dann schockierte, indem er ihnen in ihrer eigenen Sprache für alles dankte, was sie gesagt hatten! Die beiden Männer sind im gleichen Alter, Domingo ist einundvierzig, Barenboim wird genau in dieser Woche vierzig. Barenboim, der eher untersetzt ist, trägt einen Anzug in ruhigen Farben; sein Haar wird allmählich grau und am Scheitel lichter; er hält sich vorsorglich in der Nähe seiner Frau, Jacqueline Du Pré, auf. Domingo, der zwar groß ist, aber die Schultern hängen läßt, blickt sie mit seinem einnehmenden Lächeln an. Jakkie war einst eine der talentiertesten Cellistinnen, ist nun aber schon seit zehn Jahren wegen Multipler Sklerose an den Rollstuhl gefesselt.

Ein studentisches Bläserensemble spielt auf der Bühne Byrd und Bach, während die Gäste Platz nehmen. Domingo drängt sich zu seinem Platz neben Marta zurück, die in Schwarz gekleidet ist und ihr Haar straff zurückgekämmt hat. Sie sieht heute ein wenig streng aus, aber das entspricht durchaus der Atmosphäre am Royal College. Eine dröhnende Stimme schallt über mehrere Sitzreihen hinweg und übertönt die blechernen Dezibel noch um einiges. »Plá*c*ido!« – das »c« klingt wie ein englisches »ch«, als sei der Name italienisch. »Plá*c*ido!« Es ist die Stimme einer der größten (und vielleicht lautesten) Opernsopranistinnen des Jahrhunderts, Eva Turner. Es hat gar nichts zu sagen, daß Dame Eva schon weit über neunzig ist – die Stimme reicht noch immer so weit, wie sie will. Sie war ein Star an der Scala, lange bevor irgendein anderer britischer Sänger internationalen Ruhm in der Opernwelt erlangt hatte, und sie war die größte Turandot und Aida ihrer Zeit. Ihre Karriere dauerte an, bis sie fünfzig war, und wenn sie nun auch nicht mehr singt, so ist sie beinahe ebenso aktiv wie früher.

Wenn Eva Turner nicht Unterricht gibt, befindet sie sich wahrscheinlich auf einer ihrer häufigen Reisen über den Atlantik oder sitzt in einem der vielen Kunst- und Opernkomitees, denen sie angehört. Und jedesmal, wenn Plácido in der Stadt gastiert, geht sie hin und hört ihn sich an. Wenn man Dame Eva fragt, was sie von Domingo hält, gerät sie in Ekstase – und dies ist eine Lady, die jeden berühmten Tenor der letzten sechzig Jahre gehört hat (die meisten aus allernächster Nähe). »Ich bin jedesmal ganz hingerissen, wenn ich Plácido singen höre«, sagt sie. »Ich wünschte nur, ich würde heutzutage singen, so daß er mein Calaf, Radamès und Manrico sein könnte.« Sie rollt ihr »r« mit italienischem Temperament. »Es ist nicht nur die Stimme, das Schauspieltalent, sein Aussehen – und er ist ein so *gutaussehen-*

der Mann, nicht wahr? –, nein, er ist auch ein so wunderbarer *Musiker*. Von wie vielen großen Sängern kann man das behaupten?«

Dame Eva sieht mit ihrem weißen Haar, der fülligen Figur und dem bequemen Hut ein wenig wie die Königinmutter aus; auf jeden Fall reagiert Plácido auf ihren Zuruf wie auf einen königlichen Befehl. Sie war von *Fanciulla* an jenem Abend absolut begeistert, sagt sie. Plácido hat eine Schwäche für Dame Eva, aber er muß zu seinem Platz zurück, denn das Bläserensemble beendet die C-moll-Fuge von Bach, und die versammelte Menge erwartet schweigend den Beginn der Zeremonie. Nun betritt die Königinmutter, begleitet vom Direktor des Royal College of Music, Sir David Willcocks, durch den hinteren Eingang den Saal. Alles applaudiert und reckt die Hälse. Willcocks hält eine kurze Ansprache, und dann tritt die Königinmutter vor, um die Ehrungen vorzunehmen. Willcocks' Ankündigungen sind mit ihrer Nüchternheit diesem erlauchten akademischen Anlaß meist angemessen, aber als er den nächsten Honorary Fellow vorstellt, schleicht sich in seine Lobrede eine wenn auch höchst dezente Ironie ein. Plácido Domingo, verkündet er, ist »einer der größten Sterne am Opernfirmament. Sein Licht strahlt in allen bedeutenden Opernhäusern der Welt und auf den Fernsehschirmen in Millionen Haushalten.« Im Saal tauscht man schon Blicke aus, aber Plácido amüsiert sich. Er hat Übung im Händeschütteln mit Majestäten, und als er es bei diesem Anlaß tut und seine Urkunde entgegennimmt, scheint es ihm zu gelingen, gleichzeitig die Königinmutter anzusehen und die Pressekameras. Er freut sich um so mehr, als er weiß, daß er entgegen dem ursprünglichen Wunsch des College heute nicht singen muß – und, außer beim Tee, auch nicht viel zu reden braucht. Für Domingo ist es ein seltenes, aber willkommenes Erlebnis, seinen Ruhm schweigend genießen zu können.

Nach der Verleihung der Fellowships folgt eine lange Liste von Ehrenmitgliedsernennungen. Als die Königinmutter schließlich zu ihrem Platz zurückgeht, macht sie einen kurzen Umweg, um Jacqueline Du Pré zu sagen, wie sehr sie sich freue, sie hier begrüßen zu können. Es ist eine spontane Geste, und die beiden Ladies tauschen ein freundliches Lächeln und einen warmen Händedruck aus. Die Teezeit naht. Man würde erwarten, daß die Etikette bei einem königlichen Besuch Tee und *cucumber sandwiches* vorschreibt, und so ist es auch. Aber das Buffet bietet auch eine reiche Auswahl an üppigen Sahnetorten, und sobald zweihundert Seitenblicke registriert haben, daß die Königinmutter ihre Teetasse an die königlichen Lippen gesetzt hat, folgen sofort alle ihrem Beispiel. Oder zumindest beinahe alle. Domingo wird während des ganzen Empfangs von Menschen belagert, die sein Autogramm in ihren Programmheften haben wollen, und er schreibt für jeden etwas Persönliches. Innerhalb von 25 Minuten hat der musikalische Heuschreckenschwarm seine Arbeit getan, und es ist kein einziges Sandwich übriggeblieben – geschweige denn ein Stück Sahnetorte. Aber das macht nichts. Domingo bemüht sich, auf seine Linie zu achten. Am darauffolgenden Abend muß er wie ein kalifornischer Bandit auf der Flucht aussehen. Und eine Woche später – so hat auch jeder Opernsänger seine liebe Not – spielt er einen weiteren flüchtigen Ganoven, einen spanischen Gesetzesbrecher namens Ernani.

Tenor ist nicht gleich Tenor

Spieglein, Spieglein an der Wand, wer ist der größte Tenor im ganzen Land? Eine alberne Frage mit einer simplen Antwort. Die Frage ist albern, weil Musik und Gesang keine Sportarten sind, für die es universelle Bewertungskriterien gibt; die Antwort ist einfach, weil mit Sicherheit jeder Enrico Caruso nennen würde. Aber Caruso ist bereits seit über 60 Jahren tot, und jene, die die Musik stur als eine athletische Disziplin betrachten, beharren auf der Frage: Wer ist denn nun der größte Tenor *unserer* Zeit? Tenorexperten haben manchmal eine erschreckende Ähnlichkeit mit Sportfanatikern, was die Plumpheit ihrer Qualitätsurteile angeht. Wenn Caruso den Titel in den ersten zwei Jahrzehnten dieses Jahrhunderts innehatte, wer trägt den Gürtel dann heute?

Die rein physischen Aspekte des Singens und Musizierens stellen ein großes Faszinosum dar, und viele Menschen sehen zum Beispiel einen Reiz darin, wie hoch oder tief, wie laut oder schnell oder wie oft jemand singt. Auch unter den meistgepriesenen Instrumentalisten gehören viele zu denen, die (neben anderen, subtileren Fähigkeiten) über die eindrucksvollste technische Ausgereiftheit verfügen, die Paganinis und Liszts und deren Nachfolger, die eine Klangfülle schneller, höher und lauter produzieren können als Normalsterbliche. Aber viele Leute nehmen diese etwas naive Haltung gegenüber Sängern ein, insbesondere solchen mit einer extrem hohen Stimmlage. Die berühmtesten Sänger sind oft diejenigen gewesen, die ihre Stimmorgane soweit brachten, daß sie auch noch jenseits des Punktes funktionierten, der für die meisten Menschen bereits als Anzeichen von Hysterie oder Strangulation gilt, aber dennoch wunderbar kontrollierte Töne hervorbringen konnten. Wir können alle ein wenig singen. Doch genauso, wie wir über den Athleten staunen, der höher springen oder schneller laufen kann als alle anderen (und wir alle können auch ein wenig springen und laufen), genauso aufregend ist es, einen Menschen zu hören, dessen Stimme über den Bereich hinausgeht, der uns in der Regel zur Verfügung steht.

Die Sicht des Sängers als Athlet ist deshalb insofern nicht völlig unangebracht, als ein guter Sänger tatsächlich zu körperlichen Rekordleistungen fähig ist, die notwendigerweise auf einer robusten Verfassung beruhen und von den meisten Menschen nicht nachgeahmt werden können. Und dies trifft insbesondere auf den Tenor zu. Unter den hohen Stimmlagen ist der Kastrat bereits ausgestorben, und der Kontra-Tenor (männlicher Alt) und der hohe Sopran werden in der Regel eher für die beherrschte Präzision als für die bei den hohen Tönen erforderliche Muskelkraft gepriesen. Der wuchtige, nachhallende, hohe Brustton eines guten Tenors hat für den Sänger wie auch für den Zuhörer etwas Erfrischendes und Bestätigendes an sich, so als benötige und demonstriere der Sänger Zuversicht und Mut, ähnlich wie ein Sportler, der auf eine hohe Sprunglatte zueilt und sie überwindet.

Dem Tenor, der Noten singen kann, die andere Menschen nicht erreichen oder bestenfalls kreischen, haftet auch etwas von der geheimnisvollen Aura eines Zirkuskünstlers an, als sei er beinahe so etwas wie ein Muskelmann, ein Trapezkünstler oder eine Zirkuskuriosität. »Hier, meine Damen und Herren, vor Ihren Augen steht ein Mensch wie jeder von uns, doch ist er zu der unglaublichsten Stimmakrobatik fähig, ohne jemals die Kontrolle zu verlieren.« Ohne jemals die Kontrolle zu verlieren? Normalerweise ja. Aber der Nervenkitzel für den Zuschauer beruht mindestens teilweise auf dem Gefühl bzw. der Befürchtung (vielleicht sogar der verdrängten Hoffnung), daß der Sänger möglicherweise doch die Kontrolle verliert. Niemand wünscht dem Hochseilartisten bewußt, daß er den Halt verliert. Ein Teil des Jahrmarktvergnügens besteht jedoch zweifellos im Wissen, daß dies geschehen *könnte*. In ähnlicher Weise wirkt bei einem stimmgewaltigen Sänger die Erwartung, daß die Stimme brechen könnte. Die emotionalsten Augenblicke eines Opernabends erlebt man oft, kurz bevor der Tenor den berühmten hohen Ton der Vorstellung singt. Wird er es schaffen? Wird er ihn durchhalten? Es erfordert Kühnheit, seine Stimme in aller Öffentlichkeit sozusagen mit Volldampf immer höher zu treiben. Wenn Männer in einer hohen Lage singen, wird ihre Stimme in der Regel eingeschnürt, denn sie verschließen den hinteren Rachenraum aus Furcht vor den Tönen, die entstehen könnten, wenn sie weiterhin mit voller Kraft und mit geöffnetem Instrument singen würden. Oder sie machen es sich leicht und singen Falsetto. Der professionelle Tenor dagegen braucht unter anderem eine große

Portion Mut und die Bereitschaft, sein Stimmorgan weit geöffnet zu lassen, während er seine Stimme hochdrückt. Das Orchester spielt während dieses großen Anlaufs in der Regel eine etwas raffiniertere Entsprechung eines Trommelwirbels. Und siehe da: Der Tenor kommt hinauf, er verharrt auf dem hohen Ton, und wenn er wieder heruntersteigt, läßt er vielleicht sogar einen kleinen, triumphierenden Bravourschnörkel oder eine leise Spur von Anstrengung oder sogar einen Seufzer in seine Melodie einfließen. Alle halten den Atem an, während seine Stimme hinaufgeht, und atmen auf, sobald er wieder auf sicheren Grund zurückkehrt.

Diese Analogie mit dem Zirkus ist offensichtlich eine grobe und unzulängliche Betrachtungsweise des Opernsingens, aber sie bietet vielleicht einen Hinweis auf einen weiteren Aspekt dessen, was als Aura des Tenors bezeichnet werden kann. Er mag ein Sportler sein; er mag in den Augen und Ohren einiger sogar eine Art Zirkus-»Freak« sein. Aus welchem Grund aber wird die großartige, heftig bewegte Musik von Liebe und Heldentum in der Regel der Stimme des Tenors anvertraut? Schließlich sind im »wirklichen Leben« Männer mit hoher Stimme oft schmächtige Kerlchen, die häufig weniger Sex-Appeal ausstrahlen als große, bullige Typen mit tieferen Stimmen und kräftigeren Muskeln. In der Tat wird eine hohe Sprechstimme bei Männern manchmal mit Verweichlichung assoziiert. Eigentlich hätten Opernkomponisten all ihre hochromantische Musik für den Baß, nicht für den Tenor schreiben sollen.

Vom höchsten Register der Tenorstimme ist es nur ein kleiner Schritt bis zum hysterischen Geschrei, dem rasenden Ausbruch extremer Gefühle. Wir »heben« unsere Stimme nicht nur in der Lautstärke, sondern auch in der Tonhöhe, wenn unsere Gefühle erregt sind – ein Ruf oder Schrei ist nicht tief, sondern hoch. Ein ungewöhnlich tiefes Timbre oder ein tiefer Ton, wie ein Baß ihn singt, ist gewöhnlich ruhiger und resonanter als Töne in der bequemen Mittellage (und wird in der Oper daher oft mit introspektiven, gebieterischen oder besänftigenden Ausdrucksformen assoziiert); die obersten Töne in der Stimmlage des Tenors dagegen werden gewöhnlich mit einem schnellen Vibrato gesungen. Das ist das Zeug für intensive Gefühle, für heroische Leidenschaft, Liebe, Ehre, Zorn und Entschlossenheit. Es ist auch der Stoff, aus dem die Jugend ist – ältere Männer haben in der Regel tiefere Stimmen als jüngere. Deshalb ist der feurige junge Held, der im Krieg und in der Liebe zu den großartigsten Heldentaten fähig ist – der sozusagen schneller laufen und höher springen kann als seine Rivalen –, normalerweise in die Rolle des Tenors, des »starken Mannes« der Opernmanege gekleidet worden.

Aber nicht jeder Tenor hat das seiner Rolle entsprechende Aussehen. So wie die meisten Männer von Natur aus Bariton sind und nicht besonders hoch oder tief singen können, so sind die meisten auch nicht außergewöhnlich groß oder klein, gutaussehend oder häßlich. Wer aber ungewöhnlich groß ist, hat wahrscheinlich einen langen Hals und lange Stimmbänder und somit höchstwahrscheinlich auch eine tiefe Stimme. Im Gegensatz dazu scheint die süße kleine Stimme einer Galli-Curci oder einer Lily Pons, die so sehr der eines Kindes ähnelt, ganz natürlich zu einem zarten Körperbau zu passen; und auch viele große Tenöre, wie etwa Caruso, Gigli, Bergonzi oder Alfredo Kraus, sind recht klein von Statur gewesen.

Es ist ein merkwürdiger Zufall, daß mehrere der großen Tenöre unserer heutigen Zeit Männer von stattlichem Körperbau sind. Franco Bonisolli ist ein Hüne von einem Mann, bei dem man eher eine sonore Baßstimme erwarten würde. Luciano Pavarotti liegt zwischen den Großen und den Riesen, doch ist er für seine Größe relativ geschmeidig und beweglich, wie man es von einem ehemaligen Sportlehrer auch vermuten würde. Und Domingo? Er ist ein kräftig gebauter Mann von über 1,85 m; er wirkt ausgesprochen wohlproportioniert mit seiner prächtig gewölbten Brust, seinen starken Unterarmen und einem Körper, der die Frauen in Verzückung versetzt, wie dies seit Franco Corelli kein größerer Tenor getan hat. Er nimmt jedoch schnell zu, sein breiter Rücken ist runder, als er sein sollte, und sein kräftiger Hals läuft nur allzu häufig in ein leichtes Doppelkinn aus. Wenn er aber gut in Form ist – was beinahe immer der Fall ist, mit anderen Worten: er nicht viel mehr als 90 Kilo wiegt –, dann entspricht Domingos Äußeres den meisten Rollen, die er spielt.

Domingos Kunst stellt eine ungewöhnliche Verschmelzung aus Statur, stimmlicher Qualität und Musikverständnis dar. Was seine körperliche Verfassung angeht, so ist er eben zufällig groß, dunkel, gutaussehend und kräftig gebaut und hat eine Stimme, die dieser Gußform genau entspricht. Auch Domingos Stimme hat etwas Starkes, Heroisches an sich, sie ist kristallklar, geht beinahe schon in den Bariton über*, und es gelingt ihr manchmal, das Dach des größten Auditoriums abzuheben. Aber wie so viele starke Männer stellt Domingo seine Körperkraft nicht zur Schau, sondern ratio-

* Eine überzeugende Demonstration dafür, wie baritonhaft Domingos Stimme klingen kann, ist die erste halbe Stunde seiner *Meistersinger*-Aufnahme, auf der den Großteil der Musik der deutsche Tenor Horst Laubenthal in der Rolle des David singt. Domingos gelegentliche Zwischenverse verleihen dem Gesang beinahe den Charakter eines Tenor-Bariton-Duetts.

niert die Augenblicke großer Stimmgewalt mit äußerster Vorsicht und bringt sie mit den Erfordernissen der Musik und der Dramatik in Einklang. Das wirkliche Markenzeichen von Domingos gesanglicher Meisterschaft besteht nicht darin, daß er seine Stimmgewalt um ihrer selbst willen zur Schau stellt, sondern daß er ein Gespür dafür hat, wie er sein großartiges Instrument im Dienste der Musik wirksam einsetzen kann. Wenn Domingo auftritt, hat man selten das Gefühl, daß er seine letzten Kraftreserven ausschöpft; man bemerkt vielmehr, daß sein Künstlertum aus einem höchst sensiblen und intelligenten Haushalten mit seinen ungewöhnlich reichen Talenten besteht. »Sein Appeal«, bemerkte Sir John Tooley einmal kurz und treffend, »liegt nicht nur in seiner außergewöhnlichen Naturbegabung, sondern in seiner Fähigkeit, sie zu kontrollieren und gezielt einzusetzen und ihr nie ausgeliefert zu sein.« Ein Vergleich mit einem anderen großen Tenor unserer heutigen Zeit ist aufschlußreich. In seiner Glanzzeit vermittelte Jon Vickers in der Regel immer den Eindruck, als hätte er den letzten Rest seiner emotionalen Energie genau bei dieser einen Vorstellung von *Fidelio*, *Othello*, *Bajazzo*, *Peter Grimes* oder *Tristan* aus sich herausgepreßt – obwohl dies natürlich nicht der Fall war und er drei Abende später genau den gleichen Eindruck erweckte. Dagegen sind Domingos Auftritte in der Regel gemäßigter, da er die größten Ausbrüche künstlerischer Energie bis zu den geeigneten Augenblicken in Reserve hält. Wie auch die Auftritte von Vickers sind die von Domingo immer ein Erlebnis physischer Art; sein herzergreifender lyrischer Gesang hat oft etwas Sehnsüchtiges, und die großen Höhepunkte des Triumphs oder der Verzweiflung werden durch Stimme, Mimik und Gestik vortrefflich dargestellt. Aber die Erregung ist nie unbegründet, sondern wird von dem Drama bestimmt, zu dessen Entwicklung sie beiträgt.

Domingos Stimme hat sich in den Jahren seit dem Beginn seiner internationalen Karriere nur wenig verändert. Während Carusos Stimme zum Beispiel merklich dunkler und schwerer wurde, als er Mitte Vierzig war, ist die von Domingo seit Ende Zwanzig weitgehend gleichgeblieben. Wenn man sich Platten mit Arien anhört, die Domingo in einem Zeitraum von zehn oder zwölf Jahren zweimal aufgenommen hat, wird man aufgrund der Stimme allein nur schwer feststellen können, welches die frühere und welches die spätere Aufnahme ist. Domingo selbst sieht eine Veränderung jedoch in der Tiefe seiner Interpretationen, der Bedeutung, die er der Sprache beimißt, der Leichtigkeit, mit der er seine Stimme kolorieren kann, mit schwieriger *Tessitura* fertig wird und zwischen dramatischen und lyrischen Rollen wechseln kann. »Als ich im Alter von 34 Jahren zum ersten Mal

Othello sang, mit all der Düsterkeit in der Stimme, die diese Oper erfordert, glaubten manche Leute, daß ich nie wieder lyrische Werke wie *La Bohème* würde singen können«, sagt er. »Aber ganz ehrlich, wenn man sich eine Platte von *Bohème* anhört, die ich vor zehn Jahren aufnahm, und eine aus dem letzten Jahr, dann ist die neuere mit Sicherheit die erfrischendere.«

Domingos Stimme klingt erstaunlich gleichmäßig. Wenn man eine Platte von Domingo mit langsamer Geschwindigkeit abspielt, so daß seine Stimme wie ein Baß klingt, bleibt das natürliche Vibrato unglaublich regelmäßig. Es ist nicht so sehr die Kraft in Domingos Stimme, sondern der glatte, dunkle, samtweiche Klang, der einem im Ohr bleibt. Seine Stimme umfaßt zwar die tieferen Töne, die in der Regel eher mit dem *tenore drammatico* assoziiert werden, aber sein Gespür für den lyrischen Stil macht ihn vergleichbar mit Pavarotti und Bergonzi. Wohl kein anderer Tenor seit Björling, vielleicht sogar seit Caruso, hat diese seltene Kombination von Gaben besessen. Seine Stimme ist dunkler, satter und gedeckter als der schmeichlerische Ton in Pavarottis Stimme, sie ist vielleicht nasaler, aber weniger *stretto* oder gepreßt als die seines berühmten italienischen Rivalen. Während Pavarotti mit seiner scharfen, hellen und pointierten Stimme wie eine Flöte oder Oboe über die versammelten Kräfte eines großen Orchesters hinweggeht, paßt sich die von Domingo harmonisch an wie ein Horn – es sei denn, die Partitur verlangt die Unabhängigkeit einer Trompete, wozu Domingo durchaus die Mittel hat. Wenn es überhaupt ein bestimmtes Musikinstrument gibt, dem Domingos Stimme gleicht, dann ist es wahrscheinlich am ehesten das vollklingende, vibrierende, großzügig gestrichene Cello, und es überrascht nicht, daß sein Lieblingsinstrumentalist sein verstorbener, berühmter Landsmann Pablo Casals ist.

Hat Domingos Stimme irgend etwas typisch »Spanisches« an sich? Viele Kritiker entdecken bei Domingo ein Echo einiger seiner spanischen Vorgänger, wie etwa Miguel Fleta, dem ersten Calaf in Puccinis postumer Oper *Turandot*. Spanische Stimmen haben, bestätigt Domingo, oft etwas Samtenes; sie klingen mit Sicherheit eher samten als metallisch. Italienische Stimmen dagegen haben, so glaubt er, eine hellere, »klingelnde« Resonanz, mit der das Orchester leichter zu übertönen ist. Samtweiche Stimmen klingen zwar wunderschön, verlieren in der Regel aber ihre Klarheit und Schärfe, wenn der Sänger milde ist; deshalb, sagt Domingo, muß er sich anstrengen, wenn er das dichtere Klangvolumen eines Orchesters ständig durchdringen will, ohne die ursprüngliche Glätte der Stimme zu verlieren.

Es ist schwer, eine Stimme mit einer anderen zu vergleichen, und Schallplatten vermitteln uns nur einen vagen Eindruck von der Wirkung, die Sänger der Operngeschichte bei Live-Auftritten erzielten, aber dennoch hört man oft die Frage: Wie steht Domingo neben den anderen großen Tenören da? In vielerlei Hinsicht erinnert seine Stimme an den späten Caruso, wenn man einmal von dessen Manierismus des »vorgeschobenen Kinns« und Domingos klarerem *Portamento* absieht. Domingo ist vielleicht weniger heroisch als Martinelli oder Corelli, verfügt über die hohen Lagen vielleicht nicht so leicht wie ein Kraus oder Gedda, ist nicht immer so leidenschaftlich wie Carreras, und manche vermissen den verführerischen Reiz eines Gigli oder auch die ausgesprochen aristokratische Eleganz von Bergonzi aus dessen Glanzzeit. Doch Domingos Größe beruht auf seiner Fähigkeit, Qualitäten eines jeden der genannten und anderer großer Sänger in sich zu vereinigen, und in seiner eigenen Kunst eine erstaunliche Menge von Talenten zu kombinieren, die kaum, wenn überhaupt, in einem einzigen Künstler anzutreffen sind.

Gesangskunst umfaßt weit mehr als nur die Töne, die ein Sänger hervorbringt. Der natürliche Schwerpunkt in Domingos Stimmumfang liegt ein wenig tiefer als bei einigen anderen großen Tenören, doch scheint er selbst mit der anspruchsvollsten *Tessitura* zurechtzukommen. *Hoffmanns Erzählungen*, zum Beispiel, gilt in der Regel als eine Oper für den höheren, leichteren Stimmtypus eines Gedda oder Kraus. Hoffmann steht beinahe ununterbrochen auf der Bühne und muß in der Schlußszene die hohe, chromatisch aufsteigende *Arietta* des ersten Aktes wiederholen, doch habe ich Domingo diese Szene ohne die geringste Spur von Ermüdung singen hören, die er an diesem Punkt eigentlich verspüren müßte. Welcher andere im Grunde italienische Tenor – einer, der schließlich eine bezaubernd elegante Platte von *L'Elisir d'Amore* aufgenommen hat – wäre gleichzeitig in der Lage, mit den Tücken in *Lohengrin* oder (auf Platte) den *Meistersingern* fertig zu werden, und dazu noch in Deutsch? Man muß bis in das 19. Jahrhundert, bis zu Jean de Reszke zurückgehen, um eine Stimmgewandtheit dieser Art zu finden. Darüber hinaus stellt sich das Problem der Phrasierung, der Fähigkeit, beim Singen richtig zu atmen und die Bedeutung der Musik und der Sprache quasi aus sich selbst heraus entstehen zu lassen, beinahe frei von den physischen Zwängen des Sängers. Es gibt Momente, in denen Domingo beinahe das Atmen zu unterlassen scheint, um den Fluß der Musik nicht zu unterbrechen. Hören Sie sich beispielsweise an, wie er die Verse, die Manrico im letzten Akt des *Troubadour* seiner kranken Mutter singt (»Riposa o madre«), mit einem einzigen Atemzug (zweimal) auf Platte aufgenommen hat, und es dennoch schafft, wie Björling die mächtige Phrase wie die natürlichste Sache auf der Welt klingen zu lassen. Das gleiche trifft auf den langen

Lauf in seiner Aufnahme von »il mio tesoro« aus Mozarts *Don Giovanni* zu; auf dieser Platte zeigt sich Domingo als ernsthafter Konkurrent für den größten Meister dieser Musik, John McCormack.

Wie steht es mit jenen extrem hohen Tönen, die man vom Tenor als Hochleistungssportler erwartet? Domingo hat Mühe mit dem hohen C, und er erreicht diesen Ton sicherlich nicht mit der gleichen relativen Leichtigkeit, mit der hellere Tenöre, etwa Kraus oder Pavarotti, es in ihren Bestzeiten schaffen, doch singt er wahrscheinlich das satteste hohe H und B in der ganzen Opernszene. Wie Jussi Björling, einer von Domingos Vorgängern, den er sehr bewundert, neigt auch Domingo manchmal dazu, seine höchsten Töne noch ein klein wenig zu erhöhen, ein Stilmittel, das bei behutsamem Einsatz in Passagen emotionaler Intensität dem Gesang zusätzlich Schliff und Spannung verleiht. Aber wie steht es mit dem hohen C? Der Bariton Sherrill Milnes erinnert sich, wie Domingo mit den zwei hohen C am Ende von »di quella pira« kämpfte, als sie 1969 zusammen Verdis *Troubadour* aufnahmen. Beim ersten hatte er Erfolg; das zweite bereitete größere Schwierigkeiten. »Er stand da mit einem Handtuch um den Hals vor dem kompletten Männerchor – vierzig Kerle, von denen wahrscheinlich jeder dachte, er könne es besser, und Plácido wußte, was sie dachten.« Domingo stand einfach da, schweißgebadet vor Anstrengung, und bat immer wieder darum, ein paar Takte zurückzugehen, so daß er einen erneuten Versuch unternehmen konnte. Und plötzlich landete er auf einem wahren Prachtton. »Nun ja«, sagt Milnes heute, und sein Gesicht strahlt noch immer vor Begeisterung, »man mußte ihn einfach für den Mut bewundern, mit dem er da sozusagen vor aller Welt stand, völlig durchnäßt, und diese unglaubliche Stimme so lange strapazierte, bis er endlich den richtigen Ton erwischte.«

Domingo selbst scheut sich nicht davor, über sein hohes C zu sprechen. Vor ein paar Jahren sagte er: »Ich singe hohe C im vierten Akt von *Manon Lescaut* zusammen mit dem Sopran, in den Duetten im *Maskenball* und der Rätselszene in *Turandot* sowie ein hohes C in *Othello*. Die Arien in *La Bohème*, *Troubadour* und *Faust* transponiere ich immer.« Und er fügte hinzu, daß er sich im Laufe der Zeit bei diesem Ton immer sicherer fühle. Das hohe C? Eine großartige Sache, sagte der unbestrittene »König des hohen C« der letzten Jahre, Luciano Pavarotti, in seinem »Playboy«-Interview im Jahre 1982. Aber es ist wie beim Fußballspielen. Wenn einer jede Woche ein Tor schießt, ist das schön und gut; um aber als wirklich guter Fußballer zu gelten, muß man ein Allroundspieler mit Teamgeist sein.

Wie alle guten Sänger integriert Domingo die hohen Töne in die Gesamttextur der sie umgebenden Musik. Er würde einen hohen Ton nie länger aushalten, als es der natürliche Fluß der Musik erlaubt, noch würde er in den Puls der Musik eingreifen, um sich seinen Anlauf zu erleichtern. Ja er hält vor einem hohen Ton häufig nicht einmal inne, um zu atmen, sondern behandelt ihn als Teil einer zusammenhängenden Phrase. Solche Kunststücke kann nur jemand versuchen, der mit großen und beweglichen Lungen gesegnet ist, über eine enorme Zwerchfellunterstützung verfügt (Domingos Bauchmuskulatur gleicht der eines Gewichthebers) – und vor allem eine große musikalische Einfühlungsgabe besitzt. Domingo ist ein »Showman«, aber er ist kein Protz, und er weiß genau, wie er sich bei einem Auftritt zurückhalten muß, bis Musik und Drama es zulassen, in die vollen zu gehen. Wie ein guter Kammermusiker weiß Domingo es zu vermeiden, seine Kollegen zu übertönen, und er versteht es, seine Könnerschaft in das Werk und die jeweilige Vorstellung als Ganzes zu integrieren.

All dies hat nicht nur damit etwas zu tun, mehr *forte* oder *piano*, mehr *legato* oder *staccato* zu singen oder mit einem *Crescendo* zu einem früheren oder späteren Zeitpunkt einzusetzen; es ist vielmehr eine Frage des übergreifenden Musikverständnisses, der Bereitschaft, die Architektur des gesamten Werkes die Details bestimmen zu lassen, statt die Einzelheiten lediglich für sich zu betrachten. Es mag herablassend oder abgedroschen klingen, wenn man Domingos Musikalität lobt. Ist nicht jeder erfolgreiche Sänger zwangsläufig, ja beinahe per Definition musikalisch? Nun ja, natürlich. Aber Domingos gewissenhafte Sorgfalt für das Detail, sein Bemühen, jedes Wort und jede musikalische Phrase voll zum Ausdruck kommen zu lassen, geht immer einher mit dem Interesse am übergreifenden Bogen der musikalischen Bedeutung – eine Kombination, die man unter Sängern der großen Oper nicht sehr häufig antrifft. Legenden aus der Opernwelt sind voll von Witzen über die sprichwörtliche Dummheit der Tenöre. Nach einer *Tosca*-Vorstellung machte der Dirigent James Levine Domingo einmal Komplimente über dessen universales Gesangstalent: »Plácido«, sagte er, »weißt du, du hast wirklich den Verstand eines Dirigenten.« Domingo grinste in den Garderobenspiegel und erwiderte: »Nur gut, daß du nicht den Verstand eines Tenors hast!«

Domingos Musikverständnis steht außer Zweifel. Es ist weitgehend eine Frage des Instinkts. Er lernt von Natur aus schnell und poliert seine Rollen in der Regel, indem er sie aufführt, und nicht, indem er sie analysiert. Bei seinem Terminkalender findet er gar nicht die Zeit, über eine Rolle, die er gerade einstudiert, viel nachzulesen. Aber er hat einen scharfen und durchdringenden Verstand und überläßt bei einem Auftritt nichts dem Zufall. Er beschreibt lebhaft, wie wichtig es ist, die Klangfarbe der Stimme zu verändern, wenn (wie zum Beispiel in der Arie im dritten Akt des *Troubadour* »Ah! si ben mio«) die Musik von Moll nach Dur steigt. Oder etwa Alvaros große Arie zu Beginn des zweiten Aktes in Verdis *Forza del Destino*. Wie Domingo es schildert, muß der Tenor am Anfang des Werkes in einem schwierigen Duett singen, anschließend für etwa eine Stunde verschwinden, um dann wieder aufzutreten und ohne sich warmzusingen eine ausgesprochen komplizierte und abwechslungsreiche Arie vorzutragen. Sie beginnt mit einem langen Rezitativ, in dem die Worte von größter Bedeutung sind, und wenn dann das Orchester lediglich einfache Pizzicato-Akkorde spielt, muß er in einer wunderbar beflügelten Phrase auf ein leise gesungenes As emporsteigen. Wenn er in Form ist, ist das kein Problem, wenn er aber ein wenig müde ist oder einen Frosch im Hals hat, entscheidet er sich vielleicht, den Ton zur Sicherheit mit etwas mehr Lautstärke anzugehen. Diese Entscheidung mag von vielen Faktoren abhängen – selbst von der Atmosphäre im Publikum, vor dem er singt. »An einem Ort wie Hamburg erwartet man den *Piano*-Ton, aber es macht nichts, wenn er nicht glückt; in Mailand dagegen muß der Ton absolut perfekt sein, egal wie man ihn angeht, sonst stöhnt das ganze Haus vor Unmut!« Jede Rolle stellt ihre eigenen Anforderungen und Probleme. Rodolfo in *La Bohème* zum Beispiel erfordert eine lyrischere Stimme als Othello, denn der erstere ist ein junger Dichter, der letztere ein kriegserfahrener General, auch wenn die Orchestrierung im dritten Akt in *La Bohème* beispielsweise viel wuchtiger ist als im Liebesduett in *Othello*.

Es gibt nicht viele Opernsänger, die über Details in der Orchestrierung sprechen. Die meisten haben nur eine sehr vage Vorstellung von dem, was ihre Gesangskollegen tun, ganz zu schweigen von dem, was im Orchestergraben im einzelnen vor sich geht. Aber seit seiner frühen Erfahrung im Musiktheater seiner Eltern hat sich Domingo immer für alle Aspekte der musikalischen Aufführung interessiert. Lange bevor er anfing, ernsthaft an seiner Stimme zu arbeiten, war er ein versierter Pianist, und noch heute spielt und liest er Partituren ausgezeichnet. Auf diese Weise bringt er sich die verschiedenen Rollen am Klavier selbst bei, ohne, wie die meisten Sänger, vom Talent und der Zeit eines Lehrers oder Korrepetitors abhängig zu sein – und vor allem, ohne seine Stimme einsetzen zu müssen. Erstklassiges Klavierspiel ist ein wahrer Segen für einen Sänger, ein Segen, der nur wenigen zuteil wird. Domingo, der etwa achtzig Opernrollen in seinem Repertoire hat, wovon ungefähr 25 zu jeder beliebigen Zeit so gut wie aufführungsreif sind, kann seine Verse immer wieder auffrischen, ohne zu singen, ganz für sich und nach eigenem Belieben. Kurz vor seinen Auftritten in Verdis Oper

Ernani, mit der die Scala die Spielzeit 1982/83 eröffnete, hatte er jedenfalls sehr wenig Zeit, sich die Partitur wieder anzusehen, die er in den letzten 13 Jahren kaum angerührt hatte. Doch als die Proben begannen, beherrschte er Gesang und Text perfekt. Wann hatte er sich wieder in die Oper eingearbeitet? Er versucht zu überlegen. In Taxis. In London während der *Fanciulla*-Pausen. Auf dem Flug nach Mailand ...

Meister in allen Häusern

Das Operngeschäft

Die großen Opernhäuser der Welt befinden sich in Städten wie Mailand, New York und London, großen Städten voller geschäftiger Menschen, von denen nicht alle Opernfans sind. Fragen Sie in diesen Städten den »Mann auf der Straße«, was er von der Oper hält, so wird er wahrscheinlich mit einem Schulterzucken antworten. Oder vielleicht sieht er sie als eine Art Varieté-Posse mit einer vollbusigen fetten Sopranistin, die einem verständnislosen kleinen Liebhaber hysterisch hohe Töne zärtlicher Liebe entgegenschleudert. Er hat nicht unrecht. Die Marx Brothers trafen in *A Night at the Opera* den Nagel auf den Kopf: Eine verrückte Geschichte kulminiert in der ausgesprochen komischen, völlig durcheinandergebrachten Vorstellung einer Oper, *Der Troubadour*, die eine beinahe ebenso ungewöhnliche Handlung hat wie der Film selbst. *Der Troubadour* ist ein gutes Beispiel für eine Oper, die herrliche Passagen dramatischer Unglaubwürdigkeit enthält, in denen verschiedene Personen, die aufgrund irgendwelcher besorgniserregender Nachrichten schlagartig und leidenschaftlich aktiv werden, auf der Bühne endlose Minuten erstarren und uns beteuern, daß keine Sekunde zu verlieren sei. Es gibt gute Opern und schlechte, gut aufgeführte und schlecht aufgeführte. Im Idealfall kommt es zu einer wirkungsvollen Kombination von Musik, Poesie und Drama, die eine Gefühlstiefe vermitteln kann, der vielleicht keine andere Kunstform gleicht. Im schlimmsten Falle ist die Oper entweder peinlich oder schlichtweg grotesk.

Bis zu einem gewissen Punkt ist die Oper selbst schuld daran, wenn ihr manchmal mit Ablehnung oder Nichtachtung begegnet wurde. Eine schlechte oder schlecht aufgeführte Oper verunglimpft den Namen der

Kunstform insgesamt. Aber selbst eine gute Oper in einer geglückten Inszenierung spricht in der Regel nur wenige an. In gewisser Weise ist dies eine Frage des persönlichen Stils; es entspricht nicht jedermanns Geschmack, Figuren in Momenten singen zu hören, in denen Sie oder ich sprechen würden, oder das grollende Grübeln eines Charakters über sich ergehen zu lassen, dessen Gedanken – wenn unsereins sie hätte – besser unausgesprochen blieben. Es gibt noch weitere Probleme, zum Beispiel die Sprache. Wenn eine Oper in ihrer Originalsprache aufgeführt wird, die dem Publikum weitgehend unvertraut ist, verliert das Werk einen Großteil seiner Bedeutungsnuancen; Worte in der eigenen Sprache nicht zu verstehen kann jedoch weitaus frustrierender sein, als eine fremde Sprache nicht zu begreifen. Einige Menschen sprechen auf die Musik einfach nicht an. Es gibt Schwerhörige, auch solche, die die Töne nicht unterscheiden können, und viele, die sich für »klassische Musik« nur wenig oder gar nicht interessieren.

Vielleicht ein tieferer Grund dafür, weshalb die Oper nicht jeden reizt, ist die Tatsache, daß es sich um eine komplexe Kunstform handelt, die tiefe und manchmal beunruhigende Gefühle aufrühren kann. Denken Sie nur daran, welche Wirkung ein guter Film haben kann, besonders wenn er eine eindrucksvolle Filmmusik hat. Viele der emotionsgeladenen Motive der Filmmusik sind mehr oder weniger direkte Ableitungen aus der Standardopernpraxis – die Harfen, Flöten und *tremolando*-Streicher, die mit romantischen Vollmondnächten assoziiert werden, die tiefen Bläserakkorde, die den Tod verkünden, und die großen Orchesterhöhepunkte, die die dramatischen Ausbrüche angestauter Gefühle begleiten. Solche Musik kann ausgesprochen beeindruckend sein, selbst wenn sie von der dramatischen Situation, die sie ursprünglich beschreiben sollte, isoliert ist, und die Filmmusiken von Carl Davis oder John Williams oder Waltons Musik für Laurence Oliviers Shakespeare-Filme können selbst aus dem Zusammenhang gerissen anschaulich genug sein. Dasselbe trifft sicherlich auf einige der großen Orchesterstücke von Wagner oder Verdi zu, die in der Konzerthalle immer großen Anklang finden. Wenn aber eindrucksvolle Musik, Dramatik und Poesie vereint auf die ästhetischen Sinne eindringen, kann dies überwältigend sein. Es ist nicht einfach und bequem, etwa die unendliche Traurigkeit von Mozarts Gräfin oder Strauss' Marschallin, von Verdis verbitterten Vätern und Töchtern oder Wagners unheilvoll verirrten Göttern und Göttinnen zu verstehen. Diese fiktionalen Personen können uns Wahrheiten über uns selbst erzählen, die um so zutreffender sein können, je stärker sich die Botschaft in ein scheinbar fiktionales und künstliches Gewand kleidet, Wahrheiten, die nicht immer leicht zu akzeptieren sind. Die Oper ist unter den darstellenden Künsten bekanntlich diejenige, die die leidenschaftlichsten und stärksten Gefühle im Zuschauer wachrufen kann, und wenn ein großes Werk hervorragend dargeboten (oder verpfuscht) wird, ist der Grund dafür leicht erkennbar. Es ist kein Wunder, daß die meisten Menschen sich zu weniger anspruchsvollen Kunstformen hingezogen fühlen, sei dies nun aufgrund von Realitätsflucht, auf der Suche nach Trost oder der reinen Unterhaltung wegen.

Auch wenn es in den Bereichen der Ästhetik und der Psychologie Gründe gibt, weshalb die Oper kein Massenpublikum anspricht, so sind die offensichtlichsten Motive dafür ökonomischer Natur. Die Oper ist sowohl für die Produzenten als auch für das Publikum eine teure Unterhaltungsform. Ein typisches Broadway- oder West-End-Theater der 80er Jahre beschäftigt etwa zwanzig Leute und zeigt ein Stück mit vielleicht fünf oder acht Schauspielern vor einem Publikum von weniger als tausend Personen pro Abend, mit ein paar zusätzlichen Matineevorstellungen. Ein großes modernes Opernhaus dagegen bringt vielleicht zwei- oder dreimal so viele Zuschauer pro Abend unter, doch muß die Geschäftsleitung nicht zwanzig, sondern tausend Gehälter bezahlen und bringt in der Woche durchschnittlich zwei oder drei Vorstellungen von drei oder sogar vier verschiedenen Stücken auf die Bühne.

Die Oper zu fördern und auch zu besuchen war schon immer äußerst aufwendig und kostspielig, und noch kein Opernhaus hat sich jemals völlig selbst getragen. Im 17. und 18. Jahrhundert bürgten in der Regel wohlhabende aristokratische Mäzene. In den Staatsgebilden im Italien oder Deutschland des 19. Jahrhunderts verband sich das individuelle Mäzenatentum durch den reichen politischen oder gesellschaftlichen Führer allmählich mit der Idee einer Subventionierung aus öffentlichen Mitteln, und in der Tat werden noch heute viele italienische und deutsche Opernhäuser zum Teil durch Steuergelder aus anderen örtlichen Vergnügungseinrichtungen unterstützt. Darüber hinaus entstand die Idee einer nationalen Förderung, und so erhalten zum Beispiel die Opéra in Paris wie auch die Comédie Française und andere kulturelle Einrichtungen von nationaler Bedeutung beträchtliche Zuschüsse direkt von der französischen Regierung. Der Arts Council in Großbritannien vergibt einen wesentlichen Teil seines jährlichen Budgets (1984 waren es 29,6 Millionen Pfund aus dem Gesamthaushalt von 100 Millionen Pfund) unmittelbar an die vier »National Companies«, (das National Theatre, die Royal Shakespeare Company, die English National Opera und Covent Garden); der weitaus größte Zuschuß (12,3 Millionen Pfund) geht an das Royal Opera House. In Osteuropa nimmt die staatliche Subventionierung die Form direkter Verstaatlichung an: Sänger und Angestellte des Opernhauses beziehen staatliche Gehälter, und ganze Sitzreihen werden zu günstigen Preisen Fabrikarbeitern zugeteilt, die sich eine solche teure Kunst in einem westlichen Land normalerweise nie leisten könnten.

Die Idee des privaten Mäzenatentums ist jedoch nicht völlig ausgestorben. Genau wie die frühen Aufführungen von Haydns neuen Werken vom Fürsten Esterhazy und die von Wagner ein Jahrhundert später vom König von Bayern bezahlt wurden, so stammt auch in unserer Zeit ein Großteil der Einkünfte amerikanischer Opernhäuser von wohlhabenden Familien und Firmen. Es gibt natürlich Unterschiede zwischen »privat« und »privat«. Es liegen Welten zwischen der persönlichen Großzügigkeit eines Renaissanceprinzen oder eines reichen Exzentrikers wie John Christie, des Gründers von Glyndebourne, einerseits und einer großen und rationell wirtschaftenden amerikanischen Versicherungsgesellschaft andererseits, die sich ausrechnet, wie man am besten gute Publicity mit Steuerabschreibung kombiniert. Vielleicht erweisen wir der Sprache einen schlechten Dienst, wenn wir beides den »privaten« Sektor nennen. Aber grundsätzlich kann man sagen, daß die Oper immer auf Fremdfinanzierung angewiesen war.

Keine größere Oper kann normalerweise mehr als etwa die Hälfte ihrer Einkünfte durch Kasseneinnahmen abdecken.* Man kann dies auch anders ausdrücken: Wenn Opernhäuser wie die New Yorker Metropolitan, Covent Garden, die Wiener Staatsoper oder die Scala alle Kosten durch Kasseneinnahmen allein zu bestreiten hätten, dann müßten sich die Eintrittspreise theoretisch verdoppeln oder verdreifachen. In diesem Fall würden natürlich viele Karten unverkauft bleiben, so daß die Kasseneinnahmen nicht steigen, sondern fallen würden.

Die Eintrittspreise und die verschiedenen Methoden, die notwendigen zusätzlichen Mittel aufzubringen, hängen unmittelbar mit Problemen der Kulturpolitik zusammen. Zum Beispiel wäre es wohl möglich, daß ein Haus wie die Met oder Covent Garden sich nur auf die Standardwerke konzentrierte, wie etwa *La Bohème, Carmen, Tosca* und *La Traviata*, die ausverkaufte Vorstellungen mehr oder weniger garantieren, und ihre periodischen Vorstöße in das moderne Repertoire gänzlich unterließe. Man könnte dadurch vielleicht Geld sparen, aber kein Haus, das eine solche Strategie verfolgte, könnte die Anschuldigung zurückweisen, die gegen die meisten

* Mit nahezu 4000 Plätzen gewinnt die Met nicht ganz zwei Drittel ihrer Einnahmen durch Kartenverkäufe, bei den meisten europäischen Häusern ist es eher ein Drittel.

ohnehin oft genug vorgebracht wird, nämlich nichts anderes als ein Museum einer im Grunde versteinerten Kunst zu sein. Die Einnahmeeinbußen durch leere Plätze bei Vorstellungen unbekannter Werke sind im übrigen gering; Stücke werden entweder mit einem relativ billigen Hausensemble oder mit Starbesetzungen gespielt, zu denen sich das Publikum in der Regel ohnehin zahlreich genug einfindet.

Daneben gibt es die superaufwendigen Neuinszenierungen, die jedem größeren Haus immer wieder Kritik einbringen. Diese *Aida* oder *Turandot* oder jener *Ring*, so hört man ständig von irgendwelchen Leuten aus irgendeiner Ecke der Opernszene, hätte die gesamte Staatsverschuldung tilgen können, und es ist ja tatsächlich so, daß eine Neuinszenierung in einem der großen Häuser heutzutage mehr als 250 000 Pfund kosten kann. Aber die Fixkosten einer Operninszenierung sind in der Regel wenig flexibel. Einfache Kulissen und seltene Szenenwechsel tragen vielleicht ein wenig zur Kostendämpfung bei. Doch muß man neue Kulissen, Requisiten und Kostüme entwerfen und herstellen, Solisten und Chor einstudieren, Beleuchtung und Bühnentechnik ausarbeiten und einüben, neue Programme in Auftrag geben, die ganze Inszenierung proben, wieder proben und publik machen. Wenn der Betrag auf irgendeine Weise verringert werden kann, so beträgt die Marge wahrscheinlich weniger als fünf Prozent und hat in der Regel mehr mit der Art der Oper als mit dem Inszenierungsstil zu tun.

Wie sieht es mit teuren Gaststars aus? Könnte man nicht die hohen Kosten der Oper senken, indem man ihnen weniger zahlte – oder sie weniger häufig engagierte? Zunächst muß einmal festgehalten werden, daß keine Gage, die heutzutage einem Opernsänger bezahlt wird, auch nur im entferntesten mit den Summen zu vergleichen ist, die die Topstars der populären Unterhaltung einstreichen. Für hundert Dollar, die Nilsson, Vickers oder Sutherland in den gesegneten sechziger Jahren verdienten, nahmen die Beatles oder Rolling Stones tausend oder mehr ein. Während Domingo zu Beginn der achtziger Jahre etwa eine Million Dollar pro Jahr verdiente, bekam Andrew Lloyd Webber, der Komponist von *Jesus Christ Super-Star, Evita, Cats* und anderen erfolgreichen Musicals, angeblich eine Million im Monat.

Auch im Vergleich zu früheren Zeiten sind die heutigen Spitzengagen alles andere als hoch. Schon um 1880 bekam Adelina Patti regelmäßig mindestens zwei- bis dreitausend Dollar pro Auftritt, während ein Geiger im Orchester der neuen Metropolitan Opera in New York einhundert pro Monat verdiente. Noch in den sechziger Jahren, nach drastisch gestiegenen Lebenshaltungskosten und Steuerlasten, rangierten die Topgagen noch immer bei den 3000 Dollar, die die Patti verdiente. In den folgenden zwanzig Jahren hat sich die Summe allerdings mehr als verdoppelt.

Agenten werden nie müde, darauf hinzuweisen, daß kein Sänger an jedem Tag der Woche Aida oder Tristan singt und daß kaum ein Sänger mehr als etwa sechzig Opernauftritte pro Jahr schafft. Es kommt hinzu, daß die meisten Menschen ein Erwerbsleben von etwa vierzig oder fünfundvierzig Jahren haben, wohingegen es bei einem Sänger eher die Ausnahme ist, daß er zwanzig Jahre lang an der Spitze bleibt. Singen ist einer der prekärsten Berufe: Wenn die Stimme nachläßt, ist es mit der Karriere vorbei, und selbst ein so etablierter Sänger wie Domingo könnte den Großteil seiner Erwerbsfähigkeit über Nacht für immer verlieren. Ob nun die heutige Spitzengage für einen Opernauftritt 5000 oder 20 000 Dollar beträgt (beide Summen sind realistisch, denn sie hängen von einer Vielzahl von Faktoren ab), ist es trotzdem ein ungewöhnlich stattlicher Betrag für die Arbeit eines Abends. Wenn die Rolle neu ist und erst einstudiert werden muß, wenn die Inszenierung neu ist oder wenn das Haus nicht zu den größeren Opernschauplätzen der Welt gehört, kann die Gage entsprechend höher sein. Bereits 1975 soll die Hamburger Oper Domingo für die Ehre, ihn als Gast sein Debüt als Othello geben zu lassen, 8000 Dollar geboten haben.

Die Oper bleibt also für jeden, der sie produziert, ein teures Geschäft, und für jeden, der sie besucht, eine kostspielige Unterhaltung. Die größeren Häuser versuchen mit einer Reihe von Taktiken, mit ihren Einkünften auszukommen. Sie bemühen sich, Vertragsverhandlungen zu unterbinden, indem sie den Forderungen nach besseren Arbeitsbedingungen seitens des Personals, des Chors, des Orchesters und der Solisten so weit wie möglich entsprechen, ohne jedoch in finanzieller Hinsicht Zugeständnisse zu machen. Sie erhöhen die Eintrittspreise, besonders in den teureren Sitzreihen des Hauses, so weit es der Markt erlaubt, ohne daß die Preise sich selbst schaden. Sie überreden Starsänger, für Gagen aufzutreten, die im Geschäft als relativ bescheiden gelten, und bieten dagegen die Möglichkeit zu optimalem künstlerischem Schaffen unter idealen Bedingungen. Und sie versuchen, regionale und nationale Regierungen sowie Privatunternehmen und Industriegesellschaften, ja selbst Privatpersonen zu möglichst großzügigen Spenden zu bewegen. Aber all diesem Drehen und Wenden zum Trotz verwehrt die wirtschaftliche Situation der Oper vielen Menschen den Zugang zu einer Kunstform, an der sie sich sonst erfreuen würden. Wenn man nun noch die ästhetischen und psychologischen Erwägungen hinzuzählt, die zuvor erwähnt wurden, so überrascht es kaum, daß die Oper die umstrittene Spielerei einer Minderheit bleibt.

Es mutet wie ein Wunder an, daß diese Minderheit in der heutigen Zeit beträchtlich gewachsen ist. Trotz der ständigen Angriffe gegen die Oper, eine teure, altmodische Elitekunst zu sein, die einem Zeitalter der egalitären Politik nicht mehr angemessen ist und unter der wirtschaftlichen Rezession leidet, hat sich das Publikum bei Live-Vorstellungen von Opern hartnäckig und beständig vermehrt, wo immer man die Oper anbot. In Großbritannien gab es vor fünfzig Jahren keine einzige feste, professionelle Operngesellschaft; in den achtziger Jahren bestehen etwa ein halbes Dutzend, die normalerweise alle vor vollem Haus spielen. In den USA gab es in der Spielzeit von 1982/83 insgesamt 13462 Opernvorstellungen von über eintausend Ensembles und Werkbühnen vor einem Rekordpublikum von 12,7 Millionen Menschen. Diese wachsende Zuschauerschaft ist zweifellos von der ständig zunehmenden Zahl der Platten- und Videoaufzeichnungen von Opern und Opernübertragungen im Fernsehen angeregt und angeleitet worden. Aber was die Menschen mehr als alles andere wollen, ist der Zugang zur »echten Sache« – Live-Vorstellungen guter Opern in gelungenen Inszenierungen. Auf jeden Fall ist die Nachfrage nach Plätzen enorm, wenn ein Interpret vom Format eines Domingo in einem der größeren Häuser angekündigt ist. Eintrittspreise sind naturgemäß hoch, und der Zutritt zu den heiligen Hallen wird schließlich nur einem Bruchteil derer gewährt, die sich darum bemühen. Wenn Sie nun aber zu den glücklichen Auserwählten gehören – wie läßt sich die Erfahrung beschreiben, die Sie erwartet? Und was geschieht, bis Domingo an die Öffentlichkeit tritt?

Ernani an der Scala

Das Mekka der italienischen Oper ist das Teatro alla Scala in Mailand, das älteste, und viele würden sagen das bedeutendste, aller großen Opernhäuser der Welt. In gewisser Weise – und in Anbetracht der schlichten Fassade aus dem 18. Jahrhundert scheint dies überraschend – ist die Scala auch eines der größten Operngebäude. Wenn Sie sich von der eleganten äußeren Erscheinung haben täuschen lassen, versuchen Sie mal, um das Gebäude herumzugehen. Wenn Sie die Via Giuseppe Verdi hinunterschlendern, dann zur Linken der unregelmäßig verlaufenden Via Arrigo Boito folgen, dann wiederum links in den nördlichen Abschnitt der Via Filodrammatici abbiegen und schließlich wieder auf die Piazza della Scala zurückgelangen, werden Sie allmählich entdecken, daß das Theater und verschiedene angegliederte Büros einen wesentlichen Teil der Innenstadt von Mailand ausmachen. Die

Vorderansicht mag, gemessen am Standard der Opernhäuser aus dem 19. und 20. Jahrhundert, ein wenig unscheinbar wirken, aber die Bühne der Scala zum Beispiel ist über dreißig Meter tief: Alle Kulissen für eine spektakuläre Inszenierung, wie die von *Ernani* in der Spielzeit 1982/83, können während der gesamten Vorstellung auf der Bühne bleiben, einige sichtbar und andere im Hintergrund versteckt. In dem riesigen Oval des Zuschauerraums werden nicht weniger als sechs hufeisenförmige Galerien mit Sitzplätzen von einem gigantischen Kronleuchter beherrscht, der 180 Meter über den Orchestersitzen hängt.

La Scala wurde auf einem Gelände errichtet, auf dem einst eine Kirche aus dem 14. Jahrhundert stand – Santa Maria alla Scala – und im Jahre 1778 mit einer neuen Oper von Salieri eröffnet. In ihrer zweihundertjährigen Geschichte stand die Scala immer im Mittelpunkt der jeweiligen neuen Trends in der Opernwelt, und ihre stolze Vergangenheit verzeichnet viele Weltpremieren von Werken von Rossini, Bellini, Donizetti, Verdi und Puccini. Dies war das Haus, in dem sich Caruso einen Namen machte, in dem Callas und Gobbi viele ihrer besten Rollen sangen und Toscanini und de Sabata mit wahrer Autorität herrschten. Aber unter all den Größen, die zur Legende der Scala beigetragen haben, den Komponisten, die für sie Musik verfaßten, und den Sängern und Dirigenten, die dort wirkten, nimmt keiner einen höheren Rang ein, als der Shakespeare der italienischen Oper, Giuseppe Verdi. Verdi und die Scala teilten lange Zeit die Ehre, die beiden Seiten der gebräuchlichsten italienischen Währungseinheit, der 1000-Lire-Note, zu zieren. Mehrere von Verdis frühen Werken kamen in den 1840er Jahren in der Scala erstmals auf die Bühne, und etwa vierzig Jahre später brachte die Scala seine zwei letzten Meisterwerke, jene Höhepunkte der italienischen Opernkunst, *Othello* und *Falstaff* zur Uraufführung. Die Hauptstraße entlang des Theaters trägt heute den Namen des Komponisten, und auch im Scala-Museum nimmt eine umfangreiche und eindrucksvolle Sammlung von Verdiana einen Ehrenplatz ein. Als Verdi 1901 im Alter von 87 Jahren im Sterben lag, wurde der Verkehr auf der Via Manzoni, an der Verdi im Hotel di Milano seine Wohnung hatte (das Hotel existiert heute noch, nur wenige hundert Meter von der Scala entfernt), umgeleitet, um den alten Maestro nicht zu stören. Und als der Großmeister schließlich gestorben war, kam die Stadt Mailand nahezu zum Stillstand, als bei einer Gedächtniszeremonie der 33jährige Toscanini in einer Freilichtaufführung Verdis großartigen patriotischen Chor dirigierte, der vor mehr als einem halben Jahrhundert komponiert worden war, »Va pensiero sull'ali dorati«.

Trotz all der Großartigkeit herrscht bei einer Vorstellung in der Scala ein

Gefühl direkten Austausches, beinahe von Intimität zwischen den Darstellern und dem Publikum. Die Wirkung ist magisch, wenn die Lampen überall in dem tiefrot und gold geschmückten Auditorium allmählich verlöschen und die Zuschauer sich auf ihre Plätze im Orchester oder in einer der Logen begeben. Die Lichter in den Logen bleiben erleuchtet, bis die letzten Zuschauer mit Hilfe der Platzanweiser in schwarzen Uniformen mit hohen Kragen und Amtsketten ihre Plätze finden. Hoch über dem Proszeniumbogen, etwa an dem Punkt, den in Covent Garden das Flachrelief von Königin Victoria einnimmt, zeigt die berühmte Scala-Uhr (sie war schon digital, lange bevor dies modisch wurde, auch wenn sie zum Teil noch römisch ist), mit weißen Ziffern auf schwarzem Hintergrund die Uhrzeit an: $\overset{5}{\text{VIII}}$. Die Vorstellungen fangen selten pünktlich an. Endlich gehen auch die Logenlichter aus, der Maestro betritt das Podium, und nachdem der Applaus und das Geräusch der Zuspätkommenden verstummt sind, oder manchmal auch schon früher, beginnt das Orchester mit der Ouvertüre. Zweitausend Zuhörer – so viele faßt das Theater insgesamt – lauschen mit gespannter Aufmerksamkeit und geben bereits hörbare Zeichen, wenn die Musik ihnen gefällt, oder murmeln, wenn ihnen etwas nicht behagt. Die Ziffer »5« auf der Uhr klappt nach rechts und weicht einer »10«, und langsam teilt sich der große Vorhang – eine Neuerung, die auf Toscanini zurückgeht. Bevor er dort Musikdirektor wurde, hatte die Scala einen Vorhang, der senkrecht aufgezogen wurde, aber Toscanini mißfiel der Gedanke, daß die Zuschauer zuerst die Füße und dann die Knie seiner Sänger sahen, bevor sie deren Gesichter erblickten. Die riesige Bühne der Scala bietet selbst dem am weitesten entfernt sitzenden Zuschauer im obersten Rang ein lebhaftes Bild, wenn auch der Blick für viele in den Seitenlogen ein wenig verzerrt ist, und die ovale Form des Zuschauerraums sorgt für eine klare Akustik auf allen Plätzen. In diesem Mekka der Oper erwartet das typische Scala-Publikum den Direktkontakt mit seinen momentanen Göttern, und die Zuschauer betreten das Haus immer mit einem Gefühl erregter Andacht und Erbauung und hoffen, es in der gleichen Stimmung zu verlassen.

Jeder Sänger träumt davon, in der Scala aufzutreten. Für Plácido Domingo wurde dieser Traum am 7. Dezember 1969 wahr, am Eröffnungsabend der Spielzeit von 1969/70, als der erst achtundzwanzigjährige mit der Titelrolle in Verdis *Ernani* dort sein Debüt gab. Seither hat die Scala einige von Domingos größten Triumphen erlebt. Viele sprechen mit unglaublicher Bewunderung von seinem ersten *Othello* an der Scala, mit dem unter Carlos Kleibers Stabführung und Zeffirellis Regie die Spielzeit von 1976/77 eröffnet und erstmals in Italien eine Oper live im Fernsehen übertragen wurde.

»Das war die großartigste Vorstellung, die ich in meinem ganzen Leben gesehen habe«, sagt der Dirigent Riccardo Chailly. »Wenn ich nur noch eine einzige Opernvorstellung sehen könnte, bevor ich sterbe, dann müßte es jener *Othello* an der Scala sein.« Und nun steht die Eröffnung der Spielzeit 1982/83 an der Scala mit Domingo bevor, auf den Tag genau dreizehn Jahre nach seinem Debüt, dem Datum, das für die Amerikaner Pearl Harbor Day signalisiert, das aber für jeden Mailänder der Namenstag ihres Schutzpatrons, des heiligen Ambrosius, ist. Und wieder steht Verdis *Ernani* auf dem Programm.

Die Oper basiert auf Victor Hugos Schauspiel *Hernani* aus dem Jahre 1830, einer Geschichte über romantische Liebe, Ehre und Tod, die im Jahre 1519 in Spanien und am Grab Karls des Großen in Aix-la-Chapelle spielt. Hugos Drama befaßt sich mit drei Männern: einem älteren Grande namens Silva, König Karl von Spanien (später Kaiser Karl V.) und einem hübschen jungen Banditen mit dem Namen Hernani. Alle drei sind verliebt in eine unglückliche Dame namens Dona Sol, die natürlich den Räuber liebt.

Solch eine Konstellation bot einem phantasiebegabten Opernkomponisten, der sich für die Konflikte zwischen Liebe und Ehre, zwischen politischer Pflicht und persönlicher Verantwortung interessierte, unzählige Möglichkeiten. Zu zahlreich, möchte man beinahe sagen, besonders da Hugos Schauspiel von Piave, Verdis Librettisten, auf eine den Anforderungen der Oper entsprechende, weitaus kürzere Version zusammengestrichen worden war. Das Resultat ist, zumindest im Vergleich zu den wesentlich subtileren Libretti, die Verdi in den folgenden Jahren bearbeitete, eine etwas bombastische Serie von *grandes tableaux*, in denen die verschiedenen Männer die Reinheit ihrer Liebe, die Unantastbarkeit ihrer Ehre und ihre Bereitschaft deklamieren, für diese beiden Ideale zu sterben oder zu töten – während die Dame (in der Oper bekommt sie den Namen Elvira) von ihrer Liebe zu Ernani singt, dessen Hand ihr abwechselnd angeboten und verweigert wird, wieder angeboten und schließlich, nachdem er Selbstmord begeht, um ein absurdes Gelübde gegenüber Silva einzulösen, verwehrt bleibt. Solange Verdi an der Komposition der Oper arbeitete, drängte er Piave, die Handlung hier zu straffen, die Charaktere dort zu schärfen, dieser Szene ein gefälligeres Tempo und jenem Akt einen einheitlicheren Aufbau zu geben. In *Rigoletto*, der anderen Oper, die auf Hugo basiert und bei der Verdi und Piave später wieder zusammenarbeiteten, zeitigte diese Hartnäckigkeit Erfolg. Doch in *Ernani* behalten die Handlung, die Charaktere, die einzelnen Verse alle eine gewisse hölzerne Steifheit, die ein Teil von Verdis früher Musik trotz ihrer Gefühlsmomente nicht ganz verbergen kann.

Aber auch wenn Handlung und Figuren in *Ernani* nur schwer nachvollziehbar sind, so ist die Oper dennoch ein Beispiel für wunderbar energische Musik, und sie enthält zahlreiche Hinweise darauf, wie Verdi sich bereits zu der Größe seiner späteren Jahre vortastete. Wenn zum Beispiel König Carlo in *Ernani* über das schwere Schicksal eines Königs nachsinnt, fühlt man sich an den großen Monolog des Philipp (historisch ist er der Sohn Karls V., der spätere König Philipp II. von Spanien) in *Don Carlos* erinnert; beide Arien werden übrigens von einem Cellosolo begleitet. Das Trio von Tenor, Bariton und Sopran in der zweiten Szene von Ernani kündigt dasjenige im ersten Akt des *Troubadour* an. Und das Trio vor dem Schlußvorhang in *Ernani* hat viel Ähnlichkeit mit dem Schlußtrio in *La Forza del Destino*.

Die Musik in *Ernani* besteht im wesentlichen aus einem Abwechseln und Ineinanderverweben der vier Hauptfiguren und der daraus resultierenden, in ihrer Kombination variierenden Überblendung der Sopran-, Tenor-, Bariton- und Baßstimmen. Die Rolle des Chores ist zweitrangig, es gibt hier keine patriotischen Wallungen und Gefühlsergüsse der Massen, wenn auch verschiedene Trinkgelage, eine große Schwurszene und ähnliches vorkommen. Aber eine Aufführung von *Ernani* steht und fällt mit den vier Solisten, und für die Neuinszenierung zur Eröffnung der Spielzeit 1982/83 an der Scala wurden die Rollen der Oper mit starken Interpreten besetzt.

Die Titelrolle des edlen Banditen, der die Dame liebt und von ihr geliebt wird und in ihren Armen stirbt, könnte im Grunde für jemanden mit dem dunklen spanischen Aussehen und der Stimme eines Plácido Domingo geschrieben worden sein. Gegen Ende seiner Auftrittsreihe in der Londoner *Fanciulla* flog Domingo zweimal zu Vorproben nach Mailand, einmal für zwei Tage, einmal für einen einzigen Tag. Nun hat er sich mit Marta in Mailand häuslich niedergelassen, doch wird Plácido zwischen der Premiere und dem Weihnachtsfest drei Wochen später viermal nach Paris reisen, um den Soundtrack von *Carmen* für die Verfilmung im nächsten Jahr aufzunehmen ...

Neben Domingo ist auch Renato Bruson im Ensemble, der führende Verdi-Bariton, der die Rolle des Carlo spielt. Mit seiner weichen, schönen, leicht wehmütig klingenden Stimme ist Bruson wie geschaffen für die großen Bariton-Rollen bei Verdi, und wenn es seiner Gesangsdarstellung auch ein wenig an Schärfe und Böswilligkeit mangelt, so ist dies kaum von Nachteil bei der Rolle des Carlo, dessen Musik zum Großteil *legato* fließt und dessen charakteristische Phrasen in der Regel Souveränität, Vergebung und ähnliches ausdrücken. Für die Rolle des Silva hat die Scala den berühmten bulgarischen Baß Nicolai Ghiaurov verpflichtet, der diesen Part auch bei

Domingos Debütvorstellung vor dreizehn Jahren sang. Während Domingos Stimme im Laufe der Jahre heranreifte, ist die von Ghiaurov weicher geworden. Seine Stimme hat wohl etwas von der gewaltigen Ausdruckskraft jener Jahre verloren, aber der arme alte Silva verkörpert ohnehin kaum mehr als verletzte Würde und Ehre, und dafür scheinen Ghiaurovs düstere Miene und hohle Stimme ideal zu sein.

Als Elvira hat die Scala die ewig junge Sopranistin Mirella Freni engagiert, die noch immer beinahe so frisch aussieht und singt wie vor zwei Jahrzehnten, als sie ein internationaler Star wurde. Der große hagere Ghiaurov und die füllige, vollbackige, puppenhafte Freni sind jahrelang eines der großen Duos in der internationalen Opernszene gewesen, wahrscheinlich der beste Beweis dafür, daß Gegensätze die besten Paare abgeben.

Den Stab führt der Meister unter den Verdi-Dirigenten, Riccardo Muti. Der Name Muti wird in der Regel noch nicht mit der Scala assoziiert. Jahrelang war dieses Haus die Domäne seines großen Rivalen Claudio Abbado. Ein Jahrzehnt lang waren Muti und Abbado die *enfants terribles* der italienischen Oper, zwei herausragende Talente, die sich auch außerhalb der Oper einen Namen gemacht haben. 1982 leitete jeder der beiden eines der großen Londoner Orchester – Abbado das London Symphony Orchestra, Muti das Philharmonia. Abbado hat sich auch als Dirigent der Wiener Philharmoniker ausgezeichnet, während Muti Ormandys Nachfolger in Philadelphia ist. Jeder von beiden hat eine ansehnliche Reihe von Platten eingespielt, Abbado hauptsächlich für die Deutsche Grammophon, Muti weitgehend für EMI. Beide sind dunkel, gutaussehend und für Dirigenten noch relativ jung (Muti ist 41). Während Abbado der König der Scala war, konzentrierte sich Mutis Opernarbeit in Italien hauptsächlich auf die musikalische Leitung des Maggio Musicale in Florenz.

Eine Zeitlang war Abbado an der Scala relativ glücklich, und er brachte dem Haus großen Ruhm in der Musikwelt ein. Aber er wurde immer unzufriedener mit der seiner Meinung nach zu großen Einmischung der Intendanz in Angelegenheiten, die eigentlich in der Kompetenz des künstlerischen Direktors lagen, und er drohte mehrere Male zurückzutreten. Wenn er keine Kunst betreiben könne, ohne von den Bürokraten belästigt zu werden, so Abbado, wolle er nicht für das Resultat verantwortlich sein. 1979 legte er sein Amt schließlich nieder, und wenn Abbado auch weiterhin »Direttore dell'orchestra« blieb, so war der Posten des künstlerischen Leiters auch im Dezember 1982 noch unbesetzt. Wird Muti als Nachfolger Abbados aufgebaut, oder kommt er zur Dirigierprobe? Die Premiere von *Ernani* soll schließlich die Galaeröffnung der Spielzeit sein. Es gibt nur reine Vermutungen – doch scheint Muti mit dem Philharmonia Orchestra und dem Philadelphia Orchestra reichlich bedient zu sein. Darüber hinaus behauptete ein paar Wochen zuvor eine Meldung, die in allen Klatschspalten erschien, daß Covent Garden an Muti herangetreten sei, um ihn möglicherweise 1986 zum Nachfolger von Sir Colin Davis zu machen, daß er das Angebot jedoch abgelehnt habe.*

Der schlanke, gewandte Muti mit seinem dichten, pechschwarzen Haarschopf hat die Angewohnheit, seinen Kopf zurückzuwerfen, beinahe so, als wolle er ein paar Zentimeter größer erscheinen; dabei entsteht eine gerade Linie von seiner Stirn entlang seiner langen, ausgesprochen aristokratischen Nase über die Arme zu der Spitze seines Taktstocks. Er ist ein Mann, dessen rhythmische Vitalität sich in seinem ganzen Körper ausdrückt, wenn er am Pult steht, und der seine Ausdruckskraft mit wahrer Autorität beherrscht.

Musikalisch verspricht der Anlaß also einiges. Verdis Partitur ist durchweg packend: Sie wird von vier der besten Sänger unserer Zeit gesungen und von einem brillanten Dirigenten dirigiert; sie sind bereit, alles zu geben, was in ihnen steckt. Das altbekannte Problem mit *Ernani* ist die Frage, wie man das Werk inszeniert. Denn während Verdi dem Dirigenten, den Sängern und dem Orchester eine wahre Delikatesse bereitete, hinterließ Piave dem Regisseur – in diesem Fall Luca Ronconi – eine äußerst harte Nuß. Ronconi, bekannt als ausgezeichneter Operndirektor, hat in den vergangenen acht Jahren regelmäßig an der Scala inszeniert. Er hat sich auch im Theater und im Fernsehen einen Namen gemacht. Wenn jemand etwas mit *Ernani* anfangen kann, so ist er es. Das Problem ist jedoch, daß er das Werk als Drama nicht ernst zu nehmen scheint, und dieser Mangel an Überzeugung zeigt sich in ein paar ungeheuer gewagten Ideen. In Interviews vertritt er die Auffassung, daß die vier Hauptrollen allesamt hoffnungslos zweidimensional seien und daß es daher sinnlos sei zu versuchen, im Grunde nichtssagende Figuren mit echten Charakterzügen auszustatten; man tue besser daran, alle Mühe darauf zu verwenden, die Kulissen und die Choreographie richtig anzulegen. Man kann es so sehen; diese Sicht ist aber nicht ganz unproblematisch. Außerdem ist dies bei einer so hochkarätigen Besetzung, die unter sorgfältiger Regie zu ausgezeichneter Darstellung fähig ist,

* 1983 hieß es, daß Muti am Ende des Jahres seinen Abschied vom Philharmonia Orchestra nehmen und sein Platz von einem anderen Italiener, Giuseppe Sinopoli, eingenommen werden würde, und im Jahre 1984 sprach man davon, daß Muti 1986 zur Scala wechseln würde. Inzwischen hat Sinopoli Mutis Nachfolge beim Philharmonia Orchestra angetreten, während Muti selbst seit 1986 Chef der Scala ist.

die reinste Talentverschwendung. Nun ja, Ronconis *Ernani* wird zumindest gut aussehen.

In Wahrheit wird es sogar eine spektakuläre Inszenierung sein. Ronconi und sein Bühnenbildner Ezio Frigerio entwerfen ein Bühnenbild mit mehreren Ebenen. In nahezu jeder Szene wird es Stufen geben, die zu verschiedenen Handlungsebenen hinauf- oder hinabführen. Der gesamte Mittelabschnitt der riesigen Scala-Bühne ist in die Tiefe versenkt – wie ein Schwimmbecken, bemerkt ein schlauer Kopf. Der Swimmingpool-Effekt wird durch die silbrig reflektierenden Flächen noch verstärkt, mit denen der Großteil der Bühne bedeckt ist. Regisseure möchten, daß ihre Bühnentechnik, wie sie sagen, auf verschiedenen Ebenen funktioniert, und zumindest in einem wörtlichen, materiellen Sinn erfüllt die mehrstufige Inszenierung diesen Anspruch, und zwar bis zum Exzeß. Sie funktioniert nicht nur auf einer Reihe verschiedener Ebenen, sondern wirkt auch unterschiedlich von den verschiedenen Zuschauerebenen aus. Wer dieser Aufführung zum Beispiel von einem Orchesterplatz aus zusieht, wird von den Figuren, die in dem abgesenkten Teil der Bühne stehen oder gehen, nur die Köpfe und Schultern sehen – dagegen wird der, der im allerhöchsten Rang sitzt, im dritten Akt damit belohnt werden, daß er die Kanonen sieht, die abgefeuert werden (inklusive Rauchexplosionen, die wie Wolken aus Talkumpuder aussehen).* Ein Zuschauer, der in einer der Logen, vielleicht auf halber Höhe auf der rechten Seite sitzt, hat wahrscheinlich einen guten Blick auf die gesamte Handlung in dem Bassin, und er sieht selbst Leute, die für das Publikum eigentlich gar nicht sichtbar sein sollten, sowie die Kanonen und möglicherweise sogar die diversen Bühnenfiguren, die einen Teil des Abends als stumme Voyeure in den Seitenkulissen verbringen. Von dort hat man mit Sicherheit auch einen guten Blick auf die silbernen korinthischen Säulen am Ende der Bühne, die sehr gut zu jenen passen, die die Proszeniumslogen neben dem Rampenlicht stützen. Aber im Unterschied zu einem Zuschauer in einer Loge auf der linken Seite wird man von diesem Platz aus wahrscheinlich nicht viel von der riesigen Schranktür sehen, aus der im ersten Akt zahllose Herren wie Kaninchen aus einem Hut in Frenis Schlafzimmer hüpfen, oder von dem imposanten Altar, vor dem sie im zweiten Akt stehen wird (von wo aus man sie wie eine Madonna auf einer Sänfte die Stufen von Ronconis Bassin hinunter- und aus welchem Grund auch immer auf der anderen Seite wieder hinaufträgt),** oder von der gewaltigen Gruft Karls

* Dieser Knalleffekt wurde bei späteren Vorstellungen wohlweislich unterlassen.
** Auch dieser Einfall wurde bei späteren Vorstellungen gestrichen.

des Großen, in die Bruson im dritten Akt hinabsteigen wird. Die Kulissen sind großzügig und großartig gestaltet: Das massive Altarbild sieht aus, als sei es direkt aus dem Petersdom in Rom herausgemeißelt. Es ist nur schade, daß nicht ein einziger Zuschauer alle Einzelheiten wird sehen können, die sich Regisseur und Bühnenbildner für diese Inszenierung haben einfallen lassen.

Es gibt nicht nur keinen einzigen Platz, von dem aus alles richtig gesehen werden kann, sondern es gibt auch keine definierte Periode oder Stilrichtung, in die das Bühnenbild passen würde. Dies ist zum Teil auf Franca Squarciapinos aufwendige, aber unpassende Kostüme zurückzuführen. Die meisten der stummen Beobachter tragen Abendkleidung im Stil des späten 19. Jahrhunderts (die Kostüme der Damen verraten einen spanischen Einschlag). Frenis Brautkleid ist hochbusiger Empirestil, Ghiaurovs Gefolgsleute tragen Gehröcke, Brusons Gefolgschaft trägt in einer Szene gepuderte Perücken oder Dreispitze, während die Kostüme von Domingo und seinen Anhängern mehr oder weniger zu dem vermeintlichen Schauplatz im Spanien von 1519 zu passen scheinen. Zu den Waffen, die gezeigt werden, gehören Gewehre und Kanonen, Schwerter und Hellebarden. Die meisten Kulissen und Requisiten sind detailliert und realistisch, aber die Fläche der mehrstufigen silbrigen Bühne scheint symbolisch bis futuristisch zu sein. Betten und Wahlurnen tauchen inmitten einer Szene mit Aufzügen aus dem Nichts auf, wohingegen ganz gewöhnliche, praktische, moderne Stühle von Mitgliedern des Ensembles ungezwungen umhergeschoben werden.

Ronconi glaubt, daß *Ernani* nicht in einer historischen Zeit und Lokalität spielt, sondern in einem »Phantasie-Spanien«. Es ist eine phantastische Idee, die zum Beispiel auch einige der gelegentlichen Anklänge an Goya verstehen hilft. Anders gesagt: Man vermische eine verwirrende Vielfalt von Kostümen, eine Handvoll kolossaler (und auch kolossal teurer) Kulissen und vor allem oder besser, *unter* allem – eine mehrstufige Senkbühne mit all ihren veränderbaren Silberstufen, Brücken und Brüstungen, und man hat ein Rezept für die wohl phantastischste Inszenierung, die man sich nur vorstellen kann. Wird sie aber letztlich dem Drama *Ernani* Sinn geben? Wahrscheinlich nicht. Aber könnte dies überhaupt einer Inszenierung gelingen? Diese Inszenierung von *Ernani* war bereits Monate, bevor sie eröffnet wurde, Gesprächsthema der Opernszene. Die musikalische Besetzung war gewiß herausragend, und Ronconi war für seine mutigen Regievorstellungen bekannt. Es war also nicht überraschend, daß verschiedene Leute in der Schallplatten- und Videoindustrie ihr Interesse bekundeten. Zuerst kam die Plattenabteilung des gigantischen britischen Elektronikkonzerns Thorn-

EMI. EMI-Records, Inhaberin der berühmten HMV und Angel-Labels, hatte schon lange eine Version von *Ernani* in ihren Katalog aufnehmen wollen – die einzigen Aufnahmen, die man zu der Zeit auf Platte erhielt, waren eine RCA-Produktion aus dem Jahre 1967 mit Carlo Bergonzi und Leontyne Price sowie eine kürzlich erschienene Hungaraton-Version unter Gardelli mit Georgio Lamberti und Sylvia Sass. Für die Leute von EMI war es schwierig gewesen, Aufnahmetermine zu finden, an denen alle Mitglieder ihrer Idealbesetzung in ein Studio geholt werden konnten. Hier schien ein Traumensemble versammelt zu sein, das genau dieses Werk nicht nur einmal, sondern ein halbes Dutzend Mal aufführte. Warum nicht alle Vorstellungen aufzeichnen und das Ergebnis nach einer Bearbeitung herausbringen?

Für EMI und ihren Produzenten John Mordler war dies ein recht ungewöhnliches Unterfangen. Er hatte in einigen wenigen Fällen Live-Mitschnitte in Konzerthallen oder Opernhäusern geleitet, doch der Großteil seiner Arbeit hatte in Studios stattgefunden, wo man Termine planen, Aufnahmen wiederholen, Fremdgeräusche kontrollieren und Mikrofone immer wieder neu ausrichten konnte. Mitschnitte von Live-Veranstaltungen mögen ein stärkeres Gefühl von Kontinuität in der Musik erzeugen und können sicherlich mehr Spannung vermitteln als die eher klinischen Ergebnisse von Studioaufnahmen. Auch hat es offensichtlich Vorteile, eine Oper in der richtigen Reihenfolge aufzuzeichnen, was bei der komplizierten Termingestaltung bei Studioaufnahmen selten möglich ist; wenn man *Ernani* in der richtigen Szenenfolge im Studio aufnehmen wollte, müßte man einen teuren Sänger wie Domingo tagelang für seine Anwesenheit bezahlen, während seine Kollegen Szenen einspielten, in denen der Tenor gar nicht auftritt.

Es gibt jedoch eine ganze Reihe von Nachteilen bei Mitschnitten in Live-Vorstellungen. Grundsätzlich hat der Toningenieur weit geringere Kontrolle über die Töne, die er aufnimmt. Die Sänger bewegen sich, und jedesmal, wenn sie ihre Gesichter den Mikrofonen zuwenden oder sich von ihnen abwenden, variiert die Tonqualität auf Band zwangsläufig. Außerdem nehmen die Mikrofone entlang des Rampenlichts die Geräusche auf, die die Sänger beim Gehen auf der Bühne erzeugen. In dieser speziellen Inszenierung kommt eine Szene vor, in der ein großer Chor von Verschwörern, begleitet von den leisesten *Pizzicato*-Streichakkorden, ganz leise im Halbdunkel auf verschiedene Teile von Ronconis mehrstufiger Bühne klettern muß. Als Mordler und sein Team damit beginnen, den Ton abzuhören, den sie während einer der ersten Proben von der Scala-Bühne empfangen, ist es klar, daß die Fußtritte der Verschwörer ihnen große Probleme bereiten werden. Im Verlauf der Proben wird die Choreographie des Chores gründlicher ausgearbeitet, und die Bewegungen auf der Bühne werden leiser und reibungsloser. Als aber Jeans und Turnschuhe gegen Mäntel und Schwerter ausgetauscht werden, enthalten Klang und Raum zusätzliche Gefahrenmomente. Bei einer Probe verraten sich die Verschwörer durch lautes Geklapper, als ein unvorsichtiges Bandenmitglied sein Schwert fallen läßt. Und bei der Generalprobe stolpert ein anderer Tölpel im Halbdunkel eine von Ronconis unzähligen Treppen hinunter, gibt ein verzweifeltes *maledetta!* von sich, das ebensogut im Libretto zu *Ernani* hätte stehen können, und landet blitzschnell im Krankenhaus.

Das größte Problem für das EMI-Team werden jedoch die Zuschauerreaktionen sein. Ein gelegentliches fernes Husten macht nicht allzuviel aus, doch kann es äußerst störend sein, wenn es häufig vorkommt. Alle Mikrofone können so plaziert werden, daß sie die musikalische Darbietung minutiös einfangen und dabei die Geräuschkulisse im Zuschauerraum weitgehend ausklammern. Und es liegt natürlich im Ermessen des Produzenten, Applaus am Beginn oder Ende einer Szene beizubehalten oder herauszuschneiden. Aber ein italienisches Publikum in einer aufwendigen Prestigeinszenierung kann äußerst lebhaft sein, und die Zuschauerreaktionen beschränken sich nicht unbedingt auf die Momente, in denen Mordler und sein Team auf sie gefaßt sind. Als Bruson bei der Premiere im zweiten Akt plötzlich einen Frosch im Hals hat, sind überall im Zuschauerraum laute Mißfallenskundgebungen zu hören, und es dauert nicht lange, bis er unbarmherzig ausgebuht wird. Als er das Publikum im dritten Akt mit einer wunderbar dahinschwebenden Arie mehr als entschädigt, wird er mit donnernden »bravos« bedacht, noch bevor die Solocellobegleitung zu Ende ist. Als Freni in ihre Madonnensänfte gehoben wird, gehen gleichzeitig Gefühle von Ehrfurcht, Ungläubigkeit und Belustigung durch die Reihen. Wie kann man eine Platte machen, wenn bei jeder Vorstellung solche Reaktionen erfolgen? »Das Publikum wird sich schon beruhigen«, sagt der Chef von EMI Classical Records, Peter Andry, und es klingt beinahe so, als wolle er sich selbst Mut machen.

Neben der Aufzeichnung für EMI wird diese Inszenierung von *Ernani* außerdem von NVC für das Fernsehen und den Videovertrieb gefilmt. In den ersten zwei Jahren nach ihrer Gründung hat sich die National Video Corporation bereits mehr oder weniger des ersten Teils ihres Namens entfremdet. Die Firma war ursprünglich als eine rein britische Organisation gedacht, deren Hauptaufgabe das Aufnehmen und Vertreiben britischer Opern- und Ballettaufführungen sein sollte, aber inzwischen hat sie Vertragspartner in einem halben Dutzend Länder und arbeitet mit Künstlern aus ganz Europa und den Vereinigten Staaten. Im November 1982, weniger als einen Monat vor der *Ernani*-Premiere, unterzeichnete NVC ein Dreierabkommen mit einer Laufzeit von fünf Jahren, womit NVC sich die erste Option auf die Videomitschnitte von Scala-Inszenierungen sicherte, während Radiotelevisione Italiana (RAI) die Erstsenderechte bekam. Der Vertrag ähnelte dem, den NVC mit Covent Garden und BBC unterzeichnet hatte, doch bestand bei dem Abkommen mit der Scala für NVC keine Verpflichtung, die Produktionsexperten und Ausrüstung von RAI zu benutzen. Vielmehr hatte der Produzent Robin Scott für die Verfilmung von *Ernani* ein Team zusammengestellt, das von dem Starregisseur der Oper und des Balletts im dänischen Fernsehen, Preben Montell, geführt wurde und zu dem auch ein ehemaliger BBC-Beleuchter namens John Treays gehörte sowie eine freiberufliche Produktionskoordinatorin aus der italienischen Schweiz, Manuela Crivelli; und als Tonmeister, der mit seinen Kollegen des EMI-Teams harmonisch zusammenarbeitete, war der ehemalige CBS-Klassikproduzent Roy Emerson dabei.

Der Vertrag zwischen NVC und der Scala wurde von beiden Seiten mit großem Enthusiasmus abgeschlossen, obwohl Scott und seine Kollegen von NVC wußten, daß sie sich auf eine ungewöhnliche Herausforderung einließen. Bisher war es noch keiner Fernsehaufzeichnung gelungen, eine Inszenierung der Scala mit der genügenden Bildschärfe und Klangtreue einzufangen, die für ein marktfähiges Produkt erforderlich sind. Darüber hinaus ließ der Probenplan für *Ernani* anfangs keine speziellen Fernsehproben zu, wenngleich Scott und seine Kollegen allen Bühnenproben beiwohnen durften und von der Scala auch die Erlaubnis bekamen, in der letzten Probe vor der Generalprobe Fernsehscheinwerfer aufzubauen. Ursprünglich war vorgesehen, daß RAI die zweite Vorstellung von *Ernani* am 11. Dezember live übertragen sollte und daß die Aufzeichnung dieser verfilmten Vorstellung anschließend als Videokassette auf den Markt kommen sollte. Dann wurde die Idee mit der Live-Übertragung jedoch fallengelassen, und man beschloß statt dessen, zwei Vorstellungen zu filmen, jene vom 14. und 18. Dezember, und die Mitschnitte in einer bearbeiteten Version am Weihnachtstag in Italien auszustrahlen.

Robin Scott und Preben Montell waren etliche Wochen vor der *Ernani*-Premiere nach Mailand gekommen und hatten bei ihren Besuchen in den Scala-Werkstätten sofort gemerkt, daß die Regie von Ronconi und Frigerio so viele Bildebenen gleichzeitig involvierte, daß selbst die phantasievollste Kameraarbeit sie nicht vollständig würde einfangen können. Nach dem Probenbeginn knobelte man stundenlang aus, wie die Kameras am besten zu den entlegenen Winkeln in Ronconis Swimmingpool durchdringen könnten. Die in vielen europäischen Opernhäusern herrschende Tradition steil herabfallender Bühnenbeleuchtung machte die Sache alles andere als einfacher. Jeder Lichtstrahl in dieser Inszenierung an der Scala kam von der der Bühne zugewandten Seite des Proszeniumbogens, wodurch große Bereiche der Bühne sehr dunkel blieben und mehr Licht oben auf die Köpfe als auf die Gesichter schien. Diese Art von Beleuchtung mag durchaus dem Geschmack eines Theaterpublikums entsprechen, aber für den Fernsehbildschirm dürfte sie wahrscheinlich weniger geeignet sein. Als die ersten Proben begannen, konnte man denn auch häufig sehen, wie Montell und Treays sich mit dem Beleuchter der Scala darüber berieten, wie man diese Inszenierung am besten aus der Dunkelheit retten könnte. Montell und Treays sollten für die Beleuchtung der beiden Vorstellungen vor den Videokameras verantwortlich sein, und sie wollten unbedingt dafür sorgen, daß ihre Zuschauer nicht nur Haare und Hüte, sondern auch Gesichter zu sehen bekämen.

Bei der »ante«-Generalprobe (der einige Zyniker aus der NVC-Truppe den Spitznamen »anti«-Generalprobe gaben) darf Treays seine Fernsehbeleuchtung ausprobieren. Die Probe beginnt um 20 Uhr und dauert bis kurz vor 1 Uhr nachts. Für Treays und das Team von NVC ist die Arbeit dieses Abends von unschätzbarer Bedeutung. Zum ersten Mal kann jeder im Zuschauerraum die detaillierte Textur und Farbe vieler Requisiten, Kostüme und Figuren sehen, die bisher im düsteren Schatten lagen. Silbersockel sehen wie Silber aus, Marmorsäulen wie Marmor, und einzelne Gesichter nehmen erstmals charakteristische Züge an.

Während die Premiere unaufhaltsam näherrückt, nimmt die Spannung überall im Haus zu. Die Sicherheitsbestimmungen werden verschärft, und die Sicherheitsbeamten in der Scala haben strenge Anweisung, jeden fernzuhalten, der nicht unmittelbar mit der Inszenierung zu tun hat. Hat Freni noch vor einer Woche alle zum Lachen gebracht, indem sie einen Triller in ihrer Eröffnungsarie verlängerte und so tat, als gehe ihr der Atem aus, beklagt sie sich nun, daß ihr der Lärm vor und hinter der Bühne auf die Nerven gehe. Während die drei männlichen Solisten vor einer Woche alle noch in bequemer Kleidung und gelegentlich mit den Händen in den Hosentaschen sangen, bemühen sie sich nun in ihren Kostümen sichtlich stärker, ihrem jeweiligen Bühnencharakter Leben einzuhauchen. Dies ist nicht leicht, und Ronconi hilft ihnen kaum dabei. Domingos Ernani wird gegen Ende eine leicht gebeugte Figur, mit einem stilisierten Ausdruck von Schmerz auf seinem nur halberkennbaren Gesicht, in den Knien ein wenig eingeknickt und die Fäuste zu einer etwas zu allgemeinen Geste von Entschlossenheit oder Trotz geballt. Vielleicht fürchtet Domingo, auf den silbrigen und stufenübersäten Bühnenflächen auszurutschen oder zu fallen. Als das vorhersehbare Malheur passiert und bei der Generalprobe ein Chormitglied tatsächlich stürzt, fragt jemand Domingo, ob er den Unfall gesehen habe. Er aber wendet sich mit der Bemerkung ab: »Ich möchte lieber nichts darüber wissen.«

Die Eröffnung der Spielzeit an der Scala ist ein wichtiges Ereignis im Mailänder Kulturkalender, vielleicht sogar das wichtigste des Jahres. Sie wird mit um so mehr Spannung erwartet, als sie erst im Dezember stattfindet, drei oder vier Monate nachdem die meisten anderen großen Opernhäuser der Welt bereits mit den Darbietungen ihres neuen Spielplans begonnen haben. Warum eröffnet die Scala, wie auch viele andere italienische Opernhäuser, ihre Spielzeit um so vieles später als die Wiener Staatsoper, Covent Garden oder die Met? Und warum schreitet die Opernspielzeit auch nach der Eröffnung so langsam voran? Drei oder vier vorstellungsfreie Abende pro Woche sind keine Seltenheit, und im Frühling dominieren weitgehend Symphoniekonzerte den Spielplan.

Es gibt eine ganze Reihe von Gründen. Tradition hat sicherlich etwas damit zu tun. Die Spielzeit wurde immer im Dezember eröffnet, hört man ständig, als sei dies schon ein hinreichender Grund, im Oktober und November keine Opern aufzuführen. Außerdem ist die Scala stolz auf ihre Aufführungen neuer Inszenierungen, oftmals fünf oder sechs pro Spielzeit, die nicht nur riesige Summen verschlingen, sondern auch viel Zeit und Raum erfordern. Während der »toten« Zeit sind die Kostümschneider, Kulissenmaler, Beleuchter und so weiter an der Scala damit beschäftigt, Einzelheiten für Neuinszenierungen vorzubereiten, die später in der Spielzeit auf die Bühne kommen, derweil in Ermangelung einer ausreichend großen Probebühne bei allen wichtigen Proben die Hauptbühne der Scala benutzt werden muß. Wenn die Spielzeit an der Scala dann endlich begonnen hat, folgen die Neuinszenierungen in der Regel recht schnell aufeinander – zum Beispiel wird *Ernani* nach weniger als einem Monat von einer Neuinszenierung von *Andrea Chénier* unter Chailly abgelöst –, so daß das Personal der Scala kaum weniger hart arbeiten muß als das in anderen großen Häusern. Könnte die Scala die Zeit, den Raum und das Geld, die ihr zur Verfügung stehen, nicht besser nutzen, indem sie häufiger frühere Produktionen wieder aufnimmt? Wenn man *Ernani, Chénier* und andere Stücke im folgenden Jahr vielleicht mit einer starken Besetzung wieder aufgreifen würde, dann könnte man sicherlich die 2000 Plätze des Theaters ebensogut füllen und darüber hinaus weniger vorstellungsfreie Abende haben.

Hier verwickeln sich allerdings künstlerische, finanzielle, politische und gesellschaftliche Faktoren zu einem schwierigen Komplex. Die Scala ist sich ihrer Stellung als berühmtestes italienisches Opernhaus bewußt. Musiker, Musikliebhaber, Kritiker und Impresarios aus der gesamten Opernwelt erwarten von der Scala, daß sie Maßstäbe setzt. Natürlich sind jedes Jahr unter den Darbietungen vereinzelte Wiederaufnahmen zu sehen. Eine ausgewählte Anzahl herausragender Produktionen wird zum festen Bestandteil des Spielplans. Aber dieses Theater, so argumentiert die Leitung der Scala, könnte es sich nicht leisten, weniger als erstklassige Produktionen wieder aufzunehmen oder selbst gute Inszenierungen nur in zweitklassiger Besetzung wieder auf die Bühne zu bringen. Man würde sicher sagen: »Wir kommen nicht in die Scala, um *so etwas* zu sehen!« An der Scala ist das Beste gerade gut genug. Wenn die Scala *Ernani* oder *Chénier* oder ein anderes Werk nicht mit einer Topbesetzung einrichtet, riskiert sie nicht nur, daß die 2000 Plätze leer bleiben, sondern noch schlimmer, sie wird sich von Presse und Behörden vorwerfen lassen müssen, Steuergelder zu verschwenden. Und wenn sie gute, aber weniger etablierte Sänger engagiert, erweist sie vielleicht auch diesen einen schlechten Dienst, indem sie sie an die Scala holt, bevor sie mit ihren Anlagen und ihrem Talent reif dafür sind. Nein. Wenn die Scala ihren erhabenen Platz am Opernfirmament weiterhin behaupten will, auch in den Augen derer, die die Staatsfinanzen verwalten und die trotz Rezession und chronischer Wirtschaftskrise regelmäßig riesige Summen für die Subventionierung dieser Oper ausgeben, dann muß sich das Theater wohl weiterhin auf Starsänger in aufwendigen Inszenierungen – wie diese Neuproduktion von *Ernani* – konzentrieren.

Am Ambrosiustag, dem 7. Dezember 1982, ist es in Mailand grau und diesig, aber schon am frühen Abend ist die Piazza della Scala in strahlendes Licht und eine festliche Atmosphäre getaucht. Der Platz ist von Polizei umringt und von mehreren tausend Menschen besetzt, die alle erwartungsvoll zum Theatereingang blicken. Die gesamte Prominenz der Stadt und viele Berühmtheiten von außerhalb kommen heute abend in die Oper. Eine Zeitung meldet, daß Burt Lancaster hier sein wird. Führende Persönlichkeiten aus der Opernwelt kommen in Scharen. Lord und Lady Harewood treffen ein, und gleich darauf Birgit Nilsson. Piero Cappuccilli, der 1969 in *Ernani* den Carlo sang, taucht in einem elegant aussehenden, vorschriftsmäßigen Abendanzug auf, und die *Conoscenti* deuten eifrig auf ihn.

Weit entfernt von den Mailänder Massen und der eintreffenden Prominenz bereitet sich das Ensemble des heutigen Abends auf die Vorstellung vor. Hoch über den Übertragungswagen, die in der Via Verdi stehen, befindet sich der Raum, in dem Freni mit ihrem Elvira-Kostüm geschmückt wird, und einen holzverkleideten Treppenaufgang mit pflaumenblauem Teppich höher bereiten sich die Männer vor. Bruson singt sich in seiner Garderobe mit einigen Arpeggios warm und geht mit einem Pianisten seine erste Arie durch, während draußen ein junger Angestellter der Scala auf dem Fußboden einer Perle nachjagt, die aus der Krone gefallen ist, die Bruson im dritten Akt tragen wird. Ghiaurov geht auf und ab und lächelt auf seine scheue Art; er trägt einen eleganten Morgenmantel über Hemd und Gamaschen. Domingo wird geschminkt, und während er wie beim Barbier vor dem Spiegel seiner Garderobe sitzt, grüßt er freundlich die Spiegelbilder seiner Freunde und seiner Familie, die immer wieder in seinem Blickfeld auftauchen.

Unten auf der Piazza treffen die beiden Männer ein, denen die Ansammlung der Lichter, der neugierigen Menge und der allgegenwärtigen Polizei ganz besonders gilt. Es sind Giovanni Spadolini, der große, rosige, ehemalige (und zweifellos zukünftige) Ministerpräsident von Italien, und der kleine, lebhafte sechsundachtzigjährige Staatspräsident Sandro Pertini. Beide sind Originale. Sie sind beinahe einmalig in den modernen italienischen Machtkreisen, nicht nur, weil sie keine Christdemokraten sind (Spadolini ist Chef der kleinen Republikanischen Partei; Pertini war zeitlebens Sozialist und wurde von Mussolini wegen seiner entschiedenen antifaschistischen Einstellung immer wieder ins Gefängnis gesteckt), sondern auch weil sie ehrliche, kultivierte und gebildete Politiker sind, denen das Stigma der Korruption nicht anhaftet. Als die beiden Männer durch die Menge in die Scala geleitet werden, folgt ihnen ein riesiger Schwarm von Fernsehbeleuchtern, Kameramännern, Toningenieuren und Journalisten jeglicher Provenienz. Der kleine Pertini ist ein unkomplizierter Mensch mit einem schelmischen Humor und einem koboldhaften Äußeren. Er bewegt sich mit völliger Gelassenheit und läßt sich von all dem geschäftigen Treiben und Andrang, den Lichtern und dem Großeinsatz der Polizei, die eine Begleiterscheinung seines Eintreffens sind, ganz und gar nicht aus der Ruhe bringen. Viele Zuschauer in der Oper tragen höchst elegante Abendkleidung. Spadolini und der Präsident bescheiden sich mit einfachen Anzügen.

Sobald sie im Opernhaus sind und unbeschadet ihre Plätze in den vorderen Reihen des Parketts eingenommen haben, kostet es die Sicherheitsbeamten der Scala die größte Mühe, all die vielen Journalisten wieder aus dem Zuschauerraum zu entfernen. Ein bemitleidenswerter Platzanweiser fährt sich im Glanze seiner schwarzen Uniform und der Amtskette frustriert über die Stirn, während er, wie Bruder Melitone in Verdis *Forza*, vergeblich versucht, eine große, ungestüme Menge dazu zu bringen, seiner Aufforderung nach ordentlichem Verhalten Folge zu leisten. »Diejenigen, die keine Karte für die Vorstellung haben, verlassen *bitte* das Haus!« Nachdem sie aber einmal drin sind, ist es unmöglich, alle wieder hinauszubefördern. Zurück ja; aber nicht hinaus. Einer möchte einen Teil des ersten Aktes von *Ernani* für seinen Fernsehsender filmen, ein anderer will Fotos für sein Magazin machen. Einige mögen einfach Musik, aber viele finden sichtlich Gefallen an dem Gedanken, freien Zutritt zu einem Unterhaltungsabend zu bekommen, für den manche einen offiziellen Preis von an die 400 Mark pro Sitz – bei Schwarzhändlern kann es sogar doppelt so viel sein – bezahlt haben. Den meisten ist es ohnehin unmöglich, Melitones zunehmend verzweifelter klingenden Forderungen, wenigstens ein paar Meter zurückzuweichen, nachzukommen: »Al dietro, al dietro signori, al dietro ancora un metro e mezzo per favore!« Denn hinter ihnen drücken sich die Menschen wie eine starre Wand zum Eingang herein. Er spannt ein Seil vor den Missetätern und treibt sie dann wie eine Viehherde die wertvollen eineinhalb Meter zurück. Und da stehen sie nun, hinten in der Mitte des Zuschauerraums, zwar unbequem, aber mit einem ausgezeichneten Blick auf die Bühne, und Melitone murrt den ganzen Abend über in weithin hörbarem Flüstern und knurrt sie an, und sie brummen zurück. Zweitausend Menschen? Heute abend faßt die Scala ein paar hundert mehr; sie blockieren in einer geschlossenen Schlachtreihe eng zusammengepferchter Menschen die Notausgänge und finden es aufregend, anwesend zu sein.

Dieser Abend erweist sich als äußerst turbulent, selbst für Mailänder Verhältnisse. Jeder weiß, auch wenn es niemand zugeben möchte, daß die *Claque* noch immer existiert, jenes ungerechte System, das es irgendeinem großen Hai erlaubt, Karten für ganze Sitzreihen in den oberen Rängen aufzukaufen und seinen Gefolgsleuten zu überlassen, die im Verlauf der Vorstellung all jenen Sängern lautstarken Applaus spenden, die für dieses Privileg bezahlen, und jene ausbuhen, die es nicht tun. Es ist ein schmähliches Überbleibsel aus der Vergangenheit, und die meisten Sänger haben sich damit abgefunden und bezahlen widerwillig dafür, nicht ausgepfiffen zu werden. Aber der heutige Abend stellt alles Gekannte in den Schatten. Die Eröffnung des Abends sorgt ohnehin für genug Stimmung. Muti bringt sein Orchester und den Chor auf Zack, und Domingo liefert eine entzückende Interpretation seiner Eröffnungsarie, und man muß beileibe kein *Claqueur* sein, um applaudieren zu wollen. Das Rufen von den oberen Rängen beginnt erst richtig nach Frenis Arie im ersten Akt, als sie sich gemäß Ronconis Regie vor den Zuschauern entkleidet. »Va via!« – hau ab! – schreit jemand, der dies offensichtlich mit einem Fußballspiel verwechselt, und Freni zuckt fast unmerklich mit den Schultern, so als distanziere sie sich selbst von dem, was sie tut. Dann wird Bruson ausgebuht, Freni ausgelacht, und später wird Bruson wieder bejubelt. Muti ignoriert die Rowdys jedes Mal und gibt das Zeichen, weiterzuspielen. Muti selbst wird unfreiwillig zum Mittelpunkt einer der größten Beifallskundgebungen des Abends, als er kurz vor Beginn des dritten Aktes von Präsident Pertini demonstrativ umarmt wird. Dies löst einen gewaltigen Beifallssturm aus, und es gelingt Muti nur mit großer Mühe, das Haus wieder zu beruhigen, bevor der Akt beginnen kann. Jemand ruft laut den Namen Abbado, und der heitere Trubel brandet erneut auf. Muti gibt an diesem Abend eine prächtige Darbietung, und Pertini ist es mit seinem unerwarteten Schritt wieder einmal gelungen, durch eine einfache Geste die Gefühle aller Anwesenden auszudrücken.

Das Schlußtrio wird bezaubernd gesungen. Domingo entschläft vorschriftsmäßig in Frenis Armen und unter Ghiaurovs wachsamem Auge, und die großen Vorhänge der Scala schließen sich. Und dann ist die Hölle los. Die Herde der stehenden Journalisten mit Gefolge im hinteren Teil des Hauses geht durch und stürmt über das Absperrseil hinweg, während der Haufen oben in den Rängen niemanden mit seinen animalischen Schreien der Begeisterung oder des Zorns verschont. Die Stimmung ist heiter, und die Reaktion der Zuschauer drückt anfangs echte Freude aus. Besonders Domingo empfängt starke Beifallsrufe, wie ein Fußballer, der gerade ein Tor geschossen hat. Schließlich tritt das Team der Regisseure auf die Bühne: Ronconi, Squarciapino und Frigerio. Der arme Frigerio rutscht wie auf einer Banane aus, und das gesamte Publikum tobt vor Schadenfreude. Die Ränge hatten sich am meisten darauf gefreut, das Regieteam auszubuhen, und nun nutzen sie ihre Chance. Jedesmal, wenn nun die Solisten an das Rampenlicht treten, um ihrem Publikum zuzuwinken, empfängt man sie mit Rufen nach »Ronconi! Ronconi!« Ronconi läßt sich nicht wieder sehen.

»Ganz schön hitzig«, stimmt Domingo lächelnd zu, während er in der Tür seiner Garderobe steht, um seine Freunde nach der Vorstellung zu begrüßen. »Ja, es war ein recht lebhafter Haufen!« Weder er noch seine Kollegen scheinen über die lautstarken Reaktionen auf die Darbietung übermäßig verärgert zu sein. Bei Premieren in der Scala ist so etwas beinahe zu erwarten. Domingo umarmt Freunde. Bob und Joan Cahen aus San Francisco sind gekommen; er ist ein erstklassiger Fotograf und mit den meisten großen Tenören der letzten zwanzig Jahre befreundet. Auch Guillermo und Berta

Martinez sind hier. Guillermo ist aus Castros Kuba ausgewandert und ein erfolgreicher Geschäftsmann in Puerto Rico geworden. Im Laufe der Jahre wurde er einer von Domingos engsten Freunden, und er sieht ihm auch recht ähnlich: Die beiden sind schon früher von Presseleuten verwechselt worden. Dr. Marcel Prawy ist hinter der Bühne. Er ist der lebhafte und redselige Dramaturg der Wiener Staatsoper und ein großer Domingo-Fan. Plácido plaudert mit ihm auf deutsch, mit seinem Pariser Agenten Michel Glotz auf französisch, mit den verschiedenen Persönlichkeiten der Scala auf italienisch und mit Peter Andry von EMI auf englisch. Es ist eine große, wohlhabende, kosmopolitische Gesellschaft. Was auch immer die *Claqueure* auf den Balkonen der Scala denken mögen, Domingo und seine vielen Freunde haben diesen wunderbaren Abend alle genossen.

Die New Yorker Metropolitan Opera

Jemand wie Plácido Domingo kann keinen Ort wirklich sein Zuhause nennen. Besser gesagt, er hat mehrere Zuhause – Luxushäuser oder Wohnungen in Barcelona, London, Wien, Monte Carlo und New York –, und er pendelt in der Regel hin und her. Plácido erscheint es beinahe belanglos, wo sein »Zuhause« ist. Er hält sich ohnehin nie länger als ein paar Wochen an ein und demselben Ort auf, und das Gefühl der Distanz kann dank des Telefons und des Jets auf ein Minimum reduziert werden. Aber als seine Jungen schließlich größer wurden, brauchte die Familie einen ständigen Wohnort. Und da Plácido seit dem Beginn seiner internationalen Karriere häufiger in New York als in irgendeiner anderen Stadt sang, ist New York, zusammen mit Barcelona, in den letzten zwanzig Jahren der Hauptwohnsitz der Familie Domingo gewesen.

Ganz am Anfang dieser Zeit wohnten sie in einem Haus in Teaneck, New Jersey, am anderen Ufer des Hudson. Es geschah in diesem Haus, daß Plácido an einem späten Samstagnachmittag im September 1968, kurz nachdem er von einer langen Bühnenprobe für *Turandot* nach Hause gekommen war, das Telefon beantwortete und die Stimme von Rudolf Bing, dem Generalintendanten der Metropolitan Opera, hörte. »Plácido«, sagte Bing in seiner ruhigen, gebieterischen österreichischen Art, »Sie müssen heute abend noch einmal singen.« Das war vier Tage vor Domingos offiziellem Debüt an der Met in der Rolle des Maurizio in Cilèas Oper *Adriana Lecouvreur*. »Corelli rief gerade an und teilte mir mit, er sei krank und könne den Maurizio heute abend nicht singen«, sagte Bing. Franco Corelli, ein wunderbarer

Tenor von heroischer Gestalt, litt sehr unter nervlicher Anspannung und war bekannt dafür, abzusagen. »Bitte kommen Sie sofort«, fügte Bing mit der genau richtigen Mischung aus Hartnäckigkeit und Höflichkeit hinzu.

Domingo ärgerte sich und glaubte nicht, daß Corelli wirklich krank war. Außerdem war die Probe zu *Turandot* eine technische Probe gewesen, so daß er den ganzen Tag nicht gesungen und seine Stimme keine Gelegenheit zu Auflockerungsübungen gehabt hatte. In der Met nahmen die ersten Zuschauer bereits gemächlich ihre Plätze ein. Sie wurden davon unterrichtet, daß der junge Domingo für Corelli einspringen würde, und um Geduld gebeten, da Domingo gerade erst in die Stadt zurückfahre, aber bald bereit sei, aufzutreten. Unterwegs sang Domingo am Steuer ein paar Tonleitern und Arpeggios, um sich warmzusingen. Er erzählt amüsante Geschichten über die Reaktionen anderer Autofahrer, die an Ampeln neben ihm standen. Einer war auf dem Weg in die Met und fürchtete, er würde zu spät kommen. »Keine Sorge«, sagte Plácido, als die Ampel grün wurde, »sie fangen erst an, wenn ich da bin!« – und flitzte die Avenue hinunter.

Für viele, und nicht nur für Amerikaner, gilt die New Yorker Met als das führende Opernhaus der Welt. Wie beurteilt man diese Dinge? Die Met ist gewiß eine der größten Opern. Das neue Haus, das 1966 eröffnet wurde, faßt insgesamt nahezu viertausend Zuschauer, die auf ein Proszeniumsbühnenbild von 14×14 Metern blicken. In der Regel gibt die Met pro Spielzeit in einem Zeitraum von über vierzig Wochen etwa zweihundertsiebzig Vorstellungen von ungefähr sechzehn bis zwanzig verschiedenen Opern. Fünfzig davon erfolgen während der sieben- oder achtwöchigen Tournee, die die Met jedes Frühjahr durch verschiedene größere Städte überall in den Vereinigten Staaten unternimmt, und eine weitere Anzahl wird während des Sommers – kostenlos – in den Parks von New York City geboten. Die Met in Betrieb zu halten kostet jedes Jahr über siebzig Millionen Dollar. Davon fließen in der Regel nahezu zwei Drittel wieder durch Kasseneinnahmen zurück, der Rest wird weitgehend durch kleine, große und sehr große private Zuwendungen bestritten, und das übrigbleibende Defizit wird durch staatliche Unterstützung gedeckt. In einem guten Jahr ist die Bilanz in etwa ausgeglichen. Kein anderes führendes Opernhaus der Welt kommt ohne umfangreiche staatliche Subventionierung aus. Covent Garden, die Scala, die Wiener oder Münchener Oper würden auf der Strecke bleiben, wenn sie ihre Einnahmen ausschließlich durch Kartenverkäufe und Privatspenden bestreiten müßten.

Die Met war nicht die erste Oper in New York. Sie entstand eigentlich als Reaktion der New Yorker *nouveaux riches* auf das führende Opernhaus der

1850er bis 70er Jahre, die Academy of Music am Irving Place und der 14. Straße. Alle großen Opern und Sänger konnten in der Academy of Music gehört werden, aber man konnte nicht die gesamte New Yorker High Society dort sehen. Die Academy verfügte nur über eine geringe Anzahl von Logen, und jeder, der etwas war, mußte unbedingt eine Loge in der Oper haben – das heißt mehr oder weniger dauermieten. Als während der »goldenen Jahre« nach dem Bürgerkrieg neuer Reichtum aus der Industrie in die blühende Stadt floß, schloß sich eine Reihe reicher, berühmter und von der Oper ausgeschlossener Leute zusammen und gründete eine neue, größere Oper, ihre eigene, ein prächtiges Haus, in dem die schönsten Opern zu hören und die teuersten Pelze und Diademe zu sehen waren. Wie die bessere Gesellschaft zog auch die Oper weiter nördlich ins Zentrum Manhattans. Dementsprechend wurde das neue Haus an der 39. Straße und dem Broadway gebaut, und wenn seine gelbe Backsteinfassade auch wie ein Bürogebäude oder eine Fabrik aussah, so bot das prunkvolle Innere doch die entscheidenden Rundgalerien mit insgesamt über einhundert Logen. Die Metropolitan Opera in New York wurde am 22. Oktober 1883 mit einer Reihe italienischer Opern eröffnet; bei der Gala-Premiere gab es eine italienische Version von Gounods *Faust*.

Mehrere Male stand die Met kurz davor zu schließen. Das Gebäude war angeblich feuersicher, doch bei einem großen Brand im Jahre 1892 wurde das Innere weitgehend zerstört. Das Gebäude selbst war tatsächlich feuersicher, und so blieb den Aktionären nichts anderes übrig, als rechtzeitig zur Spielzeit 1893/94 eine kostspielige Innenrenovation auszuführen. Zwischen 1906 und 1909 baute der Impresario Oscar Hammerstein (der Onkel von Richard Rodgers berühmtem Librettisten) gleich neben der Met eine Konkurrenzoper und heuerte einige der größten Sänger jener Zeit an; die Met konnte die Gefahr durch Hammerstein nur dadurch abwenden, daß sie ihn mit einer kolossalen Summe abfand. Ein Vierteljahrhundert später versuchten die Götter erneut, die Met zu schließen, diesmal nicht mit Feuer oder Konkurrenz, sondern mit einer Wirtschaftskrise. In dieser Notlage bat der Generalintendant Gatti-Casazza alle, eine drastische Gehaltskürzung in Kauf zu nehmen. Alle stimmten zu bis auf Gigli, der das Ensemble verließ. Die alte Met war ein Gebäude aus dem 19. Jahrhundert, das die Jahrhundertwende viel zu lange überlebte. Es hatte einen wunderbaren, eleganten, geräumigen Zuschauerraum. Die verschiedenen hufeisenförmigen Galerien waren nach dem klassischen europäischen Prinzip entworfen worden und ermöglichten einen intensiven Kontakt zwischen den Sängern und den Logeninhabern. Das Haus hatte eine gute Akustik und bot jedem, der in einer der mittleren Logen saß, eine ausgezeichnete Sicht und Klangqualität. Aber es gab über siebenhundert Plätze, von denen man nur einen Bruchteil der Bühne sehen konnte. Ich erinnere mich, wie ich in den frühen 60er Jahren zum Beispiel die linke Hälfte eines *Lohengrin* und einer *Così fan tutte* und die rechte Hälfte einer *Cavalleria rusticana* und eines *I Pagliacci* sah und von einem Stehplatz aus eine wunderbare, von Cecil Beaton ausgestattete *Turandot* erlebte, ohne den oberen Teil der mehrstufigen Bühne sehen zu können. Die Probleme im Zuschauerraum waren jedoch nichts im Vergleich zu denen hinter der Bühne. Das Haus war an die Ausmaße eines rechteckigen New Yorker Häuserblocks gebunden und schon früh über den ihm zur Verfügung stehenden Raum hinausgewachsen. Die Garderoben waren klein und düster, die Einrichtungen der Bühnentechnik waren so primitiv, daß sie schon beinahe gefährlich waren, und Kulissen und Kostüme mußten außerhalb des Gebäudes unter einer provisorischen und unzulänglichen Abdeckung auf einem Gelände am Broadway und der 7. Avenue eingelagert werden, wo sie Manhattans wechselhaftem Wetter ausgesetzt waren. Risë Stevens erzählte mir einst, daß sie die Carmen an der Met einmal in einem Kleid sang, das von einem kürzlichen Regenguß noch völlig durchnäßt war.

Die neue Metropolitan Opera ist das zentrale und dominierende Gebäude eines Kunstkomplexes, des Lincoln Center, das Mitte der 60er Jahre eröffnet wurde und westlich des Broadway zwischen der 62. und der 66. Straße vier volle Häuserblocks einnimmt. Die Oper zog von der 14. zur 39. und dann zur 66. Straße die Stadt hinauf und folgte somit dem allgemeinen *Uptown*-Trend innerhalb des Wohnungsmarkts und der Kulturszene von New York. Das Lincoln Center beherbergt nicht nur die Met, sondern auch zwei Theater, die Juilliard School of Music, eine Bibliothek der darstellenden Künste, zwei Konzertsäle und die New York City Opera. Wegen der sorgfältig gestalteten ästhetischen Harmonie zwischen den verschiedenen, eng aneinandergrenzenden Gebäuden und wegen der großzügigen Nutzung der dazwischenliegenden Flächen wurde das Lincoln Center zu einem Modell sinnvoller Planung und zum Vorbild von Kunstzentren, die in vielen Städten in Amerika und anderswo entstanden.

Die Nachbarin der Met, die New York City Opera, wurde in den 40er Jahren gegründet und wirkte viele Jahre im ehemaligen Shriners Saal an der westlichen 55. Straße, der heute als City Center bekannt ist. Unter der Leitung von Julius Rudel wurde die City Opera zu einer unternehmungsfreudigen und einfallsreichen Truppe, die häufig ein kühneres Repertoire spielte als die Met und eine Vielzahl neuer amerikanischer und ausländischer Talente vorstellte. Als Plácido Domingo 1965 in die Vereinigten Staaten kam, bemühte er sich an der NYCO um eine Gelegenheit zum Vorsingen. Rudel erinnert sich noch heute daran, wie sehr Domingo ihn beeindruckte, bevor er überhaupt seinen Mund geöffnet hatte. »Wenn dieser Mann nur halb so gut singt, wie er aussieht, dann hat er schon gewonnen«, sagte Rudel. Und kaum hatte Domingo angefangen zu singen, beschloß Rudel, ihn zu engagieren. Domingo sang eine oder zwei Rollen im alten »Mekka-Tempel« an der westlichen 55. Straße, und als die NYCO ihr neues Haus im Lincoln Center einweihen sollte, hatte Rudel den Eröffnungsabend zum Teil im Hinblick auf Domingo geplant. Gespielt wurde die amerikanische Uraufführung von *Don Rodrigo* des argentinischen Komponisten Alberto Ginastera, ein großangelegtes Werk mit buchstäblich Hunderten von Mitwirkenden auf, vor und hinter der Bühne und einem Orchester mit nicht weniger als achtzehn Waldhörnern und zwölf Trompeten, von denen einige hinter der Bühne und andere im Zuschauerraum plaziert waren. Wie Rudel sich erinnert, schien die Titelrolle – ein nobler Westgotenkönig aus dem Spanien des 8. Jahrhunderts – Domingo beinahe auf den Leib geschrieben zu sein. »Ich gab diese schwierige Rolle sofort Plácido – entgegen scharfer Einwände, sollte ich vielleicht hinzufügen, seitens meiner engsten Mitarbeiter, die alle möglichen Befürchtungen wegen seines jungen Alters, seines Mangels an Erfahrung, seiner ›zu lyrischen Stimme‹ und so weiter hegten und versuchten, mich dazu zu bewegen, einen anderen Tenor zu engagieren. Nun, die Premiere war ein Triumph und machte Plácido über Nacht zum Weltstar. Der Komponist war anwesend, und er war zu Tränen gerührt.«

Kaum hatte sich Domingo im Lincoln Center als Startenor des State Theater fest etabliert, wandte er seinen Blick auch schon dem großen Gebäude auf der anderen Seite des Platzes zu. Und die Leute in dem großen Gebäude hatten ihre Augen gewiß ebenso entschieden auf ihn gerichtet.

Die neue Met ist in vielerlei Hinsicht ein traditionelles Haus. Architektonisch gesehen ist sie ein großer Marmorwürfel mit fünf hohen, verglasten Bögen an der Front. Das äußere Bogenpaar enthüllt (oder besser gesagt versteckt teilweise) zwei riesige Originalgemälde von Chagall mit Motiven aus der Musik. Im Inneren befindet sich eine große Proszeniumsbühne, der Orchestersitze, Parkett und fünf Bögen mit Balkonsitzen gegenüberliegen. Die Sitze und Teppiche sind aus rotem Samt, der Bühnenvorhang aus Damast in Altgold, und das Ganze wird von einem prächtigen Kronleuchter überragt. Aber eine solch prosaische Beschreibung wird dem Gebäude, das manche für das eleganteste Opernhaus der Welt halten, kaum gerecht.

Für das Publikum ist die Met der Zuschauerraum. Man betritt den riesigen Innenraum dieser heiligen Stätte von einem der reich mit Teppichen ausgelegten Balkone der Wandelhalle, oder man geht vielleicht die großzügig geschwungene Mitteltreppe hinauf, wo man an einem der in die Wand eingelassenen Marmorbrunnen »Zum Andenken an Ezio Pinza« einen Schluck kühles Wasser trinken kann. Ist es nicht bemerkenswert, daß die Wände der Met, die Programme, ja selbst die Sitzlehnen die Namen der Wohltäter tragen, ohne deren von der Steuer absetzbare Schenkungen all dies nicht möglich wäre, wohingegen das kostenlose Wasser nach einem der größten Sänger der Geschichte benannt ist?

Der Zuschauerraum der Met ist riesig, auch wenn er gar nicht übermäßig groß erscheint. Die Sänger sagen häufig, daß ihre Stimme in der alten Met einen viel größeren Raum auszufüllen hatte. Das ist nicht richtig. Die Tiefe des neuen Zuschauerraums ist identisch mit der des alten, doch da er breiter ist, wirkt er kompakter. Auch für die Zuschauer ist die Größe des Gebäudes, in dem sie sitzen, nicht allzu verwirrend oder störend; die Architekten haben zwar die hufeisenförmige Anlage des traditionellen Opernsaales beibehalten, aber sie brachten es dennoch fertig, über und hinter dem breiten Mittelteil eines jeden Hufeisens ganze Reihen von bequemen Sitzplätzen unterzubringen, von denen fast alle eine relativ gute Sicht auf die Bühne haben. Alles ist bogenförmig. Nicht nur die Ränge und die Außenfassade der Logen, sondern auch die seitliche und obere Umrahmung der Proszeniumsbühne, die lotusblütenförmigen Blattgoldscheiben, die die Decke zieren, und selbst die gewellten Wände aus kongolesischem Rosenholz, die den Zuschauerraum umgeben. Der Klang wird überallhin projiziert und nirgends absorbiert. Dies ist eines der Geheimnisse der klaren Akustik in der Met. In manchen Teilen des Hauses ist die Akustik in der Tat so gut, daß Besucher, die zum ersten Mal hier sind, den Eindruck gewinnen, der Klang, den sie hören, sei verstärkt.

Das vielleicht berühmteste Detail im Zuschauerraum der Met sind die vielen kleinen Kronleuchter, stachelige kleine Lichtbündel, die wie eine Vielzahl fluoreszierender Schneeflocken tief von der Decke herabhängen. Während die Lichter erlöschen, werden die Kronleuchter an den vier Balkonen vorbei langsam nach oben gezogen, um die Sicht auf die Bühne nicht zu beeinträchtigen, und sie bleiben während der gesamten Vorstellung oben. Früher applaudierten die Zuschauer in der Met diesem kleinen technischen Zaubertrick, doch heute halten sie es für selbstverständlich. Es ist ein noch viel bemerkenswerterer Anblick, an dem das Publikum allerdings nicht teilhat, wenn diese Kristalleuchter in den halbdunklen Saal herabschweben, bevor die Zuschauer eingelassen werden – glitzernde Spinnen, die sich einen

Faden knüpfen, an dem sie später vor den Augen von nahezu viertausend Menschen hinauffliehen.

Es gibt vielleicht zwei Dinge, die man an dem Zuschauerraum beanstanden könnte. Das erste ist die bizarre Skulptur, die sonderbarerweise über dem kargen, altgoldenen Proszeniumsbogen hängt und wie der Streifen eines Computerausdrucks aussieht, der durch verbogene Violinhälse gefädelt wurde. Einer meiner Freunde nennt sie Keuschheitsgürtel. Das zweite ist die Tatsache, daß es keine richtigen Seitenfoyers oder etwa Nebenausgänge gibt, so daß das gesamte Publikum den Saal an dessen Rückseite verlassen muß, und das bedeutet, daß es nach einer Vorstellung zu einem langwierigen Gedränge kommen kann. Dies sind jedoch (außer bei einem Brand) kleine Unannehmlichkeiten, die der Zuschauer in einem Haus in Kauf nehmen muß, das seinem Hauptzweck so gut dient.

Wie gut dieses Opernhaus eingerichtet ist, können im Grunde nur die wirklich beurteilen, die hinter der Bühne arbeiten. Zunächst einmal hat die Met nicht eine, sondern fünf Bühnen. Zu beiden Seiten und hinter der Hauptbühne befinden sich drei weitere Bühnen der gleichen Größe, auf denen ganze Szenen im voraus aufgebaut werden können, um bei Szenenwechseln Zeit zu sparen. So sinkt an der Met zum Beispiel Luthers Taverne in *Hoffmanns Erzählungen* vor aller Augen in den Grund und weicht einer Ansicht des ungeheuer vielfältig eingerichteten Wohnzimmers des verrückten Wissenschaftlers Spalanzani, das von seiner Vorbereitungsposition auf der Bühne hinter der Hauptbühne langsam nach vorne rollt. Die gewaltige, mehrstufige Momus-Szene in Zeffirellis 700 000-Dollar-Inszenierung von *La Bohème* mit nahezu dreihundert postierten Darstellern fährt in dem Moment auf die Hauptbühne, in dem der erste Akt wegrollt, und diese Verwandlung dauert ganze vier Minuten. Die fünfte originalgroße Bühne liegt unterirdisch, auf der sogenannten Ebene C; hier unten proben die Künstler ihre Rollen und machen sich allmählich mit den Raumdimensionen vertraut, in denen sie später auftreten sollen.

Unter, über und hinter dem Zuschauerraum ist die Met ein Labyrinth kleiner und großer Räume; die größten sind für die Konstruktion, das Malen und Lagern von Kulissen; die kleinsten sind in der Regel die Büros derjenigen, die die Oper verwalten. Die Met stellt viele ihrer Kulissen, Kostüme und Requisiten direkt im Lincoln Center her, es gibt dort auch eigene Perückenmacher, Schwertmacher und ähnliches sowie eine Elektrikabteilung, die vom Auswechseln der Glühbirnen in den Kronleuchtern bis zum reibungslosen Funktionieren von Spalanzanis erfindungsreichem Hokuspokus in *Hoffmanns Erzählungen* alles überwacht. Wie jedes andere

Opernhaus besitzt auch die Met mehr Kulissen, Kostüme und Requisiten, als sie unterbringen kann, und fast auf jedem Stockwerk hinter der Bühne stößt man in den Gängen auf Verpackungskisten mit der Aufschrift »Maskenball 1. Akt« oder »Rosenkavalier 2. Akt« oder auch Ständer mit verschiedenen königlichen Gewändern und Umhängen oder Gamaschen und Mänteln für das Straßenvolk. Denn so merkwürdig dies auch klingen mag, der reiche, moderne Zweckbau der Met ist bereits zu klein. Anstelle der fünf großen Bögen sollte sie ursprünglich sieben haben; als aber wirtschaftliche Gegebenheiten die Planer zwangen, die Breite des Gebäudes zu reduzieren, wurden Foyer, Lager- und Büroräume geopfert. Deshalb müssen Kulissen für Inszenierungen, die nicht im aktuellen Repertoire der Met sind, und sogar einige, die es sind, inzwischen in verschiedenen Lagerhallen aufbewahrt werden, hauptsächlich in einem Gebäude von der Größe einer Flugzeughalle auf der anderen Seite des Hudson, in Weehauken, New Jersey. Und wenn eine große Inszenierung, wie *La Bohème*, wieder aufgenommen wird, muß ein Konvoi von einundzwanzig Lastwagen (in der alten Inszenierung vor Zeffirelli waren es fünf!) beladen und auf die Reise geschickt werden.

An der linken Außenseite des Gebäudes befinden sich die Verwaltungsbüros der Met in einer Reihe enger Korridore, die etwa über sechs Stockwerke hinweg einer über dem anderen liegen, und zwar an einer Stelle, wo man eigentlich eher Notausgänge vermuten würde. In einem winzigen Nebenzimmer auf dem ersten Stockwerk ist das Büro von James Levine, »Maestro Levine«, wie seine Sekretärin am Telefon sagt, »Jimmy« oder »Jim« für alle im Haus, die eng mit ihm zusammenarbeiten. Er hat ein so charakteristisches rundliches, bebrilltes Gesicht, gekrönt von einem Wust krauser Haare, daß es nur eine Frage der Zeit sein kann, bis der Souvenir-Shop der Met den Jimmy-Levine-Teddybär herausbringt (»Gib ihm einen Taktstock, und seine Arme bewegen sich im Rhythmus auf und ab«). Levine ist ein meisterhafter Musiker. Jeder, der die strenge Aufsicht des verstorbenen George Szell erfolgreich überstanden hat – als Zwanzigjähriger war er dessen Assistent in Cleveland –, muß ein ungeheures musikalisches Talent besitzen, Geschmack an unbarmherzig harter Arbeit finden und, wenn nötig, ein ziemlich dickes Fell haben.

Levines Energie ist unerschöpflich, und das muß sie auch sein – bei seinem Arbeitspensum. Er bleibt die gesamte, acht Monate dauernde Spielzeit hindurch auf seinem Posten in New York – was in unserem Jet-Zeitalter eher überraschend wirkt. Er nimmt seine Arbeit ernst, kommt jeden Tag in das Haus und behält jede Inszenierung, jede Vorstellung und jeden Künstler im

Auge. Er setzt sich zu Proben mit seinen Solisten selbst ans Piano, begleitet manche sogar bei Liederabenden und dirigiert in jeder Spielzeit knapp die Hälfte des gesamten Repertoires der Met. Man sollte sich von der munteren, jungenhaften Erscheinung, der Ungezwungenheit, dem Mid-West-Akzent, dem Handtuch über den Schultern und den saloppen Sweatshirts nicht täuschen lassen. Levine mag ein natürlicher und bescheidener Mensch sein, aber seine Autorität in Sachen Musik ist unantastbar. Er ist jung genug, um der Sohn einiger der Sänger und Instrumentalisten zu sein, die er dirigiert, aber Levine ist der Boß, der Maestro.

Bei passender Gelegenheit kann Levine überschwenglich beredt sein, aber wie alle guten Dirigenten zieht er es vor, bei Orchesterproben wenig zu sprechen. Gelegentlich bittet er in seiner satten, sonoren Stimme die Celli, zwei Phrasen klarer zu trennen, oder die Hörner, mit einheitlicherer Dynamik zu spielen. In der Regel aber vermittelt er seine Anweisungen durch den Stab, die Arme, den Körper und die Augen. Mutter Natur hat ihn nicht mit dem aristokratischen Aussehen eines Giulini oder dem offensichtlichen persönlichen Charisma eines Solti, Mehta oder Muti ausgestattet, aber Levine verläßt sich auf reine Technik und Musikalität, um sein Ziel zu erreichen. Diese Eigenschaften sowie das selten gekannte und hochgeschätzte treue Ausharren während der langen Spielzeit an der Met haben Levine das richtige Maß an Autorität und Zugänglichkeit verliehen, die für ein so heikles Amt erforderlich sind. Manchmal wird ihm vorgeworfen, er sei mit der Met so sehr verwachsen, daß er nicht häufig genug ein paar andere große Operndirigenten verpflichte. Sein Nachbar im Lincoln Center, Zubin Mehta, der Dirigent des New York Philharmonic Orchestra, gehört nicht zu den Gastdirigenten der Met. Ebensowenig Muti oder Abbado, Maazel oder Kleiber oder in der älteren Generation Solti, Karajan oder Giulini. Der Grund ist natürlich nicht nur, daß die betreffenden Dirigenten nicht gebeten worden wären; jahrelang hat es die größte Mühe gekostet, Karajan überhaupt aus Berlin oder Salzburg wegzulocken oder Giulini wieder zur Oper zurückzuholen. Aber bei manchen Inszenierungen an der Met gab es nur recht schwache Anleitung aus dem Orchestergraben, und einen Teil der Schuld daran trägt vermutlich der Dirigent.

Die Met ist ein großes Gebäude. Das Lincoln Center ist ein riesiger Komplex. Bei einem schnellen Gehtempo dauert es zehn Minuten, um das Center zu umgehen, bei einem etwas langsameren Schritt fünfzehn. Vom Broadway aus gesehen erscheint die Reihe wohlproportionierter Gebäude aus hellem Travertinmarmor, von denen jedes einen eigenen Stil hat und sich dennoch harmonisch in das Gesamtbild fügt, prachtvoll und imposant. An der zur Amsterdam Avenue liegenden Seite kann man jedoch am Center vorbeigehen und es kaum bemerken. Auf der anderen Seite der Avenue stehen hochgeschossige Sozialwohnungen und ein paar Schulen. Und auf dieser Straßenseite steht ein großer Marmorklotz, der hier und da von einer Garageneinfahrt und ein paar Meter über der Straße von einer kurzen Reihe unscheinbarer rechteckiger Fenster unterbrochen wird, wie man sie an der Seite eines kleinen Flugzeuges sieht. Es ist schwer, dort herauszuschauen, und unmöglich, hineinzublicken. Dies sind, auch wenn man es nicht für möglich halten würde, die Fenster der Solistengarderoben in der Metropolitan Opera. Wenn man durch diese hohen kleinen Fenster sehen könnte, würde man vielleicht einen flüchtigen Blick von Joan Sutherland, Plácido Domingo oder Sherrill Milnes, Renata Scotto, Martti Talvela oder Luciano Pavarotti erhaschen, während sie sich umziehen, schminken, Tonleitern singen oder in einer Dusche verschwinden. Die Garderoben sind zwar klein, aber bequem, und haben alle die gleiche Größe und Einrichtung. In jeder befindet sich ein Klavier, eine Dusche und Toilette (im alten Haus mußten sich die Künstler diese Einrichtungen teilen), und sie sind unabhängig von der manchmal auf Hochtouren laufenden Klimaanlage des Hauses.

Die Garderobenräume sind sowohl von der Bühne als auch von der Tiefgarage der Met aus leicht zu erreichen. Will man aber vom Zuschauerraum aus dorthin gelangen, um nach einer Vorstellung das Autogramm eines Lieblingssängers zu bekommen, muß man eine Reihe langer, enger Korridore und verschiedene Kontrollen passieren, bevor man zu einem weiteren Korridor mit großen Metallschränken gelangt. Wenn die Sutherland oder Domingo singen, gibt es an dessen Ende eine zusätzliche Sicherheitskontrolle, und man wird gebeten, in Reihe anzustehen und zu warten, bis man vorgelassen wird. »Alle, die nicht Mr. Domingo sehen wollen, gehen bitte hier entlang«, ruft der Sicherheitsbedienstete bis zum Ende der Reihe. »Alle, die Mr. Domingo sehen wollen, warten bitte hier einer hinter dem anderen.« Und die Schlange erstreckt sich bis um die Ecke und über die Hälfte des Korridors mit den metallenen Schließfächern zurück.

Um überhaupt so weit zu kommen, muß man auf irgendeiner Liste stehen. Jeder Sänger erstellt eine Liste der Freunde, die die Erlaubnis haben, nach der Vorstellung hinter die Bühne zu kommen. Stammzuschauer der Met, die den Star sehen möchten, aber nicht zu seinen Freunden zählen, lassen sich auf die Liste irgendeines relativ unbedeutenden Ensemblemitgliedes setzen, das sie kennen, und erhalten dadurch leichten Zugang zur Hinterbühne und können sich auf diese Weise sogar in das Ritual des »Warten Sie in dieser

Schlange, wenn Sie Mr. Domingo sehen wollen« einschleichen. Oder man läßt dem Star einfach ausrichten, man möchte gerne auf seiner Liste stehen, und kein Sänger, und schon gar kein so geselliger Mensch wie Domingo, der die Bedeutung guter Public Relations kennt, schlägt solch einen Wunsch normalerweise ab. In den meisten Opernhäusern sind selbst die zu allem entschlossenen Groupies dazu verdammt, draußen vor dem Bühneneingang zu warten, bis ihr Held das Gebäude verläßt. In der Met können sie sich zusammen mit den echten Freunden Zutritt verschaffen, wenn sie nur mutig genug sind.

Einfach so? Nicht ganz. An einem Abend mit Domingo ist es üblich, daß die wirklich engen Freunde direkt zur Garderobe des ersten Tenors gehen, wo Domingo sein Kostüm ablegt. Alle anderen – es können zweihundert Menschen und noch mehr sein – müssen warten. Das Gedränge um Domingo (um Pavarotti oder Sutherland ist es genau das gleiche) ist so groß, daß die Garderobe als Empfangszimmer völlig unzulänglich wäre, weshalb zu diesem Zweck häufig das angrenzende grüne Zimmer benutzt wird. Ein Tisch und ein Stuhl werden dort aufgestellt, und eine andere Art von Vorstellung beginnt.

»Schön, daß Sie da sind«, lächelt er, und fragt: »Wie geht's?« während er seinen Namen abermals auf ein Programmheft dieses Abends kritzelt.

Jemand hält eine kleine Rede: »Ich hörte Sie in genau derselben Rolle, als sie neunzehnhundertso-und-so in dem-und-dem Haus Ihr Debüt gaben.«

»Ja, wirklich?« erwidert Domingo in solchen Fällen, und versucht, so viel Interesse wie möglich aufzubringen.

»Sie waren wirklich wunderbar damals, und heute waren Sie sogar noch bezaubernder.«

»Sehr nett, vielen Dank.«

Noch ein Lächeln, noch ein Autogramm, noch ein Händeschütteln oder Umarmen, und die Menschen, die noch immer entlang der Metallschließfächer Schlange stehen, schlurfen langsam ein paar weitere Schritte auf das überfüllte grüne Zimmer zu.

Einige Stars unserer Zeit, die etwas mehr Zurückgezogenheit lieben, hassen dieses Ritual und versuchen, es zu vermeiden oder zumindest einzuschränken. Ein Auftritt kann einen Sänger schließlich stark beanspruchen, und es liegt nicht jedem, nach drei oder vier Stunden intensiven Singens eine oder zwei weitere Stunden der Heldenverehrung auszuhalten. Andere dagegen leben durch ihr Adrenalin am Ende einer Vorstellung sichtlich auf, sie sind noch immer »high« und brauchen einige Zeit, um abzuschalten. Domingo ist einer von jenen, die die Verehrung der Menge anregt und die sich wie gute Politiker darüber im klaren sind, daß zufriedene Menschenmassen ein gutes Geschäft bedeuten. All jene, deren Programm Domingo signiert, deren Hände er schüttelt und deren Wangen er küßt, sind bestärkte Bewunderer. Er weiß dies und bemüht sich entsprechend um die Menschenmenge hinter der Bühne. Zum Glück genießt er es, denn es hat ihn bereits über zweitausend Stunden seines Lebens gekostet.

1983 näherte sich Domingo seinem 200. Auftritt an der New York Metropolitan – er stand dort häufiger auf der Bühne als in irgendeinem anderen Haus –, und während des Countdowns zu diesem neuesten statistischen Triumph schienen sich seine Energien und sein Enthusiasmus zu verdoppeln. Im Februar und März sollte er in einer nicht abreißenden Reihe von Vorstellungen singen, zu der in einer besonders hektischen Periode von knapp vierzehn Tagen nicht weniger als vier verschiedene Opern gehörten: die letzte Vorstellung in einer Reihe von *La Giocondas* (diese Vorstellung wurde live übertragen), eine *Bohème*, eine *Adriana*, eine weitere *Bohème* und zwei Tage später die Eröffnung einer Reihe von acht Vorstellungen von Verdis *Don Carlos*. Die Oper *La Gioconda*, die der vornehme und professorale Amilcare Ponchielli in den 1870er Jahren schrieb, ist eines jener Werke, die sich – im Gegensatz zu ihren Heldinnen – weigern, unterzugehen. Es ist eine Oper im großen Stil: lang, weit ausladend, mit aufregenden und aufgeregten Chören, nicht weniger als sechs Solisten (für jede Stimmlage einen, und für jeden eine Arie), einem Ballett – dem berühmten Tanz der Stunden – und einer unmöglichen Geschichte über Liebe, Haß, Dankbarkeit, Rache, Zerstörung (eines gesamten Schiffes im zweiten Akt) und Tod. Da sie dramatisch und emotional zu überspannt ist, sich kaum in eine Form bringen läßt und es dem Regisseur oder Dirigenten schwer macht, das Werk als Einheit zusammenzuhalten, gehört *La Gioconda* nicht zum Kernbestand des Opernrepertoires. Wenn sie aber gut inszeniert ist, macht das heftige Wogen der sich herrlich einschmeichelnden Musik sie zu einem schätzenswerten Werk, und besonders das amerikanische Publikum scheint schon immer eine gewisse Schwäche für diese Oper gehabt zu haben. Caruso, Gigli und Tucker sangen an der alten Met die Rolle des Tenors Enzo, und Destinn, Ponselle, Milanov und Tebaldi waren an der Met berühmte Interpretinnen der Titelrolle. Die Gioconda war die Rolle, in der die junge Maria Callas zum ersten Mal auffiel. Diese Gioconda hat übrigens nichts mit Leonardos Mona Lisa zu tun, sondern sie ist eine Straßensängerin in Venedig zur Zeit der Inquisition, ein Mädchen, dessen Kosename eine gewisse Ironie verbirgt, denn es gibt nicht viel, worüber sie lächeln könnte. Ihre blinde

Mutter wird an den Pranger gestellt, sie selbst liebt einen Mann, der eine andere liebt, und im letzten Akt begeht sie Selbstmord, nachdem sie in einer bezaubernden Arie ihre Absicht erklärt hat.

Die Inszenierung an der Met ist entsprechend aufwendig, und Beni Montresors Designs füllen die riesige Spielfläche aus. Die großen Bögen des Markusdoms dominieren die lange Eröffnungsszene, und im zweiten Akt kann man sie von dem vorn vor Anker liegenden Schiff über die Lagune glitzern sehen. Die Inszenierung verwendet große Mannschaften von Seeleuten, die hin und her wogen, und großartige Draperien, die die Innenräume im dritten und vierten Akt einrahmen. Alles ist darauf angelegt, dem Stück Wirkung zu verleihen. Diese Produktion ist in der Tat so luxuriös, daß die Met einen Querschnitt durch das Opernhaus während einer *Gioconda*-Vorstellung wählte, als sie ein Poster herausbrachte, das die Abläufe in dem riesigen Komplex hinter der Bühne aus der Sicht eines Künstlers darstellt.

Die Met arbeitet wie die meisten führenden Opernhäuser der Welt mit einem *Stagione*-System. Das heißt, daß sie eine kurze Reihe von gründlich geprobten Vorstellungen eines bestimmten Werkes in einer sorgfältig ausgewählten Besetzung zeigt und daß die Solisten wieder auseinandergehen, sobald die nächste Inszenierung für die Bühne vorbereitet wird. Natürlich überschneiden sich die Inszenierungen, so daß zu jedem Zeitpunkt verschiedene Produktionen gleichzeitig laufen. Aber nach einem halben Dutzend *Giocondas* oder *Tannhäuser*, zum Beispiel, ruhen diese Opern, bis eine neue, konzentrierte und geprobte Vorstellungsreihe angesetzt wird. Im Falle der *Gioconda* hatten Domingo und seine Solistenkollegen – die ungarische Sopranistin Eva Marton in der Titelrolle, der altgediente amerikanische Bariton Cornell MacNeil als böser Barnabas und die Mezzosopranistin Mignon Dunn als Laura – eine dichte Folge von Auftritten im Oktober 1982 und waren für drei weitere Abende im Februar 1983 engagiert.

Eine der Vorstellungen im Oktober wurde zu einem jener legendären Abende, von denen Opernfans ihren Enkeln erzählen. Es war die letzte Vorstellung, für die Domingo engagiert war. Er spürte die Anfänge einer Erkältung, dachte daran abzusagen, und die Leitung der Met bat Carlo Bini, der die Rolle des Enzo ein paar Tage später übernehmen sollte, sich zur Verfügung zu halten. Schließlich trat Domingo doch auf, der Abend begann trotz seiner Befürchtungen gut, die Technik schien ihm durchzuhelfen, und Bini setzte sich entspannt und vielleicht erlöst in den Zuschauerraum und genoß die Vorstellung. Bini war bestürzt, als er in der ersten Pause hörte, daß sich Domingos Erkältung verschlimmert hatte und daß er fürchte, sich zu schaden, wenn er weitersinge. In der folgenden Woche hatte er drei *Tosca*-Vorstellungen in Chicago, und er meinte, daß er, wenn auch ungern, den Rest dieser Vorstellung nicht zu Ende singen sollte. Domingo ist alles andere als ein Drückeberger, aber es ist bekannt, daß er äußerst besorgt um das Wohl seiner Stimme ist, und so respektierte jeder seine Entscheidung. Das heißt jeder außer dem unglücklichen Bini, der eilends in ein unbekanntes Kostüm schlüpfen und direkt in den zweiten Akt einsteigen mußte. Bini hatte keine richtige Bühnenprobe mitgemacht und war sich offenbar seiner Gänge nicht sicher. Wenige Minuten nach der Eröffnung des zweiten Akts liefert der Tenor den Höhepunkt der gesamten Oper, die hinreißend schöne und ausgesprochen exponierte Arie »Cielo e mar«. Bini hatte keine Gelegenheit gehabt zu vokalisieren, war offenbar außerstande, eine richtige Vorstellung zu geben, und das Publikum begegnete ihm mit einer Mischung aus Heiterkeit und Skepsis. Es sollte aber noch viel schlimmer kommen. Mignon Dunn versuchte, Bini bei seinen Bewegungen zu helfen, hielt während ihrer gemeinsamen Szene seine Hände fest umschlossen und ging an einer Stelle sogar soweit, seine Hände auf ihrem Körper etwas tiefer herabzuziehen. Teile des Publikums konnten sich nicht länger beherrschen. Es gab lautes Gelächter, langsames Klatschen und richtiggehende Handgreiflichkeiten seitens jener Zuschauer, die gegen das Klatschen und Lachen protestierten. Schließlich drehte sich der Dirigent Giuseppe Patanè um und bat das Publikum, zumindest den Respekt vor Ponchielli zu wahren. Für einen Moment beruhigte sich die Stimmung – und nach dem dritten Akt wurde verkündet, daß Maestro Patanè sich ausgesprochen schlecht fühle und die Vorstellung nicht zu Ende dirigieren könne. Sein Blutdruck schwankte anscheinend gefährlich – wem würde es unter solchen Umständen nicht ähnlich gehen? Weitere Unmutslaute ertönten, als der bei der Met angestellte Dirigent Eugene Kohn die undankbare Aufgabe übernahm, diesen unglücklichen Abend zu Ende zu bringen ...

Amerikanische Opernzuschauer sind eine recht ausdrucksstarke Gesellschaft; in der Regel wird zwar nicht darüber geklagt, daß sie zuviel buhen oder kichern, sondern daß sie immer an der falschen Stelle applaudieren. Wenn sich der Vorhang hebt, wird oft das Bühnenbild beklatscht, ohne Rücksicht auf die Musik, die dabei untergeht. Sie klatschen häufig, wenn der Star zum ersten Mal auftritt – der Applaus und die unvermeidlichen Gegenkundgebungen von »sch-sch-schs« übertönen auf diese Weise die Eröffnungsverse des Stars wirkungsvoll. Man kann in der Regel auch sicher sein, daß sie in dem Moment klatschen, in dem der Vorhang sich zu senken beginnt, und somit dafür sorgen, daß die zarten Harfen- und Streicherpassagen am Ende der Liebesduette in *La Bohème* oder *Othello* zum Beispiel noch einmal gespielt werden müssen. Aber auch Buhen ist nicht unbekannt. In der Met, wo die teuersten Sitze 65 Dollar und mehr kosten können, wird alles, was sichtlich weniger als exzellent ist, verständlicherweise übelgenommen. Renata Scotto wurde zu Beginn der Spielzeit 1981/82 für ihre unsichere Norma ausgebuht. Und eine Spielzeit später, am »Abend der *Gioconda* mit zwei Tenören und zwei Dirigenten«, buhte man den armen Bini aus (oder galt es Patanè oder dem Intendanten der Met oder Domingo, weil er mitten in der Vorstellung abgebrochen hatte).

Als Domingo zu Beginn des Jahres 1983 nach New York zurückkehrte, hatte er seine *Toscas* in Chicago, seine *Fanciullas* in London, die *Ernanis* in Mailand, die Aufnahmen von *Carmen* und die französische Version von *Don Carlos* sowie einige *Chéniers* in Miami alle erfolgreich überstanden. *La Gioconda* erforderte wenig Probenarbeit, und die ersten beiden Vorstellungen verliefen gut. Die dritte und letzte war als Samstagnachmittagsvorstellung angesetzt und sollte im Fernsehen übertragen werden.

An Lincolns Geburtstag, am 12. Februar 1983, erwacht New York unter einer dicken Schneedecke. Niemand erinnert sich, seit Jahren soviel Schnee gesehen zu haben. In den letzten zwanzig Stunden waren fünfzig Zentimeter Schnee über der Stadt gefallen, die bei Temperaturen von minus zehn Grad zitterte; es schien, als versuche der Himmel, die New Yorker mit einem Schlag für den ungewöhnlich milden Winter zu bestrafen, den sie bisher erlebt hatten. Am Tag zuvor, am 11., hatte Plácido Domingo Marta zum Kennedy-Flughafen gebracht, von wo aus sie zu ihren Jungen in die Schweiz fliegen wollte. Er hatte ihr nach seiner Übertragungsvorstellung der *Gioconda* am Nachmittag des 12. für ein paar Stunden nach Europa nachreisen wollen, um pünktlich zur nächsten Probe an der Met am Morgen des 14. wieder in New York zu sein. Inmitten dieses Schneesturms brauchte das Ehepaar Domingo allerdings über drei Stunden, um mit dem Wagen zum Kennedy Airport zu gelangen und einen im Schnee erstickenden und geschlossenen Flughafen vorzufinden, und drei weitere Stunden, um wieder in ein regungsloses, stilles und in Weiß getauchtes Manhattan zurückzuschleichen.

»Der Blizzard von '83«, wie die Zeitungen den Schneesturm sofort nannten, war in der Tat der schlimmste, den New York seit fast vierzig Jahren erlebt hatte. Die Meteorologen hatten ihn angekündigt, und als er sich ausgetobt hatte, war die gesamte Ostküste von Virginia bis Kanada zugedeckt. Es entstand Schaden in Millionenhöhe; zwei Millionen Dollar wurden allein dafür ausgegeben, die New Yorker Straßen wieder passierbar zu machen.

Busse blieben stecken, auch U-Bahnen. Eine Handvoll unerschrockener Taxifahrer montierte Winterreifen und schlitterte die Hauptdurchfahrtsstraßen entlang. Ein Säugling in Windeln fiel im siebten Stockwerk aus dem Fenster und soll unverletzt geblieben sein, da er in einer zwei Meter tiefen Schneeverwehung landete.

Als der dunkelgraue Himmel schließlich wieder hellblau war und die riesigen frischen Schneehaufen auf der Lincoln Center Plaza in der Sonne zu glitzern begannen, sah die eingeschneite Met mit ihren fünf großen Bogen wie ein mehrköpfiger weißer Käfer aus, der über die arktischen Ebenen krabbelt. Im Inneren des Gebäudes, unter der schützenden Marmorschale, war allmählich wieder von der Oper die Rede. Im Osten mochten alle mit dem Blizzard und seinen malerischen, wenn auch lästigen Folgen beschäftigt sein, aber an diesem selben Nachmittag fand eine Vorstellung von *La Gioconda* statt, die im ganzen Land live übertragen werden sollte. Die Menschen gingen meilenweit zu Fuß durch die Stadt, um an jenem Tag in die Met zu gelangen. Ein Ehepaar marschierte von New Jersey den ganzen Ostteil New Yorks hinauf, über die George-Washington-Brücke und den halben Broadway hinunter, bis die beiden endlich ein Taxi fanden, das sie zum Lincoln Center brachte. Manche Zuschauer schafften es zwar, kamen aber zu spät und versäumten einen oder zwei Akte. Alle hatten sich mit dicken Daunenmänteln und Stiefeln herausgeputzt.

Die Vorstellung verlief reibungslos. Domingo, der so zuverlässig ist und dessen Leistungen man leicht für selbstverständlich hält, war erstaunlich gut in Form. Bei seinem ersten Bühnenauftritt, als Enzo sieht, wie Giocondas blinde Mutter grausam als Hexe beschimpft wird, und er in Zorn ausbricht, war es geradezu elektrisierend zu erleben, wie er Enzos Eröffnungsversen eine Erhabenheit verlieh, die man normalerweise nur mit *Othello* assoziiert, und sein »cielo e mar« mit durchdringender Klarheit und eleganter Phrasierung sang. Es ist oft bemerkt worden, daß Domingo, neben seinen anderen Tugenden, der aufregendste »Endspurtsänger« in der Opernszene ist, in dem Sinne, daß seine Phrasen und einzelne hohe Töne niemals abfallen, sondern mit einem kraftvollen Ziellauf enden, bei dem die volle Energie bis zur letzten Sekunde durchgehalten wird. Und so war es auch an diesem Tag in einer Aufführung, die nicht nur von einem fast vollen Haus, sondern auch von Millionen Zuschauern im ganzen Land gehört wurde. Eva Marton entwarf ein überlebensgroßes Bild der Titelrolle, das sie als einen internationalen Star erster Größe erkennen ließ. Niemand störte sich an dem gelegentlichen Schlucken aus tiefem Hals, dem keuchenden Atem in den tieferen Lagen oder den Kehlkopfverschlüssen vor hohen Tönen; dies war Große

Oper im größten Stil, und die Menge in der Met bewunderte ihre große offene Stimme und ihre umfassende und absolut überzeugende Opernpersönlichkeit.

Die Vorstellung war ein großer Erfolg, die Menge versammelte sich wie gewöhnlich anschließend hinter der Bühne, und die Bühnenarbeiter in ihren Pullovern und dicken, schneefesten Stiefeln entfernten den Markusdom und Enzos Schiff und ersetzten sie durch die Dächer eines Pariser Künstlerviertels. Domingo war enttäuscht darüber, daß er jene wenigen wertvollen Stunden nicht bei seinen Söhnen in Europa verbringen konnte, aber Marta war hier bei ihm, und es würde wohl nichts schaden, den Sonntagsfrieden wenigstens einmal zu seinem Recht kommen zu lassen. Schließlich stand ihm am Montag eine Menge Arbeit bevor.

Genau gesagt hatte er vier verschiedene Proben an vier verschiedenen Orten. Am Montag, dem 14. Februar, auch Valentinstag genannt, dem Tag der Liebe, den viele Amerikaner allerdings auch mit einem Massaker assoziieren, wurde Domingo um 10.30 Uhr vormittags im Orchesterraum der Met erwartet, um den ersten Akt von *La Bohème* durchzugehen. Um 12.45 Uhr mußte er auf der Hauptbühne erscheinen, wo Levine bis 14 Uhr die große Ketzerszene aus *Don Carlos* probte. Von 15.15 bis 17.30 Uhr sollte Domingo auf der Bühne der Ebene C den ersten Akt des *Don Carlos* proben. Und um 17.30 Uhr mußte er sich zum Studio 210 durchschlagen, um mit Levine am Klavier *La Bohème* durchzuarbeiten.

Domingos Lebensweise war im Grunde den ganzen Februar hindurch von diesem Rhythmus geprägt. Es gab Tage, an denen Proben für drei verschiedene Opern abgehalten werden mußten, und Tage, an denen der Arbeitsplan so vollgepackt war, daß er von 11 bis 11.30 Uhr im Orchesterraum, von 11.30 bis 14 Uhr auf der Hauptbühne und von 15 bis 18 Uhr bei einer weiteren Probe auf der Bühne im Stockwerk C sein mußte. Bürostunden sind selten so streng und vorprogrammiert. Und in den meisten Büros muß man nicht stehen, sich kostümieren und schminken, dramatisch agieren und ab und zu plötzlich lossingen. Die einzigen Tage, an denen Domingo keine Proben hatte, waren Sonntage und Vorstellungstage. Niemand dachte im entferntesten daran, ihn am Tag vor einem Auftritt ausruhen zu lassen. Am Tag vor seiner ersten *Bohème* zum Beispiel lautete der »Fahrplan« der Met folgendermaßen: Domingo probt den ganzen Morgen bis 14.30 Uhr den zweiten Akt, zweite Szene und anschließend die erste Szene für *Don Carlos*; und am Tag darauf war im Anschluß an eine dreieinhalbstündige Probe der ersten drei Szenen aus *Don Carlos* eine Klavierprobe für *Adriana Lecouvreur* angesetzt (die jedoch ausfiel).

Kurz vor seinen ersten *Bohème*-Auftritten hat Domingo das Gefühl, es sei möglicherweise eine Erkältung im Anzug. Er überlegt sich, ob er absagen soll. Was er unbedingt vermeiden möchte, ist eine Wiederholung der *Gioconda* des letzten Herbstes, als er doch noch auftrat und dann mitten in der Vorstellung ausstieg. Lieber absagen, wenn es sein muß, und zwar so früh wie möglich, um dem Intendanten die Möglichkeit zu geben, einen geeigneten Ersatz zu finden. Genau dies hat übrigens Teresa Stratas, die ursprünglich für die Mimi vorgesehen war, getan. Man spricht von ihr als einer leidenschaftlichen, vielleicht etwas nervenschwachen Dame, die angeblich vom Leiden und Sterben besessen ist. Diese Eigenschaft kommt in ihrer Rolle in dem kürzlich fertiggestellten *Traviata*-Film von Zeffirelli, in dem sie Domingos leidenschaftliche und rührende Partnerin spielt, klar zum Ausdruck. Stratas' offizieller Ersatz, Linda Zoghby, weiß seit einer Woche, daß sie statt der Stratas als Mimi auftreten wird, und als die Zeit naht, ist sie bereit, die Rolle zu übernehmen.

Domingo entscheidet sich schließlich doch zu singen, aber er gesteht seinen engsten Freunden, daß er sich etwas zurückhalten und auf seine Technik verlassen wird, die ihm über Schwierigkeiten mit der Stimme hinweghelfen wird. Wenn er alles mobilisiert, was in ihm steckt, mag ihm ein unvergeßlicher Auftritt gelingen; er wäre dann allerdings nicht mehr fähig, die aufreibenden Proben für *Don Carlos* in den nächsten paar Tagen durchzuhalten. Sobald er jedoch in dieser hinreißenden Zeffirelli-Inszenierung von *La Bohème* vor einem ausverkauften und enthusiastischen Haus auf der Bühne steht, gibt es kein Zurückhalten. Während der erste Akt sich entwickelt, zeichnen sich all jene Eigenschaften ab, die man von Domingos Auftritten in *La Bohème* gewohnt ist und erwartet. Die ansteckende Verspieltheit in den ersten Szenen im Kreise seiner Künstlerfreunde; der Ausdruck echter Besorgnis, als er Mimis Stirn kühlt; der beiläufige und spontane Blick aus dem Fenster in die mondhelle Nacht, als er in seiner Arie die Worte »ma per fortuna è una notte di luna« erreicht; ein paar Minuten später der schwungvoll angegangene und ausgezeichnet durchgehaltene hohe Ton (nicht C, sondern H, denn die Arie ist um einen Halbton erniedrigt); der flüchtige Kuß auf Mimis Wange nach »curioso«; und der lange, zarte, harmonische Schlußton des ersten Aktes, während er und die ausgezeichnete Zoghby zusammen abtreten.

Im Laufe des Abends kommt es auch zu Momenten, in denen mächtige Gefühle freigesetzt werden – vor allem ein absolut atemberaubendes hohes H am Ende des Ensemblegesangs im Anschluß an Musettas Walzer im zweiten Akt. Die beginnende Erkältung scheint Domingo an diesem Abend nicht viel anzuhaben: Er setzt seine volle Atemtechnik ein, um die musikalische und dramatische Wirkung bis zum Höchstmaß zu steigern. Zwei kleine Beispiele: In Momenten erhöhter emotionaler Intensität sowohl im Duett mit Mimi im ersten Akt als auch im Dialog mit Marcello im dritten Akt schrieb Puccini einen äußerst dramatischen musikalischen »Aufschwung« – eine aufwühlende neue Phrase, die ein paar Noten höher beginnt, als die vorausgehende endet. Die meisten Tenöre holen vor diesen Gefühlsausbrüchen normalerweise – und verständlicherweise – tief Luft, und in beiden Fällen gestattet Puccini dies durchaus. Aber Domingos stimmliche und atemtechnische Ressourcen befähigen ihn, den Klangfluß ohne Unterbrechung durchzuhalten und somit die emotionale Wirkung zu erhöhen, genau wie Puccini es beabsichtigte, indem er den Ton, die Tonart und die Lautstärke im wahrsten Sinne des Wortes »erhöht«. Wenn ich daran zurückdenke, wie ich vor neun Jahren Domingo zum ersten Mal *La Bohème* singen hörte, erinnere ich mich genau an diese Einzelheiten.

Keine Opernvorstellung ist jemals perfekt, und außer einem oder zwei schwachen Gliedern in der Kette des Ensembles tauchen auch bei Domingo gelegentlich Anzeichen des Handicaps auf, das ihm vor dem Auftritt Sorgen gemacht hat. Die gedämpfteren Passagen mit Mimi gegen Ende des dritten Akts liegen für den Tenor ungünstigerweise auf dem *Passaggio*, dem Wechsel zwischen dem natürlichen Brustton und dem Kopfton, und Domingos normalerweise glatter Gangwechsel klingt dieses Mal etwas weniger geölt als gewöhnlich. Ein paarmal läßt Levines energische Stabführung die Sänger in einem überenthusiastischen Orchesterklang untergehen. Aber alles in allem ist es eine hervorragende Vorstellung, und das Publikum ist am Ende begeistert. Von den oberen Rängen wird Domingo mit dem Metropolitan-Opera-Ersatz für Konfetti überschüttet – unzählige Schnipsel zerrissener Programmhefte flattern in den Orchestergraben und auf die Bühne herab. Für die Putzkolonne der Met ist dies eine schöne Bescherung, aber für einen großen Sänger stellt dieses Spektakel nach einem beifallumjubelten Auftritt ein sichtbares Zeichen der Anerkennung dar.

Domingo hätte für sein Debüt an der Met im Jahre 1968 wahrscheinlich nicht *Adriana Lecouvreur* gewählt. Die Oper war überhaupt nur deshalb im Repertoire, weil eine von Bings Primadonnen, Renata Tebaldi, ihn vor fünf Jahren gebeten hatte, das Werk für sie zu inszenieren (gegen seine eigene Überzeugung, wie er später sagte), und nun gab er ihr zum Ende ihrer Karriere eine abschließende Vorstellungsreihe. *Adriana Lecouvreur* wurde zu Beginn dieses Jahrhunderts von Francesco Cilèa komponiert und ähnelt in gewisser Weise ihrer großen Zeitgenossin *Tosca*. Beides sind italienische

Werke, die der Tradition des *Verismo* folgen, ohne jedoch völlig darin aufzugehen, und beide handeln vom Leben, der Liebe und letztlich dem Tod einer großen Frau der Bühne. In beiden spielt die Handlung (wie in *Manon Lescaut* und *Andrea Chénier*, zwei weiteren Stallgefährten) in einer früheren Zeit, *Adriana* spielt in den 1730er Jahren und *Tosca* im Jahre 1800. In beiden Werken liebt die Sopranistin den Tenor, und der Bariton setzt ihr vergeblich nach. Es bestehen auch Ähnlichkeiten in der Musik. In beiden (auch hierin ähneln sie wieder *Lescaut* und *Chénier*) gibt es eine Reihe wunderbarer Tableau-Arien, die mit durchkomponiertem atmosphärischem Musikdrama verbunden sind, sowie Passagen, die bewußt frühere Musikstile mischen. Wie in Meyerbeers *L'Africaine* stirbt die Heldin in *Adriana* einen recht unwahrscheinlichen Tod, indem sie den giftigen Duft einer Pflanze einatmet. Und wie in einem viel früheren Werk, Donizettis *Maria Stuarda*, besteht der dramatische Höhepunkt in der Konfrontation zwischen zwei zornigen Frauen, Adriana und ihrer Rivalin in der Liebe zu Maurizio, der leidenschaftlichen Prinzessin von Bouillon.

Und welchen Platz nimmt in all dem der Tenor ein? Einen Großteil der Zeit ist er hinter der Bühne, oder er steht – wie in einer Szene in der Inszenierung der Met – bewegungslos da und sieht einem etwas langweiligen Ballett zu. Er singt aber immerhin eine liebliche, lange Arie und ein Duett im ersten Akt, eine leidenschaftliche Bekundung seiner Gefühle vor der Prinzessin (die Arie »L'anima ho stanca«) im zweiten Akt und ein wunderschönes Schlußduett mit Adriana, bevor sie stirbt. Für den Tenor ist die Oper nicht leicht; seine Rolle ist musikalisch und dramatisch weitaus weniger signifikant als die des Soprans in der Titelrolle, und auch die Altstimme der Prinzessin kann einige der eindrucksvollsten Szenen dominieren. Außerdem ist es nicht gerade leicht, inmitten einer laufenden Inszenierung für eine einzige Vorstellung einzusteigen, und am 22. Februar 1983 klingt Domingo in seinen ersten Szenen mit Renata Scotto, einer stimmlich und dramatisch etwas theatralischen Adriana, alles andere als entspannt. Die lieblich absteigende Phrase, »Bella tu sei, tu sei gioconda«, die sich in Maurizios Anfangsversen häufig wiederholt, erklingt in wunderbar gedämpfter *Cantilena*, erscheint aber ein paarmal leicht nervös. Wie gewohnt steigert sich Domingos Darstellung jedoch genau im richtigen Augenblick zum Höhepunkt – in diesem Fall in der Arie vor der Prinzessin im zweiten Akt. »L'anima ho stanca« (mein Geist ist schwach) ist kurz, gewichtig und unendlich traurig. Domingo singt es so, als glaube er jedes Wort, und empfängt Ovationen, die in früheren, weniger disziplinierten Zeiten mit einer Wiederholung belohnt worden wären.

Am Ende des Aktes zeigt sich Domingo nicht mit seinen Kollegen vor dem Vorhang, und die Pause scheint länger zu dauern als gewöhnlich. Während die Zuschauer im Andenken an Ezio Pinza Wasser oder (wenn sie der Metropolitan Opera Guild angehören) Champagner im eleganten Eleanor-Belont-Raum trinken, kursieren die wildesten Gerüchte. Domingo fühle sich schlecht; sie würden Neil Shicoff einsetzen. Oder Bini. Domingo habe eine Auseinandersetzung mit Scotto gehabt. Er glaube, er sei nicht in Form und verdiene es nicht, vor den Vorhang zu treten. Einige behaupten, man habe gesehen, wie Domingo das Gebäude verlassen habe. Im Kostüm ...

Als der dritte Akt schließlich beginnt, ist Domingo anwesend; er ist offenbar ausgesprochen gut bei Stimme und in ebenso guter Stimmung, als er vor den Gästen des Prinzen von Bouillon Maurizios Schilderung seiner letzten Kriegsabenteuer singt. In der nächsten Pause spricht sich im ganzen Haus schnell herum, was wirklich vorgefallen war. Domingo hatte das Gebäude tatsächlich im Kostüm verlassen. Er war über den Platz in das benachbarte State Theater gegangen, wo ein musikalischer Galaabend für den Public Broadcasting Service gefilmt wurde, der einen Monat später im Rahmen einer Spendenaktion zugunsten des PBS im Fernsehen ausgestrahlt werden sollte. Alle waren sie da – Mirella Freni, Nicolai Ghiaurov, Grace Bumbry, Sherrill Milnes. James Levine dirigierte das Orchester und begleitete am Klavier. Plácido Domingo darf bei solchen Anlässen nicht fehlen. Die Gastgeberin Beverly Sills hielt gerade eine hübsche kleine Ansprache und teilte mit, daß einige der Künstler, die sie gerne in dieser Show begrüßt hätte, heute abend leider verhindert seien, wie etwa ihr guter Freund Plácido Domingo, der in diesem Moment in einer Vorstellung an der Met auftrete. Und wer spaziert ausgerechnet in diesem Augenblick in vollem Kostüm herein, wenn nicht eben dieser Plácido Domingo? Er lächelt die Zuschauer breit an, sagt, daß er vor fünfzehn Jahren das New York State Theater verlassen habe, um zur Met hinüber zu gehen, und daß er besonders froh darüber sei, an diesem Abend denselben Weg zurückzukommen. Da an der Met Zugaben verboten seien, fügt er hinzu, würde er gerne diesem zweiten Publikum die Arie vortragen, die er vor zehn Minuten drüben gesungen habe. »L'anima ho stanca«, zweiter Durchgang. Domingos »anima« macht nicht den Eindruck, »stanca« zu sein, als er anschließend zur Met zurückeilt, um mit dem nächsten Akt von *Adriana* weiterzumachen.

Die Vorstellung endet wunderschön. Die Abschlußszene, in der Adriana in Maurizios Armen langsam stirbt, nachdem sie die tödliche Blume roch, ist hinreißend, denn Domingo bietet alles an Bezauberung und Scotto alles an Überzeugung auf. Hinter der Bühne überreicht ein Bewunderer Domingo eine große, ranke Blume – aber eine Stimme in der Menge warnt ihn zum Scherz: »Rieche bloß nicht daran, sonst beißt du ins Gras!« Später am Abend, nach dem Applaus, dem Konfetti, den Hunderten von Autogrammen, dem Händeschütteln, Küssen und den Gratulationen begibt sich Domingo schließlich in ein Restaurant auf der anderen Seite der Stadt, wo eine kleine Gruppe seiner engsten Freunde auf ihn wartet. Sie haben alle zuvor *Adriana* genossen, und als er eintritt, vergnügen sie sich bereits mit einem ausgezeichneten chinesischen Essen. Domingo strahlt vor Freude über den Erfolg seines Abends und ist vielleicht auch ein wenig stolz, seinen schnellen Abstecher in das andere Theater mit solcher Bravour absolviert zu haben, und er befindet sich in einer überschwenglichen Stimmung. »Ich werde oft gefragt, ob ich vor Auftritten nervös bin«, sagt er. »Vor fünfzehn Jahren, als ich zum ersten Mal an der Met sang, wurde ich so überrumpelt, daß ich gar keine Zeit hatte, nervös zu sein. Aber ich sage euch, heute war ich wirklich nervös!« Dabei hatte er gar nicht nervös gewirkt. »Nein, aber ich fürchtete, daß die Leute sagen würden, ›vor fünfzehn Jahren stieg dieser Kerl kurzfristig in diese Oper ein und – nun ja, er war eigentlich ganz passabel. Aber heute, wo er doch so viel Zeit hatte, sich richtig vorzubereiten ...‹« – Domingo macht ein langes Gesicht, und seine Freunde brechen in Gelächter aus. Es ist inzwischen weit nach 2 Uhr, und selbst Domingo gibt zu, daß er allmählich müde wird. »Il corpo ho stanco«, seufzt er und lächelt Marta zu, während Lauren Bacall, Joe Dash von CBS Records, Marianne und Gerard Semon (seine New Yorker Agenten), Berta und Guillermo Martinez und andere sich nach einem wunderbaren Abend langsam verabschieden.

Bei der *Don-Carlos*-Probe am nächsten Morgen fehlt Domingo. Aber nicht etwa, weil er eine lange Nacht hinter sich hatte, sondern weil er mit der Concorde nach Europa entwischt ist, um in Paris bei der Premiere seines *Traviata*-Films anwesend zu sein ...

Es gibt Opern, die auch dann eindrucksvoll wirken können, wenn sie unangemessen besetzt oder inszeniert werden. Gatti-Casazza fand, daß *Rigoletto, Traviata, Lohengrin* und *Faust* zu dieser Kategorie zählten; die mittleren Werke von Verdi, für die er die größte Bewunderung empfand, »können selbst mit Hunden gespielt werden«, und sie funktionieren immer noch! Andere Opern – Gatti nennt insbesondere *Othello, Tristan, Die Meistersinger* und *Carmen* als Beispiele – müssen entweder perfekt oder dann überhaupt nicht gemacht werden; und die meisten würden sicherlich auch *Don Carlos* zu dieser Gruppe rechnen.

Dieses Werk war ursprünglich für die Pariser Opéra geschrieben worden (daher das französische Libretto und die französische Form des Originaltitels), aber Verdi hatte es in seinen späteren Lebensjahren überarbeitet. Einige Passagen kamen hinzu, andere wurden vorübergehend gestrichen. Es gibt wahrscheinlich nicht eine einzige »authentische« Version des Werkes, und die Wiederaufnahme der Oper an der Met im Jahre 1983 steht dem Original (außer der Verwendung eines italienischen Textes und Titels) wohl ebenso nahe wie jede andere Inszenierung. In manchen Inszenierungen wird die gesamte Eröffnungsszene im Wald von Fontainebleau, die ein wesentliches Element für den Zusammenhalt der nachfolgenden Musik und Handlung ist, nur in abgekürzter Form geboten oder sogar ausgelassen. Hier an der Met erhält sie jedoch ihr volles Gewicht. Die Versuchung zu kürzen ist verständlich. Aber das hohe Ziel dieses Werkes und die Erhabenheit seiner Gefühle erfordern angemessenen Ausdruck. Es kann keinen Reader's Digest-*Don Carlos* geben. Auf einer Ebene handelt die Oper von Liebe und Eifersucht: der Liebe zwischen Carlos, dem Sohn von König Philipp II. von Spanien, und der jungen Elisabeth de Valois, die aus Staatsraison Philipps Frau wird; und der Eifersucht der Prinzessin Eboli, deren Liebe für Carlos unerwidert bleibt. Das Werk handelt auch, mehr als irgendeine andere Oper von Verdi, von Politik: insbesondere von der Kluft zwischen den Machtinteressen des Liberalismus (vertreten durch Carlos und seinen Freund Rodrigo, Marquis von Posa, die der Meinung sind, Spanien sollte dem Volk der Niederlande die Freiheit geben) und den Interessen des autoritären Lagers (Philipp und in noch weit größerem Maße der Großinquisitor). Die Oper enthält Szenen der Zärtlichkeit, der Verwechslung, der Liebe und des Zorns. Die Arien des Königs und der beiden Damen gehören zu den ausdrucksvollsten in der Opernliteratur, und das Duett der Freunde Carlos und Rodrigo findet Vergleichbares nur in dem Freundesduo in Verdis *Forza del Destino*. *Don Carlos* weist mit seiner zentralen Ketzerszene ein Spektakel vom Format der großen Marsch-Szene in *Aida* auf und enthält auch mystische Elemente, die einen erschauern lassen – eine himmlische Stimme, die die Seelen der Märtyrer im Himmel willkommen heißt, sowie die Reinkarnation Kaiser Karls V., der seinen Enkel Carlos am Ende der Oper zu sich ruft.

Don Carlos nimmt im Herzen vieler Opernfreunde einen besonderen Platz ein. Bis zum Zweiten Weltkrieg wurde die Oper selbst in den verschiedenen gekürzten Versionen nur selten aufgeführt. Aber nach dem Krieg setzte sie sich allmählich durch. Rudolf Bing spielte sie zu seinem Amtsantritt als Generalintendant der Met im Jahre 1950. Und als Covent Garden im Jahre 1958 die Hundertjahrfeier des heutigen Theaters beging, spielte man dort *Don Carlos* in einer Inszenierung von Luchino Visconti, zu deren Besetzung Vickers, Gobbi, Christoff, Barbieri und Gré Brouwenstijn gehörten und die unter Giulinis Stabführung stand. Diese Inszenierung galt fortan als Maßstab für höchste Vollendung.

Die Wiederaufnahme der Met-Inszenierung von 1979 in der Spielzeit 1983 hat sich kaum weniger hohe Ziele gesteckt. Die prächtigen Kulissen – sattes, tiefes Schwarz und Braun, Mauern in Altgold, die wie Verlängerungen des großen Bogens über der Bühne der Met aussehen, gebogene und mit Filigran geschmückte maurische Wölbungen, zierliche Lettner, Gitter und Säulen, große flackernde Kamine, Brunnen und hohe, schlanke Zypressen – sind alle wieder frisch aufpoliert worden, und John Dexter ist zur Stelle, um noch einmal jedes Detail seiner Inszenierung ins Gedächtnis zurückzurufen. Auch mit der Besetzung hat die Met angekündigt, daß eine hervorragende Reihe von Vorstellungen zu erwarten sein wird. Neben Domingo als Carlos hat die Met Mirella Freni als Elisabetta, Nicolai Ghiaurov als König Philipp, Grace Bumbry als Eboli und den erfahrenen kanadischen Bariton Louis Quilico als Rodrigo zusammengebracht. Quilico tritt regelmäßig an der Met auf, und wenn er in dieser Rolle vielleicht nicht so durchdringend oder edel wirkt wie sein Vorgänger Sherrill Milnes, so ist er doch in der Lage, vollrunde hohe Töne zu singen, wenn es notwendig ist. Die schöne schwarze Grace Bumbry ist einer der großen Stars der modernen Oper. Mit ihrem charmanten, katzenhaften Aussehen, ihrer faszinierenden Bühnenpräsenz und einer Stimme, die einen gewaltigen Tonumfang und ein breites Spektrum von Gesangsstilen und Stimmungen umfaßt, ist sie die ideale Besetzung für die leidenschaftlich eifersüchtige Prinzessin Eboli. Auch Freni und Ghiaurov, die beide von Glück reden können, daß sie kürzlich einen schweren Autounfall überlebt haben, sind die richtigen Interpreten für ihre Rollen, und es wäre heutzutage undenkbar, für solch eine Oper den einen ohne den anderen zu engagieren. Freni hat seit etwa fünfzehn Jahren außer im Rahmen von Gastspielen der Scala nicht mehr an der Met gesungen, ein begeisterter Empfang ist ihr somit gewiß. Und da Ghiaurov seit nunmehr zwanzig Jahren einer der größten Interpreten in der Rolle König Philipps ist, wird das, was ihm vielleicht mit der Zeit stimmlich abgeht, durch seine jahrelange Erfahrung mit dieser Rolle wettgemacht. Der Countdown zu *Don Carlos* ist hektisch. Während der ersten Februarhälfte arbeiten Levine und Dexter mit dem Ensemble in verschiedenen Räumlichkeiten im Inneren der Met. Domingo besucht diese Sitzungen recht eifrig, aber an Tagen, an denen er auftritt, hat er natürlich keine *Don-Carlos*-Proben. Er probt *Don Carlos* und *La Bohème* vor und nach seinen Auftritten in *La Gioconda*; neben seinem ersten Auftritt in *La Bohème* am 17. arbeitet er an *Don Carlos* und *Adriana,* und danach steht fast jeden Tag bis zur Generalprobe am 25. *Don Carlos* auf der Hauptbühne auf dem Probenprogramm.

Am Morgen nach seiner *Bohème* kommt Domingo in die Met und stellt fest, daß das Paris des 19. Jahrhunderts in das Fontainebleau des 16. Jahrhunderts mit den knorrigen verschneiten Bäumen von David Reppas Waldlichtung verwandelt wurde. Für diesen Termin stehen alle auf der Abrufliste der Met, einschließlich Hinterbühnenorchester, Chor, Zusatzchor, Statisten und Tiere. Punkt 11 Uhr hebt James Levine seinen Taktstock, und die erste Bühnenprobe der ersten Szene beginnt. *Pe-namm, pe-namm:* die typische Verdi-Manier, die dieser Oper so viel von ihrer Einzigartigkeit verleiht. Der Bühnenvorhang der Met geht nach oben (bei den meisten anderen Produktionen wird ein Vorhang verwendet, der sich in der Mitte öffnet) und enthüllt eine rechtwinklige Kulisse mit stilisierten heraldischen Mustern. Nachdem auch diese Kulisse nach oben verschwunden ist, wird ein Chor französischer Bauern sichtbar, die die Kriege beklagen, die ihr Land verwüstet haben. Kurz darauf zerstreut sich die Menge, und Elisabetta tritt auf, voran vier irische Wolfshunde und ein Mann hoch zu Roß. Die Manege der Met ist dieser Tage reichlich ausgelastet; erst gestern abend in *La Bohème* brachte ein Pferd Musettas Kutsche herein, und zu den anderen Darbietungen in dieser Spielzeit gehören der Hund im *Rosenkavalier*, die Katze in *Hänsel und Gretel*, ein großer Esel im *Barbier von Sevilla* sowie ein kleiner in *La Bohème.* Dexter hätte gerne Elisabetta hoch zu Roß auf die Bühne reiten lassen. Aber Freni dachte vielleicht noch immer an die zweifelhafte Wirkung von Ronconis Madonnenszene in *Ernani* an der Scala, ganz zu schweigen von ihrem kürzlichen Autounfall, und so zog sie es vor, den Reiter vorausgehen zu lassen und die Bühne zu Fuß zu betreten. Sie kommt unmittelbar nach vorn und singt mit voller Stimme – eine erstaunlich satte und runde Stimme für eine so zierliche Person. In dem Reifrock, den sie trägt, wirkt sie sogar noch zierlicher. In dieser Gesellschaft sieht Domingo ausgesprochen unorthodox aus, als er ausgerechnet in einem grauen Anzug mit weißem Hemd und Krawatte auftaucht. Levine unterbricht das Orchester und bittet Mirella, nach vorn zu treten. Als sie zum Bühnenrand vorgeht und dabei so tut, als stolpere sie über ihren Rocksaum, stellt Levine sie mit einem warmen Willkommensgruß vor, und die Musiker im Orchestergraben klopfen anerkennend auf ihre Notenständer. Domingo, der die Bühne der Met in den letzten drei Wochen kaum verlassen hat, tritt vor und fragt gekränkt: »Jimmy, warum stellst du *mich* nicht vor?« In der ersten Pause gehen die Solisten hinter die Bühne, während der Wald von Fontainebleau entfernt und das Kloster von St. Iuste aufgebaut wird. Freni entspannt sich und macht sich wie alle an der Met darüber Gedanken, ob der Grippeanfall, an dem Ghiaurov leidet, bald vorüber sein wird. Bumbry plaudert mit Freunden, während sie dafür sorgt, daß ihr prächtiges dunkelgrünes Kostüm richtig sitzt – und Domingo bespricht in einem Ferngespräch die Einzelheiten eines Schallplattenvertrags und eilt dann zu einem kurzen Fernsehinterview über das Wohltätigkeitskonzert in Washington, das er Anfang März geben wird. Vielleicht trägt er deshalb Anzug und Krawatte. Erstaunlich, daß er zwanzig Minuten später auf sein Stichwort hin im Kostüm im Kloster von St. Iuste auftritt und so aussieht und singt, als denke er an nichts anderes in der Welt als an die Probe dieser Opernszene. Und wahrscheinlich tut er dies auch. Es ist eine seiner größten Stärken, all seine Konzentration der jeweiligen Aufgabe widmen zu können und seinen Kopf von allen anderen Dingen freizuhalten, bis er wirklich Zeit dafür hat.

Mit jedem Tag, an dem die verschiedenen Szenen probiert werden, entstehen neue Probleme. Während Ghiaurov seine Grippe auskuriert, nimmt der elegante schwarze amerikanische Baß Simon Estes, der den Mönch in Giulinis Aufnahme von dieser Oper singt, dessen Platz ein. Eines Tages ist Ghiaurov wieder da, aber Bumbry ist krank. Sie ist mit einem Kratzen in der Kehle aufgewacht und befürchtet, es würde ihr schaden, wenn sie sänge. Man schlägt vor, sie könne die Verse einfach mimen, aber sie solle doch bitte diese Probe nicht versäumen. Grace willigt ein. Am nächsten Tag ärgert sich Domingo darüber, daß Fotografen im Haus sind. Er beklagt sich darüber, daß sie immer wieder versuchen, Probenbilder zu veröffentlichen, als seien es Fotos von echten Vorstellungen, oder sogar die »Leistungen« eines Sängers danach beurteilen, wie er bei Proben sang. Einer der Fotografen ist sogar so taktlos, zu Domingo zu sagen, sie »brauchten ihn nicht«. Es ist verständlich, daß Domingo verärgert ist, und er verläßt das Haus. Erst als man ihm erklärt, daß die *New York Times* eine Titelgeschichte über die Tiere in der Met vorbereitet und daß sie ein Foto von Freni mit den Wolfshunden braucht, ist er bereit, auf die Bühne zurückzugehen.

Bei der abschließenden Generalprobe ist ein geladenes Publikum anwesend – ein zweifelhafter Segen, denn wenn es auch nützlich ist, in den letzten Phasen der Probenarbeit Reaktionen auf eine Inszenierung zu sehen, so ist es äußerst schwierig (jedenfalls empfindet Domingo es so), sich zurückzuhalten und die Stimme zu schonen, wenn Hunderte von Fremden voll hochgespannter Erwartungen zugegen sind. Wenn ein Sänger nicht laut genug singt, besonders dann, wenn die Kollegen es tun, werden einige Zuschauer mit Sicherheit das Gerücht verbreiten, seine Stimme sei nicht mehr das, was sie einst war. Und wenn er seine Stimme voll einsetzt, besteht die Gefahr, daß er sie überbeansprucht – was besonders gefährlich ist, wenn er am nächsten Tag zufällig in einer Vorstellung von *La Bohème* auftreten muß. Infolgedessen läßt Domingo bei der Generalprobe von *Don Carlos* ankündigen, daß er in Anbetracht seiner morgigen Vorstellung heute seine Stimme schonen werde. Und ausnahmsweise regt die Bühnenatmosphäre sein Adrenalin nicht an: Er singt beinahe während der ganzen Generalprobe nur mit halber Stimme. Die hohen Töne singt er *falsetto* oder eine Oktave tiefer, und nur die zartesten Passagen in der Mitte seines Stimmumfangs klingen annähernd so, wie sie normalerweise klingen. Die Eleganz, die Phrasierung, das Nachgeben in den Knien und das Zurückwerfen des Kopfes sind jedoch voll da. Aber nur in einer Szene, der vorletzten Szene mit Quilico in der Rolle des Rodrigo, in einem Abschnitt, der vielleicht weniger gründlich geprobt worden war als der Rest, deutet Domingo die gewaltige stimmliche Kraft an, zu der er normalerweise fähig ist. Die Generalprobe dieser ungewöhnlich langen und anspruchsvollen Oper – sie ist länger als die meisten anderen Werke im Standardrepertoire, abgesehen von Wagner – dauert beinahe bis 4 Uhr nachmittags. Sie verläuft reibungslos, und die Produktion verspricht durchaus, ein großer Erfolg zu werden. Freni und Ghiaurov, Bumbry und Quilico können sich drei Tage lang ausruhen. Domingo ist sichtlich müde; er geht nach Hause und wird versuchen, seine Kräfte für *La Bohème* am nächsten Abend zu sammeln.

In der Nacht wacht er auf und fühlt sich schwindlig und übel. Sein Hals kratzt, und auf seiner Stirn stehen Schweißperlen. Er greift nach dem Telefon und ruft Paul Garner an. Paul ist noch im Halbschlaf und wie benommen und weiß im Moment nicht, wo er ist. Er blickt auf die Uhr. 5 Uhr. Morgens. In New York. Plácido ist am Apparat und sagt, er sei krank und könne heute nicht singen. »Ja, Plácido, natürlich. Ich werde es ihnen ausrichten«, sagt Paul – er legt auf und versucht, noch einmal einzuschlafen. Es gelingt ihm nicht, denn er fürchtet, einen äußerst hektischen Tag vor sich zu haben. Die Verwirrung, die entsteht, wenn Domingo einen Auftritt absagt, ist unangenehm und zeitraubend. Natürlich muß nicht nur die Leitung der Met so früh wie möglich informiert werden, sondern auch Domingos Agenten und alle sechzehn Personen, die als Domingos Gäste zu der Vorstellung kommen sollten, sowie die Kasse der Met, die diese Karten nun weiterverkaufen kann. Es wird Paul zwangsläufig eine Menge Zeit und Energie kosten, die Leute zu überzeugen, die nicht glauben, Domingo sei wirklich zu krank, um singen zu können.

Domingo hatte sich um 5 Uhr morgens nichts eingebildet. Wie sich herausstellt, hat er eine Infektion, die sich zu einer Mandelentzündung entwikkelt. Seine Rolle in *La Bohème* übernimmt Giuliano Ciannella, der diese Aufgabe lobenswert meistert. Und bei der Premiere von *Don Carlos* soll Ermanno Mauro, der regelmäßig an der Met zu hören ist, die Titelrolle singen, ein Mann mit einem etwas steifen, unter normalen Umständen jedoch völlig annehmbaren Gesangsstil. Als bekannt wird, daß Domingo krank ist, kommt es bei den Schwarzhändlern, die die Met frequentieren, zu einem hektischen Ausverkauf, und man kann Karten für teure Plätze zu Spottpreisen erstehen, wenn man weiß, wo.

»Mauro beherrscht die Rolle nur in französisch.« Alle Opernhäuser sind Gerüchteküchen, am schlimmsten ist es jedoch, wenn bei einer Premiere der Star krank ist. »Domingo ist nicht wirklich krank, er schont sich nur für sein Konzert in Washington.« – »Hast du gehört«, fragt eine junge Dame eifrig ihre Begleitung, »daß Domingo bei der Generalprobe stürmisch davonlief, weil Fotografen anwesend waren? Und seine Stimme klang schrecklich – vielleicht lief er deshalb weg.«

So kursieren die Gerüchte in den Foyers vor der Vorstellung. Aber alle Vermutungen sind vergessen oder aus dem Bewußtsein verdrängt, als Levine in dem dunklen Saal seinen Stab hebt und die tiefen Streicher ihr wuchtiges Eröffnungsmotiv anstimmen: *pe-namm, pe-namm, pe-namm.* Freni wird bei ihrem ersten Auftritt von donnerndem Beifall begrüßt, und Mauro singt seine Fontainebleau-Arietta – natürlich italienisch – elegant genug, um eine völlig solide Vorstellung erwarten zu lassen. Im Laufe des Abends wird klar, daß Freni in spektakulärer Form ist und daß Bumbry, die alle stimmlichen und dramatischen Register zieht, für Freni stellenweise eine ernste Rivalin nicht nur in der Liebe zu Carlos, sondern auch beim Werben um die Gunst des großen, enthusiastischen Publikums in der Met ist. Wird Domingo, wenn er später hinzukommt, Anlaß zu weiterer Begeisterung sein, wie der Kritiker der *New York Times* hofft? Nun ja, seine Hoffnung erfüllt sich. Aber *Don Carlos* mit einem Ersatz-Carlos ist nicht das gleiche wie *Hamlet* ohne den Prinzen, und ein zufriedenes Publikum verläßt nach vier Stunden wunderbaren Musikdramas die Oper.

Manon Lescaut in Covent Garden

Man könnte an einigen Opernhäusern wie der alten Met oder dem Chicago Lyric vorbeigehen, ohne es zu bemerken. Andere dagegen – Bayreuth, Paris oder Sidney – fallen mit Sicherheit auf. Das Royal Opera House, Covent

Garden, rangiert irgendwo dazwischen. Wie die Scala hat auch Covent Garden ein hübsches, wenn auch ein wenig schlichtes Äußeres, das man eigentlich nur aus der Nähe bemerkt. Die Vorderseite des Hauses, die an der Bow Street der Polizeiwache und dem Amtsgericht gegenüberliegt, ist mit ihrem Portico im griechischen Stil und sechs korinthischen Säulen aus Portlandstein eigentlich recht imposant. Aber die Bow Street ist kaum mehr als eine enge Seitenstraße, noch genauso schmal wie vor 150 Jahren, vor der Erbauung des Theaters, als die Vorgänger der Londoner Polizei »Bow Street Runners« genannt wurden. Und die Floral Street, die der Nordseite des Opernhauses, dem Amphitheatereingang und dem Bühneneingang entlang verläuft, ist lediglich eine schmale Gasse – so jedenfalls kommt es den Bühnenarbeitern manchmal vor, die sich mit ihren riesigen Kulissen in dieser Enge quälen müssen. Das Opernhaus besitzt zwar einen der schönsten Theatersäle, hat aber leider unzureichende Räumlichkeiten für alles andere. Im Jahre 1982 wurde ein Neubau mit angemessenen Garderoben und Proberäumen eröffnet, doch befinden sich die Verwaltungsbüros größtenteils auf der anderen Straßenseite in einem Labyrinth von Räumen, die zwischen der Bow Street und dem parallel dazu verlaufenden Long Acre eingepfercht sind. Von der Zeit der Restauration (1660) bis in die 1970er Jahre bedeutete »Covent Garden« für die meisten Menschen nicht etwa ein Opernhaus, sondern Londons größten Obst-, Blumen- und Gemüsemarkt. Und nachdem der Markt nach Nine Elms am Südufer der Themse verlegt wurde, erlebte das Gelände von Covent Garden eine beachtliche und unerwartete Renaissance: Viele Besucher kommen nicht nur wegen des prächtigen und erweiterten Opernhauses, sondern auch wegen der italienisch anmutenden Piazza mit ihren modischen Cafés, kunstgewerblichen Ständen, Straßenmusikanten und Unterhaltungskünstlern in dieses Viertel.

Die meisten Londoner Theater liegen weiter westlich als Covent Garden, in oder um Piccadilly, im sogenannten »West End«. Doch dehnte sich London erst relativ spät in seiner Geschichte nach Westen hin aus, und Edward Barrys 1858 eröffnetes Opernhaus war das dritte Theater an einem Platz, an dem einst die Gärten eines Konvents lagen. Das erste Opernhaus wurde 1732 eingeweiht, und so wurde beschlossen, die Spielzeit 1982/83 als 250-Jahre-Jubiläum zu feiern. Das Royal Opera House konnte diese Jahresfeier natürlich am besten mit einer Reihe von außergewöhnlichen Produktionen und Vorstellungen würdigen. In einer normalen Spielzeit setzt die Intendanz gerne wenigstens drei oder vier Neuinszenierungen sowohl in der Oper als auch im Ballett auf den Spielplan. Im Vergleich dazu ist die 250. Spielzeit leider äußerst atypisch. Geld stellt für ein Opernhaus immer ein Problem dar, und die Intendanz von Covent Garden wird nie müde, darauf hinzuweisen, wieviel die Oper mit einer kleinen staatlichen Subvention leiste. Aber dieses Jahr erweist sich die Finanzlage noch schlimmer als sonst.

Während der ersten paar Monate des Jahres 1982 steht es schlecht um alle drei der regelmäßigen Einnahmequellen von Covent Garden. Die Kasseneinnahmen sind zurückgegangen. (Auch die anderen Londoner Theater verzeichnen einen Einnahmeverlust; man macht den Falkland-Krieg dafür verantwortlich, der die Menschen angeblich zu Hause vor ihren Fernsehgeräten in Bann schlägt.) Premierministerin Thatcher feuerte zunächst ihren aufgeklärten Kultusminister, Norman St. John-Stevas, und ließ zu, daß sein Nachfolger viel Staub mit dem Vorschlag aufwirbelte, die Zuschüsse für den Arts Council und seine regulären Hauptnutznießer drastisch zu kürzen. Und da es keine Steuerprivilegien für private Subventionen im amerikanischen Stil gibt, scheint eine Erhöhung der Zuwendungen für Oper und Ballett aus diesen Quellen nicht in Frage zu kommen.

Vor solch einem Hintergrund langfristige Pläne zu machen kann für Opernintendanten recht frustrierend sein, und so erleben Sir John Tooley und seine Mitarbeiter in Covent Garden während der Vorbereitungen zur Jubiläumsspielzeit, wie ein wohldurchdachter Plan nach dem anderen scheitert. Die langerwartete Neuinszenierung von *Andrea Chénier* muß beispielsweise zum zweiten Mal zurückgestellt werden, und die Presse forscht verständlicherweise nach Geldern, die für abgebrochene Projekte verschwendet werden. Schließlich haben Tooley und sein Vorstandsvorsitzender, Sir Claus Moser, die traurige Aufgabe, zu verkünden, daß die Jubiläumsspielzeit summa summarum je zwei Neuinszenierungen für Oper und Ballett präsentieren wird – die kleinste Anzahl seit dem Beginn der 1950er Jahre, als Covent Garden erstmals einen ganzjährigen Spielplan einführte. Die zwei neuen Opern sollen Händels *Semele* und Puccinis *Manon Lescaut* sein. Semele ist ein Produkt des Ortes und der Zeit, die auch das erste Covent-Garden-Theater hervorbrachten, und John Copleys farbenprächtige Inszenierung mit Valerie Masterson und Robert Tear in den Hauptrollen schafft eine entsprechend festliche Atmosphäre. *Manon Lescaut*, die auf dem Roman des Abbé Prévost basiert, der ebenfalls in den Anfang der 1730er Jahre zurückreicht, wird von Plácido Domingo und Kiri Te Kanawa in den Hauptrollen gesungen, und der Dirigent soll der jüngste Komet aus Italien, Giuseppe Sinopoli, sein. Und wer führt Regie? Piero Faggioni.

Faggioni verkörpert das Bild, das sich jeder vom archetypischen Künstler macht; er ist ein Mensch mit unglaublich phantastischen Vorstellungen und einem unmöglich launischen Temperament. Faggioni ist ein vielseitig begabter Mensch, er arbeitet als Bühnenbildner (das Bühnenbild für den Bregenzer *Othello* wurde weitgehend von ihm entworfen), er war einst Schauspieler und ist auch so etwas wie ein Fernsehregisseur, wann immer sich die Gelegenheit dazu bietet. Seine Überzeugung von seinem Talent als Fernsehregisseur war wohl zum Teil schuld an den Reibereien, zu denen es letztes Jahr im November während der Fernsehproben zu *Fanciulla* in Covent Garden kam.

Gerücht und Gegengerücht ziehen durch die Opernwelt, nachdem *Manon Lescaut* offiziell angekündet wurde. Wird Covent Garden Faggioni wirklich wieder engagieren? Wird er wieder soviel Geld fordern wie letztes Mal? Wer wird sein Bühnenbildner sein? Und da BBC und NVC sich eine Produktion mit dieser Besetzung nicht entgehen lassen werden – welchen Fernsehproduzenten wird BBC ihm als Mitarbeiter zuteilen? Diese letzte Frage wird zuerst beantwortet. Es wäre undenkbar, daß John Vernon noch einmal mit Faggioni zusammenarbeitet, und so nimmt Humphrey Burton den Auftrag an. Er kennt die Solisten gut und hat Erfahrung mit Fernsehaufnahmen von Opern. Die meisten übrigen Fragen, die Faggioni angehen, bleiben ungelöst, denn seine Beziehungen zu Covent Garden werden so gespannt, daß die Parteien schließlich in Uneinigkeit auseinandergehen. Zum endgültigen Bruch kommt es erst gefährlich spät. Weniger als zwei Monate vor der Premiere von *Manon Lescaut* gibt das Royal Opera House bekannt, daß sich Faggionis Bühnenbilder für die Covent Garden Bühne als zu groß erwiesen haben und daß es unter diesen Umständen notwendig sein wird, eine Leihinszenierung von einem anderen Ort zu besorgen.

Die Presse wettert erneut gegen die Verschwendung von Steuergeldern, aber Tooley versichert, daß nur sehr wenig ausgegeben worden sei, da Faggionis Kulissen und Kostüme abgeblasen worden seien, bevor man mit ihrer Herstellung überhaupt begonnen hatte. Tooley wird zwar für seine verantwortungsvolle Einstellung in finanziellen Fragen gelobt, aber manchen Beobachtern fällt es schwer zu glauben, daß selbst acht Wochen vor der Premiere mit der Herstellung von Kulissen und zweihundert Kostümen noch nicht einmal begonnen worden war ... »Sie werden die Kulissen des Coliseum für Massenets *Manon* verwenden«, sagt ein allwissender Szenenkenner halb ernst, halb ironisch, »aber mit dem *Walküre*-Felsen im vierten Akt.« Einige weisen auf die exzellente Inszenierung von *Manon Lescaut* hin, die John Cox gerade an der Scottish Opera eingerichtet hat. Schließlich kommt die Rettung jedoch aus Hamburg, in Form einer Produktion, die Götz Friedrich 1979 dort erstmals auf die Bühne brachte. Zunächst ist noch unklar, ob alle Solisten weitermachen werden. Es gehen Gerüchte um, daß

Domingo Faggioni besonders nahestehe, daß Te Kanawa Bedenken gegen eine Zusammenarbeit mit Friedrich hege und daß Sinopoli stur darauf beharre, nur Neuinszenierungen zu dirigieren. Doch dann lassen alle Beteiligten, einer nach dem anderen, wissen, daß sie bereit sind, weiterzumachen. Domingo hatte übrigens bei der Hamburger Inszenierung 1979 neben Eva Marton die Hauptrolle gesungen, und es spricht für diese Inszenierung, daß er bereits mit ihr vertraut ist, wie auch der Umstand von Vorteil ist, daß Friedrich in den 70er Jahren Chefregisseur der Oper von Covent Garden war und nun unbedingt alles tun will, um seinem alten Haus in dieser Notlage zu helfen. Friedrich ist es sogar gelungen, seinen überfüllten Terminkalender soweit zu lichten, daß er nach London kommen und einige der Proben selbst leiten kann.

Es ist immer wieder erstaunlich, daß viele Opernproduktionen überhaupt je das Licht der Öffentlichkeit erblicken. In diesem besonderen Fall wäre es schon beinahe ein Wunder, wenn alles rechtzeitig fertiggestellt würde. Es bleibt noch knapp ein Monat bis zur Premiere, in dem die riesigen Hamburger Kulissen nach London geschickt, Kostüme nachgeschneidert oder geändert werden müssen und ein intensives Programm täglicher Musik- und Bühnenproben für die Solisten aufgestellt werden muß, die aus den verschiedensten Teilen der Opernwelt herbeifliegen.

Manon Lescaut ist die Oper, die Puccini berühmt machte. Bis dahin war er einer der vielen jungen italienischen Komponisten gewesen, die sich bemühten, einen individuellen Stil zu finden und sich gegenüber Verdis dominanter Stellung zu behaupten. *Manon Lescaut* kam im Februar 1893 in Turin erstmals auf die Bühne, nur acht Tage vor der Welturaufführung von Verdis letzter Oper, *Falstaff*, in Mailand. Innerhalb kürzester Zeit glaubten vorausblickende Beobachter, unter ihnen George Bernard Shaw, endlich zu wissen, wer Verdis Nachfolger sein würde.

Puccini muß es gefallen haben, mit anderen zu wetteifern. Er war anscheinend deshalb daran interessiert, *La Bohème* zu schreiben, weil er wußte, daß sein Freund Leoncavallo, der Komponist des *Bajazzo*, an einer Oper über dasselbe Thema arbeitete. Und ein Reiz des Librettos für *Tosca* lag in der Tatsache, daß es von seinem Verleger Giulio Ricordi einem anderen Komponisten entlockt worden war. Im Falle von *Manon Lescaut* hatte die Konkurrenz ihr Plädoyer sozusagen bereits gehalten, und zwar in Form von Massenets jüngstem Werk, der Oper *Manon*, die in mehrfacher Hinsicht sowohl der Geschichte als auch dem Geist des Prévost-Romans näher stand als alles, was Puccini dazu ersinnen würde. So viel war selbst Puccini bereit zuzugeben. Und so verstand er es denn auch, der Reihe von Librettisten, die mit ihm an *Manon Lescaut* arbeiteten, unter anderem dadurch das Leben schwer zu machen, daß er immer wieder Möglichkeiten vorschlug, wie sie selbst auf Kosten der Handlung und der Charaktere versuchen könnten, sein Werk von dem Massenets zu unterscheiden. Er hätte sich wahrscheinlich mit diesen Kleinigkeiten gar nicht abgeben müssen, denn er selbst sagte über das Thema: »Massenet sieht es wie ein Franzose, mit dem Puder und den Menuetten; ich werde es wie ein Italiener empfinden, mit verzweifelter Leidenschaft.«

Leidenschaft gibt es in *Manon Lescaut* in Hülle und Fülle, und man kann von Puccinis späteren Werken aus rückblickend den unwiderstehlichen Reiz dieser Geschichte leicht einsehen, in der ein unschuldiges junges Mädchen zwischen ihrer romantischen Liebe zu dem forschen Renato des Grieux und den materiellen Vorzügen des Zusammenlebens mit ihrem nicht mehr so jungen Beschützer hin- und hergerissen ist – ein Mädchen, das schließlich krank und schwach in den Armen ihres Liebhabers stirbt. Sie ist eine Geistesverwandte von Mimi, Butterfly und Liù, obwohl ihr Puccini auch große Tosca-ähnliche Ausbrüche von Stolz und Leidenschaft verliehen hat. Was des Grieux betrifft, so ist er der typische Heldentenor der romantischen Oper, der »gute Kerl«, der sich auf den ersten Blick in das Mädchen verliebt hat und ihr im wahrsten Sinne des Wortes lieber bis ans Ende der Welt folgt, als sie zu verlieren. Es ist eine schwierige Rolle für den Tenor. Was das Drama angeht, so muß er das Publikum vom Feinsinn eines jungen Mannes überzeugen, der für die Liebe eines so unschlüssigen (und darüber hinaus habsüchtigen Mädchens) so viel aufgibt. Musikalisch gesehen verläuft die Melodie des Tenors unangenehm hoch und ist mit häufigen Ausbrüchen durchsetzt, die das Äußerste an Stimmreserven erfordern. Die zwei wichtigsten Tenorarien kommen im ersten Akt, aber wehe dem Sänger, der sich schon zu früh zu sehr verausgabt. Die größten Konzentrationsanstrengungen werden dem Tenor gegen Ende der nachfolgenden Akte abverlangt; es ist also ungewöhnlich schwer, für *Manon Lescaut* das richtige Tempo zu finden.

Domingo hat die Oper viele Male gesungen und sie mit Caballé 1971/72 aufgenommen. Zu Beginn des Jahres 1980 wurde sie in einer hochgerühmten Inszenierung der New Yorker Met mit Domingo und Renata Scotto fast in der ganzen Opernwelt live übertragen. Des Grieux ist trotz allem die Rolle eines jungen Mannes, und so teilte Domingo Ende 1980 seinen Freunden mit, daß er sich überlege, ob er sie nicht aus seinem Repertoire nehmen solle. Eine Reihe von äußerst lebendigen Auftritten in München mit dem

Dirigenten Riccardo Chailly bewog ihn dann aber, es sich noch einmal zu überlegen – das Ergebnis davon ist, daß er nun mit dieser Rolle zum ersten Mal in Covent Garden verpflichtet wurde. Britischen Zuschauern wird diese Oper nicht häufig geboten, und mit Domingo und Te Kanawa im Ensemble ist jeder Platz in jeder Vorstellung verkauft, und es hätten schon kurz nach Eröffnung der postalischen Kartenbestellung acht- oder zehnmal soviele Plätze verkauft werden können.

Gleich nach Ostern, einen vollen Monat vor der Premiere, beginnt Kiri Te Kanawa in Covent Garden mit intensiven Proben. Domingo, der das Werk gründlich kennt und sich an einen Großteil von Götz Friedrichs Hamburger Inszenierung erinnert, trifft eine Woche später ein; er geht unmittelbar nach Ankunft seines zwölfstündigen Nachtfluges aus Kalifornien in das Royal Opera House. Während der nächsten drei Wochen ist er in der Regel jeweils fünf oder sechs Tage im Haus, gewöhnlich von 10 Uhr vormittags bis 5 oder 6 Uhr nachmittags. Aber eine ganze Reihe weiterer Aktivitäten stehen während seines Aufenthalts in London an – er gibt zwei Sonntagabendkonzerte im neuen Barbican Centre, und während des Endspurts zur Premiere von *Manon Lescaut* erwarten ihn eine Reihe abendlicher Aufnahmesitzungen mit Milton Okun und Lee Holdridge.

Das erste Barbican-Konzert ist eine konzertante Aufführung von *La Gioconda*, die Denny Dayviss und Alan Sievewright veranstalten. Dayviss und Sievewright sind ein außergewöhnliches Paar, Impresarios im Stil des 19. Jahrhunderts, die sich große Opernprojekte ausdenken und sie auch verwirklichen können; sie sind risikofreudige Unternehmer, die dafür bekannt sind, konzertante Aufführungen der grandiosesten Opern mit den größten Sängern zu präsentieren. 1969 halfen sie bei der Vorbereitung einer Konzertversion von *La Gioconda* mit Elena Suliotis und Sherrill Milnes – dies war die erste und bis 1983 die letzte professionelle Aufführung des Werkes in London seit der Covent-Garden-Inszenierung mit Rosa Ponselle im Jahre 1929. *Gioconda* soll nur zwei Tage nach Domingos Ankunft in London stattfinden. Also hat er mehr als genug Zeit, sich an die neue Zeitzone und das Klima zu gewöhnen, in Covent Garden gründlich an *Manon Lescaut* zu arbeiten und sich auf die Barbican Konzerte vorzubereiten. Natürlich wird er sich auch an den *Gioconda*-Proben beteiligen; aber vielleicht nicht gleich an seinem ersten Tag in London ...

Für Domingo gibt es nicht viele unvertraute Orte, an denen er singt, das Barbican ist jedoch einer davon. Die Probe am Sonntag beginnt um 10 Uhr, aber Domingo trifft erst eine Stunde später ein, kurz bevor der Dirigent

Anton Guadagno und das London Symphony Orchestra die große Tenorarie erreichen. Das Orchester, der Chor und die anderen Solisten machen gerade eine frühzeitige Kaffeepause, als Domingo hereinschlendert und aussieht wie ein fröhlicher Besitzer eines italienischen oder spanischen Restaurants oder Schneiderbetriebs oder vielleicht wie ein ehemaliger Fußballspieler, dessen Muskeln inzwischen ein wenig Fett angesetzt haben. Seine stattliche Figur ist in einen weiten hellbraunen Anzug gekleidet, das Jackett flattert über der ausgebeulten Hose. Mit den Händen in den großen Taschen, den Kopf nach vorn hängend, einem pausbackigen Lächeln auf dem Gesicht, seinen kurzen Schritten und seinen leicht nach außen gestellten Füßen spricht Domingos Körpersprache ganze Bände. Ist dies einer der großen Kunstinterpreten des Jahrhunderts? Dieser Mann erweckt bei allen den Anschein, als habe er heute nichts anderes zu tun, als einen faulen Tag mit gutem Essen, Wein und Geselligkeit und vielleicht einem kleinen Mittagsschlaf zu genießen.

In Wirklichkeit hat dieser beinahe zu leger aussehende Gentleman natürlich alles mögliche im Kopf. Überall wird man über das Konzert dieses Abends berichten. Die Plätze sind teuer, aber das Haus ist ausverkauft. Es ist nicht nur Domingos erste *Gioconda* in London und erst die zweite professionelle Aufführung des Werkes in dieser Stadt seit mehr als einem halben Jahrhundert überhaupt, sondern auch das Hundertjahrjubiläum der britischen Uraufführung des Werkes. Sir John Tooley von Covent Garden wird heute abend im Publikum sitzen, und wenn alles gutgeht, wird jeder darauf drängen, daß das Werk auf der Opernbühne produziert wird. *Gioconda* ist das einzige größere Werk in Domingos Repertoire, das er nicht auf Platte gesungen hat. (RCA bereitete vor ein paar Jahren eine Aufnahme vor, kündigte jedoch den Vertrag und zahlte alle Künstler aus; Domingo hat bis zum heutigen Tag den Scheck noch nicht eingelöst – man weiß nie, vielleicht überlegen sie es sich noch ...) Möglicherweise ändern die Plattenfirmen, deren Vertreter sich ebenfalls unter das Publikum dieses Abends mischen werden, ihre Meinung, falls *Gioconda* den Eindruck erwecken sollte, einen gesicherten Platz in der Londoner Musikszene einnehmen zu wollen.

Domingo beschäftigt sich auch mit unmittelbareren Problemen. Vor allen Dingen muß er die Akustik des Barbican abschätzen. Die mit knorriger Kiefer ausgekleidete Bühne wirkt anfangs ein wenig zu eingeschlossen. Aber das muß nicht unbedingt von Nachteil sein, wenn der Bühnenraum den Klang voll und klar in den Zuschauerraum projiziert. Und weil der Saal breit ist und die drei Balkone an den Seiten gebogen und abgeschrägt sind, entsteht hier ein größeres Gefühl der Nähe als in einem kleineren Zuschauerraum, wie etwa der langen rechteckigen Queen Elizabeth Hall am Londoner South Bank, ganz zu schweigen von der großen Schwester der QEH, der benachbarten Royal Festival Hall. Architekten und Akustikexperten stellen immer wieder fest, daß all das Holz in der Barbican Hall die Akustik begünstigt und daß sich die Nachhallzeit durchaus mit jener in klanglich hervorragenden Sälen, wie etwa dem Amsterdamer Concertgebouw oder dem Wiener Musikvereinssaal, vergleichen läßt. Aber Architekten und Tonspezialisten müssen dort nicht singen. Domingo hat erfahren, daß in einem Teil des Saales in der Regel einige Resonanzen untergehen. Wie werden die oberen Register seiner Stimme ankommen? Nach der Pause besteigt er die Bühne, singt »Cielo e mar« und das anschließende Duett mit Barbara Conrad mit halber Kraft durch und läßt seiner großartigen Stimme hin und wieder die Zügel schießen. Dann verläßt er die Bühne und plaziert sich mit völlig unbewegtem Gesicht an verschiedenen Stellen in der Halle. Es scheint, als habe sich das Fett geradewegs in Muskeln zurückverwandelt. Er hat nicht mehr die geringste Ähnlichkeit mit einem fröhlichen römischen Gastwirt, sondern wirkt wie ein Künstler, der genau weiß, daß an diesem Abend wie bei jedem öffentlichen Auftritt sein Ruf erneut auf dem Spiel stehen wird, dieses Mal zudem in einer unvertrauten Umgebung.

Am Samstag herrscht Frühlingswetter in London. Einer jener schönen, warmen, angenehmen Tage, die einen den ganzen trüben englischen Winter aushalten lassen. Aber das war gestern. Heute ist der Winter zurückgekehrt; es ist kalt, grau und regnerisch. Tagsüber zeigt sich der Wettergott nur wenig nachsichtig, und als die Abendvorstellung näherrückt, ist der Himmel gänzlich unbarmherzig.

Das Barbican ist nicht gerade der Ort, nach dem man sich an einem feuchten Londoner Abend sehnt. Allein die Schwierigkeiten, das Barbican überhaupt zu finden, waren noch lange nach der Eröffnung des Centre eine Zielscheibe des Gespötts. Im Gegensatz zu den meisten anderen Kunstzentren besitzt es keine eindrucksvolle Fassade, keinen spektakulären Haupteingang, es bietet Passanten keinen grandiosen Anblick und hat auch keinen Künstlereingang. Wenn man das Gebäude betreten hat, sieht man sich unmittelbar mit betonverschalten Wänden konfrontiert, mit unzähligen Stockwerken, Aufzügen, Hinweistafeln und schrägabfallenden Treppengeländern, die selbst die entschlossenste Kulturhyäne schwindlig machen. Man meint, das Gebäude auf der Ebene der Straße zu betreten, aber die Pfeile sagen einem, wenn man sich nicht durch ihre schiere Anzahl verwirren läßt, daß die Karten für die Vorstellung dieses Abends zwei Stockwerke tiefer auf der Etage drei und die für künftige Vorstellungen an einem ganz anderen Kartenschalter zwei Stockwerke höher auf der Etage sieben verkauft werden. Nirgendwo ist eine Uhr zu sehen. Alles wirkt ein wenig wie eine Art supermodernes Flughafengebäude, das ein Kafka der Gegenwart erfunden haben könnte.

Trotz all dieser unvermeidlichen Probleme bietet das Barbican Centre viel Bewundernswertes. Das große Theater bedeutet einen gewaltigen Fortschritt gegenüber dem Aldwych, in dem die Royal Shakespeare Company zwanzig Jahre lang auftrat, und die RSC-Inszenierungen in ihrem neuen Haus sind durchweg von hoher Qualität. Auch die Konzerthalle wird im allgemeinen als Erfolg bezeichnet, trotz enttäuschender Besucherzahlen selbst bei vielen ihrer attraktivsten Veranstaltungen, und an diesem speziellen Abend herrscht, ungeachtet des anhaltenden Nieselregens und der hohen Eintrittspreise, reges Leben in dem vielgeschossigen Foyer des Centers. Jene, die schon ein wenig herumgekommen sind, machen denen mit weniger Opernerfahrung langatmige Ausführungen über *La Gioconda*-Vorstellungen, die sie gesehen haben, und wer in einer beschaulicheren Stimmung ist, liest in aller Ruhe, daß Domingo ein »Phänomen unter den Tenören« ist und daß Ghena Dimitrova, die heute abend die Titelrolle singt, »heutzutage eine der höchstgeschätzten und meistgefragten Sängerinnen der Welt« ist. Es bildet sich eine lange Schlange von Leuten, die ohne jede berechtigte Hoffnung auf zurückgegebene Karten warten. Als Trostpflaster können sie zumindest das schöne, wenn auch teure Programmheft mit nicht weniger als sieben Bildern von Plácido Domingo kaufen.

Im Inneren des Saales nimmt die Menge Platz. Im Orchester steht hinter den Streichern auf einer Plattform eine Reihe weißer Louis-XV-Stühle, die den Blickkontakt zwischen dem Dirigenten und den Bläsern absichtlich zu blockieren scheint. Die Aufmerksamkeit aller richtet sich so sehr auf diesen Punkt, daß Maestro Guadagnos Auftritt beinahe übersehen wird. Guadagno verbeugt sich in seiner steifen, hölzernen Marionettenmanier vor dem Publikum, hebt seinen Taktstock und will gerade den ersten Celli den Einsatz geben, als durch die Seitentür im Hintergrund eine kleine Gruppe würdevoller und elegant gekleideter Ladies und Gentlemen hereinkommt – es sind die Solisten des heutigen Abends. Oder zumindest einige davon. Die stattliche schwarzhaarige Dame in dem langen, rostbraunen Gewand ist Dimitrova. Die blonde Dame mittleren Alters mit dem blauen Kleid ist Elizabeth Bainbridge; sie singt heute abend die Rolle von Giocondas blinder Mutter, La Cieca, wie auch schon in der Inszenierung dieser Oper mit Sulitotis und Milnes im Jahre 1969. Die schwarze Lady in dem blassen Kleid ist Barbara Conrad; verschwunden ist die kaugummikauende, mit den Fingern knackende typische Amerikanerin dieses Morgens, und an ihrer Stelle erscheint eine attraktive schwarze Frau vom Typ einer Verrett oder Bumbry. Den Frauen folgen mehrere Männer in Frack und weißer Fliege, allen voran der kleine, lebhafte Piero Cappuccilli, der zu einer weitaus stärkeren und dominanteren Stimme fähig ist, als seine Erscheinung auf den ersten Blick vermuten ließe. Plácido Domingo ist nicht unter ihnen. Er zögert seinen Auftritt hinaus, bis die Musik und das Drama seine Anwesenheit erfordern.

Die Solisten nehmen ihre Runde Applaus entgegen und setzen sich auf die Louis-XV-Stühle. Guadagno hebt seinen Taktstock erneut, die Bögen der Cellisten schweben zum zweiten Mal über den Saiten, und dieses Mal beginnt die Vorstellung wirklich. Cappuccilli singt ein paar einleitende Passagen mit charakteristischem Brio – und nimmt seine weiße Fliege ab, denn er singt nicht gern mit eingeschnürter Kehle. Bainbridge in der Rolle der Cieca singt ihre leichtbeschwingten Verse zu ihrer Tochter, und als Dimitrova antwortet, geht ein Wonneschauer durch die Menge. Diese Stimme, die bisher noch nicht in England zu hören war, hat wahre Größe. Auf Drängen von Cappuccillis wunderbar bösartigem Barnaba beginnt der Chor La Cieca zu verhöhnen, und das Orchester steigert sich zum Höhepunkt. Die Seitentür öffnet sich, und ganz genau auf sein Stichwort hin eilt Domingo auf das Podium. »*Assassini!*« singt er; er überflügelt das Orchester mit Leichtigkeit und dominiert für einige Augenblicke das Geschehen.

Mit weißer Fliege und Frackschößen sieht Domingo genauso aus wie sein Bild, das in der Reklame für Rolex-Uhren verwendet wird und das zusammen mit allen anderen Werbeanzeigen und Publicityfotos im heutigen Programmheft abgebildet ist. Das heißt, er sieht groß, dunkel, ernst und ein wenig beengt aus. Vielleicht sollte auch er seine Fliege abnehmen. Wenn er singt, bewegt er nicht nur seinen Körper, sondern verändert auch seine Position auf der Plattform. Manchmal wendet er sich beim Singen der Figur zu, an die sich die Worte des Enzo richten. Häufig scheint er den Klang seiner Stimme absichtlich in verschiedene Richtungen in die Barbican Hall zu projizieren, so als wolle er die Akustik ausprobieren und mit den verschiedenen Möglichkeiten, sie zu meistern, experimentieren. Stellenweise scheint es seiner Stimme an Substanz zu fehlen – im Gegensatz zu Cappuccilli, der mit seiner »offeneren« Intonierung bereit zu sein scheint, seine Stimme und sogar die Tonhöhe im Interesse einer größeren Wirkung gelegentlich zu intensivieren. Man hat den Eindruck, als beraube Domingo dadurch, daß er seine Stimme ständig so taktvoll »deckt«, seine Zuhörer um einen Teil des Effektes, den sie erwarten. Er scheint sich stärker zu zügeln als gewöhnlich. In seiner Arie, die bei seinem Auftritt an der New Yorker Met ein paar Wochen zuvor eine wahre Sensation war, singt er die letzten Takte der ersten Strophe (»O sogni d'or«) mit gewagter Verhaltenheit, und die große Note am Ende klingt peinlich abgehackt, so als wolle er dem Publikum nicht zuviel des Guten bieten. Hat er Probleme mit der Akustik? Oder ist er schlicht und einfach müde?

Man ist es gewohnt, daß Domingos Gesang zumindest schön ist, und wie ein Kritiker der Londoner *Times* später schrieb, klingt Domingo selbst mit halber Kraft immer noch besser als andere zeitgenössische Tenöre mit voller Kraft. Aber es ist nicht Domingo, der das Publikum an diesem Abend im Sturm erobert. Diese Ehre gebührt Ghena Dimitrova, deren weite, vielseitige *spinto*-dramatische Sopranstimme eine wahre Offenbarung ist. Wer so singen kann, muß unbedingt wieder engagiert werden, und zwar bald. Ja, erwidert Sir John Tooley auf beharrliche Fragen nach dem Ende der Vorstellung, Dimitrova sei für die Spielzeit 1984/1985 tatsächlich in Covent Garden verpflichtet. Als Turandot.

Genau eine Woche später wird Domingo erneut im Barbican singen. Es ist lange her, seit er zwei Konzertauftritte in einer Woche gab, aber wie jeder solche Anlaß ist auch dies eine besondere Veranstaltung – ein Wohltätigkeitskonzert mit Opernarien und Duetten, zu dem sich Domingo, die Sopranistin Luciana Serra, der Bariton Thomas Allen und der Dirigent Robin Stapleton unentgeltlich der Society of the Order of St. John, der internationalen Unfallrettungs- und Erste-Hilfe-Organisation, zur Verfügung gestellt haben.

Wenn man nicht nur den Weg zum Barbican Centre, sondern auch in den Komplex hinein findet, was an einem Sonntagmorgen noch viel schwieriger ist, wenn alle öffentlichen Eingänge geschlossen sind, und wenn man sich dann zur Konzerthalle durchschlägt, wird man dieses Mal einen ungewohnten Anblick erleben: Das English Chamber Orchestra, ein höchst erlesenes Ensemble, das in der Regel die Atmosphäre von Bach, Händel, Haydn und Mozart kultiviert, spielt hier solch vielfältig gestaltete Werke wie Verdis Ouvertüre zu *La Forza del Destino* und das großartige, traurige und schwere Intermezzo aus Puccinis *Manon Lescaut* vom Blatt durch. Wenn dem London Symphony Orchestra vor einer Woche Ponchielli fremd vorkam, so ist dies nichts im Vergleich zu der Begegnung an diesem Morgen – es ist die einzige Probe des English Chamber Orchestra für das Galakonzert dieses Abends.

Robin Stapleton hat die Leitung. Sein großer, schlanker Körper bewegt sich mit der Musik, sein Taktstock ist wie eine Verlängerung seiner ausdrucksvollen Finger, und seine unerwartet tiefe Stimme mit einem leichten Cockney-Einschlag schafft für die Musiker vor ihm eine angenehm sachliche Atmosphäre. Der letzte Abschnitt der *Forza*-Ouvertüre enthält eine schwierige Passage, in der die Streicher eine Variation des großen Themas in schnellen Triolen spielen müssen; nach einem langsameren Durchgang beherrschen sie auch diese Passage sicher. Das Puccini-Stück ist zunächst nicht *pesante* genug. Die Noten für den *Barbier von Sevilla* enthalten einen Fehler: Das halbe Orchester spielt g-Moll und der Rest G-Dur ...

Domingo trifft ein. Er hatte nicht ohne Schwierigkeiten den Weg hierher gefunden. Luciana Serra war noch nie zuvor hier, und sie spricht nicht sehr gut englisch. Alle hoffen, daß sie es schafft. Serra ist in London noch nicht besonders bekannt, außer vielleicht als die sensationelle Puppe Olympia aus *Hoffmanns Erzählungen*, die sie vor ein paar Jahren in einer Inszenierung mit Domingo in Covent Garden sang und die inzwischen auf Video-Cassette weite Verbreitung findet. Erst kürzlich feierte sie einen enormen Triumph in einer ansonsten recht langweiligen Wiederaufnahme von Bellinis *Sonnambula*, und sie erhält gegenwärtig ausgezeichnete Kritiken als Partnerin von Geraint Evans in *Don Pasquale*. Serra hat ein komisches, pausbäckiges Aussehen, eine gebogene Nase und ein großes rundes Kinn sowie riesengroße runde Augen, die ihr aus dem Kopf zu fallen scheinen, wenn sie schüchtern wirken will. Bei der Musik, die für heute auf dem Programm steht, wird sie dies häufig tun.

Thomas Allen ist eine vertrautere Figur. Der große, robuste, gut aussehende Mann mit dem hellbraunen Haarschopf ist in den vergangenen Jahren einer der bekanntesten unter Englands großen Opernsängern geworden. Im entsprechenden Werk, *Pelléas* zum Beispiel, oder in der Titelrolle in Brittens *Billy Budd*, erweist sich Tom Allen als Künstler von internationalem Rang. Er probt zur Zeit zusammen mit Domingo *Manon Lescaut* in Covent Garden; es ist schon Jahre her, seit sie zum ersten Mal miteinander arbeiteten – Allen sang neben Domingos Rodolfo die Rolle des Schaunard in *La Bohème*. Tom Allen ist ein alter Hase im Barbican; er veranstaltete im letzten Herbst ein erfolgreiches Solokonzert in der Halle. Er wird den Weg mit Sicherheit finden.

Domingo spaziert mit einem anderen teuren, weiten Anzug in den Saal. Er plaudert freundlich mit Sir Claus Moser, mit verschiedenen Würdenträgern des Ordens von St. John und dem Leiter des Israel Chamber Orchestra, der als Gast hier weilt. Seiner Körpersprache nach wirkt er locker, faul, beinahe schlampig, wie er so wegschlurft, um sich ein wenig warmzusingen.

Nach einer Kaffeepause für die Spieler gehen die Sänger ihre Nummern durch, während Robin Stapleton allen Widrigkeiten zum Trotz versucht, das Orchester nicht nur mit den Noten vertraut zu machen, sondern auch mit dem Stil der Musik. Statt in den Saal hinaus singt Domingo zu den Spielern hin, er treibt sie sozusagen gemeinsam mit Robin an und agiert beinahe wie ein zweiter Dirigent. Luciana Serra taucht in einer grünen Cordhose und einer bequemen Strickjacke im Missoni-Stil auf; das volle blonde Haar wird von einer hochgeschobenen Sonnenbrille gebändigt, und sie legt die prächtigst verzierte Version von Rosinas »Una voce poco fa« aus dem *Barbier von Sevilla* hin, die seit Jahren in London zu hören war.

Die Probe endet spät, gerade noch rechtzeitig für diejenigen, die den ganzen Nachmittag auf dem vierten Kanal die *Don-Carlos*-Übertragung der Met sehen wollen. Domingo sieht sich einen Teil an, ist im großen und ganzen damit zufrieden; nur sich selbst zwischen den Akten einen etwas gestelzten Kommentar abgeben zu sehen, empfindet er als ein wenig peinlich; anschließend hält er einen Mittagsschlaf.

Im Barbican wird das erwartete Publikum von Opernliebhabern an diesem Abend von einer Schar Mädchen in der Uniform der St.-John-Brigade verstärkt sowie von einer ungewöhnlich großen Anzahl von Witwen in Abendkleidung und dem Ehrengast, Prinzessin Alice, der Gräfin von Gloucester. Heute abend ist die Kiefernverkleidung der Bühne mit großen schwarzweißen Symbolen verziert, die den Orden von St. John und den regelmäßigen Sponsor des English Chamber Orchestra, die National Westminster Bank, repräsentieren.

Obwohl es nur eine einzige Probe gegeben hatte, spielt das English Chamber Orchestra die *Forza*-Ouvertüre mit beispielhafter Präzision und Kraft. Tom Allen singt Valentins Arie aus *Faust*, und dann eilt Domingo mit pendelnden Armen und einem breiten Lächeln auf dem Gesicht herbei. Keine Spur mehr von der steifen Pose auf dem Bild der Rolex-Werbung, seine Bewegungen erscheinen freier und sein Gesicht sonniger als vor einer Woche. Das Orchester stimmt die bizarren Harmonien an, mit denen Puccini die Atmosphäre der »Recondita armonia« schafft, und Domingo bietet eine Interpretation dieser Arie aus *Tosca*, die dem Publikum den Atem verschlägt. Er muß dieses Stück zwei- oder dreihundertmal auf der Bühne gesungen haben, aber er hat es sicher noch nie so herzergreifend vorgetragen.

Allmählich kommt Stimmung auf, und am Ende des Abends will keiner den Zuschauersaal verlassen. Nachdem Robin Stapleton und seine drei Sänger mehrere Male auf die Bühne gekommen sind, um den Applaus entgegenzunehmen, erscheint er noch einmal, jedoch nur mit Domingo und Tom Allen. Domingo spricht zum Publikum. »Königliche Hoheit, meine Damen und Herren« sagt er mit einem breiten Lächeln. »Da wir heute abend zu dritt singen, im Moment aber nur zwei von uns auf der Bühne stehen, ist es klar, daß Sie zwei Zugaben hören werden!« Ein Beifallssturm ertönt, denn dem Publikum gefällt seine Logik. »Zunächst singen wir das Duett aus dem letzten Akt von *La Bohème*. Als zweite Zugabe folgt dann etwas, was Sie sicherlich erkennen werden, sobald Sie es hören. Und übrigens«, fügt er hinzu, »da wir drei bis dahin eine ganze Menge gesungen haben werden, würden wir Sie gerne bitten, mit uns einzustimmen!«

Nach dem *Bohème*-Duett nimmt Luciana Serra Tom Allens Platz auf der Bühne ein. Serra und Domingo stehen nahe beieinander und tun so, als wüßten sie nicht, was folgt – und lächeln mit vorgetäuschter Erleichterung, als das Orchester das »Libiamo« aus *La Traviata* anstimmt. Und an der Stelle, an der die Chorvariation einsetzt, fordert Domingo das Publikum auf zu singen, hält seine Hand an das Ohr, damit sie lauter singen, und tut so, als dirigiere er die große, glückliche Menge. Das Londoner Konzertpublikum gibt nicht oft stehende Ovationen, aber an diesem Abend siegte der Impuls, sich zu erheben, über jegliche britische Zurückhaltung. »Ein wirklich aufregender Abend!« sagt am nächsten Morgen in einer Pause während der Proben zu *Manon Lescaut* in Covent Garden jemand zu Domingo. Nein, wendet er ein und behauptet, Aufregung bedeute Unsicherheit, das Überwinden von Risiken. »Ich würde eher sagen, es war äußerst entspannt!« Kaum zu glauben, wenn man sich überlegt, welche Energie er in den Abend investierte. Aber es ist klar, was er meint.

Der Großteil der Proben für *Manon Lescaut* findet im hinteren Anbau des Royal Opera House statt, und besonders Regieproben werden in das geräumige, neue, bühnengroße Opernstudio mit den weiten Bogenfenstern mit Blick auf die James Street verlegt. Bis zum Sommer 1982 erfolgten nahezu alle vorbereitenden Regieproben in einem ehemaligen alten Kino in der Commercial Road im Londoner East End, meilenweit von Covent Garden entfernt. Ein originalgroßes Probestudio im eigenen Haus ist für Veteranen im Geschäft noch immer ein unglaublicher Luxus. Auf dieser Probebühne geht Wolfgang Bücker, Götz Friedrichs erster Assistent, heute wie auch schon 1979, als diese Produktion in Hamburg eröffnet wurde, mit dem Ensemble die Szenen durch. Er ist ein schmächtiger junger Mann mit schütterem Haar und Brille, der ausgezeichnet englisch spricht, wenn auch mit einem starken Akzent, den Kiri Te Kanawa zu Wolfgangs eigener Belustigung ausgesprochen komisch nachahmt.

Der dritte Akt von *Manon Lescaut* spielt am Kai von Le Havre. Manon wird zusammen mit einer ganzen Reihe Prostituierter auf ein Schiff gedrängt, um nach New Orleans deportiert zu werden. Des Grieux versucht vergeblich, sie zurückzuhalten. Verzweifelt über die Aussicht, sie für immer zu verlieren, bittet er schließlich den Kapitän um die Erlaubnis, ebenfalls an Bord gehen zu dürfen. »Okay, fangen wir nun also noch einmal von vorn an«, sagt Wolfgang in deutsch klingendem Englisch, Götz Friedrichs Regiebuch von 1979 in der Hand. »Ah, ze begeening!« imitiert ihn Kiri und besteigt in ihrem blauen Pullover und schwarzer Trainingshose einen Schrank, auf dem sie für einen Moment thront. Der Musik entsprechend geht Domingo in seinem uneinheitlichen Kostüm aus Hemd, Krawatte und Hose unter einem Mantel und einem schlecht sitzenden Dreispitz, der flott nach oben zeigt, zu ihr hinüber, und als der Aufruf der Prostituierten beginnt, stellt er sich neben einen ebenso bizarr aussehenden Thomas Allen (der Manons Bruder spielt). »Rosetta« – hinter Kiris Schrank kommt eine Schauspielerin hervor, die speziell für diese Produktion engagiert wurde, und geht in einem höchst aufreizenden Gang zum »Schiff« auf der anderen Seite der Bühne hinüber. Als nächste wedelt »Madelon« mit Jeans und Jeansmütze über die Szenerie. Anschließend taucht Manon/Kiri völlig scheu und zimperlich hinter dem Schrank auf, und nach ihr »Ninetta«, die von einem »Soldaten« grob zu Boden gestoßen wird, der ebenfalls Jeans trägt und eine Muskete hält. Das Mädchen, das in dieser Inszenierung den Soldaten frech den bloßen Hintern zeigen soll, tut dies beim gegenwärtigen Probestadium noch nicht. Bald kommt die Szene, in der des Grieux gewaltsam zu verhindern sucht, daß Manon an Bord geht. Das Handgemenge wirkt gestellt, und Wolfgang läßt es wiederholen.

»Wäre es nicht besser, wenn ich versuchen würde, mich zum Schiff vorzukämpfen?« meint Plácido. »Dann könnte mich jemand aufhalten und zurückstoßen.« Die Idee ist gut, denn sie läßt sich mit des Grieux' Motivation und gegenwärtigem Geisteszustand vereinbaren, und sie würde seinen großen Ausbruch »Guardate, pazzo son!«, der unmittelbar folgt, glaubhafter machen. Sie proben die Szene auf diese Weise, und nachdem Domingo zurückgestoßen wurde und seinen Gegner abgeschüttelt hat, singt er das »Pazzo son« mit voller Stimme.

Es kommt zu einer kurzen Unterbrechung, als Wolfgang mit den Prostituierten und Soldaten einige Einzelheiten durchgehen möchte. Kiri ist in einer ausgelassenen Stimmung. Sie winkt zu ihrem Mann hinüber, der unweit von ihr an einem Tisch sitzt und die Zeitung liest – und sie verschwindet prompt unter Plácidos weitem Mantel. Plácido mustert die lange Reihe ausgesprochen attraktiver »Prostituierter« und muß innerlich lachen, als er sich vorstellt, wie sich des Grieux amüsieren wird, wenn er erst einmal an Bord des Schiffes ist. Kein Wunder, daß ihm dies so wichtig ist ...

Man fängt wieder einmal bei »ze begeening« an, und alle gehen auf ihre Position zurück. Kiri liegt mit dem Rücken auf ihrem Schrank und macht eine Reihe beachtlicher Lockerungsübungen, indem sie ihre langen Beine abwechselnd hoch über ihren Kopf wirft. Es fällt ihr immer noch schwer, sich einige ihrer Verse und musikalischen Phrasen zu merken, aber sie nimmt das Soufflieren und die Regieanweisungen willig entgegen, und es macht sichtlich Spaß, mit ihr zu arbeiten. Als sie und Plácido ein paar Tage später auf der Hauptbühne ihr leidenschaftliches Duett kurz vor Ende des zweiten Aktes proben und aus irgendeinem nebensächlichen Grund unterbrochen werden, adaptiert sie Puccinis Eröffnungsverse zu einer Stegreifversion von »Tea for Two«.

Bühnenproben sind etwas völlig anderes als Proben im Studio, denn hier muß sich das Spiel auf die wirklichen Raumdimensionen, die echten Kulissen und den Zuschauerraum ausrichten. Und in der letzten Woche kommt noch das richtige Orchester mit Sinopoli am Pult hinzu. Giuseppe Sinopoli – ein Mann mit Bizet-haftem, dunklem, dichtem Haar, dicken Brillengläsern, struppigem Bart und einem etwas zögernden Englisch, aber einer unbeirrbaren musikalischen Autorität – war während der gesamten Probenzeit in Erscheinung getreten. Er selbst hatte all die anfänglichen Pianoproben mit den Solisten übernommen, jeden Takt ausgefeilt und jede Hauptrolle mitgesprochen, und er war auch bei Wolfgangs Regieproben häufig im Hintergrund zu sehen. Sobald sich bei der Arbeit mit dem vollständigen Orchester in der letzten Woche Musik und Regie allmählich ineinanderfügen, wächst Sinopoli wie selbstverständlich in die wichtige Rolle hinein, die für die Koordination erforderlich ist. Er ist ein Meister bis in die ausdrucksvollen, unruhigen Fingerspitzen, ein Komponist ernsthafter Avantgardemusik und eben in dieser Woche als Nachfolger von Riccardo Muti zum Chefdirigenten des Philharmonia Orchestra ernannt worden.

Wenn man Sinopoli bei Orchesterproben beobachtet, sieht man einen peinlich genauen Musikbildner am Werk. Kein einziges Detail im Tempo und in der Textur wird dem Zufall überlassen. »Dieses F sollte ein klein wenig tiefer klingen«, ermahnt er seine Streicher an einer empfindlichen Stelle im *Manon-Lescaut*-Intermezzo – doch das Ergebnis ist ein ungemein ausdrucksvolles Ganzes. Eines Morgens, nachdem der erste und zweite Akt vollständig geprobt worden waren, bittet Sinopoli die Chormitglieder (die gemeint hatten, zur Mittagspause weggehen zu können), sich in dem Kostüm, das sie gerade tragen, auf der Bühne zu versammeln, damit er mit ihnen die rhythmischen Schwierigkeiten des dritten Aktes ausbügeln könne. Die Chormitglieder sind alles andere als erfreut; sie hatten gehofft, für

Manon Lescaut würde es zusätzliche Probesitzungen und damit Überstundengagen geben, aber die Intendanz von Covent Garden hatte dies abgelehnt, und der Chorleiter, John McCarthy, spielt mit dem Gedanken, sein Amt niederzulegen. Zusätzlich zu den Proben für *Manon Lescaut* muß der Chor gegenwärtig auch noch Wagners gewaltige *Meistersinger* neu einstudieren. Doch wenn der Maestro sie um 13.30 Uhr auf der Bühne haben will, um ihren Part im dritten Akt durchzuarbeiten, dann müssen sie da sein. Sinopoli ist erbarmungslos in seinem Bemühen um Perfektion, und er läßt den Chor eine besonders schwierige Passage sprechen, damit der Rhythmus haargenau sitzt. Dann läßt er sie die Szene singen; Domingo erscheint währenddessen am Bühnenrand und singt seinen Part dazu, um sie zu unterstützen. Sie werden auf eine harte Probe gestellt, denn Sinopolis pedantisches Ohr läßt nicht die geringste Unebenheit durchgehen. Aber als schließlich die verschiedenen Klippen überwunden sind, dankt er ihnen – und teilt ihnen mit, daß sie erst am nächsten Tag wieder gebraucht werden. Die Leute sind völlig überrascht und reagieren mit einem spontanen Beifallssturm.

Götz Friedrich hält, was er verspricht, und leitet die Proben selbst, so oft er nach London kommen kann. Die Generalprobe mit Klavier ist eigentlich die letzte gute Gelegenheit, das Ensemble für sich zu haben und alle Einzelheiten der Regie zu straffen. An diesem Tag arbeitet das Orchester mit dem Musikdirektor der Royal Opera, Sir Colin Davis, im Theaterfoyer an den *Meistersingern*. Gestern und morgen *Manon-Lescaut*-Proben, gestern und heute abend Vorstellungen von *Don Pasquale* und Poulencs *Dialogues of the Carmelites*. Es soll keiner sagen, daß das Leben dieser Orchestermusiker oder das jener Menschen, die den Probenplan eines großen Opernhauses aufstellen, langweilig oder routinehaft sei. Es muß unbedingt eine Generalprobe mit Piano für *Manon Lescaut* geben, und das Orchester muß die *Meistersinger*-Sitzungen unbedingt mit Colin Davis machen. Daß die Teile des Opern-Puzzles gewöhnlich so gut zusammenpassen, ist für den Außenstehenden ein ständiger Grund des Staunens und für die Verantwortlichen ein ewiger Anlaß zur Besorgnis.

Im großen und ganzen ist Friedrich mit den Darbietungen bei der Pianogeneralprobe zufrieden. Die Brechtschen Leinwandprojektionen, die jedem Akt vorausgehen, stehen auf dem Kopf, und Götz fragt sich, ob es irgendwo im Haus einen Betrunkenen gibt. Und bei jenem Tanz im ersten Akt – könnten gewisse Tänzer nicht aufhören, ständig auf den Dirigenten zu sehen, so daß ihre Bewegungen freier werden? Während des ersten Szenenwechsels stehen Friedrich und Sinopoli beieinander und plaudern auf deutsch. Humphrey Burton vom BBC befindet sich ebenfalls im Zuschauerraum; er trägt eine Strickjacke, die wie eine Fernsehfarbskala aussieht; er fängt an, sich in ausgezeichnetem Deutsch mit Götz zu unterhalten, der ihm ebenso entschieden auf englisch antwortet. Friedrich fragt Domingo, ob er ein steifes Genick habe. »Nein, warum?« Götz ist nicht besonders glücklich über das hochgeschlossene Halstuch, das Plácido trägt, denn er findet, es sehe ein wenig wie ein Verband aus. Domingo gibt zu, daß es neu gebunden werden sollte, aber er fügt hinzu, daß es den Ansatz seines Doppelkinns verbergen hilft!

Sir John Tooley huscht für einen Moment in den Zuschauerraum. Zu Beginn der Woche hatten einige Mitglieder des Ensembles Bedenken dagegen geäußert, daß die »Freunde von Covent Garden« am Samstag Zutritt zur Generalprobe erhalten sollten. Die Leute kommen immer her und berichten dann über ihre Eindrücke, als handle es sich um eine wirkliche Vorstellung. Wäre es nicht möglich, dieses Mal die Freunde fernzuhalten? Besonders Te Kanawa ist beunruhigt darüber, beurteilt zu werden, bevor ihre Rolle aufführungsreif ist. Sie weiß, daß sie den Part, den sie in einer Woche vor Publikum singen muß, noch nicht völlig beherrscht, und sie fühlt sich stark unter Druck gesetzt. Tooley hat Verständnis dafür und verspricht, zur Generalprobe keine Presse zuzulassen und den Freunden noch deutlicher als sonst klarzumachen, daß sie Zeugen einer Probe und nicht einer Vorstellung sind.

Die Generalprobe mit Piano verläuft recht gut, und Götz Friedrich bittet nur gelegentlich darum, kurze Szenen zu wiederholen und Hervorrufe nach dem Schlußvorhang zu proben. Für diese Produktion verwendet er anstelle des üblichen Covent-Garden-Samtvorhangs einen riesigen, mit einem Watteau-Himmel bemalten Vorhang, der nach oben gezogen wird. Auf diese Fläche werden zur Einstimmung jeder Szene ein oder zwei Sätze projiziert (außer bei der Übertragung der Vorstellung im Fernsehen), und wenn die Solisten sich einzeln für den Beifall bedanken, treten sie durch eine kleine Tür links der Bühne hervor, gehen an dieser Vorhangwand vorbei und treten durch eine Öffnung an der anderen Seite ab. Es hat etwas von einem Puppentheater oder vielleicht von jenen altmodischen Wetterfahnen an sich. Aber es verleiht dieser Inszenierung die Stimmung des 18. Jahrhunderts, auch wenn die Dimensionen der Bühne und des Zuschauerraums deutlich in die Mitte des 19. Jahrhunderts verweisen.

Nach dem zweiten Akt folgt eine Pause von etwa einer Stunde, Zeit genug, um die Kulissen eines Pariser Interieurs gegen die Hafenansicht von Le Havre auszutauschen, und auch genügend Zeit für einen schnellen Imbiß und eine Tasse Kaffee. Während dieser Pause stand ich zufällig draußen vor der Bühnentür und konnte hören, wie der Nachtwächter der *Meistersinger* in einem Studio an der Floral Street seine kleine, aber unvergeßliche Rolle einstudierte. Eine halbe Stunde später war der Laternenanzünder aus *Manon Lescaut* an der Reihe – es ist einer der vielen Momente in dieser Partitur, in denen sich Puccini offensichtlich vor Wagner verbeugt. Der Lampenanzünder, die Prostituierten und Soldaten, die Menge und der Kapitän tragen nun alle Kostüme, und Domingo singt sein »Pazzo son« vor einem realistischen Hintergrund des Hafens von Le Havre mit dem Bug eines Schiffes, das er am Ende des Aktes stürmisch besteigt, während auf dem Klavier die Reprise der großen Melodie erklingt.

In den 1730er Jahren dauerte eine Reise über den Atlantik Monate. Hier in Covent Garden muß sie in wenigen Minuten bewerkstelligt werden: Die Bühnenarbeiter breiten in aller Eile eine Allzweckplane als »Felsenwüste« über die Bühne, und Kiri und Plácido bereiten sich auf Manons Tod »nahe der Grenze von New Orleans« vor, indem sie auf Arme und Gesicht Schmutz auftragen und in ihre Lumpen für den vierten Akt steigen. Plácido findet, Kiris Kostüm sei nicht zerschlissen genug, und zerrt ein paarmal gutmütig daran herum. Er selbst zeigt eine Menge Muskeln und trägt einen im Nu gewachsenen Dreitagebart, den er dem genialen Maskenbildner von Covent Garden verdankt.

In dramatischer Hinsicht ist der vierte Akt statisch – »wir wälzen uns immer wieder auf der gleichen Stelle herum«, erklärt Plácido munter –, aber musikalisch ist er ungeheuer leidenschaftlich. Das Problem ist, wie man die Intensität bewahrt, ohne sie in Sentimentalität abgleiten zu lassen. Es sieht zwar nicht schlecht aus, aber die Sache ist noch nicht völlig glaubwürdig. Wenn Kiri auf die Wüstenplane fällt, darf es nicht so aussehen, als hüpfe sie auf einem Wasserbett; und wenn Domingo verzweifelt in die Ferne blickt, muß er mit Körper und Stimme einen Mann porträtieren, der weiß, daß alle Hoffnung für ihn verloren ist. Aber man macht gute Fortschritte. Und es stehen auf jeden Fall noch zwei vollständige Orchesterproben bevor ...

Während der letzten Probenwoche für *Manon Lescaut* müssen alle jeden Tag im Opernhaus antreten, und die Solisten absolvieren beinahe jeden Vormittag und Nachmittag volle Dreistundensitzungen. Domingo hat jedoch an drei dieser letzten Tage nach den Proben, in denen er fünf oder sechs Stunden in vollständigem oder halbem Kostüm auf den Beinen steht und immer wieder singen muß, abends eine Reihe von Aufnahmeterminen mit Milton Okun gebucht. Für dieses Album hat Domingo ein Gebiet gewählt, das ihm besonders heimatlich erscheint. Auch wenn Plácido Süd- oder Mittelamerika nicht so oft besucht, wie er es gerne tun würde, so fühlt er sich in jener Welt dennoch tief verwurzelt. Seine Eltern sowie seine Schwester und ihre Familie leben in Mexiko, und seine wohl engsten Freunde, Berta und Guillermo Martinez, leben in Puerto Rico. Wenn Plácido sich mit seinen lateinamerikanischen Freunden und seiner Familie entspannt, so tun sie dies oft mit Musik wie der von Ernesto Lecuona, dem aus Havanna stammenden Komponisten, der zwischen den Weltkriegen wirkte.

Auf jeden Menschen, der den Namen Lecuona kennt, kommen Tausende, denen seine Kompositionen vertraut sind. Wenn man fragt, wer »Damisela Encantadora« schrieb (auch wenn man den englischen Titel »It's No Secret That I Love You« nennt), »Canto Karabali« (»Jungle Drums«) oder die Musik zu dem Film *Carnival in Costa Rica* mit Vera Ellen und Cesar Romero, so wird man wahrscheinlich verständnislos angestarrt werden. Wenn man aber »Andalucía« summt (das Vic Damone unter dem Titel »The Breeze and I« sang) oder »Malagueña« (vor ein paar Jahren ein bekannter Song von Connie Francis und Caterina Valente), so werden die meisten Menschen eines gewissen Jahrgangs verständnisvoll nicken. Also war es ein logischer Schritt für Domingo, an die Aufnahme einiger dieser Stücke zu denken. Es war auch logisch, daß Domingo und Okun sich wieder an Lee Holdridge wandten, der die meisten Arrangements übernehmen sollte. Lee verbrachte seine ersten fünfzehn Lebensjahre in Costa Rica und ist genau der richtige Mann dafür, eine moderne, eingängige Begleitung im amerikanischen Stil zu erfinden, die für diese populären südamerikanischen Kompositionen geeignet ist.

Die Studiositzungen wurden festgelegt und in den Terminkalendern vermerkt, lange bevor irgend jemand genau wußte, was eigentlich aufgenommen werden sollte. Würde Plácido die Studiozeit nutzen, um ein unvollständiges Album mit neapolitanischen Liedern abzurunden, das er vor ein paar Jahren begonnen hatte? In CBS-Kreisen war die Rede von einem Album mit modernen spanischen Gitarrekonzerten, die Plácido dirigieren sollte, sowie von einem Album mit Operettenliedern à la Tauber und schließlich von einer Offenbach-Platte, für die Domingo dirigieren und singen sollte. Erst kurz vor den Studioterminen wurde die Entscheidung getroffen: Plácido sollte ein Album mit Lecuona-Liedern aufnehmen. Milton Okun wurde aktiv, ließ sich die Partituren und Texte kommen, kontaktierte Lee Holdridge und sandte ihm Kopien. Während Lee noch an den Arrangements arbeitete, nahm Plácido einige Songs mit einer fünf Mann starken Rhythmusgruppe in Los Angeles auf. In London hörte er Lees Orchestrierung zum ersten Mal (auch für Lee war es eine Premiere, denn er hatte die Orchesterfassung im wahrsten Sinne des Wortes auf dem Flug nach London beendet) und nahm den Rest der Lieder auf.

Dieses Mal ist das Orchester ein Teil des Royal Philharmonic Orchestra, einst Beechams Stolz und Freude, heute jedoch wie alle unabhängigen Londoner Orchester im Kampf um das finanzielle Überleben glücklich über jede lukrative Arbeit. Heute morgen machten sie Aufnahmen mit Andrew Lloyd Webber, und morgen haben sie Sitzungen mit Yehudi Menuhin. Diesen und die nächsten Abende stehen Domingo und Lecuona auf dem Programm. Den Royal-Philharmonic-Musikern ist gängige Popmusik nicht völlig unbekannt; es ist schließlich das Orchester, das mit Louis Clarks »Hooked on Classics« die so bitter nötige Stange Geld verdiente.

Lee Holdrige hat »Malagueña« und »Andalucía« als zusammenhängendes Medley arrangiert. Diese beiden Stücke sind wahrscheinlich die bekanntesten aller Lecuona-Kompositionen, und sie bilden einen netten musikalischen Kontrast. Plácido, der den ganzen Tag in Covent Garden geprobt hat, taucht am frühen Abend im Studio auf; er hat sich mit einer Dusche, einer leichten Mahlzeit und einem zehnminütigen Nickerchen auf der Herfahrt erfrischt und kann es kaum erwarten, mit der Arbeit zu beginnen. Während Lee mit dem Orchester die Tempi durchgeht, liest Plácido die Melodiestimme mit, die Milton ihm aushändigt. Nach einer kurzen Absprache über die Tempi wird beschlossen, einen Mitschnitt der ersten Hälfte des Medleys, »Malagueña«, zu versuchen.

Diese Art von Musik muß ohne starres Tempo interpretiert werden, und so hat denn Lee eine wichtige Passage in Plácidos Noten ausdrücklich mit »ad libitum« gekennzeichnet, und es dauert eine Weile, bis Orchester und Sänger jeweils die erforderliche Lockerheit im Stil gefunden haben und dennoch zusammenbleiben. Während Plácido allmählich mit Lees Arrangement vertraut wird, nimmt er die Hände aus den Taschen, fängt an, den Körper zu wiegen und die Arme vor sich auszustrecken, und Technik verwandelt sich unmerklich in Kunst. »Wie klingt seine Aussprache?« fragt Milt, indem er sich zu Marta Domingo umdreht, die bei dieser Sitzung dabei ist. Plácido ist immer über seine Aussprache besorgt – aber dies ist schließlich spanisch. Und dazu noch südamerikanisches Spanisch. Er hat tatsächlich ein paar kleine Probleme, zum Beispiel dieses Wort »inconstancia«; es ist nicht leicht, es mitten in einem Lied zu singen; es ist viel schwieriger, als etwa das italienische Äquivalent »incostanza«. Plácido meint im Scherz, er habe vergessen, wie man in seiner eigenen Sprache singt.

Es beschäftigt ihn jedoch noch ein ernsthafteres Anliegen. »Warum nehmen wir ›Malagueña‹ und ›Andalucía‹ als Medley auf?« fragt er. »Sie sind beide so schön und auch verhältnismäßig lang. Sind sie zusammen nicht ein bißchen lang? Ich glaube, daß es vielleicht besser wäre, zwei verschiedene Nummern daraus zu machen.« Er fragt sich, ob es nicht möglich wäre, »Malagueña« als Single herauszubringen. »Wäre es in diesem Falle nicht sinnvoll, es getrennt aufzunehmen?« Das ist ein Argument. Lee bearbeitet die Verbindungspassage zwischen den zwei Songs, und Plácido geht in seine Kabine zurück, um das neue Ende von »Malagueña« aufzunehmen.

Für eine zufriedenstellende Interpretation der getrennten Zwillinge bereitet »Andalucía« zunächst die größeren Schwierigkeiten. Es ist ein lieblicher, fließender Walzer, und jeder im Studio bewegt sich im Nu in seinem eingängigen Rhythmus. Aber die Melodie beginnt für Plácido unangenehm tief, und seine Stimme klingt heiser und unklar. »Ich singe die zweite Phrase wohl lieber eine Oktave höher. Es entsteht dann ein Gefühl, als hebe der Song ab.« Milt zögert zunächst, da er befürchtet, dies könnte die Wirkung der nachfolgenden höheren Passagen vermindern; aber Plácido versucht es dennoch, und es klingt unbestreitbar besser. Er findet auch, daß das gesamte Lied ein wenig schleppend ist und daß Lee bei gewissen Anschnitten das Tempo beschleunigen sollte. Beim dritten Take gewinnt der Song Dynamik und wird lebendig wie die Knochen in Hesekiels Traum. Domingo klingt nun nicht mehr heiser oder verschleimt und kommt mit der *Tessitura,* dem Tempo und dem Stil des Stückes insgesamt besser zurecht. »Es ist wirklich aufregend!« ruft er begeistert und tanzt beinahe, als er zu einem vierten und fünften Take in seine Kabine zurückgeht; und in seiner elften und schließlich zwölften Stunde weitgehend ununterbrochenen Arbeitens scheint seine Stimme immer mehr Schönheit und Kraft zu gewinnen.

Der Arbeitsrhythmus ist jeden Tag ähnlich – *Manon-Lescaut*-Proben den ganzen Vormittag und Nachmittag, Sitzungen mit Milt, Lee und dem Royal Philharmonic Orchestra am Abend. An einem Tag wird Domingo bei den Nachmittagsproben zu *Manon Lescaut* entschuldigt, da er zwei wichtige Presseinterviews gewähren soll. Dadurch wird er drei oder vier freie Stunden gewinnen. »Großartig«, jubelt er und überlegt sich, ob er sich das Fußballspiel England gegen Ungarn in Wembley anschauen soll. Der Abend erweist sich jedoch als rauh und regnerisch, und so beschließt er denn, sich doch nicht dem unfreundlichen englischen Wetter auszusetzen, aber er taucht im Studio trotzdem mit einem flotten Schal und einer spitzen Mütze auf, ganz der Fußballfan, der er ist.

Jedes der Lecuona-Lieder bereitet anfangs gewisse Schwierigkeiten und lohnt aber schließlich die Mühen. Bei einem ist ein Telefongespräch nach

Mexiko notwendig, um Details im Text zu überprüfen. Bei einem anderen findet Plácido seine Melodie nicht überzeugend und entfernt sich für zwanzig Minuten mit der Partitur, um die Einzelheiten für sich alleine in aller Ruhe am Piano auszuknobeln. Eines Abends nimmt das Orchester das letzte Stück ohne ihn auf, damit es früher entlassen werden kann; Plácido hat dann so viel Zeit, wie er braucht, bis sein Beitrag perfekt ist. Bei der letzten Studiositzung hat er nicht vor zu singen, sondern er will sich nur die Balance zwischen seiner vorab aufgenommenen Stimme und Lees Arrangements anhören. Aber den ganzen Abend hegt er sichtlich das Verlangen, aktiv zu werden; ständig ballt und öffnet er seine Fäuste, und sein linkes Bein zuckt immer wieder, wie bei einem Rennpferd vor dem Start. Etwa um 22.30 Uhr kann er sich nicht mehr beherrschen und geht in seine Kabine, um Milt eine weitere Version von »La Comparsa« zu liefern. Es ist beinahe Mitternacht, als Teresa Cole von CBS eine Flasche Champagner öffnet, um auf das neue Album anzustoßen.

Die Premiere zu *Manon Lescaut* ist zum Galaabend des Jahres bestimmt worden, bei der die Anwesenheit der Königinmutter für zusätzliche Attraktion sorgt. Um Gelder für den Wohltätigkeitsfonds und den Entwicklungsplan des Royal Opera House aufzubringen, werden die Eintrittspreise drastisch in die Höhe geschraubt, aber das bewirkt lediglich, daß die Karten um so begehrter sind. Jede *Manon*-Vorstellung ist ausverkauft, aber dieser Abend überbietet alle anderen. Die unvermeidliche Schar der Hoffnungsvollen versammelt sich in den dunklen Ecken der Floral Street, und wenn tatsächlich eine vereinzelte übrige Karte auftaucht, wird sie sofort für das Vier- oder Fünffache ihres ohnehin überhöhten Nennwertes geschnappt. Es ist beinahe wie in den alten Seitenstraßen von Pigalle, mit dem einzigen Unterschied, daß die Angebote von jenen gemacht werden, die Geld locker machen wollen, und nicht von jenen, die es einzunehmen hoffen. Mittlerweile sorgt vorn am Eingang des Hauses eine kleine Gruppe für eine große Menschenansammlung, die die Hälse reckt und Kameras aufblitzen läßt, als nämlich die obersten Kreise der gesellschaftlichen und kulturellen Elite des Landes in feierlichem Staat eintreffen. In der Eingangshalle reißen junge Männer in Kostümjacken im Stil des 18. Jahrhunderts die Karten ab, die heute abend größer als gewöhnlich sind, und das übliche Sardinengedränge vor Beginn der Vorstellung wird rechtzeitig zum Eintreffen des heutigen Ehrengastes geschickt und gründlich aufgelöst.

Pünktlich auf die Minute biegt der mit Wappen geschmückte lila Rolls-Royce um die Ecke und fährt die Bow Street hinunter bis zu dem roten Teppich am Eingang des Royal Opera House. Die Menge, inzwischen mehrere hundert Menschen, applaudiert, als die Königinmutter aussteigt, gefolgt von ihrem Begleiter an diesem Abend, dem Nestor des Royal Ballet, Sir Frederick Ashton, und vom Vorsitzenden des Royal Opera House, Sir Claus Moser, begrüßt wird. Direkt gegenüber hält eine Handvoll Polizisten ein wachsames Auge auf das Ereignis; einige stehen draußen am Straßenrand, der Rest sitzt im Revier der Bow Street bequem vor einem angeschlossenen Monitor.

Es war wohl zu erwarten, daß die Vorstellungen von *Manon Lescaut* nicht von der Qualität sein würden, die der Ansturm auf die Karten vielleicht erhoffen ließ. Kiri Te Kanawas Manon erscheint einigen emotional unbestimmt und verhalten, besonders in den ersten Vorstellungen, und Sinopolis unbestreitbar dramatische Interpretation erzeugt für die Sänger, die er begleitet, gelegentlich beinahe zu viel Elektrizität und reine Lautstärke. Domingos des Grieux wirkt behutsam entwickelt, zunächst ein wenig zurückhaltend und in beiden Arien im ersten Akt äußerst wohltemperiert, doch im Verlaufe des Abends wird er allmählich immer leidenschaftlicher und verzweifelter, womit er sich das höchste Lob der Kritiker und den stürmischsten Beifall des Publikums verdient. Einige, die die Produktion erleben, meinen, das Royal Opera House dazu beglückwünschen zu müssen, daß es trotz all der vieldiskutierten Schwierigkeiten eine so gute Aufführung überhaupt auf die Bühne bringen konnte. Anderen erscheinen die Probleme, die Covent Garden mit dieser Inszenierung hatte, gewissermaßen symptomatisch für eine tiefere Krise – warum riskiere man, so viel Hoffnung, ganz abgesehen vom Geld, in eine einmalige »Prestige«-Produktion zu stecken, statt die Mittel gleichmäßiger zu verteilen? Es ist leicht zu nörgeln, und die Inszenierung ist gewiß alles andere als perfekt. Aber im großen und ganzen sieht die Sache gut aus und klingt auch überzeugend und gewinnt mit jeder weiteren Vorstellung an Dichte und Wirkung. Nur die Premiere war offiziell als »Gala« angekündigt worden, aber eine besondere Atmosphäre der Begeisterung und auch der Spannung läßt sich bei jeder Vorstellung vor dem Haus und im Haus verspüren. Dies ist schließlich die große Renommierinszenierung der Spielzeit, die Produktion, die auch die Kritiker und Zuschauer besonders neugierig erwartet haben und die jeder sehen möchte. Es ist vor allem natürlich auch die Produktion, auf die die National Video Corporation von Anfang an ein Auge geworfen hat.

Für die Video- und Fernsehleute war es gewissermaßen ein großes Glück, daß die Produktion geändert wurde, auch wenn es zunächst nicht so schien. Viele der von Günther Schneider-Siemssen und Aliute Meczies entworfenen Kulissen und viele der wichtigsten Kostüme für Friedrichs Inszenierung sind reizvoll, relativ traditionell – vor allem aber schon hergestellt. Darüber hinaus nahm Friedrich eine Aufführung, die vor einigen Jahren Erfolg gehabt hatte, einfach wieder auf, und er versuchte nicht, wie etwa Faggioni mit *Fanciulla*, die Show umzuarbeiten, als man bereits mit der Fernsehaufzeichnung begann.

Der Augenblick, in dem mit den Vorbereitungen für die Fernsehaufzeichnung begonnen wird, ist der Moment, in dem Friedrichs Regieproben auf die Hauptbühne verlegt werden, denn während all dieser Sitzungen in der letzten Woche vor der Premiere sitzt Humphrey Burton vom BBC im Parkett vor einem Tisch und beobachtet die Bühnenhandlung, macht Anmerkungen in seiner Partitur, testet das Licht aus verschiedenen Winkeln und überlegt sich für jede Szene mögliche Einstellungen. Bei der Generalprobe wird ihm gestattet, einen Videomitschnitt der gesamten Darbietung zu machen, anhand dessen er als nächsten Schritt in der Vorbereitung für die wirkliche Verfilmung jede Einstellung mit seinen Kollegen durchgehen kann. Das komplette Kamerateam wohnt der dritten Vorstellung von *Manon Lescaut* bei, die ihnen allen großen Spaß macht. Dies ist die einzige Gelegenheit, bei der sie mit der Bühne in Verbindung treten können, obwohl sie in den nächsten paar Tagen mindestens zwanzig weitere Arbeitsstunden im Theater verbringen werden. Sonntag, der 15. Mai, ist dem »blocking« vorbehalten. Das heißt, daß innerhalb eines Arbeitstages, der zwangsläufig sehr lang sein wird, jede Einstellung und jeder Kamerawinkel festgelegt werden muß. Am Montag wird das Ensemble die gesamte Oper vor Burtons sieben Kameras durchgehen, und die Vorstellung am Dienstagabend wird dann gefilmt werden.

Am Sonntag ist von 11 Uhr (für Solisten 11.30 Uhr) bis 8 oder 9 Uhr abends Dienst. Alle, außer dem Orchester, werden gebraucht – Solisten, Chor, Bühnenarbeiter, Maskenbildner, Garderobiers, Beleuchter, Inspizient, Regieassistent, Musiker – allesamt. Im Orchestergraben packt der Chef des Covent Garden Music Department, John Barker, seinen Taktstock ein und löst einen der vielen erstklassigen Klavier-Korrepetitoren der Royal Opera ab. Friedrichs bemalter Vorhang geht nach oben und zeigt den Marktplatz von Amiens; Humphrey Burton verfolgt die Handlung auf verschiedenen Monitorbildschirmen in seinem Ü-Wagen, der vor der ornamentierten Floral Hall auf der Bow Street steht.

In der Eröffnungsszene dominiert der Chor, und während der ersten halben Stunde werden die Rollen der Solisten von Mitgliedern des Chors gesungen, die vorübergehend neben Barker im Orchestergraben plaziert werden. Domingo trifft ein, winkt einer Kamera zu, begrüßt Humphrey und löst dann einen ausgezeichneten Chortenor ab. Man erreicht die Stelle, an der die Kutsche ankommt, und es entsteigen ihr Tom Allen im Kostüm des Lescaut, Forbes Robinson als Geronte gekleidet – und Romayne Grigorova, die Ballettmeisterin des Royal Ballet, die Kiri vertritt; sie trägt ein blaues Kostüm und hält Manons anachronistische Gladstone-Reisetasche. Diese Szene muß, wie jede andere, noch einmal wiederholt werden; die Kutsche, so scheint es, wird vom Chor verdeckt. Götz Friedrich, der mit seinem ständigen Rauchen gegen alle Regeln verstößt, findet eine zufriedenstellende Lösung für die Bühnengruppierung und geht zu seinem Regiepult hinter den Orchestersitzen zurück. Beim zweiten Mal sieht die Szene auf den Fernsehmonitoren bereits viel besser aus, auch wenn es noch immer Romayne ist, die aus der Kutsche steigt.

Plácido schaut an diesem Morgen düster und nachdenklich drein. In den vergangenen paar Tagen hat er in einem Laden in Kingston-upon-Thames Platten signiert, hat in einem Auftritt im BBC-Fernsehen über seine Videoaufzeichnungen und das eben erschienene CBS-Album »My Life for a Song« gesprochen, stundenlange Telefongespräche geführt und in einer BBC-Radio-Two-Sendung des »Rundfunk-Stars des Jahres«, Gloria Hunniford*, ein improvisiertes Duett mit Howard Keel gesungen, war zu einer Kostümanprobe für den Film *Carmen* kurz nach Rom geflogen und hatte die Fotoausstellung seines Sohnes Joe in Northampton besucht. Vielleicht ist er müde. Oder vielleicht spielt er ständig die Rolle des schüchternen, launischen Studenten, die er an den Tag legt. Auf jeden Fall hat er dieses nervöse Zucken in den Händen und Beinen, und wenn er auf der Bühne nicht unbedingt gebraucht wird, streift er ununterbrochen durch den

* Domingos Autogramm in Gloria Hunnifords BBC-Gästebuch: Nach dem »P« am Anfang schrieb er die musikalischen Entsprechungen für »la«, »ci«, »do«, ein zweites »do«, ein »mi« – und dann die Buchstaben »ngo«.

Zuschauerraum, um sich angeregt mit Sinopoli, Tooley, Friedrich, Robin Scott oder wem auch immer zu unterhalten. Domingo bringt es nie richtig fertig, lange stillzusitzen oder zu stehen, aber er täte gut daran, sich daran zu gewöhnen, da ihm heute weitere achteinhalb untätige Stunden bevorstehen. Als die Kutsche zum dritten Mal eintrifft und Romayne abliefert, stellt sich heraus, was Plácido an diesem Morgen beunruhigt: Wo ist Kiri, will er wissen. Kommt sie oder kommt sie nicht? Als sie endlich eintrifft, sieht sie schwach und bleich aus und läßt die Chorsopranistin im Orchestergraben weiter für sie singen, während sie lediglich die Bewegungen vollzieht. Kiri fühlt sich nicht wohl. Die gesamte Produktion war bisher die reinste Tortur für sie, und eine zehnstündige Fernsehprobe ist nicht gerade die ideale Art und Weise, sich zwischen Vorstellungen zu erholen.

In der Vorstellung dauert der erste Akt 35 Minuten, in der Probe für die Fernsehaufzeichnung jedoch zwei Stunden und fünfundvierzig Minuten. Die Spielzeit des zweiten Aktes ist etwas länger, da aber komplizierte Bewegungen des Chores fehlen, ist es vermutlich weniger mühsam, Kameraeinstellungen zu erarbeiten. Trotzdem bereitet der zweite Akt gewisse Schwierigkeiten. Sollte der Kronleuchter im Fernsehen sichtbar sein oder nicht? Wie viele Male sollte Forbes Robinson herumwirbeln, bevor er auf das Sofa fällt? Reflektieren die glänzenden Türen beim Öffnen und Schließen zuviel Licht? An welchem Punkt genau wird Plácido Kiris Schmuck von sich schleudern? Kiri sieht in ihrem Kostüm für den zweiten Akt ausgesprochen majestätisch aus, und auch wenn sie ihre Rolle noch immer kaum singt, gewinnt sie allmählich ihren gewohnten Elan zurück. Kiri und Tom Allen spielen mit Manons falschen Juwelen, Tom hält sich eine kunstvolle Halskette wie eine schwere Amtskette vor den Bauch und stolziert wie ein aufgeblasener Provinzbürgermeister umher. Kiri lehnt sich auf ihrem Sofa zurück und wünscht, sie trüge Jeans.

Zwischen den Akten folgt eine Pause, in der allerlei Prostituierte, Seekapitäne und robuste Bürger von Paris und Le Havre in Kostümen aus dem 18. Jahrhundert und ein paar aus dem London des 20. Jahrhunderts in der Kantine von Covent Garden zusammentreffen. Ein Mann mit gepuderter Perücke und Jeans nippt an einem Bier, ein paar Dirnen in Reifröcken kauen schmatzend ihre Würstchen mit Gemüse, und einer fällt eine Erbse ins offene Dekollete. Domingo gewährt in seiner Garderobe unterdessen ein paar Interviews (eines in Englisch, eines in Spanisch), wobei er unter besonders hellen und extrem heißen Scheinwerfern gefilmt wird. Auf seinem Tisch steht ein großer offener Schminkkoffer, der mit seinen vielen Fächern beinahe wie ein Nähkorb aussieht, am Kleiderhaken hängt sein schwarz-gelbbraun gemusterter Christian-Dior-Garderobenmantel, und auf einer Anzahl Bügel sind Akt für Akt seine Kostüme aufgereiht, vom eleganten blauen Mantel des ersten Akts bis zu den sorgfältig geschneiderten Lumpen des vierten Akts.

Der dritte Akt beginnt heute wie auch schon vor drei unendlich langen Wochen im Opernstudio mit Tom und Plácido in Mänteln und Dreispitzen, nur tragen sie jetzt volles Kostüm, über ihnen ragt das Schiff, und am Bühnenrand steht ein zerfallenes Haus mit einem hohen, vergitterten Fenster an der Hafenmauer. Im Hintergrund befindet sich ein Leuchtturm, dessen obere Hälfte für die Zuschauer in den Rängen unsichtbar ist, und das sanft plätschernde Wasser von Le Havre, das von den meisten Orchestersitzen aus nicht zu sehen ist. »Pazienza ancor«, singt Tom mit sichtlicher Sympathie zu Plácido. Es sind nur noch zwei oder drei weitere Stunden ...

Der lange Tag erscheint allmählich endlos, frei von den normalen Regeln von Ort und Zeit, wie ein nie endender Interkontinentalflug. Man kommt bis zum Aufzug der Prostituierten. Dann läßt Humphrey Burton, genau wie Wolfgang Bücker im Probestudio, die Darsteller wieder zum Anfang der Szene zurückgehen. Sie proben mehrmals den Augenblick, in dem Tom mit seinem Schwert gegen das hohe Geländer schlägt, das das kleine Fenster einschließt, und jedes Mal kommt Kiris verwahrlostes Gesicht mit einer anderen Miene der Manon zum Vorschein. Einmal blickt Kiri heraus, als Tom sein sanftes Klopfen wiederholt, lächelt höhnisch und sagt: »Tut mir leid, Liebster, sie ist nicht da!« Sie kann sehr komisch sein, und ihr derber und schlagfertiger Humor vertreibt jegliche Langeweile. Humphrey läßt Plácido minutenlang unter Kiris Fenster stehen und nach ihrer Hand hinaufreichen. Verschiedene Kameraeinstellungen werden ausprobiert, und die Geduld der beiden Solisten wird zweifellos auf die Probe gestellt. Plácido und Kiri vertreiben sich die Zeit damit, eine kleine Romeo-und-Julia-Nummer zu inszenieren, und Plácido platzt mit Romeos Arie »Ah, lève-toi, soleil« aus Gounods Oper heraus.

Viermal müssen die Dirnen über die Bühne marschieren, vier Aufzüge wackelnder Busen und Hintern, viermal Fauchen und Raufen. Viermal entblößt Georgetta vor der schockierten Menge und den Soldaten ihren nackten Hintern. Wird Humphrey dies in einer Nahaufnahme zeigen, fragt sich Plácido. Und viermal wirft sich Plácido mit all seiner Körperkraft, doch nur mit einem Teil seiner Stimme, in den großen Ausbruch am Ende des Aktes.

Der letzte Akt gewinnt insofern ein Maß an normalerweise nicht erreichtem Realismus, als Kiri und Plácido bei keiner Abendvorstellung so erschöpft sein können, wie sie es jetzt sind. Während sie sich auf der wüsten-

Central Park, New York, Juni 1981; Domingo bedankt sich für
den Applaus von etwa 250 000 Zuschauern bei der kostenlosen Freilichtaufführung
von *Tosca* durch die Metropolitan Opera.

Sherrill Milnes, Renata Scotto und Domingo im Central Park, New York, im Juni 1981, nach der Probe für *Tosca*.

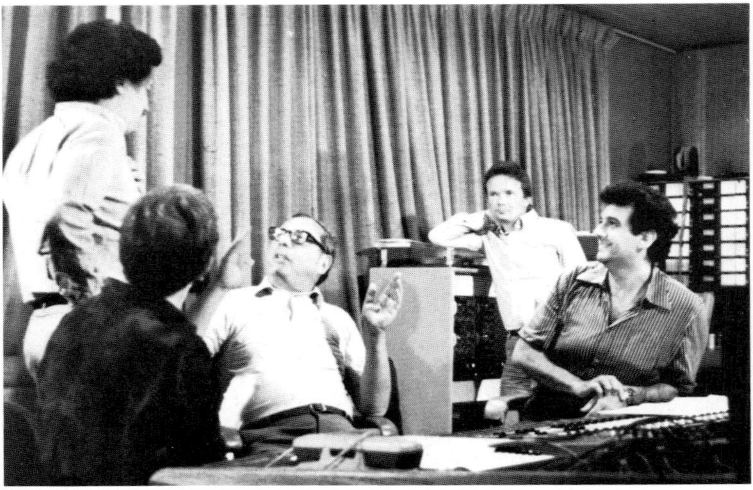

Domingo im CBS-Aufnahmestudio, August 1982.
Von links nach rechts: Lee Holdridge, Rosemary Okun, Milton Okun, Toningenieur Mike Ross, Plácido Domingo.

Domingo als Don Carlos über seinem ermordeten Freund Rodrigo (Louis Quilico) an der Metropolitan Opera, New York, März 1983.

Kiri Te Kanawa und Domingo (in seinem Mantel für den dritten Akt) proben *Manon Lescaut* in Covent Garden, April 1983.

Domingo, Sir John Tooley und die Königinmutter bei der Premiere von *Manon Lescaut* in Covent Garden im Mai 1983.

Marylin Zschau betritt den Schauplatz und rettet Domingo vor dem Galgen. Eine Probe für *La Fanciulla del West*, Madrid, Juni 1983.

Domingos Vater und Mutter,
die Königin und der König von Spanien, Marta und Plácido Domingo
während der Pause von *La Fanciulla del West,* Madrid, Juni 1983.

In seinem Don-José-Kostüm spricht Domingo zu den Jugendlichen, die im Cinema Merced in Ronda versammelt sind, Juli 1983.

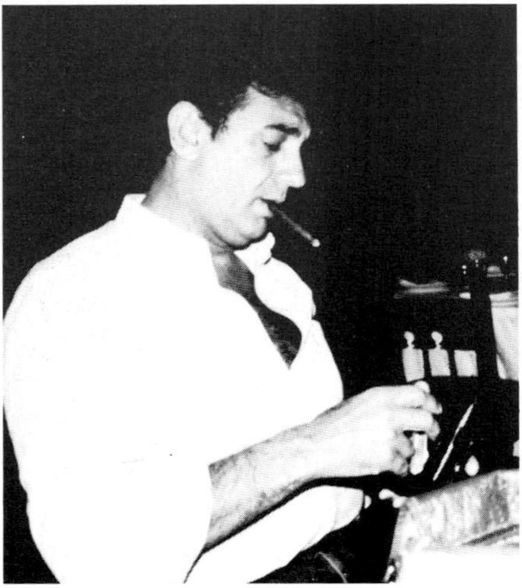

Domingo in einem drehfreien Augenblick in Ronda, während der Verfilmung von *Carmen*.

Domingo probt mit dem Orchestre National de France vor der Aufführung von *Le Grand Echiquier*, Paris, Oktober 1983.

Schlußapplaus nach *Die Fledermaus* in Covent Garden am 31. Dezember 1983. Von links nach rechts: Kiri Te Kanawa, Hermann Prey, Domingo, Benjamin Luxon.

Domingo an seinem 43. Geburtstag in Wien, mit seinen Söhnen Alvaro (links) und Placi (rechts) und dem österreichischen Fußballstar Hans Krankl.

Nach der Premiere von *Carmen* in Wien im Januar 1984.
Das Foto zeigt unter anderen Ruggero Raimondi und Franco Zeffirelli (links oben),
Lorin Maazel (oben Mitte),
Faith Esham (oben, zweite von rechts, mit blonder Perücke),
Domingo und Agnes Baltsa (vorn Mitte).

farbenen Plane und den Styroporfelsen wälzen, sind ihre verzweifelten Schreie in den Rollen von Manon und des Grieux in ihrem herzerweichenden Schmerz viel realistischer als gewöhnlich, wenn auch nur mit halber Stimme gesungen. »Durst verzehrt mich«, klagt Manon verzweifelt, als sie das Ende nahen sieht. »Schnitt«, ruft Humphreys Aufnahmeleiter, und das Ende ist offenbar noch nicht so nahe, wie sie gehofft hatte. Kiri liegt flach auf dem Rücken und wird erst durch einen willkommenen Schluck Wasser aus einem Plastikbecher wieder belebt, den einer der stellvertretenden Produzenten vorsorglich herbeibringt. Plácido und Kiri setzen sich auf und trinken und stellen sich vor, wie es wohl wäre, wenn jedesmal an diesem Punkt in der Handlung Getränke herbeigezaubert werden könnten. Die Becher werden beiseite gestellt, Manons Pein beginnt aufs neue, und es ist 21.15 Uhr, als sie zum dritten und letzten Mal stirbt.

Am Ende dieses langen und mühevollen Tages scheint es nichts mehr oder nur wenig zu geben, womit die komplizierte Technik, die Humphrey Burton zur Verfügung steht, nicht fertigwerden könnte. Abgesehen davon sollte der Durchgang am Montag (mit einigen Ersatzleuten für die Solisten) weitere Klarheit schaffen. Die Vorstellung, die aufgezeichnet werden soll, ist die vierte von fünf, und bis dahin sollten alle wirklich gut eingespielt sein, ohne jedoch bereits abgestumpft zu wirken. Für den Fall, daß es dennoch Probleme geben sollte, wird BBC die Zuschauer mit einer kleinen Programmnotiz warnend darauf vorbereiten, daß es möglicherweise notwendig sein wird, am Ende des einen oder anderen Aktes ein paar Einstellungen zu wiederholen.

Es ist ein Naturgesetz, daß immer das Unvorhergesehene eintritt. Ausgerechnet in der gefilmten Vorstellung und bei keiner anderen rollt der Ball, mit dem die Kinder im ersten Akt spielen, prompt zum Orchester hinunter und wird von einem aufgeweckten Kind gerade noch vorm Rampenlicht gerettet; einer der Musiker, der im zweiten Akt kurz auf der Bühne erscheint, läßt seinen Bogen fallen, der vor aller Augen entzweibricht; eine der übertrieben ausstaffierten Madrigal-Sängerinnen verliert aus Versehen ihren weißen Schlapphut und läßt ihn zurück; und als Plácido im vierten Akt versucht, Kiri sacht herabzuheben, verwickelt sich das lange, lose Haar ihrer Perücke beinahe unlösbar um einen Knopf an seinem Hemd, so daß ihre ergreifenden Umklammerungen eine ganze halbe Minute lang ein zusätzliches Maß an Verzweiflung annehmen. Die einzigen Wiederholungen, die tatsächlich notwendig werden, sind jedoch musikalisch begründet: Der Chor war nicht ganz unisono, als im ersten Akt die Kutsche eintraf, die Celli verpatzten die Einleitung zu Kiris Arie im zweiten Akt, und auch zwei der

Streichsolisten spielten zu Beginn des Intermezzo unsauber. Die Zuschauer sehen verdutzt zu, wie Kiri mit einem Schottentuch über ihrem Dirnenkleid des dritten Aktes mit einer Reihe Kaffeebecher aus Styropor herumalbert, während Tom Allen, Forbes Robinson und der Chor vor der Kulisse des dritten Aktes herumstehen und in aller Gemütsruhe die kurzen Passagen wiederholen, die Sinopoli angibt. Es gab wohl kaum etwas in Plácidos Interpretation, womit er, Sinopoli oder Humphrey Burton nicht zufrieden gewesen wären.

Man hört oft, daß diese oder jene Opernaufführung von mehr Menschen auf der Erde gesehen oder gehört wurde als irgendeine andere, und es ist sinnlos, auf solch vage Statistiken einzugehen. Der *Manon-Lescaut*-Inszenierung von Covent Garden ist jedoch so etwas wie ein Platz in den Büchern der Rekorde gesichert, und zwar als erste Oper, die vom World Service des BBC vollständig ausgestrahlt wurde. Ob in Ungarn, Korea oder Saudi-Arabien, in Botswana, Bolivien oder Bangladesch – überall ist *Manon Lescaut* über ein Kurzwellenradio zu hören. Zwar wird nicht die ganze Oper in allen Ländern auf einmal ausgestrahlt, da die verschiedenen Zeitzonen der Welt und die Zwischensender es erfordern, daß nur ein oder zwei Akte zu einem bestimmten Zeitpunkt in eine bestimmte Gegend gesendet werden, dennoch hört die ganze Welt die ganze Oper. Sarah Dunant vom BBC spricht mit Domingo in einem Interview über *Manon Lescaut* und macht ihn darauf aufmerksam, daß Millionen zuhören, die überhaupt nichts über Opern wissen. Er weiß, was sie meint, und beschreibt die Geschichte sowie seine Rolle so einfach wie möglich. Es ist eine wunderbar melodiöse Oper, verspricht er und erwähnt einige der Höhepunkte. Dann lehnt er sich zu Sarah hinüber und zwinkert mit den Augen. »Wissen Sie«, sagt er, »die Hauptmelodie in *Manon Lescaut* ist wirklich eine der berühmtesten, die je komponiert wurden, denn viele Jahre, nachdem Puccini sie schrieb, wurde sie anscheinend eine der wesentlichsten Inspirationen für – wissen Sie was? – *Star Wars*!«

Rivalen

Gibt es irgend etwas in Domingos bisheriger erstaunlicher Karriere, was er bedauert? Er denkt eine Weile nach und sagt dann, ja, es gebe etwas. Ihm mißfallen die unnötigen Verleumdungen, die Rivalitäten und Eifersüchteleien, zu denen sein Beruf besonders stark zu neigen scheint. Spricht Domingo von der angeblichen Rivalität zwischen ihm und Pavarotti? Es widerstrebt ihm, in der Öffentlichkeit über Pavarotti zu reden, außer in einer ganz allgemeinen Form, und er hat oft gesagt, daß die Welt der Oper eigentlich groß genug für zwei oder zehn oder zwanzig oder fünfzig gute Tenöre sei und daß er nicht verstehe, warum die Presse ständig versuche, einen Konflikt zwischen ihnen zu provozieren. Obschon sich sowohl Domingo als auch Pavarotti von der Vorstellung einer Rivalität distanzieren – es bleibt eine Tatsache, daß die beiden jahrelang als eine Art Preisboxer gegeneinander aufgestellt wurden, wodurch die Oper zum größten Zuschauersport wurde, seit Callas und Tebaldi vor einem Vierteljahrhundert ihre jeweiligen Anhängerscharen in Mailand und Rom versammelten.

Die Laufbahnen der beiden Männer haben merkwürdige Parallelen – merkwürdig, weil auf den ersten Blick die Unterschiede weitaus größer scheinen. Pavarotti ist Italiener, Domingo ein Spanier, der in Mexiko aufwuchs. Pavarotti ist über fünf Jahre älter als Domingo, eine beträchtliche Zeit in der aktiven Laufbahn eines Sängers. Pavarotti machte seine ersten Erfahrungen mit der Oper in der italienischen Provinz und arbeitete sich über Orte wie Glyndebourne, Dublin und Australien nach Covent Garden vor, während Domingo seine Opernreife in Mexiko und Israel erlangte und sich dann über Hamburg und andere Orte in Mitteleuropa allmählich in den Vereinigten Staaten durchsetzte. Pavarotti hat eine hohe, lyrische Tenorstimme, die sich ideal für Bellini, Donizetti und den frühen bis mittleren

Verdi eignet, und er hat sich außer in *La Bohème* und *Tosca* nur selten über dieses Gebiet hinausgewagt; Domingos eigentliches Repertoire beginnt dort, wo Pavarottis im Grunde aufhört, nämlich bei der italienischen Oper der Mitte des 19. Jahrhunderts, und umfaßt darüber hinaus einen großen Bereich, zu dem auch die meisten bedeutenden Werke der französischen Oper gehören. Pavarotti hat etwa dreißig verschiedene Rollen gesungen, Domingo nahezu achtzig. Pavarottis berühmteste Rolle oder zumindest die, die ihn in Covent Garden und später an der Metropolitan Opera über Nacht zum Star machte, war die des Tonio in Donizettis leichter und schäumender *Regimentstochter*; die von Domingo dagegen wird wohl immer eine der schwersten und düstersten Rollen der gesamten italienischen Oper sein, die Titelrolle in Verdis *Othello*. Pavarotti hat seine Schallplatten beinahe ausschließlich als Exklusivstar für Decca gemacht (in den Vereinigten Staaten ist die Firma unter dem Namen London bekannt), wohingegen Domingo es ein paar Jahre mit einem Exklusivertrag bei RCA versuchte, schließlich aber zugunsten einer Vertragsunabhängigkeit darauf verzichtete.

Betrachten wir nun nach all diesen Unterschieden die Gemeinsamkeiten. Die beiden Sänger gaben im Herbst 1968 nur wenige Wochen nacheinander ihre Debüts an der New Yorker Metropolitan Opera, Domingo im September in *Adriana Lecouvreur* und Pavarotti im November in *La Bohème*. Innerhalb weniger Jahre waren beide zu Spielzeiteröffnungen an die Met oder die Scala engagiert worden, hatten sich ihren Weg in die Fernsehtalkshows gebahnt und dazu je ein Album mit bekannten religiösen Liedern aufgenommen, beide im Jahre 1976. Pavarotti hat mit Frank Sinatra, Domingo mit John Denver gesungen. Pavarotti war der Star in der größten Vorstellung der Met, dem kostenlosen *Rigoletto* im Central Park im Juni 1980; ein Jahr danach hörte man bei der Premiere zur »Opera in the Park« der Met Domingo in *Tosca*. Domingo ist Vater von drei Söhnen, Pavarotti hat drei Töchter. Domingos Eltern waren *Zarzuela*-Sänger, seine Mutter war eine besonders bekannte Interpretin; Pavarottis Vater war ein talentierter Amateurtenor, der unter günstigeren Umständen durchaus als Profi hätte Karriere machen können. »Domingo singt seiner Mutter zu Gefallen, Pavarotti seinem Vater«, sagt eine bekannte Kollegin der beiden, deren Witz wahrscheinlich schärfer ist als ihre Urteilskraft. Beide haben gesagt, daß ihnen an dem albernen Etikett »der größte Tenor der Welt« nichts liege, das ihnen die Presse besonders in Amerika immer wieder anheften will, und beide haben erklärt, der größte Tenor der Welt sei auf jeden Fall Caruso – was natürlich unverfänglich und vorhersehbar genug ist.

Jeder der beiden ist zu einem internationalen Multi-Millionen-Unternehmen und zu einem stehenden Begriff in fast allen Ländern der entwickelten Welt geworden, und trotzdem haben beide immer wieder behauptet, daß ihr erstes Anliegen ihre Kunst sei.

Es wäre schön zu glauben, daß die Welt der Oper immun sei gegen die extreme Parteilichkeit, die die Welt des Zuschauersports in der Regel charakterisiert. Dies wäre schön, aber unzutreffend. Pavarotti und Domingo sind lediglich die letzten Opfer – oder auch Nutznießer, denn sie sind beides – einer Tradition, die sich durch die gesamte Geschichte der Kunst hindurchzieht. Beniamino Gigli erzählt in seinen Memoiren, wie er »erbittert und amüsiert zugleich« zwei Werbeanzeigen las, die in den 20er Jahren, ein paar Jahre nach Carusos Tod, an ein und demselben Tag in der New Yorker Presse erschienen. Eine lautete: »Gigli, der größte Tenor der Welt, singt am Sonntagnachmittag, dem 19. Februar, in einem Wohltätigkeitskonzert zugunsten des italienischen Hospitals.« Die andere verkündete: »Martinelli, der größte Tenor der Welt, gibt am 26. Februar im ›Waldorf Astoria‹ ein Wohltätigkeitskonzert zugunsten der Alterswohlfahrt.« Gigli hatte ohne die geringste Mühe eine der einschmeichelndsten Stimmen, die die Welt je hörte, und Martinellis Stimme war eine der erhabensten. Und die Menschen in jener Zeit hatten außerdem das Privileg und das Vergnügen, unter anderen Pertile, Fleta, Crimi, Melchior und Schipa zu hören. Aber wie Gigli wehmütig hinzufügte, »haben Impresarios eine Vorliebe für werbewirksame Schlagworte«.

Das haben sie heute noch. Wer auch immer den Titel für Pavarottis Soloalbum, »King of the High Cs«, erfand, verdient gewissermaßen einen Orden. Gewiß brachte Pavarottis phänomenale Geläufigkeit mit den hohen Tönen ihm seinen frühen Ruhm und weite Anerkennung ein. Aber hinter »King of the High Cs« steckte mehr. Es suggerierte das Bild des Seeräubers, des großtuerischen Freibeuters, das entscheidend dabei mitwirkte, Pavarotti bei einem Publikum beliebt zu machen, das ihn noch nicht kannte. Und vor allem verbarg sich dahinter natürlich die Vorstellung, er sei Numero Uno, der King. Es dauerte einige Jahre, bis *Newsweek* Domingo auf dem Titelblatt schließlich als »King of the Opera« bezeichnete.

Sobald Pavarotti das amerikanische Publikum erobert hatte, machte er die Metropolitan Opera zu seinem Hauptquartier. Selbstverständlich sang er auch andernorts, aber die Met war sein »Zuhause«. Außerdem heuerte er als Agenten den schlauen, manche würden sagen skrupellosen, Herbert Breslin an. Breslin hatte als Manager einiger der größten Stars ungeheure Erfahrung, und Pavarotti vertraute sich ihm bereitwillig an. Der Erfolg zeigte sich schon bald. Pavarotti war überall. Außer Opernauftritten gab er auch Solokonzerte überall in den Vereinigten Staaten und in anderen Ländern. Allmählich bildete sich ein öffentliches Image. Amerikanische Zuschauer gewöhnten sich daran, seine stämmige Figur auf die Konzertbühne treten zu sehen, die Arme erhoben wie ein Preisboxer oder wie der siegreiche General de Gaulle, sein großes, flatterndes, weißes Taschentuch – Pavarotti nannte es sein »Sprungtuch« – in einer Hand. Innerhalb weniger Jahre erschien Pavarotti auch in allen großen Fernsehtalkshows in den Vereinigten Staaten und auf den Titelseiten der umsatzstärksten Wochenmagazine, ritt hoch zu Roß an der Spitze der New Yorker Columbus Day Parade, machte Fernsehwerbung für American Express oder für Blacklama-Pelze, sang bei der Oscar-Verleihung und wurde in Hochglanzmagazinen abgebildet, wie er im Winter Schnee schaufelt oder im Sommer mit John McEnroe Tennis spielt.

Pavarotti blieb bei Breslin und produzierte auch seine Platten weiterhin bei Decca/London. Seine Treue machte sich bezahlt. Für ihn ebenso wie für seine Geschäftspartner. Ein Pavarotti-Beobachter meinte einmal ironisch: »Heutzutage brauchte Luciano nur zu rülpsen, und Decca würde es sofort aufnehmen – und in millionenfacher Auflage vermarkten!«

Domingos Karriere verlief ganz anders. Er war insofern weniger aktiv als Pavarotti, als er nur selten Konzerte veranstaltete, aber die Anzahl der Opernrollen, die sich Domingo erarbeitet hat, stellt die Leistungen beinahe jedes anderen Sängers in den Schatten. Er hat ein umfangreicheres Repertoire als jeder andere junge große Tenor, außer vielleicht Nicolai Gedda, und anstatt sich hauptsächlich an ein Opernhaus oder sogar ein Land zu binden, hat Domingo seine Lieblingsorte beinahe jährlich beehrt und scheint sich die herkulische Aufgabe gestellt zu haben, all seinen Verehrern die Gelegenheit zu bieten, ihn früher oder später in nahezu jeder seiner größeren Rollen erleben zu können.

Wie Pavarotti hat Domingo erkannt, wie werbewirksam es ist, in Talkshows am Fernsehen aufzutreten, seinen Namen und sein Bild in der Werbung für kommerzielle Produkte vermarkten zu lassen, Platten und Fotos zu signieren, was Werbefachleute als »PAs« oder »Public Appearances« bezeichnen, und in Galavariétés im Fernsehen zu erscheinen. Pavarotti und Domingo mögen beide beteuern, daß sie die zwischen ihnen aufgebaute Rivalität im Grunde nicht mögen, aber es ist schwer zu glauben, daß keiner von beiden bewußt dazu beigetragen hat. Domingos Agenten können eine ganze Reihe von »Zufällen« auflisten, die die Vermutung nahelegen, daß viele der in diesem Zweikampf angewandten Taktiken im Boxring nicht durchgehen würden: Zum Beispiel sang Domingo mehrere Male bei der

Premiere einer wichtigen Neuinszenierung und mußte dann feststellen, daß irgendein Klatschblatt in derselben Stadt ganz zufällig zum gleichen Zeitpunkt einen größeren Artikel über Pavarotti veröffentlichte. Einmal enthielten die Programme für eine Veranstaltung mit Domingo ein großes Inserat für Pavarottis Plattenfirma, das jenen provokativ als den »größten Tenor der Welt« bezeichnete. Domingo, der normalerweise nie die Nerven verliert, bestand darauf, daß die anstößige Anzeige aus dem Programm entfernt werde, sonst würde er sich weigern zu singen. Die Reklame wurde herausgenommen.

Publicity ist ein Mittel für verschiedene Zwecke – oder sollte es zumindest sein. Sie sollte zum Beispiel die Öffentlichkeit davon unterrichten, wann ihr etwas geboten wird, und sie sollte dem umworbenen Produkt mehr Geld einbringen. Je mehr Werbung für Pavarotti gemacht wurde, desto mehr konnte er für seine Konzert- und Opernauftritte verlangen und um so mehr Exemplare seiner Platten konnte Decca/London verkaufen. Und wenn der angebliche Kampf mit Domingo um den ersten Platz in der Weltrangliste der Tenöre seinen Namen ständig an die Öffentlichkeit brachte, vor allem an das wohlhabende, schallplattenkaufende amerikanische Publikum, um so besser. Ihm nützte dies mehr als Domingo, denn die Präventivschläge schienen immer von Pavarottis Lager auszugehen, und Domingo mußte die Behauptung, Pavarotti sei Numero Uno, entweder stillschweigend hinnehmen oder aber nach dem ersten Streich zum Gegenangriff ausholen, womit er sich natürlich zwangsläufig die Anschuldigung zuzog, neidisch zu sein. Außerdem erschienen die unverfrorenen Publicity-Statements über Pavarotti meistens in dessen Wahlheimat, den reichen und Publicity-bewußten USA, während Domingo in der Regel drei Viertel seiner Zeit auf Reisen durch die weniger materialistisch gesonnenen und weniger werbeorientierten Teile der Musikwelt verbrachte.

Doch schließlich begann Domingo zurückzuschlagen. Die Entscheidung dazu folgte weder einer bewußten Überlegung, noch war sie das Ergebnis eines kurzen Moments blinder Wut oder der Suche nach Gerechtigkeit. Es war vielmehr ein Zusammenspiel ineinandergreifender Entscheidungen, von denen jede für sich ihren eigenen Hintergrund hatte. Als beispielsweise das Liceo in Barcelona durch eine Krise ging und Domingo Angebote, dort zu singen, ausschlug, schien es sinnvoll, den Hauptwohnsitz der Familie zumindest vorübergehend von Barcelona nach New York zu verlegen. Ungefähr zur selben Zeit ließen Milton Okuns Bemühungen um Domingo erste Zeichen des Erfolgs erkennen, und Domingo startete bald seine neue Karriere als populärer Sänger primär amerikanischer Songs. Inzwischen hatte Domingo sowohl in London als auch in New York seine Publicity-Agenten gewechselt, und in beiden Städten bekam er bald eine Menge guter Presse. Aus diesen und anderen Gründen verbrachte Domingo in jenen Jahren mehr Zeit als früher im Zentrum der »Pavarotti-Domingo-Kontroverse«, in New York.

Domingos Gegenangriff war unerwartet, schlagkräftig und wirkungsvoll – und zunächst vielleicht ein wenig überspannt. Inzwischen glaubt Domingo, daß er vielleicht übertrieben reagiert hat, als beispielsweise Kurt Herbert Adler, der Chef der San Francisco Opera, öffentlich bekundete, daß er Pavarotti für den größten Tenor der Welt halte, und Domingo sich eine Zeitlang weigerte, dort zu singen. Der Zwischenfall mit den Pavarotti-Anzeigen in den Programmen für Domingo ärgerte Domingo in ähnlicher Weise, was damals vielleicht verständlich war, doch heute glaubt er, es wäre wohl klüger gewesen, wenn er damals seine Gefühle unterdrückt hätte. Aber die positiveren Aspekte – seine sichtbare Anwesenheit in New York einschließlich einer wachsenden Anzahl von Auftritten in der Met, die Pop-Platten, die Fernsehauftritte und die Reklame für Rolex-Uhren – waren in der Regel von großem Nutzen für Domingo und führten zu einer unaufhaltsamen Lawine günstiger Image-Werbung. Darüber hinaus schienen die Ereignisse Domingo zu begünstigen, als Pavarotti während dieser Zeit schlechte Kritiken für einige Auftritte erhielt und andere absagte und einen groß angekündigten, aber nur wenig beachteten kommerziellen Film mit dem Titel *Yes Giorgio!* machte.

Über beide Sänger wurde häufig in den Hochglanzmagazinen geschrieben, auch traten sie regelmäßig im Fernsehen auf, allerdings mit unterschiedlichen Ergebnissen. Pavarotti machte eine beinahe peinliche Fernsehshow, in der allerlei berühmte Freunde in seinem glücklichen Heim in Modena auftauchten; Domingo übernahm eine live ausgestrahlte Hommage an Caruso, in der er sichtlich nervös und weit unter seiner Bestform war. Die Liste von Auftritten, die im wesentlichen Domingos Publicity dienten, erweiterte sich zu dieser Zeit beträchtlich, und nicht nur in den Vereinigten Staaten. Er schaffte es zum Beispiel, am Morgen von Präsident Mitterrands Amtseinführung nach Paris zu fliegen, obwohl es ihm persönlich äußerst ungelegen kam, sich den Text der »Marseillaise« einzupauken und noch am selben Tag vor Zehntausenden von Zuschauern und natürlich unzähligen Millionen an den Fernsehbildschirmen einen herrlichen Vortrag der Nationalhymne zu geben (»mit all dem Feuer eines engagierten Sozialisten«, wie ein ungläubiger Beobachter meinte). Es ist schwer, solche Gelegenheiten auszuschlagen, wenn sie sich schon einmal bieten, wie etwa die

Chance, von Präsident Mitterrand, dem Papst oder der Königinmutter gefeiert oder von Millionen Fernsehzuschauern in der Welt gesehen zu werden, wie man Oscars aushändigt, mit Maximilian Schell, Kevin Keegan oder Hans Krankl Fußball spielt, gemeinsam mit Carol Burnett oder Miss Piggy Witze macht oder Lieder singt. Angeblich ist jede Art von Publicity gut, und sowohl Pavarotti als auch Domingo ist es gelungen, wie vielleicht keinem anderen Opernstar seit Callas' Zeiten, zu einem festen Begriff zu werden. Manche Beobachter sind der Ansicht, daß sie dafür auch ihren Preis gezahlt haben, daß jeder der beiden gelegentlich Publicity um ihrer selbst willen gesucht hat oder um dem anderen die Show zu stehlen und daß solche Aktivitäten auf jeden Fall nicht mit der Würde zu vereinbaren seien, die einem ernsten Künstler anstehe.

Die wichtigere Frage aber ist, ob all diese Bemühungen die künstlerischen Leistungen der beiden Männer beeinträchtigt haben. Haben die Opernauftritte darunter gelitten? Hat die Publicity der Kunst gedient oder umgekehrt? Sicher haben beide Sänger manchmal Publicity-Auftritte in bereits überfüllte Terminkalender gedrängt und mußten infolgedessen auf der einen Seite des Atlantiks auftreten, nachdem sie gerade erst von der anderen Seite eingetroffen waren. Pavarottis vielbesprochenen stimmlichen und persönlichen Probleme zu Beginn der 80er Jahre wurden von einigen klugen Kritikern auf die unerbittliche Regel zurückgeführt, daß man zwangsläufig um so tiefer fällt, je höher man glaubt, fliegen zu können. Man muß jedoch auch den Mut anerkennen, mit dem Pavarotti zum Beispiel über sein normales Repertoire hinausging und an der Met ausgesprochen überzeugend Mozarts *Idomeneo* sang. Auch Domingo hatte die Gelegenheit, den schwierigen Part des Aeneas in Berlioz' *Les Troyens* aufzunehmen, zweimal ausgeschlagen, bis er sich der Herausforderung schließlich stellte und sich bereit erklärte, die Rolle zur Eröffnung der Jubiläumsspielzeit zur Einhundertjahrfeier der Met auf der Bühne zu singen. Beide Sänger sind mit einer starken körperlichen Konstitution und Nerven aus Stahl gesegnet, ganz zu schweigen von ihren eindrucksvollen künstlerischen Fähigkeiten.

Es ist jedoch der Künstler, der letztlich zählt. Schließlich ist das Opernhaus der Ort, an dem Domingo letzten Endes beurteilt werden möchte, als Hoffmann, José, Othello, Cavaradossi, Dick Johnson, des Grieux und wie sie alle heißen. Wenn seine Darstellung dieser Figuren nicht weiterhin seinen eigenen, sehr strengen Anforderungen entsprechen würde, dann würde er die Art von Bekanntheit in der Öffentlichkeit, die er nun überall genießt, für ungerechtfertigt halten. Und damit hat er sicherlich recht. Wenn seine Stärke als Operninterpret nachzulassen beginnt, und das wird sie zwangsläufig, stellt sich zu Recht die Frage, inwieweit Domingos Betätigungen außerhalb der Oper ihren Tribut gefordert haben oder ob diese vielleicht gerade dazu beitragen haben mögen, den Schwung seiner künstlerischen Energie aufrecht zu erhalten. Im Moment ist diese Frage jedoch rein hypothetisch, denn während ich dieses Buch schreibe, ist seine Schaffenskraft weitgehend ungebrochen und in ihrer Art wahrscheinlich unerreicht.

El Domingo

Tosca in Barcelona

Stellen Sie sich einmal all die Opern vor, die zusammen mehr oder weniger das Grundrepertoire in den Opernhäusern der Welt ausmachen, vielleicht die ersten fünfundzwanzig oder dreißig. Ziehen Sie all jene ab, die größtenteils in dem Land spielen, aus dem der Komponist stammt. Gliedern Sie nun die verbleibenden nach dem Land des Schauplatzes. Ich wäre überrascht, wenn diese Liste nicht von Spanien angeführt würde. Denken Sie an all die Meisterwerke, die dort spielen: *Le Nozze di Figaro, Don Giovanni, Fidelio, Il Barbiere di Siviglia, Il Trovatore, Don Carlos, La Forza del Destino* und natürlich jene für Spanien typischste aller Opern, *Carmen*. »Spanien als Heimat der Oper?« spottete einer meiner Freunde, und es fiel ihm natürlich leicht, darauf zu verweisen, daß in den meisten Opernhäusern Jahre und sogar Jahrzehnte vergehen, ohne daß ein Werk von irgendeinem der wenigen spanischen Opernkomponisten aufgeführt wird. Aber die Zahl der Werke, die in Spanien spielen, verleiht unserer Behauptung zumindest an der Oberfläche eine gewisse Gültigkeit.

Ein noch stichhaltigerer Beleg ist die Zahl der hervorragenden spanischen Opernsänger, die in den letzten Jahrzehnten die internationale Opernbühne beherrscht haben. Um nur die Tenöre zu nennen, es gab nicht nur Domingo, sondern auch Alfredo Kraus, José Carreras, Jaime (oder »Giacomo«) Aragall und Dalmacio González. Wenn man bei den Frauen bekannte Namen wie Victoria de los Angeles, Pilar Lorengar, Montserrat Caballé und Teresa Berganza hinzuzählt, so wird klar, daß Spanien in unserer Zeit einen enormen Beitrag zum weltweiten Erfolg der Oper geleistet hat.

Wenn man über all dies oder beinahe jeden anderen Aspekt der Musik, der Kunst oder der Literatur in Barcelona diskutiert, so wird man bald darüber belehrt werden, daß es sich hier nicht um ein primär spanisches, sondern ein katalanisches Phänomen handelt. Carreras ist Katalane. Ebenso Aragall. Dalmacio González war Angestellter der U-Bahn in Barcelona, bevor seine Gesangskarriere den Vorrang gewann. Auch de los Angeles und Caballé sind Katalanen. Und sollte noch irgendein Zweifel über Kataloniens Führungsrolle in der Oper herrschen, so dürfte eine kurze Tour durch Spaniens Opernhäuser beweisen, daß an jedem erdenklichen Maßstab gemessen das erste Haus des Landes jenes Theater in Barcelona ist, das der Welt als Liceo bekannt ist, das die Katalanen jedoch aus Stolz über ihr kürzlich wiedererlangtes Recht, ihre eigene Sprache zu benutzen, das Gran Teatre del Liceu nennen.

Domingo ist einer der wenigen großen Spanier in der Opernwelt, der nicht aus Katalonien stammt. Er wurde in Madrid geboren und wuchs in Mexiko auf, und seine Eltern waren bekannte Künstler der *Zarzuela* – einer Form von Unterhaltungsmusik, die nicht in Katalonien, sondern in Kastilien und Zentral-Spanien zu Hause ist. Domingo ist im Grunde ein Kosmopolit, und er hat nie ein Geheimnis aus seiner Herkunft gemacht oder irgendwelchen Lokalpatriotismus vorgetäuscht. Andererseits ist es jedoch eine historische Tatsache, daß er und seine Familie ihren Hauptwohnsitz lange Zeit in Barcelona hatten, und in einer Madrider Zeitung ist sogar belegt, daß er den Club de Futbol von Barcelona seine favorisierte Fußballmannschaft nennt. Domingo ist somit über die Jahre so etwas wie ein Wahl-Katalane geworden, und er hat seit seinem Debüt im Liceo im Jahre 1966 immer wieder dort gesungen.

Wer Barcelona nur kurz besucht, mag überrascht sein zu hören, daß es in der Stadt überhaupt ein Opernhaus gibt, und darüber hinaus sogar das führende in Spanien. Dem Liceo mangelt es nicht etwa an einer ausgezeichneten zentralen Lage – es liegt direkt an Barcelonas geschäftigster und bekanntester Straße, den meilenlangen Ramblas. Aber die Ramblas bieten eine große Menge anderer und augenscheinlicherer Attraktionen: Oben angefangen sind direkt um die riesige Plaça de Catalunya die großen Banken, die amerikanischen Hamburgerbuden und der Mercado de San José, und am unteren Ende sind die Dirnen, die Stierkampfarena und der Hafen, den Christoph Kolumbus von seiner Säule aus überblickt. Die Ramblas sind breite, gerade Einkaufsstraßen, die in der Mitte geteilt sind. Auf dem breiten Mittelstreifen gibt es eine Unzahl von Straßencafés, Händler mit exotischen Vögeln und Tieren, Pflastermaler, Mimen und Jongleure, und wenn die Abende länger werden, trifft man dort die halbe Bevölkerung Barcelonas. Auf den Ramblas spazierenzugehen ist eine Freizeitbeschäftigung, die beinahe schon etwas Obsessives hat. Vor dem Abendessen geht man die Ramblas entlang, um Appetit zu bekommen, und nach dem Essen, um das Mahl zu verdauen.

Im unteren Teil der Ramblas führen die Seitenstraßen, die nach links abzweigen, wenn man auf den Hafen blickt, in das exotische Labyrinth enger Gassen von Barcelonas altem Barrio Gótico, dem Überrest der mittelalterlichen Stadt. Wenn man die Ramblas bis zur Hälfte hinuntergeht, gelangt man rechter Hand in eine winzige Straße mit dem Namen Carrer de St. Pau; es ist eine der vielen Gassen in diesem Bezirk, in der sich Cafés, die *Boccadillos* servieren, eng zwischen einen Sex-Shop und einen Juwelier oder einen Jeans-Shop schmiegen, aus dem laute Rockmusik schallt. St. Pau biegt bei einer Gabelung ab und durchschneidet das angrenzende Gebäude scharf. Die Abzweigung ist leicht zu übersehen, und das diagonal verkürzte Gebäude mit seiner schlichten Fassade sogar noch leichter. Und dennoch ist dies eines der ältesten, elegantesten und im Inneren eines der größten Opernhäuser Europas.

Man kann zwar am Liceo vorbeigehen, ohne zu bemerken, daß man ein Opernhaus passiert hat, doch ist der Ort unverkennbar, sobald man eingetreten ist. Man mag das kühle, tiefe Foyer mit den schachbrettartig gemusterten Bodenfliesen und den schweren blauen Samtvorhängen vielleicht für einen Teil eines Regierungsgebäudes halten, doch sollte die Tatsache, daß die Wächter am Eingang freundlich aussehen, dunkelblaue Jacken mit einem aufgestickten Buchstaben »L« und keine Militäruniformen tragen und keine am Gürtel sichtbaren Pistolen mit sich führen, diesen Gedanken ausschließen. Im Foyer hängen kunstvolle große Leuchter, und die Wände sind mit Seide in zartestem Hellblau bespannt. Wenn man die mit Teppichen ausgelegte Mitteltreppe oder eine der schmaleren Seitentreppen hinaufgeht, erreicht man weitere Foyers, die Vorräume des Saals, der sich als riesiges und prächtig geschmücktes Amphitheater entpuppt. Man betritt den Zuschauerraum nicht direkt von der Rückseite wie beinahe in jedem anderen Opernhaus, auch nicht im rechten Winkel symmetrisch von den Seiten, sondern – was leicht verwirrend ist – etwa von der linken hinteren Ecke. Dieses monumentale Opernhaus aus dem 19. Jahrhundert, das manche für das großartigste überhaupt halten, mußte nämlich von den Architekten auf ein ungünstiges Areal gezwängt werden, das der bereits existierende Straßenplan von Barcelona dafür bereitstellte. Wenn man ein riesiges, hufeisenförmiges Opernhaus in einer V-förmigen Straßenecke unterbringt, ist es geometrisch unvermeidbar, daß es die Besucher in einem schiefen Winkel betreten müssen.

Das Liceo in Barcelona steht in der Tradition der großen Opernhäuser des 19. Jahrhunderts. Es ist auf einem Klostergelände errichtet worden, das die Regierung gegen Ende der 1840er Jahre konfisziert hatte, und wurde nach einem verheerenden Feuer vierzehn Jahre später umgebaut. Es datiert somit also ziemlich genau aus der gleichen Periode wie das San Carlo in Neapel und Covent Garden in London; es ist einige Generationen jünger als La Scala und ein paar Jahrzehnte älter als Bayreuth oder die ursprüngliche New Yorker Met. Wie all die genannten außer Bayreuth ist das Liceo ein großes Oval und bietet all die bekannten Eigentümlichkeiten einer guten, resonanten Akustik und einer auf nicht wenigen Sitzen recht eingeschränkten Sicht. Das Liceo muß wohl eines der reichstverzierten Opernhäuser sein. Es gibt keinen einzigen Quadratmeter an Wänden oder Decken, der nicht irgendeine Art von Dekoration oder Kunstwerk aufweist. Und wenn der Mann, der die Decke so kunstvoll ausmalte, in unserem heutigen Zeitalter der Elektrizität noch lebte, so würde er mit Sicherheit die Verwaltung bitten, die Beleuchtung im Auditorium um ein oder zwei Watt zu dämpfen, nicht nur, um die drückende Hitze zu reduzieren, sondern auch, damit die Besucher durch das Licht der Lampen hindurch besser zu seinem Werk hinaufschauen könnten.

Nicht allein das Erscheinungsbild des Zuschauerraums im Liceo spricht beredt von früheren Zeiten, es gibt noch weitere Erinnerungen. Im Gebäude, das man, um einen unpassenden Terminus des 20. Jahrhunderts zu benutzen, den Liceo-Komplex nennen würde, ist neben dem Musikkonservatorium von Barcelona auch noch der noble und exklusive Liceo-Club untergebracht. Man muß nicht unbedingt ein Musikliebhaber sein, um dem Club beizutreten. Um nominiert und aufgenommen zu werden, braucht man lediglich reich genug zu sein, sich die Mitgliedschaft leisten zu können, dazu genügend einflußreich und bekannt unter seinesgleichen – und außerdem ein Gentleman. Damen kommen nicht in Frage. Der Club besteht aus einer Reihe eleganter Räume im Geschmack des späten 19. Jahrhunderts, die in dem durch Gaudí berühmt gewordenen modernen Stil dekoriert sind, und weist neben vielen anderen ausgesprochenen Raritäten eine Reihe schöner Wandgemälde von Ramón Casas auf. Es ist, als wäre der Athenaeum ein siamesischer Zwilling von Covent Garden oder der Washington's Century Club ein Anbau der New Yorker Met.

Das Gefühl der Unabhängigkeit vom Rest Spaniens ist in Katalonien nie erloschen, trotz wiederholter Versuche, es zu unterdrücken. Mit Francos Tod im Jahre 1975 wurde es dem stolzen Geist Kataloniens erstmals wieder möglich, mit seinen kulturellen und politischen Bestrebungen aus dem Netzwerk des Untergrunds an die Oberfläche zurückzukehren. Die demokratische Regierung in Madrid stimmte schon bald einem gewissen Maß an Selbstverwaltung und der Errichtung einer neuen »Generalitat« für die Provinz zu; katalanisch wurde eine der offiziellen Landessprachen, und auch eine gewisse legislative Autonomie wurde gewährt. Die Provinzverwaltung von Katalonien war von Anfang an bestrebt, katalanische Kunst und Kultur zu pflegen, und eine Reihe von Projekten wurde initiiert, die unter anderem zum Ziel hatten, traditionelle Oper der höchsten Qualität nach Barcelona zurückzubringen. Erst im Jahre 1980, nachdem der langgediente Intendant des Liceo schließlich gestorben war, wurde ein neues Konsortium gegründet, in dem die Stadt Barcelona, die Generalitat von Katalonien und die Eigentümer des Liceo paritätisch vertreten waren. Vorsitzender des neuen Konsortiums wurde Luis Portabella, der Gründer des wichtigsten Musikveranstalters der Stadt, »Pro Musica«. Sobald Portabellas Ernennung rechtskräftig und die neue Verwaltung eingesetzt war, machte sich das Konsortium daran, Barcelonas Oper eine solide Grundlage zu verschaffen. Orchester und Chor des Liceo sollten radikal überholt werden, und realistische Gagen sollten nicht nur Gastsängern, sondern auch Regisseuren, Bühnenbildnern, Dirigenten usw. angeboten werden. Das Konsortium plante pro Jahr eine Spielzeit mit vielleicht dreizehn oder vierzehn Werken, meist Leihinszenierungen von einem der führenden europäischen Opernhäuser, von denen es drei oder vier Vorstellungen mit Starbesetzung geben sollte. Nach einer kurzen Pause sollte dann im Mai und Juni ein kurzes »Festival« unter der Schirmherrschaft von »Pro Musica« folgen, mit dem es bei einigem Glück gelingen würde, Oper auf höchstem Niveau zu präsentieren.

Das Opernfestival im Frühjahr 1983, das dritte unter der neuen Regie, sollte zwei italienische Werke darbieten, *La Traviata* und *Tosca*, beides Gastspiele der Scala, und zum hundertsten Todestag von Wagner den *Tannhäuser* aus Wien und den *Parsifal* aus Hamburg. Die drei *Tosca*-Vorstellungen waren auf Ende Mai angesetzt; als Solisten waren Plácido Domingo, Carol Neblett und Silvano Carroli zu hören, und zwar unter der Stabführung von Romano Gandolfi, dem Chorleiter der Scala und ständigen Gastdirigenten am Liceo.

Ende der 70er Jahre hatte Domingos Name für ein paar Jahre auf der Starliste des Liceo gefehlt. Einige führten dies darauf zurück, daß das Liceo auf einem tiefen Niveau stand und Domingo nicht in schlechten Inszenierungen auftreten wollte. Andere behaupteten boshaft, daß er dort nur singen wolle, wenn ihm seine normale, volle Gage geboten würde – oder daß er einmal eine gekürzte Gage angenommen habe, nur um später festzustellen, daß die Verwaltung einem anderen Tenor eine höhere Summe gezahlt hatte. Was immer der Grund gewesen sein mag, mehrere Jahre vergingen, ohne daß Domingo am Liceo sang. Die neue Verwaltung ließ jedoch auf Opernspielzeiten von regelmäßig hoher Qualität hoffen, und so verpflichtete sich Domingo wieder am Liceo. 1982 sang er dort zweimal in *La Bohème*. Zwischen diesen Vorstellungen war Carreras für einen Auftritt in derselben Oper engagiert. Die Nachfrage nach Karten für die Vorstellungen mit Domingo war ungeheuer, zweifellos eine Folge der enormen Beliebtheit, deren sich sein kürzlich erschienenes Album mit Tangos in Spanien erfreute. Die Menschen schlugen sich um einen Platz in der Schlange für billige Eintrittskarten. Als es jedoch soweit war, schien Domingo nur kurz für seine Auftritte in die Stadt zu eilen – damals filmte er an einem anderen Ort gerade *La Traviata* – und war nicht in seiner besten Form, wohingegen Carreras, der zuvor ein Tief gehabt hatte, bei diesem Anlaß ausgezeichnet sang und zweifellos die meisten Lorbeeren erntete. Carreras galt im allgemeinen wie Caballé als Lokalmatador, als traditionsbewußter Katalane, der selbst als internationaler Star die Zeit findet, auch in seiner Heimat sein Bestes zu geben. Deshalb hatte Domingo bei seiner Rückkehr an das Liceo im Jahre 1983 das Gefühl, daß er einen gewissen Rückstand aufholen und die Erinnerung an eine kleine Enttäuschung auslöschen mußte, und er war entschlossen, sich mit besonderem Elan auf seine drei *Tosca*-Auftritte zu stürzen.

Tosca gehört zu der winzigen Anzahl von vielleicht einem Dutzend oder fünfzehn Werken, deren sich kein Opernhaus der Welt lange Zeit enthalten kann; diese Oper ist überall beim Publikum beliebt, für die Interpreten gut zu singen und relativ billig zu inszenieren. Für Leute mit wählerischem Geschmack ist *Tosca* zu melodramatisch, vielleicht sogar die »schäbige kleine Schockieroper«, wie ein Kritiker sie einmal schimpfte. Gewiß ist Puccinis Bearbeitung von Sardous Schauspiel, das Sarah Bernhardt eine ihrer berühmtesten Rollen lieferte, so überlebensgroß, daß es schwierig sein kann, sich wirklich mit den Charakteren zu identifizieren und mit ihnen zu lachen und zu leiden, sich vorzustellen, man stecke in der Haut des Malers Mario Cavaradossi oder seiner Geliebten, der Sängerin Floria Tosca, oder den unbarmherzig schurkenhaften Polizeichef, den Baron Scarpia, wahrhaftig zu hassen. Aber es steckt mehr in diesem Werk als nur Melodrama. Die im Jahre 1900 uraufgeführte Oper spielt ein Jahrhundert früher, während der napoleonischen Kriege, in Rom. Cavaradossi ist somit nicht nur ein Künstler, sondern ein freidenkender Liberaler, der an die Menschenrechte glaubt, während Scarpia, der natürlich Cavaradossis Geliebte begehrt, von

Natur aus ein Autokrat der blutrünstigsten Sorte ist. Tosca, die Dame im Mittelpunkt dieses politisch-sexuellen Tauziehens, ist die herrschende Diva von Rom; sie ist impulsiv, leidenschaftlich, liebt oder haßt Menschen stärker als politische Ideen, ist ihrem Maler von ganzem Herzen, wenn auch eifersüchtig ergeben und bereit, für Liebe und Leben alles aufs Spiel zu setzen. In der einfachsten Form ist dies die Geschichte einer Frau, die zum greifbaren sexuellen Preis eines Machtkampfes wird. Die zwei Männer stehen in entgegengesetzten Lagern des politischen Spektrums, und Tosca, die vom einen besessen und vom anderen begehrt wird, ist der Preis. Keiner gewinnt. Genauer gesagt sind alle drei Verlierer. Scarpia läßt Cavaradossi foltern und befiehlt seine Erschießung, wird aber selbst von Tosca erstochen, die sich in den letzten Minuten der Oper von den Zinnen des römischen Castel Sant'Angelo herabstürzt.

Musikalisch wie auch dramatisch ist *Tosca* äußerst ansprechend mit ihren heftig wogenden Melodien, ihren leidenschaftlichen Liebesliedern, den großartigen Akkorden für den bösen Scarpia und drei der berühmtesten Arien, die je geschrieben wurden, eine für den Sopran und zwei für den Tenor, jeweils eine in den drei Akten der Oper. Sie ist leicht zu singen und recht kurz. Scarpia stirbt am Ende des zweiten Aktes, und Cavaradossi singt insgesamt etwa zwanzig Minuten lang. Der Chor wird nur kurz benötigt, und die meisten Chormitglieder können nach dem ersten Akt nach Hause gehen. Die einzigen ungewöhnlichen musikalischen Elemente in Tosca sind die verschiedenen Glocken und der Hirtenjunge hinter der Bühne zu Beginn des dritten Aktes. Mord und Totschlag, Sex, Politik und Gewalt sowie ein ununterbrochenes Wogen leidenschaftlicher und höchst eindringlicher Musik – in *Tosca* gibt es alles. Kein Wunder, daß sie eine der am häufigsten inszenierten und meistbesuchten Opern ist. Es ist auch kein Wunder, daß die Rolle des Cavaradossi zu jenen gehört, in denen alle großen Tenöre geglänzt haben – Caruso und Gigli und in unserer Zeit Pavarotti, Aragall, Carreras und Domingo. Dies ist auch die Rolle, die Domingo häufiger als jede andere gesungen hat.

Diese Inszenierung ist, wie die meisten Darbietungen am Liceo, ausgeliehen, in diesem Fall von der Scala, wo sie 1979 mit Domingo als Cavaradossi erstmals zu sehen war. Mit der Regie von Nicola Benois und Piero Faggionis Bühnenbild hinterließ diese Inszenierung bei der Premiere einen tiefen Eindruck. Importierte Produktionen können aber auch Nachteile haben – eines der größten Probleme für das Liceo während des Opernfestivals 1983 war der Umstand, daß die auf *Tosca* folgende Produktion, der Wiener *Tannhäuser*, ohne Kulissen gegeben werden mußte, da die Lastwagen, die diese quer durch Europa transportierten, nördlich der Pyrenäen bei antispanischen Demonstrationen französischer Bauern gestoppt wurden. Auch künstlerische Probleme können bei übernommenen Produktionen entstehen, etwa in der Form, daß Bühnenbilder oder Beleuchtung beim einen Publikum ankommen, beim anderen jedoch nicht. Darüber hinaus erlaubt das System des Liceo so gut wie keine Wiederaufnahme; wer also zufällig die *Tosca* der Scala oder den Hamburger *Parsifal* oder welches Werk auch immer versäumt, wird kaum eine zweite Gelegenheit haben, die Oper zu sehen. Viele der Solisten sind zwar oft internationale Größen, die bereits mit ihren Rollen vertraut sind, man stelle sich aber den aus Einheimischen rekrutierten Chor vor, der pro Spielzeit zehn oder mehr verschiedene Opern für ganze drei Vorstellungen einstudieren muß. Manche Opern müssen deshalb in den Spielplan aufgenommen werden, weil sie keinen großen Chor enthalten. Doch bietet dieser Modus keineswegs nur Nachteile, denn er erlaubt dem Abonnementspublikum zumindest, eine Vielzahl von Opern und einige der besten Sänger und Inszenierungen der Welt zu genießen, und er hat sicher dazu beigetragen, Barcelonas Gran Teatro del Liceo wieder näher in das Zentrum der Opernwelt zu rücken.

Die *Tosca* der Scala sieht hinreißend aus, wie man das bei einem von Faggioni gestalteten Bühnendesign wohl erwartet. Faggioni ist selbst in Barcelona gewesen, um die Inszenierung zu überwachen, und sie verrät durchweg seine phantasievolle Handschrift. Sie enthält all die großen Gesten: Gegen Ende des ersten Aktes wird die riesige, segelartige Leinwand entfernt, und Cavaradossis gewaltige Staffelei und das tragende Gerüst klappen zurück, um das ausladende Kirchenschiff mit echtem Weihrauch zu offenbaren – man konnte es bis in die letzten Zuschauerreihen riechen; der Anblick, wie Cavaradossi von seinen düsteren und unheimlichen Folterknechten im zweiten Akt behandelt wird, als seien sie Leichenträger und er bereits tot. Auch die kleinsten Einzelheiten wurden nicht vergessen. Scarpia verliert Toscas Gunst im ersten Akt, als er versucht, sie zu küssen – gewinnt sie jedoch schnell wieder zurück, als er ihr schließlich den Attavanti-Fächer anbietet; der jähe Abgrund, von dem Tosca im letzten Akt in den Tod springt, wird einfach, aber wirkungsvoll angedeutet durch einen sorgfältig plazierten Ausschnitt des oberen Teils der Engelsburg.

Domingo muß diese Oper wohl häufiger gesungen haben als irgendein anderer lebender Sänger, aber in seinen Auftritten ist noch immer eine wunderbare Frische zu verspüren. Wenn er den Halbtonaufstieg im Liebesduett des ersten Aktes singt, ohne bei den Worten »Occhio all'amor soave« innezuhalten, um Atem zu holen, scheint ihn die Leidenschaft des Augenblicks mitgerissen zu haben; und wenn er im zweiten Akt fiebernd nach einer zerfetzten Trikolore greift und sie emporhält, während er seine letzten Kräfte zu einem gewaltigen »Vittoria! Vittoria!« sammelt, geht ein spürbarer Schauder der Erregung durch das dichtgedrängte Publikum des Liceo. Welche Mängel Domingo vor einem Jahr auch immer gehabt haben mochte, im Moment läßt er nichts zu wünschen übrig. Im dritten Akt bricht der Applaus nach dem »E lucevan le stelle« wie ein Donnerschlag los, steigert sich zu einem anhaltenden Toben und geht schließlich in ein rhythmisches Klatschen über, das erst dann endet, als Gandolfi nach vollen drei Minuten der Klarinette Zeichen gibt und die Arie erneut beginnen läßt. Alle drei Vorstellungen wurden mit der gleichen Begeisterung aufgenommen. Ein paar lokale Kritiker behaupteten jedoch nach dem ersten Abend, Cavaradossi sei eine »leichte« Rolle für den Tenor, und ein Großteil des Beifalls für Domingo sei eher auf seine Person als auf seinen Gesang zurückzuführen. Dies veranlaßte Domingo dazu, ein Presseinterview zu geben, in dem er deutlich zu verstehen gab, daß er in Barcelona singen werde, »so oft und so lange es das Publikum wünsche«.

Tosca ist mit ihren drei Akten für eine Oper relativ kurz und mit sämtlichen Pausen gewöhnlich in etwa drei Stunden zu Ende. Am Liceo dauerte sie vier, teils wegen der Zugabe im dritten Akt und zum Teil auch, weil die Szenenwechsel mit Faggionis gewaltigen Kulissen allein vierzig Minuten in Anspruch nahmen. Die Vorstellungen begannen um 21 Uhr. Um Mitternacht wurde der dritte Akt aufgebaut. Etwa um 0.30 Uhr schwelgte das Publikum nach der ersten Darbietung des »E lucevan le stelle« in einer Beifallsorgie, und der Schlußvorhang fiel etwa gegen 0.45 Uhr. Es gab jeden Abend stürmischen Applaus. Weit nach ein Uhr umarmte Domingo hinter dem Vorhang seine Frau, seine Eltern und seine Freunde vom Liceo, während die Bravorufe andauerten. »Komm schon, Cah-rol«, rief er seiner Partnerin munter zu, trat mit Neblett zu einer weiteren Verbeugung hinaus und bat dann Carrolis Frau auf Italienisch: »Können Sie nicht auch Silvano holen?« Silvano, der in seiner Rolle des Scarpia schon längst »tot« war und nun einen Straßenanzug trug, kam schließlich aus seiner Garderobe und folgte Plácido und Carol, und der begeisterte Rest des Publikums dieses Abends durfte erneut in Beifall ausbrechen, Blumen werfen und vor Entzükken jubeln. Nach weiteren dreißig oder vierzig Minuten, als der Zuschauerraum geräumt und der eiserne Vorhang für die Nacht herabgelassen worden war, ging Domingo frisch geduscht und umgezogen in das Theaterfoyer hinunter, wo ihn ein weiterer Beifallssturm begrüßte und er sich den Weg durch eine Schar von Bewunderern freikämpfen mußte, indem er sein Autogramm auf dieses Programm, jene Schallplatte oder irgendein Publicity-Foto von ihm schrieb. Das Gedränge war recht unangenehm, denn es gab alles andere als eine geordnete Reihe. Es war bereits 2 Uhr, vielleicht auch 2.30 Uhr. Aber das spielte keine Rolle. Jeder Fan sollte auf seine Kosten kommen. Der Star erwies ihnen sogar eine besondere Gunst, indem er seine Unterschrift abkürzte und lediglich seinen Vornamen für sie schrieb. Er tut dies, um Zeit zu sparen und sein Handgelenk zu schonen, aber die Empfänger können, wenn sie wollen, ein Zeichen persönlichen Wohlwollens darin sehen. Im dunklen Hintergrund des Foyers saßen in aller Geduld seine Frau, seine Eltern, sein Onkel, einer seiner Söhne, seine Agenten und Freunde. Neben ihm stand Paul Garner, ein unendlich geduldiger und bewußt unauffälliger Mensch, und reichte ihm Fotos zum Signieren, nahm diskret die dargebotenen Geschenke entgegen und versuchte, nicht das geringste Zeichen von Unruhe aufkommen zu lassen.

Domingo war bei diesen Anlässen in Hochstimmung. In der Nacht nach der letzten *Tosca*-Vorstellung war er bereit, auf eine Party zu gehen, die alte Freunde gaben. Am nächsten Morgen mußte er nach Ronda in Andalusien im Süden Spaniens fliegen, um sich das Haus anzusehen, das er im kommenden Sommer während der dortigen Filmarbeiten bewohnen wollte – und dann am selben Abend zurück nach Madrid. Da er für ein oder zwei Tage ohnehin nicht zum Schlafen kommen würde, stimmte er seinen Gastgebern zu, könne er ruhig ein paar Stunden in angenehmer Gesellschaft verbringen ...

Fanciulla in Madrid

Ein Großteil von Madrid besteht aus großen, breiten, mit Bäumen gesäumten Boulevards, die, ähnlich wie Paris, von der monumentalen Architektur des späten 19. Jahrhunderts geprägt sind. Die Altstadt hingegen, die vom Zahn der Zeit und von Kriegszerstörung weitgehend verschont blieb, schmiegt sich mit ihren schmalen Straßen mit Kopfsteinpflaster, dunklen Stehbars und gelegentlichen Prachtplätzen behaglich in das etwa eine Quadratmeile große Gebiet zwischen dem riesigen Palacio Real im Westen und dem ebenso ausgedehnten, aber einladenderen Retiro-Park im Osten. Wenn man durch den belaubten Retiro in östlicher Richtung stadtauswärts spaziert, den Bootsteich passiert und den Park am anderen Ende verläßt, befindet man sich auf der breiten, geteilten Calle de Ibiza mit ihren Cafés, Zeitungsständen und dem am Ende der Straße liegenden großen modernen

Krankenhauskomplex. Die Senioren sitzen genauso wie vor vierzig Jahren auf Bänken unter den Bäumen des Mittelstreifens, während die Jugend heute wie damals in den Hofeinfahrten ihre gefährlichen Spiele treibt und immer wieder über die geteilte Avenue saust. Die Familie Domingo wohnte im Haus mit der Nummer 34, in dem Häuserblock an der Ecke der Calle Fernán de González. Seit 1978 präsentiert dieser Wohnblock stolz eine große Marmortafel, die diesen Ort als Geburtsstätte von »El Tenor Plácido Domingo« zu erkennen gibt. Nicht viele Menschen bekommen zu Lebzeiten in ihrer Heimatstadt eine Gedenktafel an ihrem Geburtshaus, und schon gar nicht, wenn sie erst 37 Jahre alt sind. Domingos Ruhm in Madrid ist immens. Im Juni 1983 kam er zu einer Vorstellungsreihe mit Puccinis *La Fanciulla del West* am Teatro de la Zarzuela in die Stadt, und wo immer er hinging, wurde er von Scharen von Bewunderern beobachtet und verfolgt.

Manche Opernhäuser springen einem schon auf dem Stadtplan ins Auge, und in manchen Metropolen sind ganze Bezirke oder zumindest U-Bahn-Stationen nach ihnen benannt. In Madrid würde jedoch eine Taxi- oder U-Bahn-Fahrt zur »Opera« wahrscheinlich nicht zum gewünschten Ziel führen. Das elegante Teatro Real gegenüber dem majestätischen Königspalast beherbergt das Musikkonservatorium von Madrid und veranstaltet regelmäßig Symphoniekonzerte, doch seit den 1920er Jahren ist dort keine Oper inszeniert worden, obwohl es immer wieder Gerüchte gibt, daß das Haus wieder instand gesetzt werden soll. Wenn man zur Oper will, sollte man seinen Taxifahrer zum »Teatro de la Zarzuela« dirigieren. Es mag sein, daß er es nicht kennt. *Zarzuela*, die typisch spanische Form der leichten Oper, ist heutzutage nicht jedermanns Lieblingsunterhaltung, und dieses spezielle Theater befindet sich in einer winzigen, verschlafenen Seitenstraße, der Calle de Jovellanos, die wie der Querstrich in einem recht obskuren »H« zwei kaum weniger verschlafene Seitenstraßen verbindet.

Die Straßen entlang dem Teatro de la Zarzuela mögen unscheinbar sein, doch ist diese Gegend von Madrid alles andere als unbedeutend. Zunächst einmal liegt das Theater genau hinter den Cortes, dem spanischen Parlamentsgebäude. Darüber hinaus steht das Theater im Mittelpunkt eines Dreiecks, das von drei der elegantesten Madrider Boulevards gebildet wird, Calle de Alcalá, Carrera de San Jerónimo und Paseo del Prado. Wenn man sich auf dem Stadtplan von Madrid die größten Sehenswürdigkeiten sucht und zwischen der Puerta del Sol, dem Plaza Canovas del Castillo und dem riesigen Cibeles-Brunnen Verbindungslinien zieht, hat man genau den Ort eingekreist, an dem sich das Teatro de la Zarzuela verbirgt, nur wenigen in Madrid bekannt und doch so nahe bei allen wichtigen Punkten.

Das Teatro de la Zarzuela ist mit seinem für das 19. Jahrhundert typischen Oval mit Kronleuchter ein attraktives Haus, bestens geeignet für das in der Regel dort gegebene populäre Musiktheater. Kritiker meinen allerdings, für die Oper sei es weit weniger gut ausgestattet. Plácido Domingo sang hier zum ersten Mal in einer Inszenierung von *La Gioconda* im Jahre 1970 und hat sich seither jedes Jahr die Zeit genommen, hier aufzutreten. In den dreißiger und vierziger Jahren sangen seine Eltern in diesem Theater *Zarzuela:* Die Auftritte ihres Sohnes in Madrid bereiten ihnen immer besonderes Vergnügen, und so sind sie auch im Juni 1983 hier, um ihm bei den Proben und den Auftritten in *Fanciulla* zuzusehen.

Fanciulla ist die siebte der acht Operninszenierungen dieser Spielzeit am Teatro de la Zarzuela; sie löst *Falstaff* mit Juan Pons ab und wird gefolgt von *Semiramide* mit Caballé. Die gesamte Spielzeit steht unter der Schirmherrschaft des spanischen Kultusministeriums, das das Theater auch finanziert und dessen Personal bestellt. Es ist ein Verdienst der Theaterverwaltung, daß sie immer wieder den bewußten Versuch unternommen hat, für einige Produktionen junge Regisseure und Bühnenbildner zu beauftragen. Das für *Fanciulla* verantwortliche Team, der Regisseur Emilio Sagi und sein Designer Julio Galan, bilden beispielsweise zwei ausgesprochen talentierte junge Leute, die das Studentenalter kaum überschritten zu haben scheinen. »Ich bin vierunddreißig«, sagt der schlanke, schnauzbärtige Emilio, »aber ich glaube, Plácido hält mich für viel jünger!« Erst im Sommer 1982 wurde beschlossen, *Fanciulla* in den Spielplan für 1983 aufzunehmen, und erst zu diesem Zeitpunkt wurde Emilio, der sich gerade mit einem ausgezeichneten *Pasquale* seine Sporen verdient hatte, mit der Regie beauftragt.

Emilio und Julio stammen beide aus Oviedo im Norden Spaniens, wo sie beide nicht regelmäßig mit erstklassigen Opern verwöhnt wurden. Emilio, der in London studierte, hatte bereits 1977 die Oper in Covent Garden gesehen, aber es war ihm wichtig, im November 1982 nach London zu reisen, um Faggionis Produktion noch einmal zu sehen und mit Domingo über die Oper zu sprechen. Nach wenigen Minuten des Gesprächs stellte sich heraus, daß Emilios Onkel mit Plácidos Eltern *Zarzuela* gesungen hatte. Es gab also sofort etwas Verbindendes. Domingo riet Emilio, den Text in- und auswendig zu studieren und eine realistische Aufführung vorzubereiten und nichts zu Symbolisches oder Avantgardistisches zu versuchen. Es gibt Opern, die durch einen einfallsreichen und ungewöhnlichen Inszenierungsstil gewinnen können, und solche, die realistisch behandelt werden müssen. *Fanciulla,* sagte Plácido, gehört ziemlich sicher in diese zweite Kategorie.

Das Teatro de la Zarzuela ist nun einmal nicht Covent Garden, und es war unvorstellbar, daß Emilio Sagi hätte versuchen können und wollen, die komplizierte und aufwendige Inszenierung von Faggioni zu imitieren. *Fanciulla* handelt immerhin von einfachen Menschen, die ein bescheidenes Leben führen, und Emilio hielt eine Inszenierung für angebracht, in der auch ihre physische und emotionale Umgebung einfach, kühn und klar ist. Emilio ging entschlossen an die Arbeit, machte sich gründlich mit allen Aspekten der Oper vertraut und hatte großen Spielraum bei der Besprechung der Einzelheiten mit Julio.

Bei jeder Operninszenierung muß ein Großteil der Regiearbeit auf die letzten paar Tage vor der Premiere aufgeschoben werden. Erst wenn Kulissen und Solisten, Orchester, Chor und Kostüme zusammenkommen, kann man schließlich feststellen, ob die Sache wirklich funktioniert. Dies trifft besonders auf ein Haus wie das Teatro de la Zarzuela zu, das Raum für nur jeweils eine Opernproduktion bietet. Während Plácido in Barcelona noch *Tosca* sang, waren Emilio und Julio sprungbereit, zumal die ersten Bühnenentwürfe längst in den Händen der Werkstatt waren, die die Kulissen baute. *Falstaff* durchlief vier erfolgreiche Vorstellungen, und am folgenden Tag zog der Dicke aus und das Mädchen aus dem Goldenen Westen ein.

Natürlich paßt nichts. Fünf hektische Tage bleiben noch, und Emilio, Julio und ihre Mitarbeiter von der Technik arbeiten rund um die Uhr, damit die Kulissenteile zueinander und auf die Theaterbühne passen. Das Theaterorchester versucht nun direkt nach dem *Falstaff* Puccinis weitaus freiere und lockere, beinahe impressionistische Partitur in den Griff zu bekommen, und zwar unter der ebenfalls lockeren Stabführung von Emerson Buckley, der jahrelang Dirigent der Miami Opera war. Der alte Maestro mit seinem Spitzbart liebt es, sich in eindrucksvolle Gewänder zu kleiden; bei Proben zieht er eine Reihe von T-Shirts mit Opernaufdrucken vor (die »Turandot«-Probe lief besser als die »Mefistofeles«-Probe), während er bei offizielleren Anlässen dazu neigt, schmale Krawatten im Stil von Colonel Sanders zu tragen. Wäre man an einem der Nachmittage oder Abende während der Proben für *Fanciulla* zufällig durch den Bühneneingang in das Teatro de la Zarzuela eingetreten und durch einen schmuddeligen Korridor voller Weihnachtsbäume und lackierter Holzklötze in das dunkle Theater gegangen, so hätte man eine Gruppe liebenswürdiger Spanier und den seltsamen Italiener am Rande der Bühne auf einem Halbkreis von Stühlen beim Einstudieren ihrer Tempi sehen können, umgeben von zunehmend harmonischer wirkenden Bildern aus dem Kalifornien des 19. Jahrhunderts. Auf und an der Rückseite der Bühne werden weitere Holzblöcke montiert, lackiert, poliert und dann mit etwas »Schnee« versehen. Eine große Sperrholzwand, die vorsichtshalber mit der Aufschrift FANCHULA markiert ist (wenn die Oper richtig buchstabiert wäre, würden die spanischen Bühnenarbeiter sie wahrscheinlich »Fanciulja« aussprechen), wird während einer Probe langsam umgedreht, um den Blick auf das Innere von Minnies Hütte freizugeben. Und die Männer in dem Halbkreis von Stühlen nehmen mit jedem Tag beinahe unmerklich etwas mehr von den Zügen der Personen an, die sie spielen. Sogar Plácido Domingo, der sonst korrekt Hemd und Krawatte trägt, erscheint in den letzten Probetagen in einer Lederjacke im Sacco-Stil.

Fünfzehn Männer und ein Mädchen. Das sei der Alternativtitel dieses Stücks, meint jemand. In Wirklichkeit gibt es zwei Mädchen – das zweite ist Minnies indianische Dienerin, die im zweiten Akt kurz auftritt. Aber das Werk hat ein Mädchen zum Mittelpunkt, *das* Mädchen aus dem Goldenen Westen, nach dem die Oper benannt ist. In dieser Inszenierung spielt Marilyn Zschau das Mädchen. Unser letztes kurzes Zusammentreffen war im November 1982, als sie vor Carol Nebletts Rückkehr die Minnie in der Inszenierung von Covent Garden sang. Marilyn ist eine jener robust schönen, wenn auch ein wenig abgekämpften Amerikanerinnen wie Carol Neblett, die sich ideal für die Rolle eignen. In ihrem attraktiven, unkonventionellen hellblauen Jeansanzug oder einem weißen Kittelkleid und Sandalen ist Marilyn mit ihrem dichten rotblonden Haarschopf genau das Gegenteil von einer traditionellen Primadonna. Pelze, Juwelen und aufwendige Frisuren? Nur, wenn es sein muß. Sie ist viel glücklicher, wenn sie auf dem Sofa liegen und ein Buch über Gestalttherapie lesen oder auf eine Radtour oder Wanderung gehen kann. Viele Opernsänger sind mit einem großzügig proportionierten Mund gesegnet, aber nur wenige gestatten es sich, so schallend zu lachen, wie Marilyn es tut, und wenn sie lacht, lachen auch ihre großen, klaren, mandelförmigen Augen. Sie ist eine großzügige, offene Person, die das Leben genießt, die im Leben so viel gibt, wie sie nimmt, und sich voller Schwung auf die Rolle stürzt, die das Leben oder die Kunst gerade für sie bereithält.

Dies ist ein ungeheurer Vorteil, wenn man sich vor Augen hält, wie ausgesprochen anspruchsvoll die Rolle der Minnie ist. Minnie muß musikalische Höhen erklimmen, so zart wie Mimi und so unbezähmbar wie Turandot klingen, sie steht während des Großteils der Oper auf der Bühne und muß, wie Marilyn es ausdrückt, schrecklich viel herumlaufen. Sie kann nicht einfach dastehen und singen, wie eine Turandot dies gewöhnlich kann; jede Phrase, die sie singt, erfordert eine sichtbare Motivation und angemessenes Agieren, worauf alle anderen Charaktere reagieren. Eine Sängerin, die es nicht versteht, die Bühne mit dem breiten Spektrum von Gefühlen und Stimmungen zu dominieren, die die Rolle verlangt – Autorität, Mitleid, Zärtlichkeit und skrupellose Entschlossenheit –, und zudem auch noch den ganzen Abend laut, lang und schön singen kann, sollte den Part der Minnie nicht übernehmen. Sie würde nur verlieren.

Marilyn Zschau weiß dies. Was ihr Singen betrifft, so verfügt sie wohl sicherlich nicht über die lieblichste Sopranstimme der Welt und sicherlich nicht über die sattesten Brusttöne. Aber sie besitzt ein sicheres Stimmorgan mit einem ausgesprochen weiten Spektrum von Tönen und Dynamik und, was bei einigen der großartigen Momente in dieser Oper so wichtig ist, eine besonders klar klingende Spitzenlage. Was ihr Schauspiel betrifft, so ist sie alles andere als zurückhaltend und setzt bei jeder Handlung und bei jeder Bewegung ihre ganze Technik ein. In der Madrider *Fanciulla* muß sie eine Flasche zerbrechen, um den zudringlichen Sheriff Rance abzuwehren, der von Ettore Nova gespielt wird. Bei einer Probe tut sie dies mit solcher Wucht, daß Glassplitter bis über das Orchester fliegen und die Musik jäh verstummt. Eine Woche vor der Premiere von *Fanciulla* verletzte sie sich bei einem kleinen Unfall auf ihrem neuen Klappfahrrad in Madrid am Oberschenkel, was wieder einmal beweist, daß Menschen, die sich so vehement auf alles stürzen, von Unfällen manchmal nicht verschont bleiben. Und es zeigt auch, daß an keinem Opernhaus mit einer Marilyn Zschau auf der Bühne auf Dauer Langeweile herrscht.

Die Proben sind intensiv, denn sie dienen mehreren Zwecken. In diesem Haus hat man weder Zeit noch Raum für getrennte Musik- und Regieproben. Während Emerson Buckley mit seinem Orchester und den Sängern jeden Tag die Partitur durcharbeitet, gibt Emilio Sagi dem Ensemble Regieanweisungen für die Handlung – während hinter ihnen die Kulissen gesägt, gehobelt, zusammengenagelt und bemalt werden. Die Sänger können es normalerweise nicht ausstehen, wenn sie von Sägemehl umgeben sind, aber auf solche Empfindlichkeiten kann man unter diesen Umständen einfach keine Rücksicht nehmen. Eine Menge Arbeit muß bewältigt werden, und dies erfordert, daß jeder einzelne das größtmögliche Maß an Eifer, guter Laune und Routiniertheit aufbringt.

Domingo ist von seiner Reise nach Ronda zurückgekehrt und hat sich im Madrider »Ritz« einquartiert; er wird mit allem im großen und ganzen recht gut fertig. Wenn er nicht singt, plaudert er mit allen möglichen Ensemblemitgliedern, gibt Marilyn einen Kuß, fragt Emilio nach dem Stand der Dinge und tastet sich durch den dunklen Zuschauerraum, um mit seinen Eltern oder seinem Onkel zu reden. Er schont seine Singstimme, scheint seine Sprechstimme aber selten lange ausruhen zu lassen. Die anderen Solisten singen meist aus vollem Hals, selbst Marilyn hält sich bei ihren langen, offenen hohen Tönen nicht zurück. Sie agiert ihre Rolle soweit aus, wie es das jeweilige Probestadium erlaubt. Einmal stürmt Marilyn bei Minnies dramatischem Auftritt zum dritten Akt in ihrem blauen Hosenanzug und einem ausgefransten Schal herein und richtet ein Gewehr so realistisch auf die Anwesenden, daß einige von ihnen, auch wenn sie über diese ausgezeichnete Calamity-Jane-Nummer lachen, instinktiv in Deckung gehen. Dies ist schließlich das Mädchen mit der zerbrochenen Flasche, die Dame, die bekanntlich Unfälle heraufbeschwört ...

Zwei Tage vor der Premiere haben endlich alle die Gelegenheit, im Kostüm zu proben. Marilyns Perücke, meint sie, verleiht ihr irgendwie das Aussehen einer »Alice«, was natürlich prompt so verstanden wird, als habe sie sich mit der Callas vergleichen wollen. Plácido trägt die Hose und das Gilet der Londoner Inszenierung, aber auch einen wunderbaren neuen Mantel, den Julio für ihn entworfen hat. Selbst jetzt sind noch nicht alle Einzelheiten der Inszenierung ausgefeilt, und das Orchester wird sich wahrscheinlich nie richtig in der Lage sehen, alle Erwartungen zu erfüllen. Doch eine Probe ist keine Vorstellung, und das Stück gewinnt allmählich den eigentlichen inneren Zusammenhalt. Für den folgenden Tag ist eine weitere Probe geplant, aber Marilyn meint, sie müsse am Tag vor der Eröffnung ihre Stimme ausruhen. »Ich komme nur, wenn ich ein richtig schlechtes Gewissen habe«, sagt sie lachend zu Plácido, als heimliche Bitte an ihn, nicht zu kommen, wenn sie nicht kommt. Während sich am nächsten Tag Marilyn ausruht und Plácido außerhalb der Stadt ein Fußballspiel ansieht, kommen alle anderen noch einmal zusammen und gehen das Stück ein letztes Mal durch.

Zarzuela bedeutet so viel wie kleiner Dornenbusch. In der Calle de Jovellanos wachsen nicht sehr viele, um so mehr aber in der Nähe der traditionellen Residenz der Könige von Spanien – nicht des massiven Palacio Real in Madrid selbst, sondern des kleineren Palacio de las Zarzuelas, der diskret in den Vororten versteckt liegt. Dort wachsen sogar so viele dieser Büsche, daß das Wort auf das engste mit den musikalischen Unterhaltungsstücken assoziiert wurde, die die Monarchen des 18. Jahrhunderts in Auftrag gaben. Die kurze Reise vom Palacio der kleinen Dornbüsche zum Teatro desselben Namens ist in jüngster Zeit von Königin Sophia von Spanien, einer großen, schönen blonden Griechin der Habsburger Linie, häufig unternommen worden; sie ist die Musikliebhaberin der Familie. An diesem speziellen Abend, der Premiere von *La Fanciulla del West*, soll sie zusammen mit ihrem Gatten kommen. König Juan Carlos hat bereits der Ära nach Franco seinen eigenen Stempel aufgedrückt. Es war Franco, der die Monarchie zunächst abschaffte und dann wieder einsetzte, und es war auch Franco, der diesen jungen Prinzen auf die politische Bühne holte und ihn, damals kaum mehr als ein Marionettenkönig, auf den leeren Thron von Spanien setzte. Nach Francos Tod zeigte sich bald, daß der junge König seine eigenen Vorstellungen hatte, und es wurde klar, daß er im Grunde an eine demokratische, konstitutionelle Regierungsform glaubt. Seine Überzeugung und seine geistige Unabhängigkeit wurden im Februar 1981 auf eine harte Probe gestellt, als der versuchte Militärputsch, vorsichtig geplant von Männern, die sich auf traditionelle spanische Werte beriefen, beinahe gelang. Mit fester Entschlossenheit behauptete der König seine Autorität, befahl der gesamten Armee, sich ihm als dem Oberbefehlshaber zur Treue zu verpflichten, und ließ die abtrünnigen Generäle verhaften und ihrer Ämter entheben. Selten ist es einem Menschen gegeben, zu einer solchen Schlüsselfigur im historischen Geschick einer Nation zu werden, aber Juan Carlos fand sich in so einer Position, traf seine Entscheidung und handelte mit Entschiedenheit. Und so regiert König Juan Carlos heute über eine liberale Demokratie mit einer verfassungsmäßigen Regierung und anerkannten Oppositionsparteien. Wenn er das nächste Mal für sein Porträt auf der 5000-Peseten-Banknote von Spanien fotografiert wird, gelingt es ihm vielleicht, etwas weniger besorgt dreinzuschauen. In der Oper sieht er allerdings entspannt und zufrieden aus, beinahe so, als sei er ein regelmäßiger Besucher. Das gesamte Publikum erhebt sich und applaudiert dem König und der Königin, selbst jene wohlhabenden und aristokratischen Mitglieder des Premierenpublikums, die es möglicherweise bedauern, daß der Putsch im Jahre 1981 in den gegenüberliegenden Cortes fehlschlug. Die Nationalhymne wird gespielt, und ihr leichtbeschwingter Rhythmus prägt die Stimmung dieses Abends, der allem Anschein nach ein ausgesprochen fröhlicher Anlaß zu werden verspricht. Der König spendet nach dem ersten Akt herzlichen Applaus, und anschließend begrüßen er und Königin Sophia bei Cocktails im Büro des Theaterdirektors das Ensemble. Juan Carlos plaudert freundlich mit Domingo, seiner Frau und seinen Eltern, er spricht in ausgezeichnetem Englisch mit Marilyn Zschau und erzählt ausländischen Besuchern, daß er es bewundere, welch treuer Freund Spaniens und welch großer Künstler Plácido immer gewesen sei.

Es ist ein schöner Theaterabend, auch wenn es zu den üblichen Premierenpannen kommt. Marilyn verstaucht sich einen Finger, als sie im zweiten Akt mit Ettore zusammenstößt. Im dritten Akt geht die Sonne zu schnell auf, und der Felsen, der den Baum stützt, an dem Johnson aufgehängt werden soll, wackelt ständig unter dem Gewicht der Goldgräber, die auf ihm herumklettern. Emerson Buckley gelingt es nicht immer, Orchester und Chor dazu zu bewegen, das gleiche Tempo zu befolgen, und einige seiner Spieler sind verwirrt, als im zweiten Akt Styroporschnee auf sie herabrieselt. Doch Schneeflocken sind nicht so schlimm wie Glassplitter, und die Premiere hat durchaus ihre löblichen Seiten. Emilio Sagi und sein Team wirkten geradezu Wunder in dieser Inszenierung, die vor ein paar Tagen noch nicht den Anschein erweckte, als würde sie rechtzeitig aufführungsreif werden. Die drei Solisten sind prächtig in Form, und Marilyns angeknackster Finger scheint keinen Einfluß auf ihren ausgesprochen gesunden Kehlkopf zu haben. Sie kommt hochvergnügt von der Bühne, nachdem sie die große Ovation am Ende des Abends entgegennahm. Auch Domingos Höhepunkte – der Ausbruch auf »vergogna« im zweiten Akt und das »Ch'ella mi creda« im dritten Akt – sind großartig. Er singt auch in den ruhigeren Momenten mit allergrößtem Feingefühl und erzeugt ein wunderbares Legato in der Phrasierung, zum Beispiel als er kurz vor dem Schlußvorhang des ersten Akts zärtlich von Minnie Abschied nimmt. Als der Abend zu Ende ist, erschallt Applaus für das Ensemble und anschließend für den König und die Königin, und nachdem die Nationalhymne ein weiteres Mal erklungen ist, verabschieden sich die Majestäten winkend – und der Beifall für das Ensemble bricht erneut los. Das Teatro de la Zarzuela ist eines der kleinsten Häuser, in denen Plácido Domingo dieser Tage singt, und obwohl hinter der Bühne ein heißes und unbarmherziges Gedränge herrscht, schafft er es diesmal, in kaum mehr als einer Stunde mit der Menge fertig zu werden. Und so sind etwa gegen 1 Uhr, nachdem das Königspaar, die letzten Zuschauer, alle Ensemblemitglieder und Bühnenarbeiter gegangen sind, nur drei Leute noch immer im Theater: Plácido, sein Freund Achilles und sein Sekretär Paul Garner. Einige Opernhäuser besorgen ihren Stars Transportmittel; an den meisten Orten bestellt sich Plácido im voraus einen Wagen oder fährt selbst. An diesem Abend jedoch muß Paul auf die Straßen von Madrid hinausgehen und ein Taxi auftreiben, mit dem Plácido und Achilles zum Essen mit Freunden und Familienmitgliedern fahren können. Was würde Paul tun, wenn irgendwann einmal kein Taxi auftauchen würde? Er hat keine Ahnung. Das Unvorstellbare ist nie eingetreten. Jedenfalls bisher.

Wann verbrachte Plácido Domingo zuletzt drei ganze Monate in seinem Heimatland Spanien? Er runzelt die Stirn und denkt einen Augenblick nach. Nicht etwa, weil er die Antwort nicht weiß, sondern weil er sich sehr wohl darüber im klaren ist und im Grunde ein wenig bei dem Gedanken erschrickt. »Als ich sieben war«, sagt er langsam. Aber er ist Spanier, reist mit einem spanischen Paß, hat auch als Erwachsener über viele Jahre einen Hauptwohnsitz in Spanien behalten und hat sich immer bemüht, so oft wie möglich nach Spanien zurückzukehren, seine Familie zu besuchen und Opern aufzuführen. In den meisten Jahren waren die Besuche in Spanien nur allzu kurz – ein paar Wochen Anfang Sommer, ein paar Tage zu Weihnachten oder Neujahr. Seine Freunde scherzen mit dem Wortspiel, daß sich diese Besuche oft wie der »rain in Spain ... mainly in the plane« (im Flugzeug) ereignen. Aber dieses Jahr, 1983, ist es anders. Sobald Plácidos Opernverpflichtungen in Barcelona und Madrid erfüllt sind, werden er und Marta in den Süden, in die schöne andalusische Stadt Ronda ziehen, in deren Umgebung er in den nächsten zwei Monaten, außer einem kurzen Abstecher nach Wien, an einem Film von Bizets Oper *Carmen* arbeiten wird.

Bei den heutigen Fortschritten in der Audio- und Videotechnologie gibt es verschiedene Möglichkeiten, eine visuelle Aufzeichnung einer Oper zu gestalten. Man kann eine Live-Vorstellung im Opernhaus filmen, wie es zum Beispiel die britische National Video Corporation tut; man kann eine Studioinszenierung mit künstlichen Kulissen herstellen, wie etwa bei *Macbeth* oder dem *Fliegenden Holländer* der BBC oder in Hans-Jürgen Syberbergs *Parsifal*, oder man kann eine Oper an realistischen Drehorten in Außenaufnahmen filmen. Die neue *Carmen* wurde von Gaumont International produziert, die auch Joseph Loseys *Don Giovanni* herstellte, und war ursprünglich das Geistesprodukt des jungen und energischen Gaumont-Chefs, Daniel Toscan du Plantier. Wie bei *Don Giovanni* wollte man ein Ensemble erstklassiger Sänger mit schauspielerischer Begabung zusammenstellen, sie im voraus die gesamte Oper unter Lorin Maazel aufnehmen lassen, wie es auch bei dem vorigen Film geschehen war, und dann Monate später an den Drehorten die Handlung synchron zu den Singstimmen filmen. Nur Opernsänger, die gut aussehen und genausogut spielen können, wie sie singen, brauchen sich in der Regel für so ein Unternehmen zu bewerben, und im Falle der *Carmen* nur Sänger, die Französisch beherrschen.

Der *Don-Giovanni*-Film hatte für einen Film von vermeintlich begrenztem Interesse ein relativ großes Publikum angesprochen, und Zeffirellis *Traviata*, in der Domingo die Rolle des Alfredo spielte, war zu diesem Zeitpunkt ebenfalls ein internationaler Erfolg geworden. Aber trotz all der Vorteile moderner Technologie sind Opernfilme noch immer alles andere als perfekt. Zunächst sind nur wenige Sänger Schönheitsideale, und die meisten sind deutlich bessere Sänger als Schauspieler oder umgekehrt. Darüber hinaus ist das Medium Film mit seiner Betonung der Dynamik ausgesprochen intolerant gegenüber der Bewegungslosigkeit, so daß zum Beispiel Losey in *Don Giovanni* seine Charaktere ununterbrochen in Bewegung hält, was manchmal recht störend wirkt; und Zeffirelli blendet jedesmal zu anderen Zeitpunkten und Orten über, wenn einer der Charaktere in *La Traviata* ein auch nur annähernd ausgedehntes Solostück zu singen hat. Im Filmbild gibt es alles, von der Nahaufnahme bis zur Totalen, aber die Tonspur im Film erlaubt in der Regel keine vielschichtige Klangperspektive; im Gegenteil, Kinosound ist gewöhnlich durchweg laut und gibt keine der subtilen Klangstrukturen wider, die das Wesen der Live-Vorstellung ausmachen. Und schließlich mimen die meisten Sänger nicht gern zu vorab eingespieltem Sound. Domingo ist ein alter Hase in dieser Praxis, aber er ist deshalb kaum mehr davon angetan. Wenn er die Worte, die er singt, lediglich mimt, ist sein Gesichtsausdruck vielleicht zu monoton, und wenn er während des Agierens singt, wird seine Stimme die eigene Aufnahme übertönen und nicht mehr synchron sein.

Trotz all dieser Probleme waren die besten Opernfilme zweifellos wichtige künstlerische und wirtschaftliche Erfolge. Jeder bei Gaumont ist davon überzeugt, daß *Carmen* die gelungenste Opernverfilmung werden wird. Wenn schon ein *Don Giovanni* mit seinen relativ statischen Nummern und der unrealistischen Geschichte visuell und akustisch so ansprechend war und viele neue Opernfans gewann, kann man sich leicht vorstellen, welchen Erfolg eine *Carmen* mit ihrer leidenschaftlichen und realistischen Handlung und der von jedermann bewunderten Musik haben wird – besonders in einer Version mit den besten Musikdarstellern der Welt, gedreht in einer der bezauberndsten Umgebungen!

Es gibt zwei Dinge, die die Besucher gewöhnlich in den Süden Spaniens locken. Die meisten zieht es direkt zu den Hotelkomplexen, die die Strände der großen Touristenzentren an der Costa del Sol säumen, wie etwa Torremolinos und Marbella, wo sie ihre Zeit und ihr Geld dafür hergeben, wie ein Kamel bis zur nächsten Gelegenheit so viel Essen, Trinken und Strandvergnügen wie möglich zu konsumieren. Wer ein größeres Geschichtsbewußtsein hat, wird bleibendere Werte suchen und das Dreieck der berühmten alten Städte Andalusiens besuchen, Sevilla, Granada und Córdoba. Ihre reiche und vielfältige Kulturgeschichte reicht über die Katholischen Könige, die Jahrhunderte maurischer Vorherrschaft bis zu den Westgoten, den Römern und noch weiter zurück. Als die Woge des Islam über diesen Landstrich hereinbrach und alles niederwarf, was sich ihr in den Weg stellte, wurden die größeren Städte Andalusiens für Jahrhunderte zu bedeutenden Hütern einer maurischen Kultur, deren Beiträge zur Architektur, Literatur, Mathematik und Medizin in der weitgehend von Barbarei und Krieg beherrschten mittelalterlichen Welt hochgeschätzt waren. Das soll nicht heißen, daß es im maurischen Spanien nicht auch Kriege gab. Hinter einer Reihe von Kämpfen, die uns aus der historischen Distanz wie eine Vielzahl kleiner Gebietsfehden zwischen rivalisierenden maurischen Stammeshäuptlingen erscheinen, spielte sich ein Ringen epischen Ausmaßes ab – die allmähliche Einigung Spaniens unter den christlichen Monarchen, die die Kontrolle über die Halbinsel den Mauren entrissen.

Erst nach der Heirat zwischen Ferdinand von Aragon und Isabella von Kastilien und der daraus resultierenden Konsolidierung der katholischen Macht im Norden wurde die Maurenherrschaft über Südspanien endlich gebrochen. Und einer der letzten Vorposten, der im Jahre 1485 erobert wurde, war eine malerische Stadt, die hoch auf einem steilen Felsen erbaut worden war und den Verteidigern wie auch möglichen Angreifern als beinahe unbezwingbare Festung erschien.

Ronda, im Süden Andalusiens etwa in der Mitte zwischen Sevilla und Granada gelegen, hat die Form eines langen, schmalen gleichschenkligen Dreiecks. Die etwas gekerbte Spitze zeigt nach Süden und die ungerade Grundlinie nach Norden. Ein Großteil der Stadt mit ihrer besonders imposanten langen Westseite steht auf einem Felsplateau, das das umliegende Land um einige hundert Meter überragt. Der Hang fällt in einem Winkel ab, der selbst jenen wahrlich schwindelerregend erscheint, die kühn genug sind, sich über die Geländer an der abschüssigen Stadtgrenze zu lehnen. Wer schwindelfrei ist, sollte zum Rand des Grundstücks des prächtigen Hotel »Reina Victoria« aus der Regierungszeit König Edwards (das die Engländer als Erholungsort für Offiziere in Gibraltar erbauten, dessen berühmtester Gast jedoch der Dichter Rilke war) oder hinter die Stierkampfarena aus dem 18. Jahrhundert gehen, von wo man ungehinderten Ausblick auf das Tal des hundert Meter senkrecht darunter vorbeifließenden Flusses Guadalevin hat. Ein perfekter Ort für Selbstmordkandidaten, doch noch geeigneter dafür ist die schmale Brücke aus dem 18. Jahrhundert, die die größere Nordstadt mit der maurischen Altstadt im Süden verbindet. Die »Neue Brücke« erforderte eine Bauzeit von vierzig Jahren, in der ein Felsklotz auf den anderen geschichtet wurde und die etliche Menschenleben kostete, was in den Fremdenführern des Ortes wohlweislich nicht verzeichnet ist. Was die meisten Prospekte ebenfalls verschweigen, ist die Tatsache, daß in der belaubten Alameda del Tajo in Ronda zu Beginn des Spanischen Bürgerkriegs Hunderte zu Tode kamen. Wenn man von der Neuen Brücke aus in die Neue Stadt, den »Mercadillo«, hinaufspaziert, entdeckt man Straßen, Verbindungswege und gelegentlich einen weiteren Platz, die seit zwei oder drei Jahrhunderten beinahe unverändert geblieben sind. Wer seine Sinne so lenken kann, daß sie den Lärm, den Anblick und den Gestank des Verkehrs sowie die Graffiti und die politischen Plakate an den Mauern unbewohnter Gebäude ignorieren, der kann in der Zeit zurückgehen, gekachelten und gepflasterten Straßen entlang, vorbei an Häusern mit weißen Fassaden und roten Ziegeldächern, gefängnisähnlichen Gittern an den unteren Fenstern und Balkonen und den zierlichsten Filigrangeländern vor den oberen. Auf den Straßen begegnet man Menschen mit stolzen, dunklen Gesichtern, die von Jahren harter Arbeit unter der unbarmherzigen andalusischen Sonne gezeichnet sind, jungen Mädchen, die ihre Röcke zwar modisch kurz, aber noch immer im traditionellen Volantschnitt tragen, und alten Männern mit schwarzen Mützen, die sich mit ihren gekrümmten Beinen beim langsamen Gehen auf einen Stock stützen. Am Mittag geht jeder auf der Schattenseite der Straße oder sitzt dort bei einem kühlen Getränk. Um vier Uhr nachmittags sind die Straßen bis auf gelegentliche exzentrische Touristen ausgestorben. Aber um zehn oder elf Uhr nachts sind alle wach; es wird gegessen und getrunken, und die Jugendlichen strapazieren die Toleranz der im Grunde konservativen Bürgerschaft Rondas bis zum Äußersten, indem sie mit ihren auspufflosen Motorrädern, ihren Transistorradios und ihren gutturalen, arabisch klingenden Stimmen so viel Lärm verursachen, wie sie sich trauen.

Geht man über die Brücke nach Süden oder vielleicht ein wenig ostwärts die Straßen entlang, die allmählich kurvig werden, sich unregelmäßig schlängeln und im Gefälle ihre Breite und Richtung ändern, gelangt man in eine noch frühere Periode. Denn dies ist die alte maurische Stadt, die »Ciudad«. Hier sind die vergipsten Mauern und Kopfsteinpflaster noch unebener, die Türen noch niedriger, das geschmiedete Gitterwerk noch geschwungener, die Brunnen noch verzierter, die engen Straßen noch verwinkelter und die Hügel noch steiler als im Mercadillo. An einer der tiefer gelegenen Stellen auf der Achterbahn der Ciudad gibt es einen alten Trinkwasserbrunnen mit acht Ausflüssen und einem Auffangbecken. Der Brunnen beherrscht einen jener kleinen Plätze, die dem maurischen *Barrio* so viel von seiner zauberhaften Atmosphäre verleihen. Auf der linken Seite des Brunnens steht eine Kirche und direkt dahinter ein Block moderner Wohnungen im alten Baustil. Wer diesen Ort zufällig Ende Juni oder Anfang Juli 1983 passierte, muß die ganze Umgebung sonderbar verändert erlebt haben. Einige Veränderungen sind unauffällig; der helle neue Verputz der Häuser unten am Brunnen ist zum Beispiel grau getönt worden, und das Mauerwerk weist einige künstliche Risse auf. Die wesentlichste Umgestaltung ist jedoch sensationell. Vor den modernen Appartements ist eine komplette neue Fassade entstanden, die die Wohnungen unsichtbar macht, eine Fassade mit erstaunlich realistisch wirkendem Mauerwerk, bei dem selbst vereinzelte Risse, Verfärbungen und sogar gelegentliche welke Grasbüschel, die in den Rissen zu wachsen scheinen, nicht fehlen. Es gibt nur wenige Fenster, die streng vergittert sind, und das Gebäude wird in der Mitte von einem großen Steinportal dominiert. Die Bewohner der frisch getarnten Wohnungen mußten ihre Heime für einige Wochen verlassen, denn ihr Gebäude beherbergt vorübergehend die sorgfältig nachgebildete Zigarettenfabrik von Sevilla.

Wenn man den Brunnen und die massiv gemauerte »Fabrik« passiert und der kleinen Straße zur rechten Hand folgt, überquert man gleich noch eine der Brücken von Ronda; diese ist kleiner und älter als ihre berühmtere Schwester, die weiter oben auf dem Hügel liegt, aber der Ausblick nach rechts und links (und der Gestank des Abwassers tief unten) ist mindestens ebenso unvergeßlich. Nun geht es auf einem steilen Kopfsteinpflaster den Berg hinauf und durch ein steinernes Tor aus maurischer Zeit. Plötzlich macht die enge Straße eine abenteuerliche Kurve, und die Steigung nimmt beträchtlich zu. Wenn man sich zu Fuß oder per Auto einen weiteren Aufstieg zutraut – und allmählich sieht man ein, warum Maultiere und Esel in dieser Gegend noch immer ein beliebtes Transportmittel sind –, kommt man an den Punkt, wo die Straße sich in einen steilen und einen sehr steilen Weg zu teilen beginnt. Letzterer ist der Calle Santo Domingo. Die unmittelbar daneben liegende und nur um weniges leichter zu erklimmende Straße ist nicht nach einem Heiligen, sondern nur nach einem Adeligen der Gegend, dem Marqués de Salvatierra, benannt.

Ein gewisses Gleichgewicht entsteht jedoch dadurch, daß die Straße des Marqués vorübergehend El Tenor Domingo beherbergt. Und nicht nur El Tenor selbst, sondern auch seine Frau Marta, ihre philippinische Köchin Yoly, eine zusammen mit dem Domizil gemietete Hausangestellte, die Söhne der Familie Domingo, sobald sie sich losmachen können, und immer mindestens sechs oder acht weitere Verwandte und Freunde. Von der Vorderseite sieht das Gebäude aus, als biete es Platz für höchstens vier oder fünf Personen, aber es weitet sich nach hinten wie ein Fächer in ein großes, helles und geräumiges Haus mit einem ausgedehnten Garten, der in einer für Spanien willkommenen Rarität, einem Swimmingpool, gipfelt. Unten am Eingang liefert ein zäher kleiner Junge, der unter seiner Last wie ein Zwerg erscheint, einen Kasten Coca-Cola ab; Paul Garner führt mit unbeirrbarer Höflichkeit Telefongespräche, und ein ständiges Echo sommerlicher Fröhlichkeit hallt vom Garten oder vom vorderen Wohnzimmer her über den Gang, während sich die große, erweiterte Familie bei Getränken und Witzen zusammenfindet. Manchmal ist Plácido dabei, entweder in Badehose, Tenniskleidung oder salopper Freizeithose, die großen Füße bar oder in Espadrilles. Ein Großteil des Vergnügens entgeht ihm jedoch, teils weil er sich darum bemüht, die Partitur einer neuen Rolle einzustudieren, der des Aeneas in Berlioz *Les Troyens,* in der er bei der Premiere zur einhundertsten Spielzeit der Met im September auftreten wird, teils weil er selbst hier Interviews gewähren und Telefongespräche führen muß, aber hauptsächlich deshalb, weil er jede Woche volle sechs Tage an dem Projekt arbeiten muß, das ihn überhaupt hierherführte.

Man mag es einem flüchtigen Besucher in Ronda verzeihen, wenn er nicht merkt, daß *Carmen* in der Stadt gastiert. Der scharfe Beobachter entdeckt jedoch Hinweise. Jene »Zigarettenfabrik« zum Beispiel. Man bemerkt vielleicht nicht, daß ihre Fassade eine Imitation ist. Wenn man das Gebäude allerdings scharf beobachtet, wird man feststellen, daß jeden Tag die gleiche Gruppe von Menschen eintritt und ein paar Stunden später eine andere Gruppe herauskommt, diesmal in Kostümen des 19. Jahrhunderts. Eine der Wohnungen in ebendiesem Häuserblock hat Gaumont als Kostüm- und Make-up-Studio für die Solisten gemietet. Die Räumlichkeiten sind eng, das Licht unzureichend und die Luft stickig. Die Toilette funktioniert, aber nur wenn man »kein Papier jeglicher Art« hinunterspült. An den Wänden hängen Bilder andalusischer Bauernmädchen und Stadtbewohner des 19. Jahrhunderts, die die Maskenbildner von Gaumont als Vorlagen für ihre schwierige Arbeit benutzen. Aus diesem unmöglichen Raum treten Carmen, José, Micaela und der Rest des Ensembles jeden Morgen in die pralle Sonne hinaus, und hierher kehren sie acht oder zehn Stunden später zurück, um sich wieder in erschöpfte Bürger des 20. Jahrhunderts zurückzuverwandeln.

Es gibt noch weitere Hinweise. Wenn man die Lokalzeitung aufmerksam studiert, erfährt man, daß Freiwillige für die Volksmassen in der Stierkampfszene gesucht werden, die demnächst auf der Plaza de Toros in Ronda gefilmt wird. Und als die Dreharbeiten in die Gebirgsgegend außerhalb Rondas verlegt werden, sprießen entlang der steinigen Straße kleine ausgeschnittene Pfeile aus Türpfosten und Bäumen, so als sei »Carmen« die Losung in einer Schnitzeljagd quer durchs Land.

In gewisser Weise stimmt das sogar, denn um an den Drehort zu gelangen, muß man eine recht ausgedehnte Geländefahrt unternehmen, aber hat man den Platz schließlich erreicht, erkennt man seine unvergeßliche Schönheit, besonders bei Nacht, wenn die meisten Bergszenen gedreht werden. Im Juli versuchen Julia Migenes und ihre Freunde zwei Wochen lang, tagsüber zu schlafen und nachts wach zu bleiben. Für einen Nachtwächter oder Fabrikarbeiter kann Schichtdienst recht stumpfsinnig sein, und sogar Filmstars haben sich über den unregelmäßigen Arbeitsrhythmus beschwert, den ihre Arbeit manchmal erfordert. Nicht so das *Carmen*-Ensemble.

Standen Sie jemals mitten in der Nacht an einem völlig abgelegenen Ort auf dem Land, während alle Welt schlief, an einem Ort, der so abgeschieden ist, daß Sie nicht der geringsten Spur von Zivilisation begegnen? Kein ferner Lärm oder Geruch von Straßenverkehr, kein rötlicher Schein von Großstadtlichtern, keine Straße, ja nicht einmal der geringste Laut, nur das leise Zirpen der Grillen, ein vereinzelter Flügelschlag eines Nachtvogels oder das Bellen eines unruhigen Hundes, und über all dem nichts als ein leuchtend klarer Sternenhimmel, der greifbar nahe scheint? Dazu kommt der überwältigende Duft reiner Bergluft, die von der üppigen Flora ausströmenden berauschenden Gerüche, die von keinem Menschen und nur wenigen Tieren eingeatmet oder verunreinigt werden. So ein Fleck wurde für die Bergszenen in *Carmen* gewählt. Und so ein Ort war es zweifellos, an dem all jene echten andalusischen Zigeuner des 19. Jahrhunderts vorübergehend ihr Lager aufschlugen, wenn sie schwer beladen mit Schmuggelware von der Küste heraufkamen.

In jenen zwei Wochen im Juli 1983 wimmelte es in diesen Hügeln wieder einmal von Schmugglern, und die wunderbaren Anblicke, Geräusche und Gerüche des Landes werden mit anderen, vielleicht weniger bezaubernden, aber mindestens ebenso exotischen Eindrücken vermischt. Denn auf den Hügeln herrscht reges Leben: Es erklingt Opernmusik, und Männer mit Megaphonen rufen ihren Kollegen auf dem nächsten Berg oder im nächsten Tal laute »Pronti!« und »Azione!« zu; man sieht Zigeuner des 19., Stromkabel des 20. Jahrhunderts und zeitlose Maultiere, die Kisten voller Sandwiches oder Beleuchtungsapparaturen tragen; und man riecht alles mögliche, vom Dunghaufen bis zum gelegentlichen Weihrauchwölkchen.

Alles Lohnenswerte in dieser Welt kostet seinen Preis, und das trifft auch auf den Zugang zu diesem Bergort zu. Man fährt über die Neue Brücke nach Süden und geradeaus weiter an den Stadtmauern vorbei aus Ronda hinaus und folgt dann eine kurze Strecke der Straße in Richtung Algeciras und Gibraltar. Bald schon biegt eine Straße nach rechts ab – normalerweise ist diese Stelle unmarkiert, aber im Moment hilft einem ein diskret an einen Pfosten genagelter Pfeil auf der Schatzsuche nach »Carmen«. Wer seinem Wagen die Tortur zutraut, folgt vielleicht zwei oder drei Kilometer weit einem kurvenreichen, unebenen, steinigen Weg; nur die Beifahrer würden es wagen, zu den Olivenhainen zu schauen, die den steinigen Pfad auf beiden Seiten säumen. Der Weg wird immer holperiger, bis man zu guter Letzt ein kleines Plateau erreicht. Hier sind die großen Lastwagen abgestellt, die im Moment all jene versorgen, die sich weiter in die Wildnis wagen. Denn diese Lastwagen liefern alles, von der Elektrizität für die Dreharbeiten bis zu den Nahrungsmitteln und der Verpflegung für die von der Außenwelt abgeschnittenen Darsteller und Filmleute. Nur wenige Fahrzeuge riskieren es, weiter als bis zu diesem letzten Basislager zu fahren, und selbst sie gelangen nur noch ein paar hundert Meter weiter. Dann ist man auf sich gestellt. Man klettert einen tückischen Felspfad hinab, auf dem man bei jedem Schritt ausrutscht. Der Pfad steigt dann wieder an, und wer schwindelfrei ist, hat eine grandiose Aussicht auf eine Schlucht, die rechts tief unter einem liegt. Es ist ein Flußtal, aber wie so oft in diesen Gegenden ist das Unvergeßliche nicht der Fluß selbst, sondern der über viele Jahrtausende ausgehöhlte Felseinschnitt. Dieser Fluß hier wird völlig verdeckt durch einen dichten Dschungel von Oleanderbüschen, der den Flußufern entlang wächst und im frühen Abendlicht wie ein flüchtiger Blütenstrom erscheint. Wer sich traut, sollte links in die Höhe blicken. Direkt über einem, so scheint es manchmal, türmt sich eine jähe Felswand auf. Wenn man in den Himmel schaut, hat man mit Sicherheit das Gefühl, als stürze der Felsabhang direkt auf einen herab; und dieses Gefühl der Bewegung läßt sich auch nicht vermindern, indem man sich wieder zu dem Blütenfluß in der tief unten liegenden Schlucht umdreht. Dieser furchterregende Schwindel ist übrigens alles andere als bloße Einbildung. Die Felswände über und unter einem sind übersät mit Beweisen ständiger Erosion. (Eines Abends entkamen die Maskenbildner von Gaumont nur um ein Haar einer kleinen Steinlawine, die von ein paar filmfeindlichen Bergziegen ausgelöst worden war.) Nach einer weiteren Kurve auf dem Gebirgspfad steht man vor einer grandiosen Grotte, die den Fuß eines der Hügel aushöhlt und wie das Innere einer großen Perlmuttmuschel aussieht. An dieser Höhle führt ein schmaler grasbewachsener Pfad vorbei, unter dem sich die Schlucht fortsetzt, der wir schon die ganze Zeit gefolgt sind. Auf der anderen Seite dieses engen Tals ragt ein riesiger Felsblock senkrecht auf, der sich an der Spitze bedrohlich vornüberneigt, als wolle er herüberreichen und die Grotte ausfüllen.

Wenn sich die andalusische Sommersonne allmählich hinter die Hügel zurückzieht und die Schatten länger werden, überflügelt der süße Duft der Eukalyptusbäume alle anderen Gerüche. Dort oben auf dem schräg abfallenden Grasstreifen unterhalb der Höhle und direkt am Rand des Abgrunds halten sich Menschen auf – es sind vielleicht einhundert, die sitzen, stehen oder hocken, unbeweglich wie Pinguine auf der antarktischen Eisfläche. Es ist ein surreales Gemälde, eine Bildcollage aus Zigeunern und Schmugglern des 19. Jahrhunderts mit ihrem Schmuggelgut und ihren Pferden neben einer kleinen Truppe neuzeitlicher Techniker, Kameraleute, Maskenbildner, Toningenieure, hier und da einem bewaffneten Sicherheitsposten sowie einer Vielzahl anderer, deren Beitrag zu der gegenwärtigen Arbeit zweifellos wichtiger ist, als es unmittelbar den Anschein hat. Die märchenhafte Szenerie dieses Gemäldes wird noch ungewöhnlicher durch das Aufleuchten sorgfältig plazierter Scheinwerfer angesichts des rasch schwindenden Tageslichts und durch die außerordentliche Stille, die hier herrscht. Film bedeutet Bewegung, aber Filmen bedeutet für die meisten Beteiligten wochenlange Untätigkeit. Während der Dreharbeiten hat nur jeweils ein Bruchteil der Truppe etwas zu tun.

Je mehr man sich der Szene nähert, desto mehr Bewegung kommt ins Bild. Sehen Sie sich jenen kleinen, glatzköpfigen Mann im Alter von etwa sechzig Jahren mit grün getönten Brillengläsern an, der seinen rechten Arm in einer Schlinge trägt und neben einer unscheinbaren Kamera auf einem wackeligen, tuchbespannten Stuhl sitzt. Bei näherem Hinsehen wirkt er eigentlich recht lebhaft: Er dreht sich in verschiedene Richtungen, gibt Anweisungen und stellt Fragen. Mit seiner hohen Stimme spricht er perfekt italienisch, gut französisch und wenn nötig gelegentlich auch spanisch oder englisch. Es ist der Regisseur Francesco Rosi, der als Assistent von Luchino Visconti seine Lehre im Filmgeschäft absolvierte und für einige der großen Klassiker des italienischen Films verantwortlich zeichnet – *Salvatore Giuliano, Il Caso Mattei, Lucky Luciano, Christus kam nur bis Eboli* und *Die drei Brüder*. Rosis Filme sind begeistert aufgenommen und besonders für ihre subtile Mischung aus ungewöhnlicher Schönheit und schonungslosen Einsichten in einige der brisantesten Aspekte des modernen Lebens in Italien gelobt worden. Warum hat sich Rosi für die Verfilmung einer Oper entschieden, die im Spanien des 19. Jahrhunderts spielt? Weil *Carmen*, so behauptet er, vielleicht die realistischste aller Opern ist, diejenige, die sich mehr als jede andere für eine Verfilmung mit echten Gesichtern an Originalschauplätzen eignet. Mit so prächtigen und lebensnahen Drehorten in Spanien wird Rosis *Carmen* mit Sicherheit phantastisch aussehen. Aber der Film wird auch wie eine realistische Erzählung vom Kampf zwischen wirklichen Männern und Frauen aussehen, wie jene Art von Drama, das im Leben jeder starken, eigensinnigen Frau heute entstehen könnte. Rosi hat seinen rechten Arm ernsthaft verletzt, und wenn er nicht sofort für etwa zehn Tage ins Krankenhaus geht, riskiert er möglicherweise eine bleibende Beeinträchtigung der Muskelkraft. Aber für Rosi ist dieser Film wichtiger, und ständig winkt, deutet und gestikuliert er mit seinem verletzten Arm, beinahe so, als wolle er die letzte Kraft aus ihm herauspressen, solange die Sache läuft.

Ein paar Meter neben Rosi stehen weitere Klappstühle, auf denen größtenteils Figuren in dunkelbraunen Kostümen sitzen. Auch dieses Bild löst sich auf, wenn man nähertritt. Drei der Figuren sind Frauen. In einem Stuhl, der irreführenderweise die Aufschrift JULIA MIGENES trägt, sitzt eine dunkelhaarige andalusische Schönheit mit strahlend blauen Augen, die sich als Lillian Watson entpuppt, eine der bezauberndsten leichten Sopranistinnen, die in den letzten Jahren aus England kamen. Seit ihrem Durchbruch in der internationalen Szene reist Lillian Watson in ganz Europa herum und kehrt nur allzu selten nach England zurück. Im Moment spielt sie Carmens Freundin Frasquita; aber bald wird sie mit ihrer Familie, die mit ihr in Ronda ist, nach Salzburg weiterreisen müssen, wo sie unter Maazel die Marzelline in *Fidelio* singen wird. Eine britische Sängerin, die heutzutage sogar noch seltener in England zu hören ist, spielt die andere Freundin von Carmen, Mercédes. Es ist die Mezzosopranistin Susan Daniel. Susan hat führende Rollen an der Bayerischen Staatsoper in München gesungen und gelegentlich Gastauftritte an Orten wie Paris und Berlin gegeben, und zu ihren wichtigsten bevorstehenden Engagements gehört eine Verpflichtung für eine Spielzeit an die Wiener Staatsoper. Neben all ihren sonstigen Talenten sprechen sowohl Lillian als auch Susan erstklassig Französisch.

Auf einem anderen Stuhl sitzt die Frau, die Carmen spielen wird, Julia Migenes-Johnson. Julia kam als Kind griechischer und puertoricanischer Eltern in New York zur Welt und ist eine wirkliche Seltenheit – eine Opernsängerin, die nicht nur singen, sondern ebensogut spielen und tanzen kann. Sie ist eigentlich gar keine Opernsängerin, sondern eine außergewöhnlich vielseitige Bühnenkünstlerin, die unter anderem eben auch Opern singt. Daneben hat sie schon Starrollen am Broadway (*West Side Story, Fiddler on the Roof*) und Gastgeberin in Fernsehshows gespielt. Ihr Opernrepertoire ist nicht sehr umfangreich, aber an der Met zum Beispiel war sie unter anderem schon in der Titelrolle von *Lulu*, als Jenny in *Mahagonny* und als Musetta neben Domingo als Rodolpho in Zeffirellis Inszenierung von *La Bohème* zu sehen. Julias Stimme ist leichter und heller als die der meisten Sängerinnen, die die Carmen spielen. »Ich glaube nicht, daß ich auf der Bühne in dieser Rolle Erfolg hätte, jedenfalls nicht in einem großen Haus«, gesteht sie. »Und es kostete mich große Mühe, die tiefen Brusttöne zu erreichen, die die Rolle erfordert.« Aber es machte ihr Spaß, die Rolle im letzten Dezember aufzunehmen, und sie ist sichtlich begeistert, den Part vor der Kamera zu spielen. Julia ist nicht zu bändigen. Wenn man ihr zusieht, wie sie überall herumtanzt, oder zuhört, wenn sie mit ihrem starken New Yorker Akzent und ihrem sinnlichen Lachen einen nicht ganz salonfähigen Witz erzählt, wird einem klar, warum sie die Rolle der Carmen bekam und nicht eine der vielen bekannteren Opernsängerinnen, die sich in dieser Rolle hervorgetan haben. Ihr ältestes Kind, die neunjährige Martina, ist häufig am Drehort zu sehen und so etwas wie ein *Carmen*-Maskottchen.

Und Plácido Domingo? Vor einem Augenblick war er noch hier, er saß in seinem braunen Gewand des Don José auf dem Stuhl mit der Aufschrift FRANCESCO ROSI. Aber er kann ja nie lange stillsitzen. Einmal kletterte er über das unebene, felsige Gelände hinab, um mit dem Chef von Gaumont, Daniel Toscan du Plantier, zu plaudern, der am Drehort erschienen ist; ein andermal spricht er mit dem Produzenten Patrice Ledoux, einem mageren, unscheinbaren Menschen, der mit seinem schmalen Gesicht, seinen wulstigen Lippen und großen Brillengläsern wie ein vergrämter Gelehrter aussieht. Plácido erblickt Isabelle, die müßig herumsitzt. Sie ist eine junge französische Architektin und Theaterdesignerin, die gegenwärtig als Betreuerin der Künstler für Gaumont arbeitet. Domingo geht zu ihr und bespricht mit ihr den Transport des morgigen Abends. Und schon ist er auf ein Wort bei Francesco Rosi, dann wieder bei den Maskenbildnern, die seinen kurzen Stoppelbart schnell ein wenig aufhellen, ein freundliches Winken hinüber zum Scriptgirl Ariane, ein Witz hier und eine Umarmung da, bis er schließlich wieder bei seinen seßhafteren Kolleginnen ist.

Aber nicht für lange. Plácidos Bein beginnt zu zucken, ein Zeichen, so zuverlässig wie eine Wünschelrute, daß es bald Zeit sein muß, aktiv zu werden. »Suzanne, Liliane, Yolande!« Yolande ist Julia. Gestern nannte der Regieassistent sie Sylvia. Ein Thema mit Variationen. Julia findet dies amüsant und zahlt mit gleicher Münze zurück. Die drei Frauen in den prächtigen Zigeunerkleidern und Schals gehen gemächlich zu dem Platz hinunter, wo Pferde und Reiter sie erwarten. Es ist die Szene zu Beginn des dritten Aktes, in der die Schmuggler an ihrem Schlupfwinkel in den Bergen ankommen. Rosi und sein erster Kameramann, Pasqualino de Santis, müssen einen langen Zug von Männern und Frauen, Pferden und Eseln inszenieren, die langsam auf dem gewundenen Bergpfad näherkommen und hier beschließen, das Nachtlager aufzuschlagen. Carmen, Frasquita und Mercédes reiten jeweils im Damensitz hinter einem der Männer, und als die kleine Schar direkt bei der Höhle halt macht, helfen sich die Frauen gegenseitig beim Absteigen. Im Film selbst wird diese Szene vielleicht fünfzehn Sekunden dauern. Aber nachdem die Sonne untergegangen ist und die Bogenlampen aufgeleuchtet haben, wird es gewiß mehrere Stunden dauern, bis Rosi mit dem Abstand zwischen den verschiedenen Pferden beim Auftauchen um die Biegung und mit der richtigen Menge Rauch, die zwischen den Hügeln zu sehen sein sollte, zufrieden und die ganze Szene schließlich im Kasten ist.

In diesem Gelände ein Pferd zu reiten ist ein gefährliches Unterfangen, selbst für eine so erfahrene Reiterin wie die behende Susan Daniel. Erst neulich erlitt Jean-Philippe Laffont, der den Dancaïre spielt, einen Unfall, und er hat nun das Gefühl, als würde er seine Schmerzen und seine Pflaster nicht so bald wieder los. An einem anderen Drehtag ging Lillians Pferd rückwärts und kam gefährlich nahe an den Rand der Schlucht; seine Hufe wühlten haltlos in der lockeren Erde, bis jemand die Gefahr erkannte und zur Rettung herbeieilte. Ein paar Abende später stürzte Ruggero Raimondi, der den Escamillo spielt, zwischen den Büschen und Steinen und verletzte sich. Aber trotz allem: »The show must go on«, und an diesem Abend wiederholen Lillian, Jean-Philippe und die anderen ihre Ankunft über den Bergpfad unzählige Male für Rosi und seine Kamera. Julias Pferd besteht sogar darauf, jedesmal in leichtem Galopp ins Bild zu schwenken. »Da kann man ganz schnell einen breiten Hintern bekommen!« scherzt sie – allerdings bedient sie sich einer etwas deftigeren Ausdrucksweise.

Domingo bewundert den Eifer und die Hingabe, die seine Kollegen entfalten, ist aber nicht gerade begeistert von der Aussicht, auf diesem gefährlichen Terrain einen Sturz zu tun. Tatsächlich kommt auch er nicht ganz unversehrt davon: Später zieht er sich während der Dreharbeiten in einer übertriebenen Schlägerei in der Tavernenszene einen Knochenriß am Handgelenk zu. In den weniger gefährlichen Szenen und solchen, die eine größere Kameranähe erfordern, wird er sein Pferd selbst reiten. Aber für die weite Einstellung auf den um den Hügel biegenden Troß kann man genausogut ein Double nehmen. Plácido wird im Grunde gar nicht dafür gebraucht.

Das ist auch ganz gut so, denn er hat sich genau für diesen Zeitpunkt an einem anderen Ort verpflichtet. Genauer gesagt, im Kino Merced in Ronda bei einem Zusammentreffen junger Musiker. Vor ein oder zwei Wochen willigte er ein, als Jurymitglied beim Finale ihres Liederfestivals zu fungieren. Damals schien es recht unproblematisch, auf einen Termin um 21 Uhr einzugehen. Inzwischen filmt Rosi jedoch bei Nacht, und Domingo muß sich ständig abrufbereit halten, auch wenn Rosi ihn im Moment nicht braucht. Er fragt sich, ob er für etwa eine Stunde weggehen kann, ohne daß es jemand merkt.

Domingo ist bekannt dafür, daß er gleichzeitig an zwei Orten sein kann. Als er sich in dieser Nacht aus den Bergen wegschleicht, hat er jedoch ein schlechtes Gewissen. Seiner Komplizin Isabelle gesteht er scherzend, daß er schon Francesco hört, der »Dov'è Plácido?« ruft. Er ist nervös und fragt Isabelle ständig nach der Zeit. Wenn man als Don José kostümiert ist, trägt man keine Rolex-Uhr. Er geht das Felsgesims oberhalb des Blütenstroms entlang, und sobald er außer Hörweite ist, stößt er erleichtert einen Freudenschrei aus. Plácido Domingo jauchzt andere Freudenschreie als die meisten Menschen. Sie klingen opernhaft, wie eine Tenorversion von Brünnhildes »Ho-yo-to-ho!« Er weiß, daß er heute abend nicht lange im Kino verweilen kann, sicherlich nicht lange genug, um irgendwelche Juryaufgaben zu erfüllen; er wird also etwas singen müssen, und sei es auch nur, um bald wieder gehen zu dürfen. Wer in der Öffentlichkeit singen will, muß vorher vokalisieren, und wer sich warmsingen will, kann dies ebensogut seiner Stimmung entsprechend tun. Die Gewißheit, daß er gut bei Stimme ist, läßt seinen Frohmut völlig überschäumen, und Domingos Stimme überschlägt sich im wahrsten Sinne des Wortes in einer Reihe Jodler. Richtige Berge – auf jeden Fall spanische, im Gegensatz zu Schweizer Bergen – verursachen kaum ein Echo, und man kann getrost davon ausgehen, daß die Jodler zwar die Oleanderbüsche tief unten und die Ziegen hoch oben erreichen, aber nicht die Ohren der *Carmen*-Truppe. Sie sind wirklich zu bedauern.

An diesem Abend ist keine Zeit, die Landschaft zu bewundern. Ein Taxi wartet oben am Basislager. Es ist Antonios Taxi. Antonio und Rafael sind die einzigen Taxifahrer in Ronda, die bereit sind, so weit herauszufahren. Aus Antonios Autoradio erklingt Flamencomusik, und Domingo krümmt sich zusammen, nicht etwa, weil er Flamenco nicht mag, sondern weil er nun versucht, sich nach einer tagelangen Gesangspause warmzusingen und ihm die ungewöhnliche Gesangstechnik, die diese Musik erfordert, richtiggehend Schmerzen bereitet. Er überwindet dieses Gefühl in einem lebhaften Gespräch mit Antonio und Isabelle – und ein paar ohrenbetäubenden Tonleitern und Arpeggios. Antonio erreicht das Kino Merced in Rekordzeit. Domingo wird durch den Hintereingang, durch einen dunklen Heizungsraum und über eine Unzahl unsichtbarer, unregelmäßiger Stufen hineingeführt und steht atemlos hinter der Bühne. Wünscht er irgend etwas? »Agua, por favor«, und eine große Plastikflasche mit kaltem Mineralwasser kommt zum Vorschein. Kaum ist der Zeremonienmeister von Domingos Eintreffen in Kenntnis gesetzt, wird das Programm unterbrochen und Plácidos Anwesenheit bekanntgegeben. Im Saal bricht ein Getöse los, wie es nur tausend überschwengliche Teenager erzeugen können, und Plácido tritt in seinem staubigen Don-José-Kostüm auf die Bühne hinaus – Schweißperlen stehen auf seiner Stirn und rinnen durch die künstlichen Stoppeln auf seinem Kinn. Hinter ihm und für ihn unsichtbar steht eine riesige Schwarzweißzeichnung, die jemand von ihm gemacht hat. Er geht mit erhobenen Händen zum Mikrofon des Conférenciers, und alles verstummt. Er spielt mit diesem begeisterten Publikum wie auf einem Musikinstrument, indem er die Zuschauer direkt anspricht. Er dürfte eigentlich gar nicht hier sein, erklärt er mit einem schuldbewußten Grinsen, sondern sollte draußen bei den Filmarbeiten in den Bergen sein. Aber ehrlich gesagt sei er sehr glücklich darüber, daß er dennoch habe kommen können. Heftiger Beifall ertönt. Er könne nicht so lange bleiben, wie er ursprünglich gehofft hatte (Stöhnen und lange Gesichter) ... aber (ja?) ... vielleicht wären alle einverstanden, wenn er, statt wie geplant den Wettbewerb zu beurteilen, selbst ein Lied singen würde ... Dies ist eine völlig unerwartete Zusage, und tausend Kehlen kreischen vor Begeisterung.

Es gibt Augenblicke, in denen Plácido Domingo vom Scheitel bis zur Sohle wie einer der großen eleganten Künstler der Welt aussieht. Mit seinem braunen, staubigen Reiterkostüm, seinem zerzausten Haar und seinem verschwitzten Gesicht wirkt er in diesem Moment jedoch ganz und gar nicht so. Aber die Jugendlichen stört das nicht. Im Gegenteil, die offensichtliche Echtheit dieses Mannes und seine Freude über ihre Begeisterung, die seine Anwesenheit hervorruft, lassen ein beinahe spürbares Gefühl froher Eintracht entstehen. Domingo hat mit Sicherheit nie ein empfänglicheres Publikum gehabt als an diesem Abend in diesem spanischen Provinzkino. Er lümmelt sich über das wackelige Klavier in der Ecke und sieht aus wie eine Figur aus einem John-Ford-Western; er setzt sich auf den Stuhl und hämmert die Begleitung zu »Jurame«. Er weiß, daß er eine Zugabe wird singen müssen. Deshalb sagt er, er würde »ein« Lied singen. Hätte er zwei Songs angekündigt, hätte sich das Publikum betrogen gefühlt, wenn er nicht drei gesungen hätte. Der Applaus nach »Jurame« kommt wie aus einem Maschinengewehr geschossen. Plácido steht auf, seine Sporen verwickeln sich in einem Kabel, er stolpert zum Mikrofon zurück und spricht noch einmal zu seinem

Publikum. Er winkt in die Kulissen nach einem weiteren Glas Agua und kippt es hinunter wie ein gewöhnlicher Barpianist. Okay, eine Zugabe (donnernder Beifall), obwohl er eigentlich gar nicht die Zeit dazu habe. Dann geht er in seine Ecke zurück und singt eine hinreißende Version von »Granada«. Seine Hände versuchen, etwas Gefühl aus dem Klimperkasten herauszuholen – es scheint fast, als beschäme er das Instrument mit der unendlichen Schönheit seines Gesanges so sehr, daß es zumindest eine angemessene Begleitung hervorbringt. Er spielt mit Bravour: hier ein paar elegante Doppelschläge, da einen dramatischen Rückwärtslauf nach oben und *fortissimo* Oktav-Tremolo-Akkorde zu seinem ausgehaltenen hohen Schlußton. Das Publikum verliert beinahe die Beherrschung. Die Jugendlichen sind in Ekstase, denn sie fühlen sich doppelt belohnt durch die zwei Lieder von ihrem Idol, die sie gar nicht erwartet haben. Die ganze Geschichte hat weniger als fünfzehn Minuten gedauert, und kaum ist der Auftritt zu Ende, rast Plácido mit Antonio, der freundlicherweise gewartet hat, aus der Stadt und in die dunkle Sierra zurück. Als er genau eine Stunde nach seinem Verschwinden wieder zum Drehort zurückklettert, muß er innerlich lachen.

Hat man ihn vermißt? Nein, natürlich nicht. Sie drehen nach wie vor die Ankunft der Schmuggler, und in Plácidos Sattel sitzt noch immer sein geduldiges Double. Er ist übrigens nicht nur zum richtigen Zeitpunkt verschwunden, sondern kommt gerade im rechten Augenblick wieder zurück, denn wenige Minuten später gönnt Rosi allen eine Pause für das Abendessen.

Was wird Filmstars zum Dinner serviert? Dicke, trockene Brötchen mit jeweils einer einzigen dünnen Scheibe Käse oder Schinken, etwas frisches Obst aus der Gegend und Wasser oder Wein zum Hinunterspülen. Und nicht zu vergessen, ein Mund voll Fliegen und Moskitos, die einstweilen vom Maultierdung ablassen, weil sie in ganzen Schwärmen von der Bogenlampe angezogen werden, die den Tisch der Solisten beleuchtet. Die Statisten, die auf dem nahegelegenen Felsen im Dunkeln vor sich hin kauen, sind weitaus besser dran; auf ihrem Essen sitzen nicht so viele Fliegen, und die, die es dennoch nicht lassen können, sind wenigstens nicht zu sehen.

»Das gefällt mir!« sagt Plácido, als er zu Julia, Susan und Lillian an den Tisch tritt. »Alle meine Damen genießen dieses vorzügliche Mahl!« Er setzt sich zu ihnen, läßt sich darüber aus, wie gut der andalusische Schinken schmeckt und wie vorteilhaft es ist, keine trockenen andalusischen Brötchen zu essen, und kippt ein paar Plastikbecher Wasser hinunter. Es wird nicht viel Wein getrunken – was man bei der rabelais'schen Ausgelassenheit, die am Tisch der Solisten bald entsteht, allerdings kaum vermutet hätte. Ruggero Raimondi taucht aus der Dunkelheit auf. In diesem Film verkörpert er den Escamillo; in *Don Giovanni* spielte er die Titelrolle. Er ist ein gutaussehender Mann mit viel Charisma, und er liebt es so sehr, vor Filmkameras zu spielen, daß er neben seiner bisherigen Karriere als Opernsänger eine zweite Karriere als Filmschauspieler begonnen hat.

Ruggero wird heute abend nicht gebraucht, aber man weiß ja nie. Überhaupt gibt es unten in Ronda nicht sehr viel zu tun, wenn alle Freunde draußen in den Bergen bei der Arbeit sind. Er zieht einen kleinen gastronomischen Führer mit Statistiken aus der Tasche und belehrt Plácido in allem Ernst darüber, welch komplexe Auswirkungen es auf die Kalorien habe, wenn man seine Kost um Moskitos bereichere: »Und ich dachte, du versuchst abzunehmen!« Faith Esham taucht ebenfalls auf. Gestern abend mimte sie stundenlang Micaelas Arie zu der Wiedergabe ihrer eigenen Gesangsaufzeichnung. Heute abend wollte sie mit an den Drehort kommen, »nur um sicher zu sein, daß alle richtig arbeiten!« Faith setzt sich und beteiligt sich an dem Wettbewerb, eine Kirsche mit nach vorne gebeugtem Kopf vom Stiel zu essen, ohne die Hände zu benutzen. Susan ist Champion. Sie sitzt ungewöhnlich still und hält die Hände im Schoß, während alle Umstehenden sie anstarren. Susan versucht, nicht zu lachen und sich auf das noch schwierigere Kunststück zu konzentrieren, ihre Kirsche ohne Hände zu essen und dabei den Stein am Stiel zu lassen. »Eine wirkliche Zungenkünstlerin!« Es scheint an der Zeit, zu den unanständigen Witzen überzugehen. Um die Ecke steht ein kleines rechteckiges Zelt, das der gesamten Truppe angeblich als Toilette dienen soll. Julia bekundet ihre Absicht, dem Örtchen einen Besuch abzustatten – und kommt zurückgelaufen wie Donna Elvira in *Don Giovanni,* als sie die wandelnde Statue erblickt hat. »Irgend etwas ist da drin«, berichtet sie entgeistert. Die gesamte Truppe setzt sich in Bewegung, um der Sache auf die Spur zu kommen, und entdeckt eine winzige Feldlatrine. Sie funktioniert zweifellos wunderbar, zumal sie eine einwandfreie Wasserspülung aufweist; Gaumont würde nie etwas beschaffen, was nicht vom Besten ist. Nur sieht die Toilette im Halbdunkel wie ein böses Tier mit zwei großen dunklen Augen aus. »Keine Angst«, lacht Plácido und nimmt die Situation sicher in den Griff. »Es ist nur R2D2.«* Überhaupt kein Grund, in Panik zu geraten. Außer, daß Plácido nun unfreiwillig und zur maßlosen Belustigung aller dafür gesorgt hat, daß die Toilette sogar noch weniger einladend wirkt als zuvor.

Die meisten Drehtage verlaufen in ähnlicher Form – stundenlang abwechselnd harte Arbeit und Untätigkeit, unterbrochen von entspannenden

* Der Roboter aus *Star Wars.*

Augenblicken des Scherzens und Lachens bei Tisch. Meist mimen die Darsteller zum Klang ihrer eigenen Stimme, der auf sie einschallt, doch gibt es auch sehr viel echtes Schauspiel und einige speziell für den Film geschriebene Dialoge in französischer Sprache. Auf der Bühne können sich Sänger mehr oder weniger durchgehend auf ihren Charakter einstellen und die Dynamik der Darstellung sorgfältig entwickeln. Vor einer Filmkamera entsteht jedoch nie ein Gefühl von Kontinuität, und die Darsteller haben große Mühe, die winzigen Bruchstücke, die sie immer wieder neu drehen müssen, mit einem echten Gefühl anhaltender Intensität zu spielen. Während all der verschiedenen Bergszenen hoch zu Roß ergeben sich langwierige Verzögerungen zwischen den Einstellungen, weil einem unruhigen Pferd ein Klaps und ein Stück Zucker gegeben und einem anderen die Decke glattgezogen werden muß. An einem Drehtag stellte sich heraus, daß Plácidos Pferd die Decke trug, die das von Dancaïre am Vortag getragen hatte, als die unmittelbar folgende Szene gedreht wurde. Panik bricht aus, und verschiedene Dekken werden neu auf die Pferde verteilt. Es ist undenkbar, daß Mercédes hinter ihrem Mann auf einer Decke in einer bestimmten Farbe sitzt, wenn ihr Pferd um eine Bergkuppe biegt, und bei der nächsten Einstellung auf der Decke, die eben noch Frasquita gehörte.

Eine der Bergszenen werde ich nie vergessen; es ist die, in der die Frauen sich gegenseitig beim Absteigen von ihren Pferden helfen, ihre langen Röcke wie Knickerbocker zusammenraffen und im Gürtel festmachen müssen und aus dem Bild gehen. Wenn eine Frau lange schwere Röcke trägt, braucht sie jedesmal Hilfe, wenn sie ihr Pferd besteigt, und wenn es schon 2 Uhr morgens ist und sie für eine Szene, die sie längst für abgeschlossen hielt, erneut in den Sattel klettern muß, kann die Anstrengung leicht über ihre Kräfte gehen. Mit Anmut auf unsicheren und abschüssigen Boden hinabzuspringen ist ebenfalls keine einfache Sache. Und dann noch den hinteren Teil des Rockes zwischen den Beinen hervorwühlen, vor sich hochziehen und im Gürtel feststecken zu müssen ... Eine winzige, triviale Szene im Film, im Moment aber unendlich harte Arbeit. »Suzanne, Lilliane, Julia, bitte!« Inzwischen heißt Julia Julia. Die drei Frauen gehen erschöpft zu ihren Pferden zurück, und ihre Männer helfen ihnen mit der Hand und dem Knie beim Aufsteigen. Ein Pferd will einfach nicht stillstehen und muß besänftigt werden. Ein anderes verrichtet sein Geschäft, und sofort erscheint ein Mann mit einer Schaufel. »Fertig?« fragt Rosi schließlich. Es scheint so. »Silenzio!« schreit ein Mann durch ein Megaphon, und allmählich kehrt Ruhe ein. »Pronti!« Der Mann mit der Klappe vollzieht sein sich ständig wiederholendes Ritual vor der Kamera, und der mit dem Megaphon ruft: »Azione!« Die Pferde kommen näher, Susan gleitet behende zu Boden und hilft Julia und Lillian, und die drei treten vor und heben ihre Röcke, so als wollten sie arbeiten. »Stop!« Alle halten entspannt inne, und die drei Frauen, die vor einem Augenblick noch so robust und ernst vor der Kamera standen, lächeln matt. »Es ist so komisch, das mit den Röcken«, sagen sie, und eine tut so, als jage sie in der Fülle ihrer Falten einer verlorenen Nadel oder wer weiß was nach ... Sie sucht und sucht und sucht. »Es ist weg!« ruft sie scheinbar besorgt und fummelt mit zweideutiger Gestik herum. »Ich hätte schwören können, es war noch da, als ich kam!«

»L'ho perduto« erklingt eine wunderschöne Tenorstimme von oben, in einer Phrase von Mozart. Es ist Plácido, der von seinem Pferd aus zusieht und die gespielte Verwirrung der Damen sichtlich genießt. Rosi verlangt selbstverständlich eine weitere Aufnahme, und sie spielen sie natürlich mit absoluter Routiniertheit.

Die Tage gleichen einander weitgehend, und als aus den Tagen Wochen werden und die Filmarbeiten bereits in den zweiten Monat gehen, hat sich Domingo schon an diesen Lebensstil gewöhnt. Trotz der langen Arbeitsstunden macht ihm das Filmen Spaß, und er findet es entspannend. Vielleicht nicht körperlich, aber psychisch. Da er sich im Moment um keinen Auftritt kümmern muß (wenngleich *Les Troyens* bedrohlich näherrückt), braucht er sich nicht mit unmittelbaren Problemen den Kopf zu zerbrechen. Es kommt ein ständiger und willkommener Besucherstrom von Freunden und Verwandten nach Ronda. Plácidos Cousin Jaime aus Madrid und dessen Familie kommen für ein paar Tage. Desgleichen Martas Schwester Perla mit ihrem Mann und ihren Töchtern. Sie wohnen in Barcelona. Plácido liebt es, das Haus voller Menschen zu haben, und er genießt seine Rolle des Familienoberhaupts sichtlich. Auch Marta ist hier in ihrem Element, wenn sie sich um alles und jedes kümmern kann, die Küche überwacht, die Sitzordnung bei Tisch bestimmt und ganz allgemein für die richtige Umgebung für ihren Mann sorgt. Mit ihren dunklen mexikanischen Augen, die glänzend durch ihre dicken, ovalen Brillengläser funkeln, wirkt Marta angespannt und aufmerksam. Sie ist eine bezaubernde Frau mit Überzeugung und Geschmack, sie ist äußerst stolz auf Plácido und eifersüchtig auf alle, die seine Zeit und Aufmerksamkeit mehr in Anspruch nehmen, als sie verdienen. Es ist nicht immer einfach gewesen, Frau Domingo zu sein. Marta sagt oft, sie wäre so glücklich, wenn es Plácido beschieden gewesen wäre, ein Leben mit mehr Privatsphäre und weniger Starrummel zu führen. Aber sie gab vor vielen Jahren ihre eigene, vielversprechende Karriere als Sängerin bereitwillig auf, um die Kinder großzuziehen, und auch hier in Ronda steht Marta nach einundzwanzig Ehejahren wie ehedem einem glücklichen Haushalt vor und widmet sich ihren verschiedenen Rollen mit bewundernswerter Aufopferung. Immer wieder treffen neue Besucher ein. Milt und Rosemary Okun tauchen für einige Zeit in Ronda auf. Auch Prinz Alfonso von Hohenlohe ist häufig zugegen. Alfonso, der wohlhabende österreichisch-spanische Aristokrat mit unbezähmbarem Unternehmergeist, ist der Besitzer des exklusiven Marbella Club, und er hat die verschiedensten Ideen, wie man die wirtschaftliche Lage Südspaniens verbessern könnte und wie er seinen Freund Plácido dazu bringen könnte, mehr Zeit dort zu verbringen. Auch José Luis Rubio von der Madrider Zeitschrift *Cambio* kommt für ein paar Tage nach Ronda. An einem Tag hat Plácido eine Besprechung mit Vertretern der Deutschen Grammophon über eine neue Platte, die sie herausbringen will; an einem anderen Tag wird er von einem französischen Radioteam interviewt. Und es ist nicht ganz richtig, daß er an keinen Auftritt denken muß. Während der ersten Wochen der Dreharbeiten pendelte er zwischen Ronda und Madrid, wo er noch drei *Fanciulla*-Vorstellungen geben mußte. Es folgten zwei Auftritte in *La Bohème* in Wien. Ursprünglich war Domingo für drei engagiert worden, aber der Drehplan war so intensiv, daß Rosi ihn bat, sich vom ersten freistellen zu lassen. Zum Glück war der Chef der Wiener Staatsoper zufällig auch der Dirigent der Tonaufnahmen für *Carmen*, nämlich Lorin Maazel, so daß die unangenehme Entbindung aus dem Vertrag relativ schmerzlos vonstatten ging. Und was für Triumphe die verbleibenden zwei Auftritte waren! Nach dem zweiten Abend stellten Domingo und seine Mimi, Mirella Freni, eine Art Rekord auf. In einem Zeitraum von eineinviertel Stunden nach dem Schlußvorhang wurden sie nicht weniger als dreiundachtzigmal herausgerufen! Den Rest des Abends verbrachte man auf einer Champagnerparty, zu der Alfonso von Hohenlohe eingeladen hatte, der am nächsten Tag mit Plácido nach Spanien zurückflog.

Domingo genießt diese Zeit. Nach der Rückkehr nach Ronda holt er sich eine seiner seltenen Erkältungen und genießt geradezu den Luxus, sich einmal richtig ausniesen zu können. »Hört nur, wie tief ich singen kann!« meint er eines Morgens, nachdem er spät aufgestanden ist, und er erfreut alle in Hörweite mit einem tiefen Gis, das eines Schaljapin würdig gewesen wäre. Er sieht seinen Söhnen freudestrahlend zu, wie sie mit ihren sprachlichen und sportlichen Talenten prahlen, und spielt mit dem siebzehnjährigen Placi Stegreifduos auf dem Klavier. Als er so alt war, spielte er in Nachtclubs in Mexico City Klavier, um Geld für sein Musikstudium und den Unterhalt seines ersten Sohnes, José, zu verdienen. Domingo klimpert noch immer gerne auf dem Klavier; an einem Abend in Ronda präsentiert er eine wirklich beachtliche Cabaretnummer, als er »E lucevan le stelle« als Tango spielt, »La donna è mobile« in einer witzigen Sequenz aus schrecklich unharmonischen Tonarten improvisiert und vom ersten Satz der Mondscheinsonate unmerklich in »Night and Day You Are the One« übergeht. Und wenn man dann meint, sein Klavierspiel sei kaum besser als das eines jeden talentierten Amateurs, begleitet er seinen jüngsten Sohn Alvaro, der »Besame Mucho« vom Blatt zu singen beginnt – und schlägt dann ein geradezu symphonisches Potpourri mit Akkordsequenzen aus einem halben Dutzend Puccini-Werken an.

Domingo braucht Augenblicke wie diese, eine Zeit ohne Auftritte, ohne Streß, mit viel körperlicher Anstrengung, aber nur wenig nervlicher Belastung. Zwar geht er oben im Schlafzimmer oft spätnachts langsam seine Berlioz-Partitur durch, markiert seine Rolle mit gelbem Filzstift, macht sich Gedanken über die Ausführung von Aeneas' erstem Auftritt und hört sich über Kopfhörer Jon Vickers in diesem Part an. Eines Morgens wird ihm ein wenig bange, als der Postbote die offizielle Einladung zum Eröffnungsabend der 100. Spielzeit der Met abliefert und er seinen Namen auf der Liste des Ensembles erblickt. Aber im allgemeinen ist dies eine ausgesprochen glückliche Zeit, frei von ernsthaften Sorgen. »Wißt ihr was«, sagt er plötzlich, »ich glaube wirklich, daß ich eines Tages beschließen werde, meinen Terminkalender für ein ganzes Jahr freizuhalten und Engagements, die mir gefallen, einfach kurzfristig anzunehmen.« Diese Phantasie hegt er eigentlich ständig, aber er wird sie wohl kaum jemals verwirklichen. Diesen Sommer zum Beispiel war für die zweite Augusthälfte ein Familienurlaub geplant, aber diese Zeit ist nun für ein Fernsehprogramm mit Carol Burnett in Los Angeles verbucht. Vielleicht ist diese Zeit hier in Ronda Domingos Urlaub – auf jeden Fall wird er sich nicht so schnell wieder so gut erholen können. Zwei Monate mehr oder weniger ununterbrochen an einem einzigen und darüber hinaus noch so herrlichen Ort der Welt, mit gutem Essen, in angenehmer Gesellschaft – und er muß so gut wie nie singen. El Domingo fühlt sich in Spanien wirklich zu Hause. Er muß zwar an sechs von sieben Tagen arbeiten. Aber Domingo ist ohnehin nicht der Typ, der sich dem Müßiggang hingeben kann. Nicht einmal im Urlaub. Und selbst in Spanien nicht.

Ein neues Goldenes Zeitalter?

Es heißt immer, daß die Dinge nicht mehr das sind, was sie einst waren. Doch das sind sie nie. Harold Rosenthal, der langährige Herausgeber des *Opera*-Magazins, der alle Opernbesetzungen aller Zeiten und Orte im Kopf hat, schildert, wie seine Mutter ihn zu Beginn der 30er Jahre in eine Vorstellung von *La Traviata* mitnahm. Als er nach Hause kam, fragte ihn sein Vater nach den Namen der Sänger. »Rosa Ponselle und Dino Borgioli«, antwortete der Knabe. »Junge«, belehrte ihn Rosenthal senior, »du hättest Melba und Caruso hören sollen.« Worauf der altkluge kleine Harold schlagfertig erwiderte: »Dein eigener Vater meinte wahrscheinlich, du hättest Patti und de Reszke hören sollen.«

Es scheint einen tief verwurzelten menschlichen Glauben zu geben, daß einst Riesen über das Land stolzierten, das nun von Zwergen bevölkert ist; so wie es uns schwerfällt, uns unsere Urgroßväter anders als als ehrwürdige alte Männer vorzustellen, so schwierig ist es, uns etwa Caruso oder Patti als Jugendliche mit Stimmproblemen oder nicht ganz so perfekten Auftritten vorzustellen. Die Gesangskunst ist in der Tat eines der interessantesten Beispiele für diese Idee von den Riesen der Vergangenheit. Einerseits haben unsere Vorfahren, bei denen alles immer besser war, uns in dem Glauben erzogen, daß es zu ihrer Zeit noch wirkliche Sänger gab. Andererseits – und das ist das Interessante – können wir diese Hypothese inzwischen überprüfen, denn die Starsänger aus den Tagen unserer Urgroßväter lebten zu der Zeit, als das Grammophon erfunden wurde, und sind somit die ersten, von denen es Aufnahmen gibt. Die Erinnerungen meines Vaters an Martinelli und die meines Großvaters an Melba sind dank der Geschichte des Grammophons zu einem gewissen Grad überprüfbar.

Man spricht von einem »Goldenen Zeitalter« des Gesangs – eine Bezeichnung, die beinahe schon als offiziell gilt, wie etwa »das finstere Mittelalter« oder »die Renaissance«, auch wenn, wie in diesen Fällen, niemand genau zu wissen scheint, wann dieses »Goldene Zeitalter« begann oder endete. Daß am Ende des 19. Jahrhunderts Riesen auf den Bühnen der Opernhäuser standen, ist zweifellos wahr – Lilli Lehmann, Sembrich, Patti, Nordica, Eames, Calve, Melba unter den Primadonnen; die Gebrüder de Reszke, Santley, Plançon, Maurel, Tamagno, um einige der großen Männer zu nennen. Aber die Versuchung liegt nahe, zumindest einen Teil der Legende der »goldenen Ära« dem Umstand zuzuschreiben, daß ihre Sänger zufällig zu Beginn der Schallplattengeschichte lebten. Wäre das Grammophon in den 1830er oder 1840er Jahren erfunden worden, so würden wir wahrscheinlich die Ära von Malibran, Pasta, Tamburini, Lablache, Rubini, Grisi, Nourrit und Mario als das Goldene Zeitalter des Gesangs betrachten. Die Verwendung des Begriffs »Goldenes Zeitalter« bringt es unter anderem mit sich, daß in der Regel das abgewertet wird, was unmittelbar vorausging oder folgte. Die Stimmen der 1880er Jahre können wir nicht wieder erklingen lassen, und wir können nur raten, wie Patti, Lilli Lehmann oder Tamagno, die erst am Ende ihrer Karriere Platten aufnahmen, in ihren Glanzzeiten klangen, ganz zu schweigen von den Stimmen der Sänger, die vor der Zeit des Grammophons lebten. Wir wissen jedoch, wie Sänger nach der goldenen Ära klangen. Der berühmteste aller Opernsänger, Enrico Caruso, war auch der erste bedeutende Schallplattensänger. Und es ist fast schon absurd, die Ära, in der Caruso, Bonci, Farrar, Tetrazzini, Scotti, Destinn, Amato und Schaljapin auf ihrem Höhepunkt waren, nicht auch als Goldenes Zeitalter zu bezeichnen. Vielleicht sollte der Begriff so weit ausgedehnt werden, daß er die unmittelbar folgende wie auch die direkt vorausgehende Periode, die Jahrhundertwende, mit einschließt.

Sobald man dann allerdings bei den Jahren zwischen den Weltkriegen anlangt, glauben einige, ein Sinken des Standards bemerken zu können. Einem kritischen Kenner wie John Steane, dem Autor von *The Grand Tradition*, zum Beispiel, erscheint das allgemeine Niveau zwischen den Kriegen als deutlich weniger eindrucksvoll als das der unmittelbar vorausgehenden Jahrzehnte. Besonders die Sänger der 20er und 30er Jahre, so behauptet er, schienen oft weniger als ihre Vorgänger fähig zu sein, eine Melodie wirklich *legato* oder schnelle, ligurierte Musik genau zu singen. Oder zumindest wurde keine dieser Fähigkeiten, die für den Sänger des Goldenen Zeitalters so typisch waren, zwischen den Kriegen als so wichtig erachtet wie zuvor. Immerhin gab es zwischen den Kriegen vereinzelt Beweise für großartige Leistungen, besonders bei Wagner-Opern, und Sänger wie Melchior und Schorr, Ponselle, Jeritza und Rethberg, Gigli und Martinelli, Leider, Lotte Lehmann und Flagstad erreichten den absoluten Gipfel des Ruhms. Abgesehen davon hatte die Entwicklung neuer elektrischer Aufnahmetechniken in der Mitte der 20er Jahre zur Folge, daß uns die Stimmen dieser Sänger mit weitaus größerer Resonanz und Klangtreue erhalten sind als die ihrer Vorgänger. Trotz alledem behaupten Steane und andere Autoren,* daß das Niveau des Gesangs zwischen den Kriegen insgesamt wahrscheinlich niedriger war als zuvor. Sollte dies der Fall sein, so gibt es dafür mehrere mögliche Gründe. In den einundzwanzig Jahren, die zwischen den Weltkriegen lagen, herrschte in den meisten Ländern eine so große politische und soziale Zerrissenheit, daß an eine planvolle Entwicklung der Kunst der Oper oder irgendeiner anderen Form des kulturellen Lebens kaum zu denken war. Auf dem europäischen Kontinent waren Stellung und Einkommen vieler Opernintendanten, Produzenten, Gesangslehrer und Korrepetitoren bedroht. Die Gründe, aus denen sie eingestellt oder entlassen wurden, hatten oft nichts mit Musik zu tun. Viele gingen nach Amerika, wo ihr Ruhm und ihr Glück durch die Weltwirtschaftskrise erneut bedroht wurden.

Doch gab es auch einige Ursachen, die eher in der Musikgeschichte wurzeln. So gut wie alle Standardwerke der Oper wurden zwischen 1780 und 1930 geschrieben – etwa zwei Drittel davon in dem halben Jahrhundert zwischen 1850 und 1900, wozu alle reifen Werke von Wagner und Verdi gehören (beide wurden 1813 geboren) sowie *Faust, Carmen, Boris, Cavalleria Rusticana, Der Bajazzo, La Bohème* und *Tosca*. Doch nach der Jahrhundertwende hatte die Oper viel von ihrem Schwung verloren, denn die Komponisten waren nur noch darum bemüht, als Erben Wagners und Verdis ihren eigenen Stil zu finden. Die ausgesprochen kreativen Musiker zu Beginn des 20. Jahrhunderts, etwa Strawinsky und Debussy, waren in erster Linie Instrumentalkomponisten, die die Stimme im Grunde lediglich als einen Teil der gesamten Klangstruktur verstanden. Ihr Genie steht außer Zweifel, ebenso wie die Tatsache, daß ihre ursprünglichen Neuerungen, von Schönberg und seinen Nachfolgern weiterentwickelt, zur Komposition von Opern führte, in denen der Gesang subtil in die musikalische und dramatische Gesamtkonzeption integriert wurde. Diese Tendenz hatte sich über lange Zeit angebahnt. Doch während ausgezeichneter Gesang in überwältigendem Maße die Grundbedingung einer guten Aufführung eines Werks des frühen 19. Jahrhunderts war, wie etwa Rossinis *Barbier* oder

* Siehe zum Beispiel Michael Scott, *The Record of Singing,* Band 2.

Bellinis *Sonnambula*, so war nicht gewährleistet, daß *Belcanto* allein die Aufführung eines späteren Werks tragen konnte, wie etwa *Carmen* oder *Tosca*, ganz zu schweigen von den komplexen Musikdramen Wagners. Was die großen Opern des 20. Jahrhunderts betrifft, so erfordern brillante Darbietungen von *Pelléas, Wozzeck, Moses und Aron, The Rake's Progress* oder *Peter Grimes* Sänger, deren musikalisches und schauspielerisches Talent über ihre rein stimmlichen Fertigkeiten weit hinausgeht. Diese Veränderungen in den Anforderungen der Komponisten wurden nach dem Ersten Weltkrieg zunehmend deutlicher, und Sänger mußten zu Beginn ihrer Laufbahn eine Entscheidung treffen, die inzwischen den gesamten Berufsstand prägt: sich entweder auf das ältere, einnehmendere Repertoire zu konzentrieren oder zu versuchen – möglicherweise um einen hohen Preis und mit hohem stimmlichen Einsatz –, die komplizierte Musik der Gegenwart zu meistern. Gewiß gab es ein paar unerschrockene Pioniere, aber die meisten Opernsänger sangen lieber die altbewährten Klassiker, als in unbekanntes und schwieriges Gebiet vorzudringen. Anstatt also regelmäßig durch neue Impulse bereichert zu werden, wie es in den letzten eineinhalb Jahrhunderten geschehen war, fing das Standardrepertoire der Oper zu einem gewissen Grad an zu stagnieren.

Diese Veränderungen wurden begleitet von einem Wandel im Status des Sängers. Die großen Stars der goldenen Ära hatten verschwenderisch gelebt und waren luxuriös gereist, oft mit einem großen Gefolge, wurden überall gefeiert und fabelhaft bezahlt. Nach 1920 genossen vielleicht die Stars der neuen, in Hollywood ansässigen Filmindustrie diese Art von Status, aber für Opernsänger sah es inzwischen ganz anders aus. Einige – Grace Moore oder Lawrence Tibbett – versuchten, die beiden Berufe miteinander zu verbinden, und eine Handvoll der berühmtesten Sänger, allen voran Gigli, umgaben sich weiterhin mit den Attributen der Prominenz. Die meisten nahmen sich jedoch Toscaninis berühmten Verweis an die Adresse von Geraldine Fartar zu Herzen, die sich beklagte, es als Star nicht gewohnt zu sein, sich Vorschriften machen zu lassen, und die sich unverblümt sagen lassen mußte, daß die einzigen Sterne diejenigen am Himmel seien und sie besser daran tue zu gehorchen. Ein Sänger war schlicht und einfach ein Sänger – der »umile ancella«, der bescheidene Hilfsarbeiter aus Cilèas *Adriana Lecouvreur* – dessen Pflicht es war, so gut er konnte, zum jeweiligen Werk beizutragen. In diesem Zeitraum haben sich Inszenierungsstile in verschiedenen subtilen Weisen gewandelt, und es ist vielleicht nicht zu weit gegriffen, den Gesangsstil der Jahre zwischen den Kriegen mit den Neuerungen im Kompositionsstil und der damit verbundenen Veränderung des musikalischen und gesellschaftlichen Status des Sängers in Beziehung zu setzen. Es wäre falsch, eine einzige Ursache und eine einzige Wirkung zu vermuten. Doch gerade weil der Sänger von zeitgenössischen Komponisten in die Rolle des Dieners verwiesen wurde und sich viele Opernsänger teilweise als Reaktion darauf zum ersten Mal in die Musik der Vergangenheit zurückzogen, nahm das Feuerwerk ihres Gesangs meist ein Maß an musikalisch unmotiviertem Manierismus an, das unter ihren Vorgängern im Goldenen Zeitalter weniger verbreitet war.

Und wie sieht es in der modernen Zeit aus? Die meisten Faktoren, die vielleicht zu diesem Verfall der Gesangskunst beitrugen, sind auch in den Jahren nach dem Zweiten Weltkrieg noch wirksam und häufig sogar in verstärkter Form. Die zwanziger und dreißiger Jahre mögen eine Zeit der politischen, gesellschaftlichen und wirtschaftlichen Instabilität gewesen sein. Doch ist auch unsere moderne Zeit nicht gerade von globalem Frieden und Gleichgewicht geprägt. Und selbst wenn Sänger und andere Musiker in den Jahren zwischen den Kriegen ausgedehnte Reisen in Europa, Nord- und Südamerika unternahmen und einige versuchten, auf beiden Seiten des Atlantiks eine Karriere aufzubauen, so ist ihre Mobilität nicht mit der Beweglichkeit unseres modernen Jet-Zeitalters zu vergleichen, in dem führende Künstler wie Bienen über einem Blumenbeet zwischen den Kontinenten hin- und herschwirren, kurz hier auftauchen, kurz dort und sofort zum nächsten Ort weitereilen.

Diese Faktoren haben zwangsläufig einen gewissen Einfluß auf das Leben und die Karriere des modernen Sängers ausgeübt, doch ebenso maßgebend ist die jüngste Geschichte der Opernkomposition und der Schallplattenaufnahme. Vielleicht mit Ausnahme von Benjamin Britten hat kein neuer Komponist in den Jahrzehnten seit dem Zweiten Weltkrieg einen Beitrag zum regelmäßigen Opernrepertoire geleistet, und der Zeitraum des intensivsten Opernschaffens rückte damit weiter in die Nebel der Musikgeschichte zurück. Zwar werden auch heute noch neue Opern geschrieben* und produziert, aber keine neuen Werke von Tippett oder Poulenc, Barber oder Henze, Schostakowitsch oder Stockhausen haben das Opernpublikum wirklich begeistert. Und die Bühnenmusicals, die zündeten, stammten in der Regel von Komponisten wie Rodgers und Hammerstein, Lemer und Loewe oder anderen – eher Nachfolgern von Johann Strauß und Franz Léhar als von Verdi und Wagner; Leonard Bernsteins *West Side Story* gelang es aller-

* Zu erwarten ist eine Oper über das Leben des spanischen Malers Goya, die Gian Carlo Menotti gegenwärtig speziell für Domingo komponiert.

dings, Aspekte beider Traditionen sowie eine Vielzahl anderer Stilrichtungen zu integrieren.

Seit 1945 haben sich die Trends der populären Musik allmählich weiter von ihren klassischen Wurzeln entfernt und nicht nur Elemente des Jazz – gleitende *Portamenti*, starke, unveränderliche Rhythmen und so weiter – in sich aufgenommen, sondern auch neue Klänge, die durch elektronische Synthesizer und mehrspurige Aufnahme- und Mischtechniken möglich wurden. Als ein Großteil der Popmusik rauher, härter, lauter, elektronischer und anarchistischer wurde und einen gleichmäßigeren Rhythmus annahm, mußten Sänger in einem Stil singen, auf den sie kein traditionelles Stimmtraining vorbereiten konnte. Anstelle der Fähigkeit, Noten zu lesen, in der richtigen Tonart und im richtigen Rhythmus zu singen, den Atem und die Phrasierung zu kontrollieren, die Lautstärke der der Kollegen anzupassen und den Klang so zu projizieren, daß er auch einen großen Saal ausfüllt, wird vom neuen Sänger des Rockzeitalters oft verlangt, daß er mit Körper und Stimme ein leistungsstarkes Mikrofon eng umkreist und ohne herkömmliche stimmliche Finesse, sondern mit einem Übermaß an animalischer Energie singt. Moderne Aufnahmetechniken bedeuten zudem, daß viele der populärsten Darbietungen überhaupt keine Aufführungen – und im Grunde gar nicht aufführbar – sind, sondern komplizierte Studioprodukte, die dadurch entstehen, daß man ein paar Klangeffekte künstlich erzeugt und dann mischt, die ohne Technik nicht reproduzierbar wären.

Je weiter sich die Popmusik vom Gesang der klassischen Tradition entfernte, desto schwieriger wurde es für Sänger, ernsthaft zu versuchen, in beiden Bereichen erfolgreich zu sein. Gelegentlich schaffte ein Sänger aus der Popmusik den Schritt in die Opernwelt, beispielsweise René Kollo, und Domingo ist nicht der einzige klassische Sänger, der Popmusik singt. Aber zwischen den eigentlichen Gebieten von Pop und Klassik liegen inzwischen Welten, die beinahe unüberbrückbar sind. Domingo hätte nicht nur Schwierigkeiten, das Werk der meisten zeitgenössischen Opernkomponisten zu interpretieren – etwa Stockhausen oder selbst einen im Grunde melodischen Komponisten wie Henze –, sondern es wäre auch schwer oder vielleicht sogar unmöglich für ihn, Punkrock zu singen, außer unter vollkommener Verleugnung seiner gesamten Kunst und seiner Ausbildung.

Der Opernsänger in den Jahrzehnten nach dem Zweiten Weltkrieg wurde somit von vielen wichtigen Musikströmungen seiner Zeit zunehmend isoliert. Der Großteil seiner künstlerischen Grundstoffe ist das Produkt einer Ära, an die sich kein Lebender erinnern kann, und weder die »hohe« Kunst noch die »populären« Musikrichtungen der Gegenwart schenken seinen

Fähigkeiten große Beachtung. Er ähnelt in gewisser Weise den Darstellern des Moskauer Künstlertheaters oder der D'Oyly Carte Company, die immer wieder Vorstellungen derselben wenigen jahrhundertealten Klassiker in Inszenierungsweisen zum Besten geben, die allein schon aufgrund der historischen Distanz zunehmend überholt wirken.

Als Hüter einer im Grunde der Museumskultur zugehörigen Kunstform neigen Opernsänger dazu, kein Risiko einzugehen, sich hinter die Schußlinie zurückzuziehen, alles korrekt zu interpretieren und absolut nichts falsch zu machen. Die Ergebnisse sind oft erstaunlich vollkommen, nicht eine Note ist nicht perfekt, nicht ein *Piano* oder *Sforzando* mißglückt oder übertrieben, nicht ein Atmen an der falschen Stelle und jedes *Rallentando* sorgfältig eingehalten. Aber die Wirkung ist oft weitgehend intellektuell, und die Interpretation mutet deshalb häufig ein wenig nüchtern an. Selbst einigen der herausragendsten Sängern der Nachkriegszeit – Schwarzkopf, Fischer-Dieskau, Björling, Katia Ricciarelli, Norman Bailey, Joan Sutherland, Kiri Te Kanawa – scheint es manchmal nicht etwa an Ausdrucksstärke zu mangeln, sondern an einem Gefühl persönlicher Identifizierung mit den Leidenschaften, die sie zu vermitteln suchen.

Diese Entwicklung war im Grunde unvermeidbar. Von Opernsängern ist ständig erwartet worden, daß sie Produkte einer längst vergangenen Zeit immer wieder in einer Kunstform neu verpacken und servieren, die nie genug frische Impulse erhalten hatte. Man kann kaum von ihnen verlangen, daß sie ihre Kunst immer mit der gleichen Frische angehen wie jene, die noch zu Lebzeiten einiger großer Schöpfer deren neue Werke sangen. Als Caruso *La Bohème* oder *Tosca* einstudierte und selbst *Iris* oder *Fedora*, tat er dies mit der Unvoreingenommenheit eines Künstlers, der wußte, daß das neue Stück zu einem bleibenden Meisterwerk werden könnte. Fehleinschätzungen waren natürlich möglich, und man konnte zuviel Mühe auf ein Werk verwenden, für das es sich nicht lohnte, oder aber eine Partitur unterschätzen, die später zu einem größeren Erfolg wurde, als man auf den ersten Blick vermutet hatte. Aber wie auch der Filmstar der dreißiger Jahre oder der Popstar der sechziger Jahre stand der Sänger der goldenen Ära am Angelpunkt eines vielbeschäftigten und kreativen Berufs, und er wußte, daß viele der Werke, die seine Stimmbänder anrührten, sich als ausgesprochen populär erweisen würden. Achtzig Jahre später singen Opernstars noch immer gelegentlich pro forma neue Werke, aber dies wird in der Regel als verdienstvolle Pflichtübung verstanden, die mit einem gelegentlichen unentgeltlichen Wohltätigkeitskonzert verglichen wird, selbst wenn eine neue Oper bei weitem aufwendiger ist. Der wirkliche Beruf eines Opernsängers in der modernen Zeit ist es, die erprobten und bewährten Meisterwerke in der altbewährten Weise so gut wie möglich auszuführen.

Ebenso wie die Stagnation in der Komposition spielte auch die Geschichte der Schallplatte eine Rolle in der Veränderung des Gesangsstils. Seit Beginn dieses Jahrhunderts standen Opernschallplatten in einer wichtigen Wechselbeziehung zur Entwicklung der Gesangskunst. Der junge Enrico Caruso wurde angeblich deshalb von der Metropolitan Opera engagiert, weil er einen Stapel Platten eingespielt hatte, die der designierte Intendant Heinrich Conried seinen Dirigenten in New York vorspielen konnte. Als im Jahre 1925 das neue elektrische Rundfunkmikrofon im Aufnahmestudio eingeführt wurde, machte jeder nennenswerte Sänger Plattenaufnahmen, und jeder, der es nicht tat, war schon beinahe per Definition zweitklassig.

Der große technologische Durchbruch erfolgte zu Beginn der fünfziger Jahre mit der Langspielplatte. Statt drei oder vier Musikminuten konnten nunmehr fünfundzwanzig oder dreißig auf eine einzige Seite einer unzerbrechlichen Platte gepreßt werden. Und als die Ingenieure begannen, Magnetbänder statt unhandlicher und unbearbeitbarer Wachsscheiben zu benutzen, konnten sie entschieden verbesserte neue Verfahren entwickeln, um Mono- und später Stereoklang aufzunehmen, zu schneiden und zu reproduzieren.

All dies wirkte sich natürlich auf die Interpreten aus. Im neuen LP-Zeitalter konnten sie »Takes« von jeweils zehn Minuten statt der alten drei oder vier Minuten singen, konnten kürzere Passagen je nach Wunsch mehrere Male neu einspielen und sich in der entspannenden Gewißheit wiegen, daß der hohe Ton des ersten Take wahrscheinlich in die ansonsten besser gelungene dritte oder vierte Aufnahme hineinsynchronisiert werden konnte. Bei Aufnahmesitzungen konnten sie über »Playback« ihre eigene Stimme hören, die aus ungeheuer empfindlichen Lautsprechern in hoher Lautstärke erklang. Jeder noch so winzige Fehler konnte in der Kontrollkabine bemerkt und mit Wiederholungsaufnahmen korrigiert werden.

Jeder Sänger ist natürlich daran interessiert, die bestmöglichen Aufnahmeergebnisse zu erzielen, und jeder weiß, daß die Musik dann am besten fließt, wenn man sie tatsächlich fließen läßt. Niemand möchte Kunstwerke in kleine Schnipsel zerhacken und durch den Studiofleischwolf drehen, Passagen in der falschen Reihenfolge aufnehmen oder winzige Bruchstücke aus dem Zusammenhang gerissen wiederholen. Und doch erfordert die Logik der Situation – den tiefsten musikalischen Instinkten zum Trotz – diese Art des Vorgehens. Die Technologie gestattet es schließlich, Fehler zu korrigieren, also wäre es geradezu töricht, diese Möglichkeit nicht zu nutzen.

Die Entwicklung der Aufnahmetechnologie scheint sich also mit der Geschichte der Opernkomposition verschworen zu haben und die Bedeutung korrekten oder »perfekten« Interpretierens zu betonen, manchmal sogar auf Kosten eines natürlichen Musiziergeistes. Das Ziel ist es, im wahrsten Sinne des Wortes eine Aufzeichnung herzustellen – etwas, was wie ein historisches Dokument als Beleg dafür dient, »wie es einmal war«. Und wenn man etwas für das Archiv spielt oder singt, ist man natürlich stärker als bei Live-Vorstellungen darum besorgt, daß technisch alles korrekt ist. »Es war mein Ziel«, sagte der große Schallplattenproduzent Walter Legge, »Platten zu machen, die den Standard setzen sollten, an dem öffentliche Aufführungen und die Künstler der Zukunft gemessen werden sollten.«

Hat die Technologie des modernen Aufnahmestudios die Art der Interpretation auf Platte tiefgreifend beeinflußt, so gibt es mit Sicherheit gewisse Nebenwirkungen auch auf die Live-Vorstellung. Jede Darbietung, abgesehen von Werken außerhalb des heutzutage ohnehin großen Repertoires, wird schließlich von den verschiedensten Plattenaufnahmen überschattet, mit denen sie sich zwangsläufig messen muß. Nicht jeder Künstler hat, wie Domingo, den Großteil seines Repertoires auf Platte aufgenommen, aber die meisten Sänger sind durch Schallplatten anderer Sänger mit den Werken vertraut, die sie in der Öffentlichkeit vortragen. In einem Zeitalter, in dem der Plattenspieler weit verbreitet ist, mißfällt wahrscheinlich einem Großteil der Hörer jede Interpretation, die zu weit von der akzeptierten Studionorm abweicht. Tamagno, Paderewski oder Ysaye konnten sich lässig über Notenwerte oder Tempi hinwegsetzen – und wir wissen, daß sie es taten –, aber ihre Nachfolger können sich dies heute nicht leisten.

In dieser Betrachtungsweise scheint die Oper in den achtziger Jahren also weitgehend zu einer Museumskunst erstarrt zu sein und die Rolle des Sängers zum Großteil darin zu bestehen, das Produkt einer rasch entschwindenden Vergangenheit so korrekt und authentisch wie möglich immer wieder neu zu präsentieren. Man würde erwarten, daß all dies eine große Portion Vorsicht und sogar Unsicherheit in diesem Beruf verursacht, und viele der technologischen Spielereien, die das Leben und die Laufbahn des modernen Sängers umgeben – Studiotechniken und die Versuchung, von einem Engagement zum nächsten zu eilen –, müßten anscheinend ebenfalls zu einer universellen Norm in der Gesangskunst führen statt zu einem echten, kreativen Künstlertum.

Und doch belehren uns unsere Augen und Ohren oft eines besseren. Denn obwohl viele etwas gegen die Oper einzuwenden haben, obwohl viele Aufführungen alter Werke langweilig und die meisten der neueren trocken sind, obwohl die moderne Welt den Gürtel enger schnallen mußte, ist es schwer, das unerwartete Urteil zu widerlegen, daß wir eine Renaissance des Operngesangs und der Darstellungsqualität im allgemeinen erleben, die sich stolz mit den höchsten Leistungen früherer Generationen vergleichen läßt. Man denke nur an die brillante und dennoch mächtige Koloratur einer Sutherland oder Horne, die herzerweichende Verzweiflung von Vickers etwa in *Tristan* oder *Grimes*, die Würde Domingos in *Othello*, die Eleganz von Bergonzi oder Pavarotti, die Leidenschaft von Carreras, das getragene Feingefühl von Mezzosopranistinnen wie Janet Baker, Teresa Berganza oder Frederica von Stade, die volltönende Autorität eines Martti Talvela oder eines Ghiaurov oder die satten, weichen Töne einer Margaret Price oder einer Kiri Te Kanawa oder die sprühende Dynamik im Dirigieren eines Riccardo Muti oder eines Carlos Kleiber, so erscheint es geradezu absurd, die Oper in unserer Zeit für eine »bloße« Museumskunst zu halten, die von übervorsichtigen Kuratoren bewacht wird.

Zumal Covent Garden auf die fünfhundertste Vorstellung von *Carmen* zugeht, die Met auf ihre sechshundertste von *Bohème* und die Pariser Opéra und La Scala auf ihren x-ten Abend mit *Faust* oder *Aida*, kann kein Zweifel daran bestehen, daß das Stammrepertoire an allen größeren Opernhäusern der Welt durch das erneute Spielen der populären Meisterwerke der Vergangenheit bestritten wird. Es ist beinahe so, als stützten sich die dramatischen Theater der ganzen Welt in über neunzig Prozent ihrer Inszenierungen auf ein Repertoire, das sich auf die wichtigsten Werke Shakespeares, das französische Drama des 17. Jahrhunderts, die skandinavischen Tragödien und eine Handvoll anderer Klassiker beschränkt, und als würden ganze Spielzeiten verstreichen, ohne daß ein Werk eines lebenden Dramatikers aufgeführt wird. Darüber hinaus sind viele Aspekte des Aufführungsstils von Opern unbestreitbar in einer längst überlebten Vergangenheit verkrustet – die traditionellen Einschnitte, Einfügungen, Bravourpassagen, die ausgehaltenen hohen Töne, das oft rudimentäre Schauspiel und in vielen Fällen selbst die Art der Kulissen und Kostüme. Aber trotz alledem ist es offenkundig, daß die Qualität von Opernaufführungen heutzutage oft erstaunlich hoch ist, daß die Darsteller nicht im geringsten den müden Antiquaren ähneln, die man nach unserer obigen Analyse erwarten würde, und daß der allgemeine Appetit auf gute Oper nicht etwa nachläßt, sondern in den letzten Jahren in vielen Ländern zugenommen hat. Tatsächlich wäre es nicht übertrieben, von einer Opernrenaissance der Nachkriegsjahrzehnte zu sprechen. Vielleicht sogar von einem zweiten Goldenen Zeitalter. Wie ist das möglich, bei all dem, was wir gesagt haben?

Betrachten wir zunächst die Frage des Repertoires. Es trifft zwar zu, daß ein Großteil davon durch Alter ehrwürdig wurde und daß in den 1980er Jahren im Gegensatz zu den 1880ern die meisten Opernhäuser Werke aufführen, die im Durchschnitt ein Jahrhundert alt sind, und nur sehr wenige Häuser Opern von lebenden Komponisten in ihr Repertoire aufnehmen. Im Vergleich zu früher besteht hier jedoch nur ein gradueller Unterschied. Giulio Gatti-Casazza, der von 1898 bis 1908 die Scala und von 1908 bis 1935 die New Yorker Metropolitan Opera leitete, klagt in seinen Memoiren darüber, wieviel Mühe es ihn immer kostete, Komponisten zu überreden, neue Werke für ihn zu schreiben, und seinen Vorstand zu überzeugen, neue Werke inszenieren zu lassen. Nach dem großen Erfolg von *Pelléas* versprach Debussy Gatti wiederholt, der Met seine nächsten zwei Opern anzuvertrauen, aber sie kamen nie zustande. Boito saß dreißig Jahre über seinem *Nerone* und hinterließ das Werk unvollendet. Die Pariser Opéra wollte Charpentier nach seinem Erfolg mit *Louise* ermutigen und inszenierte eifrig seinen *Julien*, der jedoch ein Reinfall war, wie auch die späteren Werke von Mascagni und Leoncavallo. Gewiß konnte jedes neue Werk des reifen Meyerbeer, Verdi oder Puccini sicher sein, bald an die Öffentlichkeit zu gelangen, und Wagner überwachte, wie Britten, in seinen späteren Jahren selbst die Aufführungen seiner Werke. Wir sollten uns vom Genie eines Wagner oder Verdi jedoch nicht zu dem Glauben verleiten lassen, daß zu der Zeit, als sie ihre grandiosen Meisterwerke hervorbrachten, andere namhafte Komponisten ebenfalls jedes Jahr ein größeres Werk produzierten. Ein Blick auf die Spielpläne der meisten Opernhäuser vor einem Jahrhundert bestätigt, daß damals wie heute die meisten Opernintendanten eher bekannte Werke großer Komponisten auf die Bühne brachten, als sich mit neuen Werken von weniger vertrauten Autoren möglicherweise den Unwillen des Publikums zuzuziehen. Der Anteil neuer Werke an den großen Erfolgen war nie groß, und die meisten Produktionen zeigten Opern, die sich bereits etabliert hatten.

Das Repertoire des 19. Jahrhunderts wuchs also nicht immer ganz so kräftig, wie manchmal angenommen wird, und die modernen Beiträge zu seiner Ergänzung sind wahrscheinlich größer, als sie auf den ersten Blick erscheinen. Einige neue Werke kommen sofort an, andere brauchen eine gewisse Zeit; und nur zukünftige Generationen werden wissen, was wir nicht wissen können, nämlich ob *The Bassarids, Susannah* oder *King Priam* sich schließlich durchsetzen werden. Hinzu kommt, daß in einer Zeit wirtschaftlicher Knappheit und zunehmender Betonung auf lokaler Selbsthilfe in den Künsten eine Tendenz zur Kammeroper einsetzte; und die von Kammeropernproduzenten aufgegriffenen Stücke sind fast durchweg neuere Werke moderner Komponisten wie Britten, Malcolm Williamson oder Richard Rodney Bennett. Manche Kritiker würden sogar noch weitergehen und behaupten, daß die besten für die Musical-Bühne geschriebenen Werke populärer Komponisten mit der Oper verwandt sind: Wenn die English National Opera *Kiss Me Kate* und die New York City Opera Bernsteins *Candide* bringen kann, dann kann eine Ära, die die Blüte des amerikanischen Musicals erlebt hat, ganz zu schweigen von den durchschlagenden Erfolgen eines Andrew Lloyd Webber, kaum als dürftig bezeichnet werden.

Auch in anderer Hinsicht hat sich das Repertoire in unserer Zeit erweitert: Ältere Werke, die von früheren Generationen oft ignoriert wurden, sind wiederentdeckt und wiederbelebt worden. Das Entdecken (und Vergessen) älterer Werke ist ein andauernder Prozeß; in der Mitte des 19. Jahrhunderts überging man Mozarts *Così*, und in der Mitte des 20. hört man kaum etwas von Meyerbeer. Wer weiß, wie das heutige Kernrepertoire in hundert Jahren aussehen wird? Im Vergleich zu allen früheren Epochen ist die Gegenwart in der Breite ihres Geschmacks ausgesprochen eklektisch. Es ist bemerkenswert, wie stark das Interesse an Opern von Monteverdi und seinen Zeitgenossen sowie von Händel wieder erwacht ist; und Sängerinnen vom Rang einer Callas, Sutherland, Horne, Sills und Caballé haben das Belcanto-Repertoire enorm erweitert und mit relativ unbekannten Werken von Rossini, Donizetti, Bellini und anderen wahre Goldadern entdeckt (musikalisch und finanziell). Während das Publikum vor einem Jahrhundert sehr viel von Meyerbeer hörte sowie neuere Werke von Pacini, Franco Faccio, Halevy, Ambroise Thomas, Cornelius oder Anton Rubinstein, hören und sehen wir heute wahrscheinlich häufiger *Il Pirata, Medea, Roberto Devereux, Maria Stuarda* und *Il Turco in Italia*. Eine Museumskunst? Vielleicht, aber die Ausstellungsstücke haben sich in jüngster Zeit beträchtlich vermehrt.

In einem gewissen Sinn ist die Oper weniger eine Museumskunst, als es manchen lieb wäre. Wir hatten schon Gelegenheit, davon zu sprechen, wie sehr berühmte Sänger und Dirigenten dazu beitragen, ein größeres Repertoire vor ein Publikum zu bringen und zu lange vergessene bedeutende Werke wieder einzuführen. Aber für viele ist das moderne Zeitalter nicht mehr vom Sänger oder Dirigenten geprägt; es ist die Ära des Regisseurs. So wie man früher mit Bewunderung von Abenden mit Patti oder Melba oder von Vorstellungen mit Toscanini, Bruno Walter oder Beecham im Orchestergraben sprach, so redet man heute von Wieland Wagners oder Patrice Chéreaus oder Peter Halls *Ring*, von Zeffirellis *Tosca* oder *Traviata*, Ponnelles *Figaro* oder *Barbier*, Peter Halls *Così* oder *Don Giovanni* oder von Jonathan Millers *Rigoletto*. Nichts bewegt die Operngemüter so sehr wie ein Angriff auf den Opernregisseur oder seine Verteidigung. Wenn einer behauptet, der Regisseur habe die Absicht des Komponisten verraten, eine bestimmte Szene »gegen die Musik« inszeniert oder dem Werk eine unangemessene moderne Interpretation auferlegt, so steht ein anderer auf und versichert, daß der Komponist es selbst so gewollt hätte und daß alle großen Kunstwerke ohnehin von jeder Generation neu interpretiert werden müßten.

Victor Gollancz führte den in seinen Augen offenkundigen Niedergang der Gesangskunst direkt auf den zunehmenden Einfluß des Regisseurs zurück: Viele Sänger beklagen sich über die schweren Kostüme und Perükken, die sie tragen, die hohen Bauten, die sie erklimmen, die merkwürdigen Positionen, die sie beim Singen einnehmen müssen, und die Fehler in der Charakterisierung, mit denen sie sich abzufinden haben. Es gab schon homosexuelle Othellos und Iagos, Rigolettos aus dem 19. und 20. Jahrhundert, Fliegende Holländer, die nichts als das Phantasieobjekt der Fieberträume ihrer Sentas sind, Parsifals, die das Christentum verspotten, und Fidelios und Forzas, die die Arbeiterklasse hochstilisieren. Aber es ist ebenso wahr, daß der Inszenierungsstil, wie wir ihn heute kennen – der Versuch, alle visuellen, dramatischen und musikalischen Aspekte der Opernaufführung zu planen und zu integrieren –, im allgemeinen weitaus entwickelter ist als in früheren Epochen.

Der Fortschritt hängt teilweise mit der Technologie zusammen; wir besitzen heute Drehbühnen und komplizierte, computergesteuerte Beleuchtungssysteme; es gibt auch Düsenflugzeuge und Direktwahl im internationalen Telefonverkehr, die es den Regisseuren, Bühnenbildnern, Sängern und Dirigenten erlauben, lange bevor sie an einer Bühnenproduktion zusammenarbeiten, miteinander in Kontakt zu treten. Aber der Hauptgrund, weshalb der Opernregie heutzutage so viel Beachtung geschenkt wird, und zwar von Bewunderern und Kritikern in gleichem Maße, ist der Umstand, daß es eine stattliche Anzahl energischer Regisseure gibt, darunter viele, die von der Sprechbühne oder vom Film in die Opernszene übergewechselt sind.

In einer schwachen Inszenierung kann die Oper langweilig und öde wirken, wie eine bloße Wiederbelebung alter Meisterwerke, die nicht altehrwürdig, sondern verrostet und verstaubt erscheinen. Aber in einer gewagten und phantasievollen Inszenierung mit einem Dirigenten, der ein bekanntes Werk mit Frische und Feuer anpacken kann, mit Sängern, die nicht nur ausgezeichnete Solostimmen, sondern auch Talent und Erfahrung als Schauspieler und Ensemblemitglieder haben, kann das Resultat zauberhaft sein, ein wahres Verschmelzen der verschiedenen Kunstformen zur Schaffung einer abgerundeten ästhetischen Erfahrung. Dies war zweifellos schon immer der Fall. Die größten Praktiker der Vergangenheit waren immer jene, die die Kunst ernst nahmen und sich um alle ihre Elemente kümmerten. Ein Toscanini oder ein Mahler, wie auch Klemperer oder Karajan in jüngerer Zeit, befaßten sich wie jeder der großen Opernkomponisten ernsthaft mit Einzelheiten der Bühneninszenierung. In unserer heutigen Zeit sind Sänger wie Gobbi, Callas oder Domingo und Dirigenten wie Haitink, Muti oder Levine an den Regieentscheidungen eines jeden Werkes, an dem sie mitwirken, in der Regel beteiligt. Und trotz aller Schmach, mit der einige ihrer eher extremistischen Berufskollegen überhäuft werden, sind gute Regisseure immer bemüht, die dramatischen Implikationen der Musik eher zu illuminieren als zu verdunkeln. Vorbei sind die Zeiten, als irgendein großer Star eingeladen wurde, »seinen« Don Giovanni oder »ihre« Aida in diesem oder jenem Haus zu singen, als eine Patti oder Pons einen Boten zur Bühnenprobe senden konnte (wenn es eine gab), der dem Star dann einen Bericht über die Szenerie und die Gänge erstattete. Eva Turner erzählte mir, man habe von ihr erwartet, daß sie mit ihren Kostümen für Turandot, Aida und Leonore von einer Produktion zur anderen herumreiste wie ein Geiger oder ein Cellist mit seinem Instrument. Heutzutage wäre dies undenkbar, denn in Hamburg muß eine Desdemona oder Elsa in ein völlig anderes Bühnen- und Kostümdesign passen als in Köln, Mailand oder Chicago.

Die Oper ist heute also ein multimediales Unterhaltungsphänomen, das danach strebt, im Idealfall eine allumfassende künstlerische Erfahrung ohnegleichen entstehen zu lassen. Caruso lebt nicht mehr, ebensowenig Mozart oder Verdi; es gibt gegenwärtig keine Wagner-Tenöre oder -Sopranistinnen, die mit gewissen von früher zu vergleichen wären. Aber wir haben Sänger und Sängerinnen, die musikalisch weitaus gebildeter sind als viele ihrer Vorgänger, Männer und Frauen, die eine relativ klare Vorstellung davon haben, was ihre Kollegen singen, was das Orchester spielt, was der Regisseur von ihnen erwartet und weshalb; es gibt heute Bühnenbildner, die nicht nur Augen, sondern auch Ohren haben und Dirigenten und Regisseure, die zusammen auf ein gemeinsames Ziel hinarbeiten. Es mag sein, daß das Verführerische des Jumbo-Jets, das schmeichelnde Werben der Schallplattenfirmen und Filmgesellschaften und die finanziellen und künstlerischen Angebote von Opernhäusern in allen Teilen der Welt viele der meistgefragten Interpreten daran gehindert haben, lange Zeit Mitglied einer einzigen Truppe zu bleiben, wie es die meisten ihrer Vorgänger taten. Vielen der angesehensten Häuser der Welt fehlt deshalb so etwas wie ein hauseigener Stil. Aber was ist schlimm daran, wenn mehr Menschen in mehr Ländern die Gelegenheit haben, einige der besten Interpreten in einigen der bekanntesten Opernrollen zu hören? Warum also nicht den Jumbo-Jet, das Telefon, Fernsehübertragung, Computerbeleuchtung und alles andere, was die moderne Technologie zu bieten hat, nutzen, wenn die besten Künstler aus der ganzen Welt dadurch zusammenkommen können, um gemeinsam neue Standards für die Oper zu setzen? Viele bleiben auf der Strecke, Sänger, die mit den körperlichen oder geistigen Anforderungen des Operngeschäfts in der modernen Welt nicht fertig werden, und Regisseure, die sich von der Technologie dazu verleiten lassen, eigenwillige Travestien von Werken zu schaffen, denen sie angeblich gerecht werden wollen. Aber die Gelegenheiten, die sich heute jenen bieten, die sie sinnvoll nutzen können, sind mit Sicherheit zahlreicher als je zuvor. Für einen künstlerisch talentierten, persönlich einfühlsamen und körperlich robusten kreativen Menschen gibt es außer den Grenzen von Zeit und Raum kaum etwas, was seinen potentiellen Leistungen irgendwelche Schranken setzt.

Nichts ist mehr so, wie es einmal war, sagen die Menschen nach wie vor, und sie haben recht. Es gibt mehrere Gründe zu der Schlußfolgerung, daß es heute besser sei. Caruso wurde zu seinen Lebzeiten wahrscheinlich von etwa eineinhalb Millionen Menschen auf der Bühne gesehen; Domingo kann von Millionen gehört werden, wann immer einer seiner Auftritte in den Medien ausgestrahlt wird, und ganze Vorstellungen werden heute für den Genuß zukünftiger Generationen in Klang und Bild festgehalten.

Verdi oder Wagner mögen heute nicht mehr unter uns weilen, aber wir können uns an ihrer Musik erfreuen (was Mozart nicht konnte), und auch an der von Puccini (was jenen nicht vergönnt war), und wir können diese Musik nach und nach in der Interpretation verschiedener Generationen von Sängern hören und sehen. Ein neues »Goldenes Zeitalter« des Gesangs? Es ist unklug, einer Epoche solch ein Etikett anzuheften, und geradezu unmöglich, die Gesamtleistungen einer Periode mit denen einer anderen zu vergleichen. Es steht jedoch fest, daß es heutzutage Sänger gibt, besonders im italienischen Repertoire, die mit den begabtesten ihrer Vorgänger zu vergleichen sind, und daß gute Opern in gelungenen Inszenierungen heute »live« oder in immer ausgereifteren Reproduktionsverfahren mehr Menschen zugänglich sind als je zuvor. Wenn unsere Urgroßväter gewußt hätten, welches Vergnügen das Zeitalter Domingos bereithalten sollte, dann hätten sie vielleicht nicht so hartnäckig am Zeitalter Carusos festgehalten ...

Der Star

»Le Grand Echiquier«

Wie alle Großstädte verändert sich Paris ständig. Als Plácido Domingo im Jahre 1973 hier zum ersten Mal sang, ratterten die meisten Züge in der Metro noch auf lärmenden Metallrädern, und wenn man gleichzeitig mit dem Zug den Bahnsteig erreichte, mußte man damit rechnen, daß man von einer großen automatischen Eisentür ausgeschlossen wurde. Heute fahren die Züge auf Gummirädern mit der doppelten Geschwindigkeit und einem Viertel des früheren Lärmpegels, und die Behörden überlassen es der Vernunft ihrer Fahrgäste, beim Ansturm auf einen einfahrenden Zug ihr Leben nicht aufs Spiel zu setzen. Es gibt heute weniger Graffiti in Paris als früher. »Yankees« werden noch immer gelegentlich aufgefordert, nach Hause zu gehen, allerdings nicht mehr aus Vietnam. In der letzten Oktoberwoche des Jahres 1983 bezieht sich diese Aufforderung auf eine kleine Karibikinsel, von der noch vor einer Woche in Frankreich kaum jemand gehört hatte, nämlich Grenada.

Als das große, prachtvolle Théâtre National de l'Opéra, das nach seinem Erbauer in der Mitte des 19. Jahrhunderts passenderweise Gamiers »Palast« genannt wird, Mitte und Ende der 70er Jahre von Rolf Liebermann geleitet wurde, besuchte Domingo Paris häufig und trat regelmäßig in der Oper auf. 1975 gab es eine ausgezeichnete *Forza*, 1976 einen verhaltenen, lyrischen *Othello* (der zwei Jahre später wiederholt wurde) und denkwürdige *Bohème*- und *Carmen*-Inszenierungen. Liebermann feierte eine Reihe von Triumphen, und dem Pariser Opernpublikum schien es nichts auszumachen, daß die meisten Erfolge in erster Linie den regelmäßig anwesenden nichtfranzösischen Künstlern zu verdanken waren (Domingo, Solti, John

Dexter – ganz zu schweigen von dem in der Schweiz geborenen Liebermann, dem langjährigen Intendanten der Hamburger Oper).

Die französischen Behörden sahen die Sache jedoch anders, und Liebermann hatte das Gefühl, daß ihm die für die Fortsetzung seiner Politik der Superlative notwendige Unterstützung vorenthalten wurde. Es war nicht etwa eine Frage der Finanzierung, obwohl der damalige Premierminister Chirac laute Drohungen in dieser Richtung ausstieß, noch schrieb irgend jemand in der Regierung Liebermann vor, welche Opern oder Sänger er bringen sollte. Aber daß er unter Beschuß stand, hielt er für erwiesen, und er ließ wissen, daß er nach Ablauf seines Vertrages im Jahre 1980 nicht mehr zur Verfügung stehen werde. Liebermanns Nachfolger, Bernard Lefort, der frühere Direktor des Festivals von Aix-en-Provence, fing bald damit an, die Opéra zu »französisieren«. Wie Domingo es sieht, lud Lefort ihn in der Tat zu Auftritten ein, aber in Rollen, von denen er wußte, daß Domingo sie nicht annehmen konnte. Bernard Lefort blieb jedoch nicht lange, und sein Nachfolger wurde ein lebhafter italienischer Opernintendant, Massimo Bogianchino, der sich seine Sporen hauptsächlich als erfolgreicher Leiter des Teatro Communale und des Maggio Musicale in Florenz verdient hatte. Bogianchino übernahm die Opera 1982, und die ersten Zeichen seines Ideenreichtums lassen sich bereits erkennen. In dieser Woche im Oktober 1983 kann man zum Beispiel – wenn man eine Eintrittskarte erbetteln, borgen oder stehlen kann – Rossinis selten aufgeführte *Moïse* mit Samuel Ramey und Shirley Verrett und Puccinis *Madame Butterfly* sowohl in der Originalversion als auch in der Bearbeitung sehen. Wird Domingo wieder an die Opéra zurückkommen? Bogianchino hat schon lange darauf gewartet, ihn zu engagieren, und Domingo freute sich schon ebenso lange darauf zuzusagen. Pläne für mögliche Auftritte in der Zukunft sollen in den nächsten paar Tagen besprochen und ausgearbeitet werden, da Domingo für ein Fernsehprogramm nach Paris kommt: Jacques Chancels »Le Grand Echiquier« auf dem Kanal Antenne 2, dem Kultursender des französischen Fernsehens.

Chancel, ein früherer Kriegsberichterstatter in Indochina, inzwischen allerdings schon weit über fünfzig und würdevoll ergraut, gilt als einer der besten, vielleicht sogar als der gewandteste Interviewer im französischen Fernsehen. Seit 1972 hat er sich als Gastgeber einer regelmäßigen Serie von abendfüllenden Live-Shows beliebt gemacht, die sich mit Leben und Werk einer bedeutenden Persönlichkeit aus der Welt der Kunst oder der Unterhaltung befassen. Das Format ist einfach. Der vorgestellte »Grand Echiquier« und eine Reihe anderer mehr oder weniger geeigneter Prominenter treten der Reihe nach vor den Kameras und den Studiozuschauern auf, während Chancel seinen Star und seine Gäste sozusagen zwischen den Akten in eine scheinbar zwanglose, aber doch sehr aufschlußreiche Konversation verstrickt. Das Ganze ist ein Wunder an kontrollierter Fernsehproduktion, um so mehr, als die Shows normalerweise live ausgestrahlt werden. Während Chancel und seine Gäste sich immer wieder für drei oder vier Minuten zum Plaudern zusammensetzen, bereiten Armeen von Kameramännern und sonstigem Personal in einer anderen Ecke des riesigen Studios bereits die nächste Aktion vor. Würde die Show aufgezeichnet werden, so würde ein anspruchsvoller Regisseur den gesamten Stab zweifellos eine Woche lang im Studio beschäftigen.

Die meisten von Chancels »Großen Schachspielern« waren Franzosen, unter anderem Persönlichkeiten wie François Truffaut, Yves Montand und Jean-Louis Barrault. Unter den Ausländern waren Karajan, Rubinstein und Menuhin. Nun ist Plácido Domingo an der Reihe. Domingo setzt sich über jegliche Konvention hinweg, und die Regeln, die für alle anderen gelten, müssen für ihn mehrfach geändert werden. Wie Chancel dem Studiopublikum am Abend der Show mitteilt, ist dies das erste Mal, daß »Le Grand Echiquier« nicht live gesendet wird. Der Grund sei ganz einfach der, daß Domingos Terminkalender trotz jahrelanger Vorverhandlungen so ausgefüllt sei, daß dies bis zum Ende der achtziger Jahre der einzig mögliche Zeitpunkt für ihn sei, in der Sendung mitzumachen. Aber das Programm dieses Abends, so fährt Chancel fort, wird in drei Wochen genau so ausgestrahlt werden, wie es im Studio abläuft – keine Tricks, keine Schnitte, keine Wiederholungsaufnahmen, keine Ergänzungen oder Kürzungen. Die Übertragung wird »quasi live« sein.

Das soll nicht heißen, daß sie nicht gründlich vorbereitet wurde. Sie ist sorgfältig geplant worden – oder zumindest einige ihrer Teile. Zu Beginn der Woche probt Domingo zwei oder drei Stücke und nimmt sie auf Band auf; sie werden zusammen mit ein paar Ausschnitten aus Opernszenen in das Programm eingespielt und gewähren somit allen im Studio eine kurze Erholungspause von den grellen Scheinwerfern und der Spannung. Und am Nachmittag vor der Show selbst probt Domingo drei Stunden lang unter anderem ein leises, unvertrautes Lied von Faure, »Après un Rêve«, und ein schwieriges Pianoduo von Dvořák mit dem rauh aussehenden, aber lieblich spielenden Alexis Weissenberg und geht mit dem Orchestre National de France (dem ONF) verschiedene Stücke durch, die er am Abend dirigieren wird.

Die Proben sind alle ein wenig glanzlos gewesen, und diese letzte ist keine

Ausnahme. Das Studio – eines von vielen von der Größe einer Flugzeughalle in einem riesigen, fensterlosen Gebäude im Pariser Stadtteil Buttes de Chaumont – ist unangenehm heiß und laut, und die meisten Musiknummern sind sowohl für Domingo als auch für das ONF ein klein wenig zu leicht, um sie wirklich herauszufordern. Das ONF ist zusammen mit Barenboims Orchestre de Paris eines der Eliteorchester Frankreichs. Die ONF-Musiker sahen Domingo zum letzten Mal, als sie unter Lorin Maazels Stabführung mit Domingo als Don José den Soundtrack von *Carmen* für den Gaumont-Film einspielten. Wie könnte Plácido Domingo einem Orchester dieses Formats auch vormachen, wie man Verdis Ouvertüre zu *Forza del Destino* oder die langsamen Sätze in Mozarts Klavierkonzert Nr. 9 (wieder mit Weissenberg am Klavier) oder Mendelssohns Violinkonzert spielt? Dem Durchgang durch das Mendelssohn-Werk fehlt es besonders an Spannung, da es ohne den jungen Solisten Pierre Amoyal gespielt werden muß, es ist aber dennoch unvergeßlich, weil über große Strecken die unnachahmliche, wenn auch verhaltene Stimme des Dirigenten dieses Abends den Part der Sologeige singt. Auf dem Podium neigt Domingo zu einer etwas allgemeinen Führung: Er schlägt mit beiden Armen einen klaren Auftakt, ohne jedoch den Einsätzen der verschiedenen Orchesterstimmen besondere Aufmerksamkeit zu schenken. Aber jeder weiß, daß dies nicht ein Anlaß zu hochkarätigem Musizieren ist; ebensowenig wird Domingos Dirigieren heute abend unter dem scharfen Auge des Kritikers betrachtet. Die Durchgänge während der Nachmittagsproben dienen wirklich nur dazu, den Musikern eigene Sicherheit und gegenseitige Gewißheit zu geben, daß sie die Stücke, wenn es soweit ist, meistern können, und zumindest dies gelingt bei den Proben.

Die Nachmittagsprobe wird überzogen. »Was ist mit den zwei Stunden Ruhepause, die Plácido haben sollte?« fragt sein französischer Agent Michel Glotz mit nach oben gerollten Augen und herabhängendem Zigarettenstummel. Während des ganzen langen Nachmittags sitzen die meisten Leute, wie das bei Proben nun einmal so ist, einen Großteil der Zeit untätig herum. Da ist zum Beispiel der gutaussehende, stämmige Mann mit dem dichten Haarschopf, der besonders aufmerksam zusieht, wie Domingo die *Forza*-Ouvertüre mit dem Orchester durchgeht. Es ist der Dirigent Garcia Navarto, der gerade eben mit einem schwungvollen Durchgang der verschiedenen spanischen Stücke, die er heute abend dirigieren wird, sein Talent bewies. Und jenes betörende Mädchen in dem engen schwarzen Lederrock, das wie zur Dekoration auf der Tribüne entlang der Studiowand sitzt? Sie ist ein Star der Folies Bergères, und obschon sie Norma Duval heißt, eigentlich Spanierin. Als sie endlich an der Reihe ist, stellt sich leider heraus, daß sie lediglich singt. »Sie hat überhaupt keine tiefen Register«, kommentiert ein Zuschauer schockiert, als Norma ihr Mikrofon noch enger umklammert, als benötige sie Halt. »O doch, die hat sie!« grinst ein Begleiter und starrt auf den glänzenden schwarzen Rock. Es ist allerdings noch bedauerlicher, daß Norma bei ihrer Nummer in der Show selbst mitten im berühmtesten aller französischen Chansons, »La Vie en Rose«, unter einem momentanen Gedächtnisschwund leidet. »Macht nichts«, lächelt der größte Opernsänger der Welt seiner niedergeschlagenen Landsmännin aufmunternd zu, »wir alle vergessen von Zeit zu Zeit Liedverse!«

Ein paar Meter von Norma entfernt sitzt während der Nachmittagsprobe eine Schönheit gänzlich anderer Art, eine Frau mit dem Profil einer Nofretete und der Eleganz jener Mannequins, die vor dem Hotel »Ritz« am Place Vendôme, in dem das Ehepaar Domingo wohnt, auf- und abspazieren. Sie ist in der ganzen Opernwelt die beliebteste Sprachlehrerin für Französisch, Janine Reiss. Auch Janine wird während des Programms dieses Abends nicht ganz vom Unglück verschont bleiben. Als man sie bittet zu zeigen, wie sie einen Sänger wie Domingo in einer ihm unvertrauten Oper anleitet (als Beispiel dient eine Passage aus Ambroise Thomas *Mignon*), versagt ihr Mikrofon, und ein Großteil ihrer freundlichen, aber autoritativen Verbesserungsvorschläge zu Plácidos unvollkommenem Französisch sind außer für ihren direkten Adressaten unhörbar. »Dieu te consolera«, singt Plácido zart, so als glaube er selbst daran. »Consolera, und nicht consolehra, und auch nicht consolerra!« korrigiert Janine beharrlich. Mikrofone sind beim Fernsehen anscheinend genauso unentbehrlich wie Kameras, doch jemand mit einer Stimme wie der von Plácido Domingo darf sich wohl zu Recht fragen, warum das so ist. Als Domingo gegen Ende eines langen Abends mit »My Life for a Song« beginnt, unterbricht ihn Chancel und meint, er müsse unbedingt ein Mikrofon halten. »Was ist los?« erwidert Plácido. »Glauben Sie, daß ich nach Mitternacht keine Stimme mehr habe?«

Der Abend war in der Tat lang, sogar länger, als Chancel geplant hatte. Um 20.30 Uhr betrat Plácido das Studio, in schmuckem Frack und weißer Fliege, und sang, von Garcia Navarto und dem ONF begleitet, seine atemberaubende Version des »Recondita armonia«. Volle vier Stunden und über vierzig Nummern später nimmt Plácido, nun in einen Anzug gekleidet, den jubelnden Beifall einer begeisterten Menge entgegen, während Chancel endlich die Sendung abschließt, die wohl eine der längsten ununterbrochenen Varietéshows in der Geschichte des Fernsehens gewesen sein muß.

Marta Domingo sitzt den ganzen Abend über direkt hinter ihrem Mann und strahlt vor Freude und Stolz, als Plácido den Zuschauern gesteht, daß er

(»vielleicht außer der Stimme«) alles ihr verdanke. Der Abend war ein wunderschönes Erlebnis für sie. Auch eine andere Dame fand den Abend großartig – Mireille Mathieu. Sie ist immer noch jung genug, um wie ein kleines Mädchen in einem Partykleid auszusehen, und dennoch ist sie die natürliche Nachfolgerin der zähen, ständig abgewrackt wirkenden Piaf. Mit ihrer Interpretation von »La Paloma« in beinahe gutturalem piafschem Französisch lieferte Mireille bereits zu Beginn des Programms einen eindrucksvollen Beitrag zu diesem Abend. Sie glaubte, es sei ein Traum, gesteht sie den Zuschauern, als sie zu einem Duett mit Plácido Domingo eingeladen wurde – ein speziell zu diesem Anlaß geschriebenes und nicht ganz leichtes Duett von Michel Legrand, das passenderweise den Titel »Tous mes rêves« trägt. Legrand war an diesem Abend selbst im Studio, doch er sah eher wie ein watschelnder Provinzlehrer mit Brille aus als wie der Doyen der französischen Popmusik und der Komponist von etwa sechzig Filmmelodien. Seine verschiedenen Beiträge zu diesem Abend kulminierten in einer glänzenden Demonstration seines Virtuosentums am Klavier, als er sein eigenes »Moulins de mon cœur« improvisierte, begleitet vom Unterhaltungsorchester von Jean Claudric und aufreizend gekleideten »Ba-ba-du«-Girls, jeweils zwei an einem Mikrofon. Auch die rothaarige Regine, die Königin der Pariser Nachtclubs, gab an diesem Abend für ihren Freund Plácido ihr Bestes, wie auch ein junger Pianist namens Michael Rudy mit seiner schauerlich schönen Interpretation einer Chopin-Nocturne. Und Charles Aznavour schließlich bewies, daß er auch mit nahezu sechzig Jahren noch immer der Inbegriff des französischen Chansonnier ist. Aznavour, der Sohn türkisch-armenischer Einwanderer, ist ein Mann, dessen zerfurchtes Gesicht und gedrungener Körper das in seinen Liedern so treffend ausgedrückte Leiden klar veranschaulicht, und er verriet in seinem »La salle et la terrasse« so viel leidenschaftliche Verzweiflung, daß Chancels Zuschauer zunächst zu beeindruckt waren, um zu applaudieren. »Großartig!« sagte ein Bewunderer später, als Aznavour mit seinem Manager, Lèvon Sayan, der auch Domingos Publicity-Manager in Frankreich ist, das Studio verließ. »Vielen Dank«, erwiderte Aznavour mit einem matten Lächeln, und er fügte hinzu, daß seine Beine beim Singen unaufhörlich zitterten, aber daß er gehofft hatte, man würde es nicht merken.

Und der neueste Grand Echiquier selbst? Auch er war an diesem Abend gut. In jeder Hinsicht. Ob er nun Oper, *Zarzuela* oder die Musik von Michel Legrand sang, er war einfach umwerfend. Es gelang ihm, die Fallen, die Chancel ihm stellte, mit Charme und Witz zu umgehen, und er vermittelte seinem Publikum den Eindruck, daß seine Warmherzigkeit seinem Genie als

Musiker um nichts nachstand. Und wenn auch er gelegentlich einmal stolperte – das Lied von Fauré zum Beispiel war offensichtlich nicht sein Fach, und das unzulänglich geprobte Klavierduo von Dvořák fiel in der Mitte auseinander –, so war das kaum gravierend. Wenn überhaupt, dann zeigte es dem wohlwollenden Publikum lediglich, daß auch Domingo ein fehlbares menschliches Wesen ist. Und nun, am Ende des Abends, lacht Domingo nur noch – er ist glücklich und zweifellos einigermaßen erleichtert, daß alles vorüber ist. »Ich glaube, dies war das schlimmste, was ich je erlebt habe«, gesteht Plácido seinen Freunden. So etwas sagt er häufig, aber an diesem speziellen Abend – nach all den Stunden unter heißen Fernsehscheinwerfern, in denen er vor einem Publikum, das im nächsten Monat die ganze Nation umfassen würde, im Grunde ein komplettes Konzertprogramm singen, drei Orchesterstücke dirigieren, auf dem Klavier spielen und dazwischen an einem Dutzend verschiedener Interviews in französischer Sprache teilnehmen mußte – mag er durchaus recht haben.

Der Maestro

Ein Problemkind ist häufig das meistgeliebte in der Familie, und so geht es vielen Opernsängern mit Johann Strauß' *Die Fledermaus*. Das Problem mit der *Fledermaus* besteht ganz einfach darin, daß sie keine Oper ist. Sie ist eine Operette, gewiß, und dazu noch eine der besten in jener Kategorie, zu der auch die schönsten Werke von Offenbach, Gilbert und Sullivan, Lehár und vielleicht Richard Rodgers oder Lerner und Loewe gehören. Aber mit ihrer unglaublichen Geschichte, ihren unrealistischen Charakteren und der Abfolge leichter Musiknummern, die durch langatmige Dialoge verbunden sind, kann die *Fledermaus* kaum zum gleichen Genre wie *Figaro, Falstaff* oder *Der Rosenkavalier* gezählt werden. Andererseits enthält die *Fledermaus* einige der lieblichsten Melodien, die je für die Bühne geschrieben wurden, ein Feuerwerk an Solo- und Ensemblegesang und Orchestermusik, überreich an Gefühl und Geist. Und die Handlung? Ein Adelssprößling im alten Wien wird von einem intrigierenden Freund dazu überredet, eine Gefängnisstrafe für ein paar Stunden aufzuschieben und statt dessen zu einem vornehmen Fest zu gehen, wo ihm, seiner Frau, seiner Dienerin und dem Gefängnisdirektor jedes erdenkliche Abenteuer zustößt und wo keiner genau weiß, wer all die anderen sind – das ist der Stoff, aus dem die Träume eines Bühnenregisseurs sind. Kurzum, die *Fledermaus* ist ein Werk, dem Opernliebhaber und Opernintendanten kaum widerstehen können. In der

Tat ist diese berühmteste aller Wiener Operetten quasi als Ausgleich für ihren problematischen Status immer wieder in den luxuriösesten Inszenierungen gezeigt worden, zu denen die großen Opernhäuser der Welt fähig sind.

Traditionellerweise eignet sich die *Fledermaus* ideal für den Silvesterabend, und ihre zentrale Szene beim Fest des Fürsten Orlofsky kann mit ihren unzähligen Überraschungsauftritten verschiedener Gäste wohlgesonnene Zuschauer beinahe genauso fröhlich stimmen, als hätten sie selbst vom Champagner des Fürsten getrunken. Es ist ein Abschlußstück, ein Abend, an dem man sich ungezwungen geben kann, das einzige Mal im Opernkalender, daß man erleben kann, wie Brünnhilde einen Popsong singt, Giselle dem Dirigenten zuwinkt – oder, wie es am Ende des Jahres 1983 unter dem begeisterten Applaus aller Anwesenden in Covent Garden geschah, daß der Dirigent selbst mitsingt.

Die große Vielfalt an Tempi und Stimmungen, ganz zu schweigen von dem Problem, den Fluß der Musik trotz der langen Dialogunterbrechungen aufrechtzuerhalten, machen es jedoch recht schwierig, die *Fledermaus* durchweg überzeugend erscheinen zu lassen. Wenn das Publikum entweder gefühlsmäßig unberührt oder aber völlig gefühlstrunken nach Hause geht, war das musikalische Fest ein Mißerfolg, und der Gastgeber ist letzten Endes der Mann im Orchestergraben.

Domingo ist sich dessen wohl bewußt. Obwohl das Werk zwei Tenorrollen aufweist,* hat er noch nie in der *Fledermaus* gesungen, doch ist er seit den Tagen im Musiktheater seiner Eltern in Mexiko mit dem Werk vertraut. Während seines Aufenthalts in Israel zu Beginn der 60er Jahre begleitete er Gesangskollegen manchmal auf dem Klavier und übernahm einen Part in der Festszene. Ende der siebziger und zu Beginn der achtziger Jahre dirigierte er die Operette dann in Frankfurt, München und an der Wiener Staatsoper. In Covent Garden gab es jedoch einige skeptische Stimmen, besonders im Orchester, als Domingo als Dirigent bei der Wiederaufnahme im Dezember 1983 angekündigt wurde. Es sei ein Reklametrick, meinten einige. Viele Sänger würden sich gerne als Dirigenten versuchen, murrten andere böse, aber die Intendanz von Covent Garden gebe den Launen ihrer Superstars immer nach, und Domingo müsse die *Fledermaus* als Bedingung für einige Gesangsauftritte gestellt haben ... Diese Skepsis war unvermeid-

* Alfred und Eisenstein. In der Inszenierung von Covent Garden im Jahre 1977 wurde Eisenstein jedoch von Hermann Irey, einem hohen Bariton, gesungen. Fürst Orlofsky, normalerweise ein Mezzosopran, wurde von dem Tenor Robert Tear gespielt.

bar und vorhersehbar, und Domingo bemühte sich von Anfang an, sie soweit wie möglich zu beschwichtigen und sich als aufrichtigen Dirigenten zu erkennen zu geben. Seit Julius Rudel ihn im Jahre 1973 einige Vorstellungen von *La Traviata* an der New York City Opera dirigieren ließ, hat Domingo ernsthaft an die Möglichkeit gedacht, die Dirigentenlaufbahn einzuschlagen, wenn seine Stimme einmal nachzulassen beginnt, und bei seinen vereinzelten Vorstößen auf das Podium wollte er natürlich Referenzen sammeln.

Die Vorbereitungen auf Domingos Dirigentendebüt in Covent Garden verliefen allerdings nicht ohne Spannungen. Anfang November warnte ihn ein Freund mit astrologischen Neigungen davor, daß er sich in den nächsten paar Wochen einem heftigen Sturm aussetzen würde – was ein Blick auf seinen Terminkalender ihm ebenso deutlich gezeigt hätte. Die *Fledermaus* war nicht der einzige Termin in seinem Kalender. Im November sollte Domingo in Covent Garden fünf Abende *Othello* singen und dazwischen ständig zwischen London und Mailand hin- und herpendeln, um an den Proben einer neuen Zeffirelli-Inszenierung von *Turandot* zur Eröffnung der Spielzeit der Scala am 7. Dezember teilzunehmen. *Othello* ist wahrscheinlich das anspruchsvollste Werk in Domingos Repertoire, ein Werk, das seine enormen Talente bis zum Äußersten fordert. Während dieser Auftrittsreihe sollten seine körperlichen und geistigen Energien jedoch dreigeteilt werden. Es mag verrückt sein, aber es ist Plácido Domingos typische Art des ehrgeizigen Planens, das er in der Vergangenheit noch immer durchgehalten hat. Wenn man abermals eingeladen wird, die Spielzeit der Scala zu eröffnen, lehnt man nicht leichtfertig ab, und Domingo wollte sich nicht von den Mailändern vorwerfen lassen, er drücke sich vor den Proben. Die Scala hatte ursprünglich *Fanciulla* spielen wollen, nicht gerade eine von Domingos anstrengendsten Opern, und als dieser Plan aufgegeben wurde, dachte man an ein anderes, relativ leicht realisierbares Werk, *Tosca*. Für *Turandot*, ein weitaus schwierigeres Projekt, entschied man sich erst ein paar Monate vor der Eröffnung der Spielzeit, und zu diesem Zeitpunkt waren Domingos Termine für *Othello* und *Fledermaus* längst vereinbart. Trotzdem war Domingo, als der November näherrückte, zuversichtlich, daß seine komplizierte Termingestaltung funktionieren würde. Die Proben für *Turandot* fielen glücklicherweise zwischen die *Othello*-Auftritte, und die *Fledermaus*-Proben sollten erst nach der Premiere von *Turandot* richtig intensiv werden. In der Praxis sah es jedoch so aus, daß die ungünstige Konstellation der Sterne oder auch der Proben-, Auftritts- und Flugpläne und ein besonders garstiger Nebel in Mailand einen Strich durch Domingos Rechnung machten.

Als Domingo Anfang November in London ankam, war er in ausgezeichneter Form. Als er für ein Wohltätigkeitskonzert in der Royal Festival Hall probte, strahlte er geradezu vor Zuversicht und gutem Willen. Ein paar Tage später erfolgte die Premiere von *Othello*, aber einige der Kritiken fanden die Vorstellung unter Colin Davis enttäuschend farblos. Und dann begann das regelmäßige Pendeln zwischen London und Mailand. Zeffirellis *Turandot* versprach eine großartige Inszenierung und Ghena Dimitrova eine ausgezeichnete Interpretin der Titelrolle zu werden, aber Domingo war nicht ganz unbefangen. Die Rolle des Calaf ist anstrengend, und er fand es schwierig, sie harmonisch mit Lorin Maazels energisch geführtem Orchester zu verbinden. In der dritten Novemberwoche ließ Domingos Gesundheit nach. Es war eine Luftröhrenentzündung, wie die Ärzte feststellten, und das hieß im Klartext, so betonten sie, keinen *Othello* und wahrscheinlich keine *Turandot*. Nicht einmal sprechen solle er mehr als notwendig, wenn er seiner Stimme nicht auf Dauer schaden wolle. Er dürfe allenfalls flüstern, wenn er eine Woche später zur ersten *Fledermaus*-Probe mit dem Covent-Garden-Orchester zusammentreffe ...

Die Henry Wood Hall ist eine umgebaute Kirche im Londoner Stadtteil Southwark, die nun als Probesaal benutzt wird. Hier wird Domingo dem Covent-Garden-Orchester vorgestellt, und während er sich durch die erste Probe hindurchkrächzt, ist er sichtlich deprimiert ob seiner Unfähigkeit, mit voller Stimme zu kommunizieren, aber er ist froh, daß er mit dem Taktstock Erfolg zu haben scheint. Ein paar Tage später, als seine Sprechstimme sich bereits ein wenig erholt hat, trifft Domingo im Opernstudio von Covent Garden seine Solisten, und auch hier klappt die Zusammenarbeit ausgezeichnet. Die Besetzung ist (außer der Ergänzung durch den Tenor Dennis O'Neill aus Wales in der Rolle des Alfred und die Mezzosopranistin Doris Soffel als Orlofsky) im wesentlichen die gleiche wie bei der Eröffnung der Produktion vor sechs Jahren: Hermann Prey und Kiri Te Kanawa als Eisenstein und dessen Gattin Rosalinde, Hildegard Heichele als Adele, Benjamin Luxon als Falke, Michael Langdon als Gefängnisdirektor und Josef Meinrad als Gefangenenwärter. »Wie geht es dir? Es ist schön, dich zu sehen.« Herzliches Umarmen und Händeschütteln mit den Kollegen – aber Plácido warnt alle lächelnd davor, ihm nicht zu nahe zu kommen, wenn ihnen ihre Stimme lieb ist. Die erste Sitzung ist kurz, eher eine zwanglose Zusammenkunft als eine Probe. Aber es wird sofort klar, daß Domingo nicht nur nominell, sondern auch faktisch der Dirigent sein will und nicht nur die Partitur in- und auswendig kennt, sondern genau weiß, was er daraus machen will.

Vielleicht war es eine mysteriöse göttliche Vorsehung, die Domingo mit einer Luftröhrenentzündung niedergeworfen hatte. Auf jeden Fall konnte er aufgrund seiner erzwungenen Abwesenheit von Mailand in diesen Tagen häufiger bei den ersten Regieproben für die *Fledermaus* zugegen sein, als es ihm sonst möglich gewesen wäre, und ein hart trainiertes Ensemble sieht es immer gern, wenn der Dirigent sich bei diesen Anlässen in der Nähe hält. Und sollte irgend jemand befürchtet haben, Domingo würde ihnen zeigen wollen, wie man gewisse Rollen singt, so sorgt Domingos abklingende Tracheitis – ganz zu schweigen von dem Beharren auf seiner nichtsängerischen Funktion in dieser speziellen Inszenierung – dafür, daß alle entspannt sind.

Es entsteht eine ausgesprochen gemütliche Atmosphäre, als man zu den Bühnenproben übergeht, aber es reißen auch gewisse Unarten ein: Verse werden vergessen, und hier und da bleibt der Ensemblegesang hartnäckig unharmonisch. Domingo steht im Orchestergraben, dirigiert an einem Tag eine Klavierprobe, an einem anderen eine Orchesterprobe und versucht, auf alles zu achten. Der stellvertretende Dirigent Robin Stapleton steht ihm dabei immer mit Rat und Tat zur Seite. Der Gastregisseur Richard Gregson läuft über die Brücke auf die Bühne, um die Position des Chors zu verändern, während die elegante, ständig wachsame Hilde Beal, die den Sängern in Covent Garden bei Sprachproblemen im Deutschen aushilft, Kiri Te Kanawa oder Ben Luxon deutlich, aber diplomatisch auf Details in der Aussprache hinweist. Etwa zehn Tage vor der Premiere befindet sich die *Fledermaus* in dem Stadium, durch das alle guten Operninszenierungen gehen müssen: Es ist der Punkt, an dem niemand glaubt, daß die Show überhaupt rechtzeitig fertig wird, obwohl im Grunde alle wissen, daß sie es schaffen werden.

»Tschum! Tschum! Tschum! Di-diddel-liddel-liddel-liddel lum tschum tschum ...« Der Anfang der Ouvertüre klingt lebhaft, doch einige der schnellen Streicherpassagen erfordern besondere Aufmerksamkeit und werden in halbem Tempo geprobt. Domingos Taktschlag ist energisch, etwas krummlinig, mehr aufwärts als abwärts geschlagen, für einige Musiker vielleicht ein wenig zu tief und etwas zu sehr aus dem Körper und den Armen statt aus dem Handgelenk. Wenn man ihm genau zusieht, wird man bei den großen musikalischen Höhepunkten das gleiche resolute Zurückwerfen des Kopfes, das gleiche Ballen der Fäuste und leichte Einknicken in den Knien bemerken, die seine Bühnenauftritte als Sänger charakterisieren. Denn die musikalischen Impulse, die von Domingo ausgehen, sind in beiden Situationen im Grunde dieselben.

Die Dirigenten, mit denen Domingo zusammengearbeitet hat, loben die

Tiefe und Breite seiner Musikalität. »Es ist eine wahre Freude, ihn auf der Bühne zu haben«, sagt Lorin Maazel, »denn er weiß ganz genau, was geschieht, und er versteht schon beim kleinsten Wink mit den Augen, was man normalerweise nur in monatelangen Proben vermitteln kann.« – »Ein wunderbares Gespür für musikalisches Timing«, meint Zubin Mehta. »Man kann sicher sein, daß er genau weiß, was er mit einer bestimmten Phrase anzufangen hat.« Dirigenten, die Domingos Opernplatten dirigiert haben, berichten, daß Domingo im Gegensatz zu vielen anderen Sängern mit Interesse und Neugier auch die technischen Aspekte der Schallplattenaufnahme im Studio verfolgt, die Art und Weise, wie die Balance zwischen Teilen des Orchesters oder zwischen Orchester und Stimmen nicht nur vom Dirigenten, sondern auch von den Toningenieuren manipuliert werden kann, und auch, wie man die Instrumentierung verändern kann, um die Aufnahme einer schwierigen Verbindungspassage oder Transposition zu erleichtern. »Er ist durch und durch ein Musiker, nicht (bloß) ein Sänger«, betonen viele. »Ein gewisses Interesse am Dirigieren ist für jeden Musiker sehr hilfreich, denn es zwingt ihn, alles mit Orchesterohren zu hören.« Das ist die Ansicht von Daniel Barenboim, der eines der besten Beispiele in unserer Zeit ist für einen Solisten, der den Wechsel zum Dirigenten erfolgreich gemeistert hat und der seit den sechziger Jahren ein Freund und Kollege von Domingo ist. Wie gut Domingo als Dirigent einmal werden wird, kann Barenboim nicht sagen, und auch nicht, wie gründlich er eine komplizierte Orchesterpartitur lesen kann. Aber er ist beeindruckt von der Art und Weise, wie orchesterbezogen Domingo denkt; Plácido kennt nicht nur seine eigene Melodiestimme, sagt Barenboim, sondern auch viel von dem, was seine Kollegen singen müssen, sowie die Klangfarben, die Klangstrukturen und die Harmonien. »Plácido ist ein guter Klavierspieler und ist sich viel stärker als die meisten anderen Sänger darüber im klaren, was sich neben seinem Gesang noch alles abspielt.« Er fügt jedoch einen kleinen Vorbehalt hinzu. »Außerordentlich musikalisch zu sein reicht noch nicht aus, um ein guter Dirigent zu sein. Wenn man als Solist spielt oder singt, hängt ein Großteil der Leistung von der eigenen musikalischen Intuition ab. Doch wenn man dirigiert, muß man andere dazu bringen, so zu spielen, wie man die Musik in seinem Kopf hört, und dazu muß man seine musikalischen Instinkte analysieren und rationalisieren und vor allem anderen vermitteln können.« Das sei der Grund, fügt dieses ehemalige Wunderkind hinzu, weshalb man gelegentlich ein Wunderkind am Klavier oder an der Violine findet, nie jedoch am Dirigentenpult.

Besitzt Domingo diese Fähigkeit, seine musikalischen Instinkte zu analysieren und zu kommunizieren, oder ist er auf dem Podium letztlich nichts weiter als ein talentierter Amateur? Wenn man mit Domingo selbst über sein Dirigieren spricht, wird sofort klar, wie ernst er die Sache nimmt. Er räumt sofort ein, daß sein Singen natürlich Vorrang hat und daß es noch lange dauert, bis er als Dirigent auch nur annähernd ein entsprechendes Niveau erreichen wird. Aber er spricht mit Enthusiasmus von den Dirigentenkursen von Igor Markevitch am Konservatorium in Mexiko, die er als Gasthörer besuchte, und über die Lektionen, die ihm so bewunderte Kollegen wie Nello Santi oder Carlos Kleiber erteilten, und er kann recht ernst werden, wenn er von seinen eigenen Ambitionen spricht. Er kann aber auch sehr lustig sein. Ich fragte ihn einmal, ob er glaube, Opern ließen sich leichter dirigieren als symphonische Werke; schließlich war er mit der Oper im allgemeinen bereits vertrauter. Das sei richtig, gab er zu, aber wenn man Opern dirigiere, müsse man zwei verschiedene Kräfte gleichzeitig kontrollieren, die auf der Bühne und die im Orchestergraben (die Sänger oben und die Spieler unten, wie er es passenderweise ausdrückt). »Es ist geradezu so, als wäre man ein römischer Gladiator«, lacht er und wirft seine Glieder bedrohlich in alle Richtungen, »mit einem Bein steht man in einem Wagen, der von hundert Pferden in eine Richtung gezogen wird, und mit dem anderen in einem zweiten Wagen, den weitere hundert Pferde in die entgegengesetzte Richtung ziehen!« Eben diese Koordination der zweihundert Pferde ist eine der schwierigsten Anforderungen an den Operndirigenten, und sie wird eine von Domingos schwierigsten Aufgaben sein, wenn er sein Orchester, seinen Chor und die Solisten täglich weiter auf die Premiere der *Fledermaus* vorbereitet.

Eines Morgens, als Domingo sich im Orchestergraben abmüht und sich ganz auf das Orchester unten und die Sänger oben konzentriert, marschiert eine untersetzte, attraktive dunkle Gestalt von hinten direkt auf ihn zu, packt ihn bei den Schultern und unterbricht die Probensitzung mit einem lauten Zwischenruf: »Ich wollte nur einmal sehen, was hier los ist!« Die Musik kommt ungewollt zum Stillstand. Ein momentanes Gefühl der Überraschung und Verwirrung weicht fröhlichem Lächeln und Applaus von allen Seiten, denn alle erkennen Zubin Mehta, der für ein Konzert mit den Wiener Philharmonikern im Barbican nach London gekommen ist. »Glaubtest du etwa, ich würde mir das entgehen lassen?« fragt Zubin Plácido, als die beiden alten Freunde sich herzlich umarmen. Es mag sein, daß Domingo befangen ist, weil der Maestro ihm zusieht, der eben diese Inszenierung 1977 eröffnete und der Domingo in diesem Theater verschiedene Male dirigierte und übrigens auch bei Domingos erster kompletter Platteneinspielung, dem *Troubadour*, im Jahre 1969 den Stab führte, aber Domingo läßt sich nichts anmerken. Im Gegenteil, er zeigt ein breites Lächeln und stellt Mehta dem Orchester vor. »Meine Damen und Herren, kennen Sie schon ...«, und seine übrigen Worte gehen in erneutem Lachen und Applaus unter. Als die Probe weitergeht, sieht Mehta eine Weile diskret zu und begrüßt im Flüsterton einige Freunde im dunklen Zuschauerraum. »Hallo!« grinst Ben Luxon, »sind Sie als Ersatzmann für Plácido hier?«

Da es nur noch wenige Tage bis zur Premiere sind, ist keine Zeit für viele solche Zwischenfälle. Es ist zwar noch etwa eine Woche bis zum offiziellen Eröffnungsabend, aber Covent Garden hat beschlossen, die Vorstellung vor einem Publikum von Schulkindern auszuprobieren, um zu sehen, ob irgendwelche Abschnitte überarbeitet werden müssen. Außerdem erprobt Covent Garden zum ersten Mal eine Reihe von »Untertiteln« – auf eine Leinwand über der Bühne projizierte englische Übersetzungen, die, falls sie sich bei den Schülern bewähren, auch bei zukünftigen Anlässen und bei anderen Opern verwendet werden könnten.

Im Laufe der Zeit werden die meisten Schwierigkeiten bewältigt. Die Blechbläser hinter der Bühne sind zu laut und müssen gedämpft werden, während die Becken auf der Bühne, die Kiri Te Kanawas *Csardas* im zweiten Akt ankündigen, verstärkt und im Baßregister reduziert werden müssen, wenn es deutlich hörbar sein soll. Plácido und Kiri arbeiten die komplizierten Tempoveränderungen des *Csardas* bis ins letzte Detail aus und besprechen ganz genau, wann und wo der Zigeunerrhythmus schneller oder langsamer werden sollte. Einige der Zitate aus anderen Opern, die in diese Inszenierung eingeflochten wurden, müssen sorgfältig geprobt werden – Dennis O'Neills plötzlicher Ausbruch mit »Di quella pira« und Hermann Preys theatralisches »Lebwohl« aus *Die Walküre* und eine kleine Nummer aus *Figaro*, die Domingo später jedoch streicht. »An welchem Punkt setzt Ihr Lachen ein?« fragt Domingo Hildegard Heichele. »Und glauben Sie, Ihr nächster Vers sollte vom Orchester begleitet werden, oder wäre es Ihnen lieber, wenn ich das Orchester bis zum Ende des Verses zurückhalte?« Doris Soffel, ein ausgesprochen androgyner Fürst Orlofsky mit wunderschönem langem blondem Haar, das zur Eröffnung der Oper unter einer Glatzenperücke verschwinden wird, muß eine Wodkaflasche quer über die Bühne zu Ben Luxon schleudern, der sie bei einer Probe fallen läßt. Luxon ist ein ehemaliger Turner und schlägt im ersten Akt ein einwandfreies Rad. Er ist nicht der Mann, der eine Flasche mehr als einmal fallen läßt.

Bei den meisten Opernproben, an denen Domingo teilnimmt, ist er in der Regel überall, plaudert mit jedem und kümmert sich um alles, wenn er nicht unbedingt auf der Bühne gebraucht wird. Wenn er aber für eine ganze Vorstellung und nicht nur für einen Teil verantwortlich ist, ist er ungewohnterweise stundenlang an einen Platz gebunden. Man ist es nicht gewohnt, Domingo mit dem Taktstock in der Hand und mit rhythmischem Kopfnikken im Orchestergraben stehen zu sehen, und auch für ihn ist es ein seltsames Gefühl, nicht dabeisein zu können, wenn Doris Soffel und Ben Luxon sich auf den Plätzen im Sperrsitz ausruhen und ihren Kollegen auf der Bühne zusehen oder wenn Kiri Te Kanawa Hildegard Heichele eine ausgezeichnete Demonstration von Fitneß-Übungen liefert. Im halbdunklen Haus huscht Hilde Beal auf ein Wort mit Michael Langdon unauffällig über die Brücke zur Bühne hinaus, und der Regisseur Richard Gregson folgt ihr. Auf der Bühne wendet man sich immer wieder an den Souffleur oder winkt in die Kulissen, während in den Winkeln des Zuschauerraums unzählige Flüsterstimmen miteinander konferieren oder plaudern. Aber Domingo kann es sich kaum leisten, sich an solchen Geselligkeiten zu beteiligen. Er hat zuviel zu tun, und das Dirigentenpult ist der einzige Ort, von dem aus er seine Aufgabe erfüllen kann. »Kannst du mir mit den Händen vormachen, wie du diese Passage interpretieren möchtest?« Kiri Te Kanawa, die vielleicht noch nicht mit allen Einzelheiten ihrer Rolle völlig vertraut und auf jeden Fall bemüht ist, ihre Stimme zu schonen, mimt ihren Part meist nur mit halber Stimme, aber Domingo muß eine genaue Vorstellung vom Tempo und der Klangbalance bekommen, die er aus seinem Orchester herausholen muß. »Chor«, ruft er ein anderes Mal und bedient sich dabei des Mikrofons neben dem Dirigentenpult, »könnt ihr ein klares *Diminuendo* auf das letzte ›Stoßt an‹ bringen und gleich nach dem dritten Schlag aussetzen?« Er erklärt ihnen, wie er es meint: »STOSST AN! STOSST AN! STOSST A-A-AN WEG! Die Solostimme muß ganz sachte einsetzen und darf nicht übertönt werden.«

Domingo geht immer auf die Bedürfnisse seiner Sänger ein. Er erweckt nicht den Eindruck eines Orchestervirtuosen, der versucht, die Instrumentierung effektvoll aufzubauen, oder den eines Maestro, der die Wichtigkeit seiner neuen Rolle unbedingt auf Kosten seiner alten unter Beweis stellen will. Im Gegenteil, wenn Domingo manche Tempi eher gemütlich angeht, so tut er dies oft aus Rücksicht auf seine Sänger, obwohl sein musikalisches Empfinden bei dieser Art von Musik wahrscheinlich ohnehin einen schwungvollen Rhythmus einem Brio vorzieht.

Das Premierenpublikum vergnügt sich köstlich. Der Held des Abends ist Hermann Prey, ein explosives Bündel von Energie und ansteckender Heiterkeit, dessen künstlerische und bravouröse Darbietung dazu beiträgt, daß das Programm dieses Abends fabelhaft verläuft. Wenn Prey und Luxon auf der Bühne stehen, kann man eigentlich für gute Musik und jede Menge Spaß garantieren. Dennis O'Neill erhält für seinen zwanghaften kleinen italienischen Tenor einen wohlverdienten Beifallssturm, wie auch Hildegard Heichele für ihre unwiderstehliche Adele. Domingo selbst löst Ovationen aus, als der Maestro in der komischen Nummer im dritten Akt zusammen mit Meinrad ein paar Verse aus *Aida* anstimmt. Einige Ensemblemitglieder haben Premierenfieber, besonders im ersten Akt, in dem der lautstarke Souffleur von Covent Garden sich mehr als verdient macht. Doch im allgemeinen verläuft die Vorstellung reibungslos, und das Ensemble hat allen Grund, sich über die Glückwünsche zu freuen, die Prinz Charles und andere Mitglieder des vornehmen Publikums am Ende des Abends über sie ausschütten. Die Sänger begeben sich schließlich zum Umziehen in den neuen Flügel hinüber, während Domingo allein die alte Treppe zum Raum des Dirigenten hinaufsteigt, wo ihn seine Frau, seine Jungen und eine kleine Anzahl besonderer Freunde erwarten. »Na, war das nicht ein Abend?« grinst er, als er Marta kräftig umarmt.

In den nächsten paar Wochen folgen furchtbar viele *Fledermäuse:* Sieben Vorstellungen sind geplant, und die am Silvesterabend soll live im Fernsehen übertragen und von National Video für den Kassettenmarkt gefilmt werden. Das bedeutet, daß das Ensemble zwei Tage lang spezielle Fernsehproben für den BBC-Regisseur Humphrey Burton und sein Team sowie Proben mit den Überraschungsgästen in der Silvesterparty-Szene am Tag der Übertragung selbst durchstehen muß. Während sich London an diesen düsteren und ruhigen Tagen am Jahresende von Weihnachten erholt, sind Domingo und seine Kollegen beinahe täglich im Einsatz. Doch nur beinahe, und nicht ganz, und so kann Domingo noch einer weiteren Verpflichtung in seinem Terminkalender nachkommen: einer neuen Plattenaufnahme von Puccinis *Manon Lescaut* für die Deutsche Grammophon. Wie schon bei der Aufführung in Covent Garden im Mai soll der Dirigent erneut Giuseppe Sinopoli sein, doch hat die Deutsche Grammophon Mirella Freni anstelle von Kiri Te Kanawa für die Titelrolle engagiert. Die Einspielung soll in der Kingsway Hall stattfinden, die in aller Welt als ehemaliges Londoner Hauptquartier des Methodismus und des bekannten britischen Methodistenpredigers Donald Soper bekannt ist, die unter Musikern aber längst als einer der von den Plattenfirmen meistgeschätzten Aufnahmeorte gilt.

Früher war der Saal zweifellos recht prachtvoll mit seinem leicht abfallenden Holzfußboden, dem Balkon, der gestuften Bühne und der Orgel – genau der richtige Ort zur Versammlung der Gläubigen. Doch wichtiger ist, daß all das Holz der Kingsway Hall eine so lebendige, resonante Akustik verleiht, wie sie nur wenige Aufnahmestudios vorzuweisen haben, und da der Saal am Ende eines langen Ganges weit vom Verkehr auf dem Kingsway entfernt liegt, ist sie abgesehen vom gelegentlichen Geräusch der U-Bahn von jeglichem Außenlärm isoliert. Ein paar Jahre lang war diese alternde Halle jedoch vom Abbruch bedroht, und bei jeder Plattenaufnahme hieß es, dies sei die letzte. Am Ende des Jahres 1983 war nun der Vordereingang verbarrikadiert, und man mußte das Gebäude durch eine halb verriegelte Seitentür betreten. Der Bau hätte den Anstrich, den er wahrscheinlich nie bekommt, tatsächlich nötig, und das Ganze sieht aus, als würde es wie die Mauern von Jericho unter der Wucht eines einzigen lauten Orchesterakkordes zusammenbrechen. Die Einrichtungen hinter der Bühne sind dürftig und unzulänglich, doch die Deutsche Grammophon tut ihr Bestes und versorgt die Sänger in dem kleinen, nicht schalldichten gemeinsamen Garderobenraum mit Kaffee und Biskuits. Domingo und Freni sowie Renato Bruson (er singt Lescaut) und Kurt Rydl (er übernimmt den Part des Geronte) singen sich in diesem Raum warm, trinken Kaffee und plaudern mit ihrem Regisseur, genauso wie Maria Callas und Tito Gobbi es vor fünfundzwanzig Jahren taten. In diesem kleinen Raum können Domingo und seine Kollegen hören, wie Sinopoli draußen mit dem Orchester probt und beinahe in jedem Takt etwas korrigiert, um sicherzustellen, daß die Spieler mit jeder Nuance vertraut sind.

Es ist das Philharmonia Orchestra, und genau zur Halbzeit in diesen Aufnahmesitzungen, am Neujahrstag 1984, wird Sinopoli offiziell dessen Chefdirigent werden. Dieses Orchester wurde ursprünglich von dem brillanten und bärbeißigen Impresario und Schallplattenproduzenten Walter Legge als maßstabsetzende Instanz für seine neue Firma, EMI, ins Leben gerufen. Die enge Verbindung zwischen EMI und dem Philharmonia Orchestra dauerte durch zahlreiche Wechselfälle und Krisen, einschließlich Legges Versuch, das Orchester aufzulösen, bis in die achtziger Jahre an, in denen auch Riccardo Muti viele Aufnahmen für EMI machte. Aber Sinopoli ist eifrig von der Deutschen Grammophon umworben worden, und das Philharmonia wird sich wahrscheinlich verstärkt dieser Gesellschaft widmen, solange er dessen musikalischer Chef ist.

Sinopoli und das Orchester kennen sich bereits gut, und die Spieler reagieren ausgezeichnet auf seine oft drastischen Veränderungen der Tempi und der Dynamik in Puccinis leidenschaftlicher Musik. Er springt manchmal wirklich in die Luft; bei einem *pianissimo* kauert er sich nieder; er schüttelt seinen Stab und seinen linken Arm ungeduldig, wenn er Ruhe gebietet. Mit seiner hohen, überschnappenden Stimme spricht Sinopoli in gebrochenem, aber sich rasch verbesserndem Englisch zu seinen Spielern, in ausgezeichnetem Deutsch zu Kurt Rydl und zum Produzenten Günther Breest und in Italienisch zu Domingo, Freni und Bruson. Als Sinopoli das Gefühl hat, das Orchester sei soweit, und das kann bei einer dreistündigen Sitzung bis zu fünfzig oder sechzig Minuten dauern, ruft er seine Solisten.

Wie viele andere Sänger hat Domingo eine Abneigung dagegen, kurze Mitschnitte immer wieder neu aufzunehmen. Auch ist es verwirrend, Opernabschnitte in einer dem natürlichen Szenenablauf des Werkes widersprechenden Reihenfolge intensiv bearbeiten zu müssen: eine Todesszene an einem Tag, ein vorausgegangenes Liebesduett am folgenden Tag. Die Deutsche Grammophon hat es einrichten können, Domingos Aufrufe zu den Platteneinspielungen auf seine *Fledermaus*-Vorstellungen abzustimmen: drei (oder sechs) Stunden *Manon Lescaut* an ein paar aufeinanderfolgenden Tagen, am nächsten Tag *Fledermaus*, dann weiter mit *Manon Lescaut*. Ein übermäßiges Pensum für die Zeit um Neujahr? Nicht für Domingos Verhältnisse. An zwei außergewöhnlichen Tagen, dem 28. und 29. Dezember, pendelt Domingo mehrere Male zwischen Covent Garden, wo er für Humphrey Burtons Fernsehprobe die *Fledermaus* dirigiert, und den *Manon-Lescaut*-Aufnahmen in Kingsway hin und her. Eine richtige Marathonsitzung ist die erste Fernsehprobe am 28. Domingo dirigiert den ganzen Vormittag und den halben Nachmittag den Pianisten und die Sänger, während Burton und sein Team jede Bewegung, jeden Kamerawinkel und jeden Beleuchtungseffekt planen. Dann übergibt Domingo den Stab an Robin Stapleton und eilt nach Kingsway, wo er und Freni von 16 bis 19 Uhr am zweiten Teil des ersten Aktes von *Manon Lescaut* arbeiten. Um 19.45 Uhr, als die lange, ermüdende Fernsehprobe sich bereits neun Stunden hinzieht, schlüpft Domingo dann in den verdunkelten Orchestergraben von Covent Garden zurück. »Hallo, Pláci!« ruft ihm Kiri Te Kanawa winkend zu, die als erste bemerkt hat, daß er wieder am Pult steht. Er winkt zurück.

Am folgenden Tag soll die Fernsehprobe lediglich fünf Stunden dauern: von 10 bis 15 Uhr. Domingo ist während des ersten Aktes im Orchestergraben und kehrt rechtzeitig von Kingsway zurück (wo Sinopoli kurze Ausschnitte aus drei verschiedenen Akten von *Manon Lescaut* aufnimmt), um den größten Teil des dritten Aktes zu dirigieren. Kiri Te Kanawa hat sich für diese Probe entschuldigt, und im Laufe des Tages wird Rosalinde von einer Reihe von Ersatzleuten gespielt. Humphrey Burton muß lediglich eine Figur auf der Bühne sehen, und Rosalindes Bewegungen werden von der Ballettmeisterin von Covent Garden, Romayne Grigorova, wunderschön dargeboten. Romayne war bei den früheren Proben dabei und ging in der Festszene gelegentlich auf die Bühne, um ein tanzendes Paar auf diese oder jene Weise herumzudrehen. Dabei hat sie sich jedes Detail der Inszenierung eingeprägt, und sie weiß einen Großteil von Kiris Dialog auswendig. Besonders bei den deutschen Versen kommt ihr Hilde Beal zu Hilfe, die ihr aus den Kulissen zuflüstert; und die auffallendste Stimme, die bei Rosalindes Gesangseinsätzen erklingt, ist die lyrische, wenngleich ein wenig unerwartete Stimme des Korrepetitors Gareth Morrell im Souffleurkasten. Zu diesem Trio von Rosalinden gesellt sich eine vierte hinzu: die unermüdliche Hildegard Heichele, die später, als sie auf der Bühne nicht gebraucht wird, mit der Partitur in der Hand in den Kulissen steht, sich sanft zu der Musik wiegt und Rosalindes Verse singt, einfach weil es ihr Freude macht.

Dem Tag mit den vier Rosalinden folgt ein wohlverdienter Ruhetag für das *Fledermaus*-Ensemble, aber nicht für dessen Dirigenten, der eine sechsstündige Aufnahmesitzung mit *Manon Lescaut* bestreiten muß. Domingo spürt die Überanstrengung. Er sagt, in Covent Garden herrsche ständig Zugluft, womit er völlig recht hat, und daß er ihr bei stundenlangem Stehen im Orchestergraben besonders ausgesetzt sei. Schließlich ist es erst einen Monat her, seit er an einer ernsthaften Tracheitis litt, und es ist verständlich, daß er über den Zustand seiner Stimme noch besorgter ist als sonst. In Kingsway nimmt er viel Mineralwasser und Suppe zu sich, um seinen Rachen frei zu halten. Er und Freni müssen heute das große Duo am Ende des zweiten Aktes aufnehmen, welches für den Tenor vielleicht die anstrengendsten fünf Minuten in der gesamten Oper sind. Es ist nicht die Art von Musik, die man selbst bei bester Gesundheit mehr als ein paarmal mit voller Stimme singen kann – besonders wenn man mit der Intensität von Sinopolis Interpretation zu ringen hat –, ganz zu schweigen von der Lautstärke des Orchesters. Domingo trägt Kopfhörer, weil dies die einzige Möglichkeit ist, seinen eigenen Gesang klar zu beurteilen.

»Die Leute glauben, daß man bei Plattenaufnahmen alles wiederholen kann, bis man es endlich richtig macht«, sagt er, »aber das stimmt gar nicht.« Er und Freni bieten jedenfalls bereits beim ersten Mitschnitt alles auf, und es ist kaum vorstellbar, daß sie diese Musik mehrmals wiederholen müssen. Wenn Domingo singt, drückt sich in seinem Gesicht und in seinem Körper all das Leiden, das Flehen, die Verachtung und das Sehnen von des Grieux aus, und seine Hände liebkosen die Luft, dirigieren das Orchester, ballen sich trotzig zur Faust – oder gießen in einer freien Minute wieder Wasser in das Glas. Freni und Domingo singen natürlich nicht zueinander, sondern zu ihren jeweiligen Mikrofonen. Doch als sie sich nach einem leidenschaftlichen Ausbruch ein paar Takte ausruhen, blicken sie sich verstohlen an. Freni zieht eine Augenbraue hoch, schiebt ihre sinnliche Unterlippe vor und tut so, als schlitze sie sich den Hals auf. Sie macht immer komische Gesten, mit denen sie sich selbst tadelt, sie streckt die Zunge heraus oder verdreht die Augen; und Domingo lächelt zurück und klopft ihr aufmunternd auf die Schulter oder runzelt selbst die Stirn, so als gestehe er seine eigene Unzulänglichkeit ein. »Es ist ein guter Mitschnitt«, sagt er, nachdem sie sich das Band angehört haben, aber trotzdem müssen sie die Passage noch einmal singen. Sie beginnen am Ende, mit einem lang ausgehaltenen Spitzenton, den sie zwei- oder dreimal für Sinopoli singen müssen, bevor er zufrieden ist. Dann geht es zum Anfang zurück, zu des Grieux' Auftritt mit den rasch aufsteigenden tiefen Streichern und dem ersten Anklingen des Themas »Tea for Two«, und die beiden meisterhaften Künstler singen das gesamte Duett mit erstaunlicher Brillanz noch einmal.

Wie bei Opernproben geschieht es auch bei Plattenaufnahmen oft, daß Sänger lange Zeit untätig herumsitzen und dazwischen für relativ kurze Zeitspannen ausgesprochen aktiv sind. Doch im Gegensatz zu Proben muß der Sänger in diesen aktiven Momenten mit wirklicher Aufführungsqualität singen; jeder Mitschnitt könnte derjenige sein, der schließlich verwendet wird. Für einen Nachmittag hat Sinopoli den Chor von Covent Garden nach Kingsway bestellt und verbringt fast die gesamte Sitzung damit, verschiedene Chorpassagen aus *Manon Lescaut* zu proben und aufzunehmen, in denen die Soloeinlagen zumeist kurz und episodisch sind. Die wesentlichste dieser Chorpassagen ist der Aufzug der Prostituierten im dritten Akt und das daraus resultierende Drängen und Wogen des Chors (mit Zwischenversen von Manon und des Grieux). Viel Zeit wird darauf verwendet – wie auch vor acht Monaten, als die Oper in Covent Garden geprobt wurde –, die schwierigen Tempowechsel während des Handgemenges vor des Grieux' »Pazzo son« zu meistern, auch wenn man auf den eigentlichen großen Ausbruch des Tenors heute verzichtet. Und knappe zehn Minuten vor Ende der Sitzung bittet Sinopoli Domingo darum, die Arietta »Tra voi belle« aus dem ersten Akt zu singen, die im Mittelabschnitt von *staccato* »ha-ha-has« des Chors punktiert wird. Dazu muß Domingo eine helle, sonnige Tonqualität finden, die sich in ihrem Stimmungsbild und Timbre von der düsteren Verzweiflung des dritten Aktes deutlich unterscheidet. Es ist ein verwirrender Richtungswechsel, aber Domingo spielt mit, und sein gesamter Charakter scheint sich zu verändern. Seine Augenbrauen heben sich, seine Unterlippe schürzt sich mit einem Lächeln, die Fäuste öffnen sich, und die Stimme nimmt jenen jugendlichen, beinahe unschuldigen Klang an, der diesem frühen Zeitpunkt der Opernhandlung entspricht. Er singt die kleine Arie mit ihrem satten, ausgehaltenen Spitzenton im vorletzten Vers einmal und zur Sicherheit ein zweites Mal. Noch drei Minuten. Die Choreinlagen sind noch nicht ganz vollkommen, und so bittet Sinopoli noch einmal um die zweite Hälfte der Arie. Und in den letzten Sekunden der Sitzung noch ein allerletztes Mal. Als Domingo den hohen Ton erreicht, geht er ihn von oben an, verziert ihn, kostet ihn aus – und krönt die Arie dann mit einer vollendeten kleinen Schlußkadenz. In den letzten zehn Minuten mußte Domingo genausoviel singen wie in den vorausgegangenen drei Stunden. Der Chor von Covent Garden spendet ihm freudigen und begeisterten Applaus, den er mit einem Lächeln entgegennimmt. Die Chorsänger und er sind gute Freunde; er hat sie diese und letzte Woche in der *Fledermaus* dirigiert.

Der Silvesterabend beginnt früh für die Leute von der Oper; am Mittag ist der zweite Akt der *Fledermaus* bereits aufgebaut, und die letzten Proben für diesen Abend haben begonnen. Domingo verwirft seinen Plan, während der Festszene in der Vorstellung zu singen, aber jene Gäste, die einen Starauftritt machen, müssen ihre Nummer noch einmal durchgehen, und Domingo will auf jeden Fall sicherstellen, daß das Orchester von Covent Garden erstklassig in Form ist. Einige der speziellen Gäste – der Cellist Paul Tortelier mit Familie und das Musikkomiker-Duo Hinge und Bracket – haben ihre eigene Begleitung. Aber für Domingos alten Kollegen Charles Aznavour wird eine vollständige Instrumentalbegleitung gebraucht, und Domingo geht mit dem Orchester des Royal Opera House geduldig »I'll Be There« und »She« durch. Auf der riesigen Bühne von Covent Garden sieht Aznavour wie ein Zwerg aus, und seine *Boîte-de-nuit*-Stimme erfordert einige Verstärkung, wenn sie das Haus füllen soll. Beim Proben beklagt er sich, daß seine Stimme so hoch aufgedreht ist, daß er das Orchester nicht mehr richtig hören kann. Also muß man das Orchester weiter auf- und Aznavour herunterdrehen ...

Im Opernhaus herrscht heute eine besondere Atmosphäre der Spannung und Aufregung. Nicht an jedem Abend der Spielzeit wird eine vollständige Vorstellung live im Fernsehen gezeigt, und alle hoffen gespannt darauf, daß der Abend gelingt. Aber die Spannung hat nicht allein künstlerische Ursachen. Während der vergangenen Wochen war London vom Wiederaufflammen der Terrorkampagne bedroht, die die Irisch Republikanische Armee (IRA) immer wieder in der Hauptstadt startet, und zu Beginn des Monats tötete und verstümmelte eine Autobombe vor Harrods eine Anzahl unschuldiger Passanten. Covent Garden ist kürzlich selbst Opfer mehrerer Bombendrohungen geworden, die das Abbrechen von Vorstellungen erforderlich machten. Dies sind äußerst nervöse Tage für die Londoner Bevölkerung, und jedes verdächtige Auto oder Paket und alle Drohanrufe werden mit der äußersten Sorgfalt und Behutsamkeit behandelt. Das Royal Opera House ist selbst unter normalen Umständen ein naheliegendes Ziel für Gruppen wie die IRA, die unter den Reichen und Mächtigen der Nation Panik hervorrufen wollen. Aber ausgerechnet heute abend, wenn ein Publikum von mehreren Millionen einem Ereignis zusieht, das für die Nachwelt filmisch festgehalten wird, könnte sich Covent Garden als gefährlicher Magnet für jeden Übeltäter erweisen, der politisch Aufsehen erregen will. Alle, die im Gebäude arbeiten, wurden mit einem Sicherheitsausweis ausgestattet, und die normalerweise informellen Portiers am Bühneneingang wurden um einige uniformierte Polizisten verstärkt. »Darf ich bitte Ihren Ausweis sehen, Sir?« fragt einer von ihnen den großen, bärtigen Michael Langdon, als er mit seiner Frau eintrifft. Selbst bei Gefängnisdirektoren wird keine Ausnahme gemacht. Als der Vorstellungsbeginn näherrückt und sich eine Menschenmenge vor der Oper zu versammeln beginnt, werden im Inneren des Hauses die letzten künstlerischen Vorbereitungen getroffen und Sicherheitsüberprüfungen durchgeführt. Unten in der Belegschaftscafeteria stellt sich Dennis O'Neill in die Schlange, um sich ein heißes Getränk zu besorgen, und winkt Robin Stapleton zu, die an einem Tisch sitzt. In den Gängen vor den Garderoben im neuen Anbau warten die Maskenbildnerinnen darauf, von den Inhabern der Gesichter hereingerufen zu werden, die sie in Kürze bearbeiten müssen, während oben im großen Opernstudio die Fotografin Zoë Dominic inmitten verschiedener Requisiten von *Wozzeck*-Proben für eine eventuelle Porträtsitzung mit Domingo ihre Ausrüstung aufbaut.

Bald ist es soweit, daß der BBC-Sprecher Richard Baker von der Eingangshalle aus die Fernsehzuschauer dieses Abends begrüßt, während das Personal von Covent Garden dem Live-Publikum diskret die Plätze zuweist. Auf die Minute genau erlöschen im Zuschauerraum die Lichter, und als der Dirigent dieses Abends erscheint, bricht ein Beifallssturm los. Wirkt er müde? Man hat nicht den Eindruck, wenn man ihn jetzt sieht. Domingo betritt das Podium mit federnden Schritten, bedankt sich mit einem charmanten Lächeln für den Applaus und wirft sich mit enormer Energie auf die Ouvertüre.

Es ist ein langer Abend, und es dauert eine gewisse Zeit, bis alle aufgetaut sind. Aber nach vier Stunden regnet es silbernes Konfetti von der Kuppel und Ballons und Luftschlangen von den Balkonen, und ein begeistertes Publikum wird mit ausschweifend fröhlichen Erinnerungen entlassen: erstklassiges Singen und Spielen seitens aller Gesangssolisten, ein spektakulärer und bezaubernder *Pas de deux* von Merle Park und Wayne Eagling, hervorragende Komik von Josef Meinrad und wahre Feststimmung im Orchestergraben. Es ist ein Abend zum Feiern, und nach dem Schlußvorhang erwartet die wenigen Auserlesenen eine weitere Überraschung: eine heitere Silvesterfeier im Foyer von Covent Garden, in dem der Champagner, Johann Strauß' »König der Weine«, genauso freigiebig weiterfließt wie zuvor auf der Bühne.

Aber während die Gäste im Foyer auf ihre Gastgeber warten, wollen wir noch einmal kurz auf die Bühne zurückgehen, vorbei an Julia Trevelyan Omans riesigen gemalten Kulissen, die verschiedene fürstliche Ballsäle und Gefängnismauern darstellen, vorbei an einem Topf mit einem künstlichen Farn aus dem zweiten Akt, zurück in eine dunkle Nische. Hier ist Plácido Domingo, glücklich über den Erfolg dieses Abends, für den er sich so ins Zeug gelegt hat; er ist umringt von Freunden und Familienmitgliedern, die trotz aller Sicherheitsvorschriften hierher gefunden haben, um mit ihm zusammen diesen Triumph zu feiern. Das Jahr 1983 ist nicht gerade das leichteste Jahr für ihn gewesen, und besonders die letzten paar Wochen waren ausgesprochen anstrengend. Aber die letzten Stunden waren von Gesang und Musik beflügelt, und Domingo scheint bereit zu sein, alle Herausforderungen, die das Jahr 1984 für ihn bereithält, anzunehmen.

Carmen in Wien

»Glücklich ist, wer vergißt, was doch nicht zu ändern ist«, singen Rosalinde und Alfred im ersten Akt der *Fledermaus*. Diese Fähigkeit, Lebensgenuß mit kühlem Realismus zu verbinden, mag vielleicht als Motto für die Stadt gelten, in der die *Fledermaus* komponiert und uraufgeführt wurde. Das Wien von Johann Strauß Sohn war die prächtige, dynamische Hauptstadt eines riesigen, mehrere Völker umfassenden Reiches, das sich weit über die Grenzen Österreichs ausdehnte. Knappe fünf Jahrzehnte später hatte Österreich sein Reich verloren und war – mit katastrophalen Folgen – einem anderen Reich einverleibt worden, und als das Land aus dem Alptraum des Nationalsozialismus erwachte, fand es sich als besetzter mitteleuropäischer Kleinstaat wieder. Die Hauptstadt Wien war zwar wie ein seines Körpers beraubter Kopf, aber noch immer weitgehend intakt und erweckte schon bald den Anschein, als würde sie erneut und allen Widrigkeiten zum Trotz eines der großen gesellschaftlichen und kulturellen Zentren des neuen Europa werden. Das Wien, das Plácido Domingo Mitte Januar 1984 willkommen heißt, hat zwar nicht viel gemeinsam mit dem Wien der *Fledermaus*, das er in den vergangenen paar Wochen wieder lebendig werden ließ. Doch ist es noch immer eine spürbar fröhliche Stadt; sie ist gemütlich und zufrieden mit dem Schicksal, das die Geschichte ihr zugedacht hat.

Für eine Großstadt ist Wien recht konservativ, denn das kulturelle Leben wird hier weitaus stärker von der Tradition der Vergangenheit dominiert, als es in ebenso alten, aber weltoffeneren Metropolen wie etwa Paris oder London der Fall ist. »Grüß Gott!« sagen die Wiener zur Begrüßung, und die älteren Herren ziehen den Hut. Hutläden, die in London inzwischen fast der Vergangenheit angehören, florieren in Mitteleuropa noch immer mit ihren Auslagen voll breitkrempiger, federngeschmückter Tirolerhüte oder, wie zu dieser Jahreszeit, teuren runden Pelzhüten *à la russe*. In Wien gibt es noch immer die Straßenbahnen, die Kaffeehäuser, in denen man stundenlang sitzen und Zeitung lesen kann, und – wenn auch nur für die Touristen – die Fiaker. Das Riesenrad im Prater, das nach der Zerstörung durch die Bomben der Alliierten sorgfältig wieder aufgebaut wurde, ist noch immer eine Sehenswürdigkeit in Wien. Das Rad, dessen kleine rote Kabinen wie Kugeln an einem Weihnachtsbaum hängen, gehört zu einer Reihe solcher Räder, die ein englischer Ingenieur Ende des 19. Jahrhunderts für Parks in Wien, Paris, London, Chicago und anderen Orten entworfen hat. Es ist als einziges erhalten geblieben. Und auch das alte Habsburger Opernhaus steht noch, obwohl es verheerend von Bomben verwüstet worden war. Am 12. März 1945 landeten die Alliierten einen Volltreffer und legten das gesamte Gebäude bis auf die Fassade an der Front in Ruinen. Überall in Mitteleuropa wurden während des Krieges Opernhäuser zerstört. Einige wurden nach den modernsten architektonischen Prinzipien wieder aufgebaut und manche überhaupt nicht, aber in Wien beschloß man, die Oper fast originalgetreu neu zu errichten. Man war darauf bedacht, in dem neuen Gebäude alle modernen technischen Einrichtungen, die untergebracht werden konnten, auf und hinter der Bühne einzubauen. Doch die Wiener Oper sieht heute fast genauso aus wie vor einem Jahrhundert. Wenn man während der Pause in das Nichtraucher-Foyer auf der rechten Seite des großen Treppenhauses geht, sieht man die Wiener langsam im Gegenuhrzeigersinn durch die Halle wandeln, wie es ihre Vorfahren schon zu Kaisers Zeiten taten. Und wenn man draußen vor dem gegenüberliegenden Wiener Allianz-Gebäude steht und zwischen den beiden beflügelten Pferden an der Oper hinaufblickt, sieht man heute wie damals eine Widmung an Kaiser Franz Joseph II.

Die Stadt ist konservativ, und die Oper ist konservativ. Aber nicht engstirnig. Wien mag sich gern in die Vergangenheit flüchten, aber die Geschichte, mit der sich die Stadt lebendig hält, ist nicht bloß Lokalgeschichte. Das österreichische Imperium war dafür immer viel zu sehr nach außen orientiert. Man würde wohl kaum annehmen, daß eine Stadt, die einen großen UNO-Verwaltungskomplex und die Zentrale der OPEC beherbergt und sich stolz als Brücke zwischen Ost und West versteht, fremden Kulturen den Rücken kehren würde. In der gleichen Woche zum Beispiel, in der Domingo in der Eröffnung von *Carmen* auftreten wird, zeigt die Wiener Staatsoper Werke eines Tschechen (Smetana), eines Russen (Tschaikowsky), eines Italieners (Verdi) und eines Franzosen (Bizet) sowie eines Österreichers (Mozart), während drüben in der Volksoper ein Abend mit Gilbert und Sullivan der große Hit ist. Im Burgtheater gibt es Shakespeare und Camus. Auch *Peter Pan* ist in der Stadt. Und nicht zuletzt Andrew Lloyd Webbers *Cats*, das in Wien wie an anderen Orten unaufhörlich Erfolg hat und im Theater an der Wien, in dem einst *Fidelio* Premiere hatte, Abend für Abend vor ausverkauftem Haus gespielt wird.

Die Politik der Wiener Musikszene ist bereits zur Legende geworden. Mahler, der von 1897 bis 1907 Direktor des Opernhauses war, war nicht der erste, und der neue Direktor Lorin Maazel wird mit Sicherheit nicht der letzte sein, der peinlich darin verwickelt war. Es ist wohl zum Teil eine Frage des Wiener Stils, der Tradition und des Temperaments. Die Wiener nehmen ihre Musik ernst, und als gewissenhafte Verwalter des Vermächtnisses von Haydn, Mozart, Beethoven, Schubert und Brahms glauben sie das Recht zu haben, alles zu verwerfen, was ihnen nicht gut genug ist. Da die lebenden Menschen, die heute für Live-Aufführungen verantwortlich sind, im Vergleich zu den Göttern der Vergangenheit zwangsläufig Mängel aufweisen, kommt es immer wieder zu scharfen Attacken. Mahler wurde ständig kritisiert, solange er hier war, obwohl er heute als Gott gilt. Karl Böhm, der das Geschick der Oper in der schwierigen Zeit Mitte der vierziger Jahre lenkte und es auch nach der Eröffnung des neu aufgebauten Hauses im Jahre 1955 wieder in die Hand nahm, trat ein Jahr später nach einem Sturm der Kritik zurück. Herbert von Karajan wurde 1956 Böhms Nachfolger, er blieb acht Jahre in seinem Amt und war ständig umstritten. Niemand stellte die künstlerische Qualität, die das Haus unter Karajans Leitung errungen hatte, ernsthaft in Frage. Er führte neue Werke ein, brachte ein erweitertes französisches und italienisches Repertoire in den Originalsprachen nach Wien und fand neben dem Dirigieren sogar Zeit, eine Reihe von Produktionen selbst zu inszenieren, nachdem er einen Assistenten bestellt hatte. In den Jahren unter Böhm und Karajan erreichte der »Wiener Stil«, der mit Sängern wie Elisabeth Schwarzkopf, Irmgard Seefried, Erich Kunz, Anton Dermota und Sena Jurinac und später mit Lucia Popp, Gundula Janowitz und Christa Ludwig assoziiert wird, triumphale Höhen. Aber trotz alledem erweckte auch Karajan unter den Wiener Opernsängern gewissen Mißmut – den sein herrischer Stil alles andere als beschwichtigte. Karajan zerstritt sich mit seinem eigenen Assistenten und trat 1964 verärgert zurück, und erst mit Maazels Amtsantritt im Jahre 1982 bekam die Wiener Oper wieder einen Praktiker der Musik als Direktor.

Bis zu einem gewissen Punkt ist die Politik ein integrierter Bestandteil des Systems. Die Wiener Staatsoper ist historisch und verfassungsmäßig Kreatur und Werkzeug der Regierung. Früher war der kaiserliche Hof Besitzer, Leiter und Financier der Oper, und es entspringt unmittelbar dieser Tradition aus der Zeit der Hofoper, daß der Staat heute die gleiche Rolle einnimmt. Die Wiener Staatsoper ist heute eines von vier Theatern (neben der Volksoper, dem Burgtheater und dem Akademietheater), die gemeinsam vom Österreichischen Bundestheaterverband verwaltet werden, als Körperschaft direkt dem Kulturministerium unterstellt sind und von einem vom Ministerium ernannten Leiter beaufsichtigt werden. Dieses System hat gewisse Vorteile. Die Intendanten der vier Theater können als Team arbeiten, die Infrastruktur koordinieren (zum Beispiel Kulissen- und Kostümentwürfe oder Transportmittel und Lagereinrichtungen), und sie können ihre Anliegen als Lobby gemeinsam im Ministerium vorbringen. Das Budget wird kollektiv geplant, und da in diesem System einige Kostenpunkte geteilt werden können, sind die einem jeden Theater zustehenden Summen beträchtlich. Wien ist eine teure Stadt. Die Personalkosten sind enorm, die Oper zahlt ihrem Chor, dem Orchester und den regelmäßig engagierten Starsolisten hohe Gagen und bietet ihnen im Gegensatz zu vielen anderen Häusern Verträge mit beträchtlichen Rentenansprüchen an.

Wien ist eine Opernstadt. Das bedeutet nicht nur, daß in Wien mehr Menschen häufiger in die Oper gehen als in vielen anderen Städten. Den Wienern bedeutet die Staatsoper im Vergleich wesentlich mehr als etwa Covent Garden den meisten Londonern, die Met den New Yorkern oder selbst die Scala den Mailändern. Als Lorin Maazel seinen Posten übernahm, soll er angeblich gesagt haben, daß nach dem Präsidenten und dem Kanzler von Österreich der Direktor der Staatsoper die wichtigste Person in Wien ist. Diese Art von Einstellung mag von Maazels Dienstherren im Kulturministerium nicht unbedingt geschätzt worden sein, aber sie ist im wesentlichen doch zutreffend. Als ich einen Wiener Freund fragte, warum es über die riesigen Geldsummen, die die Staatsoper jährlich erhält, relativ wenig Kontroversen zu geben scheint, verglich er die Oper mit der Monarchie in Großbritannien – einer jener noblen Einrichtungen, die nach Meinung der meisten Bürger weiterhin durch Steuergelder aufrechterhalten werden sollte, selbst wenn sie persönlich nur sehr wenig damit zu tun haben. Ein treffender Vergleich, denn wie es in Großbritannien nur wenige ausgesprochene Republikaner gibt (auch wenn viele Bürger die königliche Familie in gewissen Fällen kritisieren), so scheint es auch nur wenige Österreicher und sicherlich wenige Wiener zu geben, die der Staatsoper ihre jährlichen Millionen mißgönnen, dafür sehr viele, die gerne bösartig über die Verschwendung dieser Summen klatschen. Doch in einem wesentlichen Punkt hinkt der Vergleich. Der von allen Aspekten der britischen Monarchie wohl am wenigsten öffentlich kritisierte ist die Person an ihrer Spitze, die Königin. Im Gegensatz dazu ist es in der Wiener Staatsoper traditionell der geplagte Direktor, auf den die meiste Kritik abzielt.

Nachdem Maazel zum Direktor ernannt worden war, wollte er auch wie ein solcher auftreten. In seiner ersten Spielzeit wurden lahme alte Inszenierungen in den Ruhestand versetzt, einige kontroverse Neuinszenierungen eingeführt, Vorstellungen zu Blöcken zusammengefaßt und jeder Produktion genügend Probenzeit eingeräumt – und wehe dem alten Hasen, der eine Rolle zum 150. oder 200. Mal spielte und nicht bei jeder einzelnen Probe auftauchte! Mit derlei Maßnahmen gelang es Maazel natürlich kaum, die Zuneigung der Wiener zu gewinnen. Sein Privatleben wurde zum beliebten Thema in Wiener Klatschkreisen, ebenso seine Gage sowie die Qualifikation seiner Verwaltungsangestellten, von denen er anscheinend einige ohne vorherige Rücksprache mit seinen politischen Vorgesetzten eingestellt hatte. Man warf Maazel vor, zu viele Engagements außerhalb Wiens anzunehmen und nicht genügend Vorstellungen in seinem eigenen Haus zu dirigieren – eine Kritik, die das Kulturministerium selbstverständlich unterstützte. Auch die alten Überreste des Wiener Antisemitismus kamen wieder zum Vorschein. Maazel ist nicht – nun ja, er ist eben kein echter Wiener, sagen die Leute mit einem überlegenen und wissenden Blick, wie man es auch schon vor achtzig Jahren über Mahler sagte.

Etwas über ein Jahr nach seinem Amtsantritt gibt sich Maazel zumindest in der Öffentlichkeit relativ dickfellig gegenüber all diesen Unannehmlichkeiten, und er tröstet sich mit der Tatsache, daß auch mehrere seiner berühmtesten Vorgänger gegen die schärfste Opposition anzukämpfen hatten. Maazel nimmt eigentlich drei Aufgaben wahr: Er ist sowohl künstlerischer als auch Verwaltungsdirektor der Staatsoper und muß außerdem einen Teil der Vorstellungen dirigieren – in seiner ersten Spielzeit sind es fünfundzwanzig, in der zweiten wird diese Zahl vom Ministerium gegen seinen Willen auf vierzig erhöht. Niemand, meint er, könne so viel Verantwortung übernehmen, ohne angefochten und angefeindet zu werden – es sei denn, er übe alle drei Ämter mit einer gewissen Schlaffheit aus. Und schlaff ist er ganz und gar nicht. Die Kritiker halten ihre Messer also ständig geschliffen, und *Carmen* verspricht, eine günstige Gelegenheit für die Maazel-Gegner zu werden.

Je näher *Carmen* rückt, desto stärker wächst die Spannung in Wien. CARMEN AUSVERKAUFT lauten die Aufkleber in den Fenstern der Vorverkaufsstellen in der ganzen Stadt, während bei anderen Aufführungen in der Staatsoper in der Regel übriggebliebene Eintrittskarten abgegeben werden. Schallplattenläden gestalten die Auslagen mit *Gästen in unserer Stadt*, und niemand in Wien kann übersehen, daß Plácido Domingo in Kürze hier auftreten wird. Wer nicht auf die Opernanzeigen oder die Fenster der Kartenverkaufsstellen oder Plattenläden achtet, bemerkt vielleicht eines der Poster, die ankündigen, daß Domingo in der Kurhalle in Oberlaa am südlichen Stadtrand von Wien an einem Fußballspiel zwischen Star-Mannschaften teilnehmen wird, oder jene Plakate, die für den jährlichen Ball der Wiener Philharmoniker werben, der im Beisein des österreichischen Bundespräsidenten von Domingo in der Form eröffnet wird, daß er das Orchester bei der Ouvertüre zur *Fledermaus* dirigiert. Anderen auffälligen Plakaten ist zu entnehmen, wo und wann Domingo Exemplare seines Buchs signieren wird, und wiederum andere Poster künden von einem bereits ausverkauften *Zarzuela*-Konzert, das er geben wird.

Das Berufsleben eines ständig auf Achse befindlichen Stars wie Plácido Domingo ist im Grund eine Reihe von Themen und Variationen, in denen Werke, Opernhäuser und Kollegen ständig in wechselnder Form wieder auftauchen. Diese Wiener *Carmen* ist ein gutes Beispiel. Das Werk selbst ist natürlich ausgesprochen vertrautes Gebiet. Domingo hat die Oper dreimal auf Platte aufgenommen, hat sie für Gaumont verfilmt, und er hat die Rolle des Don José in allen größeren Opernhäusern der Welt häufiger gespielt als irgendeinen anderen Part in seinem Repertoire mit Ausnahme des Cavaradossi in *Tosca*. Auch Franco Zeffirellis Wiener Inszenierung ist nicht neu für Domingo, denn bei der Premiere dieser Produktion im Jahre 1978, die in ganz Europa im Fernsehen gezeigt wurde, sang er als Partner von Elena Obraztsova die männliche Hauptrolle. Von diesem *Carmen*-Ensemble waren Ruggero Raimondi (Escamillo) und Faith Esham (Micaela) bereits im Gaumont-Film seine Kollegen. Sie sind schließlich von Lorin Maazel engagiert worden, dem Dirigenten dieser Vorstellungen, Direktor der Wiener Staatsoper – und Dirigenten des Soundtrack für Gaumont.

Die einzige relative Neuheit für Domingo ist die Besetzung der Titelrolle. Maazel hat nicht die Gaumont-Carmen verpflichtet. Julia Migenes-Johnsons Stimme würde Carmens Gesang in einem großen Theater kaum voll gerecht werden, obwohl Maazel sie kürzlich in der im Grunde noch anstrengenderen, aber höheren Titelrolle in Bergs *Lulu* in der Staatsoper vorstellte. Die Sängerin, die er engagierte, ist die griechische Mezzosopranistin Agnes Baltsa, mit der Domingo bisher kaum zusammenarbeitete, wenn auch die Videokassette des *Hoffmann* von Covent Garden die prickelnde Spannung, die sie zusammen erzeugen können, einigermaßen veranschaulicht. Als Carmen neigt die dunkelhaarige, helläugige, schlanke und sexy wirkende Baltsa dazu, gesanglich und gestisch zu übertreiben, was viele zu einem Rausch der Verzückung hinreißt und bei manchen kühle Geringschätzung hervorruft. Wenn sie herumwirbelt und faucht, springt, schmollt, mit den Augen funkelt, wenn ihr satter Mezzosopran unter den *Passaggio* in einen tiefen, samtenen Kontraalt hinabsinkt, der sich mit ihrem verwahrlosten Wesen kaum zu vertragen scheint, dann läßt sie kaum jemanden kalt – weder ihre Kollegen auf der Bühne, insbesondere José, noch ihre Zuschauer. Baltsa ist vielleicht nicht *die* Carmen. Ihre Interpretation ist zu grell, manche würden sogar sagen vulgär, aber sie ist der feinste Ausdruck einer bestimmten Art von Carmen. Für eine vornehmere Carmen sind die Spanierinnen, Victoria de los Angeles oder Teresa Berganza, wohl geeigneter. Doch für eine sinnliche, leidenschaftliche Carmen ist Agnes Baltsa der Traum vieler Opernsänger.

Baltsa ist eine Protégée Karajans; sie gehört zu jener auserwählten Gruppe von Sängern und Musikern, deren Talente von Herbert von Karajan früh entdeckt und unter seiner sorgsamen Anleitung gefördert und entwikkelt wurden. Karajan verfügte über eine Fülle von Begabungen als Dirigent, Regisseur, Beleuchtungsexperte, Filmregisseur und auch als eifriger Proponent seiner eigenen Legende. Karajan hat immer darauf bestanden, autoritäre Macht auszuüben, was Zeit seiner langen Karriere zu Heldenverehrung wie auch zu Kontroversen geführt hat. Es kann manchmal schwierig sein, mit solchen Menschen umzugehen, und gefährlich, wenn sie Fehler machen. Aber Herbert von Karajan beging normalerweise keine Fehler. Er war nicht der Typ dafür. Es war sicherlich kein Irrtum, als er auf Agnes Baltsa aufmerksam wurde. Er wußte, dies war eine förderungswürdige Sängerin, und er hatte recht. Ihre jüngste Schallplatteneinspielung im Januar 1983 ist die Titelrolle in *Carmen*. Dirigent ist Karajan.

Karajan kam für eine Reihe von Konzerten mit den Wiener Philharmonikern in die Stadt, was jedoch kaum zu vermuten war, da es keinerlei Anzeigen dafür gab. Für Konzerte der Wiener Philharmoniker wird normalerweise nicht geworben. Das ist auch gar nicht nötig, denn die meisten Eintrittskarten gehen an jene Honoratioren der Stadt, die in der glücklichen

Lage sind, ein ererbtes Dauerabonnement zu haben. Jenen, die ausgeschlossen sind, erscheint dieses System korrupt, aber es hat eine gewisse Berechtigung. Die Wiener Philharmoniker waren das erste vollständig selbstverwaltete Orchester der Welt, und seine etwa einhundertvierzig Mitglieder bestimmen noch immer ihr Geschick und veranstalten ihre Konzerte selbst, meist in Wiens prächtigem Großen Musikvereinssaal, einem goldenen Schmuckkasten von einem Konzertsaal an der Bösendorfer Straße mit vielleicht der besten Konzerthallenakustik der Welt. Wenn ihr altehrwürdiges Abonnementsystem den Finanzverwalter auf Dauer glücklich macht, kann man ihnen wohl kaum vorwerfen, daß sie es nicht ändern. Das Wiener Philharmonische Orchester zeichnet sich noch durch eine weitere Besonderheit aus. Die meisten größeren Orchester der Welt proben tagsüber und geben abends Konzerte. Nicht so die Wiener Philharmoniker, deren Hauptkonzerte am Sonntagvormittag stattfinden. Am Abend haben die Spieler anderweitige Verpflichtungen. Während der ganzen musikalischen Saison sind sie jeden Abend, sieben Tage in der Woche, die Musiker, die im Orchestergraben der Wiener Staatsoper spielen.

An diesem Montagmorgen sind sie wahrscheinlich ein wenig erschöpft, als sie unter Maazel für die Generalprobe zu Carmen spielen. Gestern morgen hatten sie im Musikvereinssaal ein Tschaikowsky-Konzert mit Karajan und an den beiden vorausgehenden Tagen Proben sowohl mit Karajan als auch Maazel; am Freitagabend mußten sie *Così fan tutte* spielen, am Samstag den *Troubadour*, gestern abend *Die verkaufte Braut*, und für diesen Abend steht Tschaikowskys *Pique Dame* auf dem Programm.

Zur *Carmen*-Probe sind nur die Beteiligten zugelassen, aber das hindert etwa hundert Menschen nicht daran, sich Zugang zu dem dunklen Zuschauerraum zu verschaffen. Karajan ist da, klein, weißhaarig, von Assistenten und Anbetern umgeben – eine lebende Legende. Dies war einst sein Haus. Karajan sieht ruhig zu, wie Lorin Maazel, salopp gekleidet in eine schwarze Strickjacke mit offenem Kragen, nüchtern und reserviert mit seinem Ensemble den ersten und zweiten Akt durchgeht. Er dirigiert einmal mit einem leichten Ruck des Handgelenks, ein andermal mit einer gebieterischen Kopfbewegung. Er weiß genau, was er will und warum. Gelegentlich bricht er ab, um sich bei einigen schwierigen Passagen zu vergewissern, aber er ist offenbar zuversichtlich, daß am übernächsten Abend aller Augen auf ihn gerichtet sein und alle seine Zeichen bedingungslos befolgt werden.

Auf der Bühne entfaltet sich die Handlung von *Carmen*. Baltsa tritt auf, schüttet den satten Klang ihrer Stimme in Bizets sinnliche Musik und zischt und faucht ihre Sprechverse. Bei Domingo wird die Verletzlichkeit seines

Don José durch blasses Make-up und einen fahlblonden Haarschopf und Schnurrbart treffend ergänzt; er kennt jedes Detail dieser Inszenierung und fühlt sich in Zeffirellis Bühnenbearbeitung gänzlich zu Hause – auch wenn Baltsa kein Geheimnis daraus macht, daß Domingo ihrer Meinung nach früher zu den Proben hätte auftauchen sollen. Nachdem er in Covent Garden zum letzten Mal die *Fledermaus* dirigiert hatte, war Domingo nicht in Wien, sondern zur Einspielung des *Troubadour* mit Giulini in Rom gewesen. Der *Troubadour* war seine erste Oper, die komplett auf Platte erschien (1969), und er hatte sich schon lange darauf gefreut, diese neue Version einzuspielen. »Wie ist es gelaufen?« fragt ihn jemand, als er während des Szenenwechsels zwischen dem ersten und dem zweiten Akt der *Carmen*-Probe in den Zuschauerraum tritt und mit Karajan, Zeffirelli und anderen plaudert. »Auftrag ausgeführt!« antwortet er mit einem Lächeln.

Carmen ist eine lange Oper, und sie erfordert intensive Proben, wenn sie gut gespielt werden soll. Zeffirelli hat vom Regiepult aus zugesehen – er trägt graue Flanellhosen und einen bunten Pullover, und man sieht ihm seine Sechzig keineswegs an –, aber er ist offensichtlich nicht ganz zufrieden mit dem, was er sieht. Auch er ist nicht so lange in Wien gewesen, wie manche es von ihm erwartet hätten, doch sollte sich jedes Opernhaus glücklich schätzen, wenn sich der Regisseur der Originalinszenierung bei einer Wiederaufnahme zur Verfügung stellt, und es ist vielleicht ein Anzeichen für das Prestige dieser speziellen Neuaufnahme, daß es Maazel überhaupt gelungen ist, Zeffirelli dafür zu gewinnen.

Als die vorgesehenen drei Stunden vorüber sind, werden das Orchester und ein Großteil des Chors entlassen, und ein Piano wird auf die Bühne gerollt. Zeffirelli kann mit seinen Solisten etwa eine weitere Stunde proben, zumindest so lange, bis er sicher ist, daß einige sorgfältig choreographierte Orchesterstücke funktionieren. Domingo und Raimondi gehen ihren Kampf im dritten Akt durch. Die Bühne fällt steil ab und ist reichlich übersät mit Steinen – nicht gerade das ideale Gelände für zwei Männer, die beide nicht mehr in der Blüte ihrer Jugend stehen, um einen wilden Messerkampf sowohl überzeugend als auch risikolos zu spielen. Doch diese beiden Kämpfer verbrachten einen Teil des vergangenen Sommers damit, genau diese Szene auf den echten Felsabhängen Andalusiens zu spielen, und es dauert nicht lange, bis sie unter Schnaufen und Lachen ihre Nummer in den Griff bekommen. Das Ende der Oper muß wiederholt werden. Baltsa, die im dritten Akt eine rote Samtweste und einen Zigeunerrock trägt, reißt sich mit den Zähnen ihren Ring vom Finger und speit ihn vor José aus. Er ersticht sie, und sie hält ihn eng umklammert, während sie sterbend langsam in sich zusammensinkt. Man bittet sie, noch einmal zu sterben, und zwar noch langsamer – und Zeffirelli bringt die schockierte Menge hinter José auf die Bühne. »Vous pouvez m'arrêter«, singt Domingo noch einmal mit halber Stimme, und dieses Mal sorgt Zeffirelli dafür, daß die Soldaten, die José anspricht, nahe genug bei ihm stehen. Langsam nimmt die Sache Form an.

Während sich Wien allgemein zur Mittagspause zurückzieht, bilden sich auf der Bühne kleine Gruppen, in denen ein letztes Mal dieses oder jenes Detail der Inszenierung eifrig diskutiert wird. Es entsteht ein merkwürdig wechselndes Geflecht sprachlicher Kontakte. Die Griechin Baltsa spricht mit einer Kollegin in Deutsch, der Italiener Raimondi zu jemand anderem in Französisch, der Spanier Domingo zu einer dritten Person in Englisch. Ein ständiges Spiel des sprachlichen Wechselns stellt sich ein, wenn sich jemand einer neuen Gruppe anschließt – und Domingo kommt in die Lage, sein Deutsch auszuprobieren und Raimondi sein Englisch. Schließlich gibt es nichts mehr, was noch besprochen werden müßte. Morgen hat Maazel noch eine weitere Probe, aber ohne die Solisten. Ihre Aufgabe ist es, sich zu entspannen und sich auf den Abend vorzubereiten, der zweifellos einer der großen Ereignisse im diesjährigen Opernkalender werden wird.

Die Vorstellung soll schon früh, um 18.30 Uhr, beginnen. *Carmen* hat vier Akte, und bei Zeffirellis schönen, aber aufwendigen Kulissen erfordert der Szenenwechsel eine gewisse Zeit, besonders zwischen dem ersten und zweiten Akt. Die Bühnenarbeiter müssen nämlich spätestens um 23.00 Uhr entlassen sein, wenn die Staatsoper teure Vergütung von Überstunden vermeiden will. Außerdem müssen sie auch die vorgeschriebene Anzahl freier Stunden haben, bevor sie am Morgen wieder eingesetzt werden können.

Den ganzen Tag über drängen sich Menschen im Theater, in der Hoffnung, daß wie durch ein Wunder doch noch eine Eintrittskarte zu erhalten sei. Heute abend kosten die teuersten Karten 1400 Schillinge, aber Gerüchten zufolge werden Karten der mittleren Preisklasse für 5000 weitergegeben. Und auch die über fünfhundert Stehplätze, die die Staatsoper selbst an diesem Abend für den regulären Preis von 15 oder 20 Schillingen anbietet – sicherlich das Preiswerteste in der ganzen Opernwelt –, hätten mehrfach verkauft werden können, wie die unruhige Schlange hoffnungsloser Optimisten auf dem eiskalten Pflaster beweist.

Die meisten Mitglieder des Ensembles treffen früh in der Oper ein. Domingo ist bereits um 18 Uhr mehr oder weniger auftrittsbereit. Er summt vor sich hin, bittet seinen Maskenbildner um etwas mehr Schatten hier und da, grüßt Freunde, die er im Spiegel sieht. Die Herren- und Damengarderoben in der Staatsoper bilden die beiden Längsseiten eines Rechtecks, die am unteren Ende durch einen Raum verbunden sind, in dem sich das einzige Klavier befindet (ein Bösendorfer), das den Sängern zur Verfügung steht. Domingo schlendert in das Klavierzimmer, schlägt die Tasten an und singt ein paar Tonleitern und Arpeggios bis zum hohen C hinauf und wieder hinab. Seine Stimme ist in ausgezeichneter Form, denn er hat sich ja bereits vorher warmgesungen. Er geht an seiner eigenen Garderobe vorbei den Gang entlang und sieht nach, ob Kurt Rydl, der Zuñiga des heutigen Abends, zu finden ist. Der Stierkämpfer Ruggero Raimondi ist noch nicht eingetroffen; sein erster Auftritt erfolgt erst im Laufe des zweiten Aktes. Die Türen zu beiden Seiten des Klavierzimmers werden diskret geschlossen. Jemand muß sich ein paar Minuten ungestört warmsingen. Wie sich herausstellt, sind es die Wiener Sängerknaben, die ihren Chor der kleinen Straßenjungen zur Sicherheit noch einmal durchgehen:

Nous marchons la tête haute,
Comme des petits soldats ...

In zwanzig Minuten werden sie dies vor den zweitausend Zuschauern singen, die es sich bereits auf ihren Plätzen bequem machen. Noch ein paar Arpeggios von Domingo, und Maazel erscheint auf ein letztes Wort der Ermutigung. Aus dem Raum mit dem Bösendorfer Klavier erklingt die Stimme der heutigen Carmen: Agnes Baltsa überfliegt ihre Eröffnungsphrasen, etwa so, wie sich jemand vergewissert, ob er Fahrkarten und Geld auch wirklich eingesteckt hat, bevor er eine Reise antritt.

Peut-être jamais ... peut-être demain ...
Mais pas aujourd'hui, c'est certain!

Inzwischen ist der Zuschauersaal von erwartungsvollem Geräusper erfüllt. Im hinteren Teil, etwa dort, wo man eigentlich eine Königs- oder Präsidentenloge erwarten würde, sind mehrere hundert Stehplatzinhaber zusammengedrängt, und nur die glücklichsten finden eine mit Samt überzogene Stange, auf die sie sich lehnen können. Diese Zuschauer haben bereits einen langen Tag hinter sich, und die meisten würden vor Müdigkeit umfallen, wenn ihnen nicht die gespannte Vorfreude auf das Bevorstehende Kraft verleihen würde. Das große Haus, in das sie hinunterblicken, ist hübsch, aber nicht übertrieben ausgestattet. In vielen Opernhäusern – zum Beispiel Covent Garden oder La Scala – ist die Farbe, die sich einem am stärksten einprägt, violettrot. In der Wiener Staatsoper sieht man einige Rot, aber Weiß, Gelb, Gold und Brauntöne überwiegen. Das Haus wird hell erleuchtet von dem kollierförmigen Kronleuchter (manche nennen ihn einen mit Zuckerkristallen verzierten Krapfen), der die blasseren Schattierungen stärker betont. Der Samtvorhang ist in hellem Braun gehalten, und der eiserne Vorhang, den eine Abbildung aus der Orpheus-Legende ziert, ist weitgehend mit Blattgold geschmückt. Auch der Proszeniumsbogen ist größtenteils golden, im Gegensatz zum bis 1945 existierenden Original jedoch ohne Schmuck. Hier gibt es keine Uhr, kein Monarchenporträt, keinen Keuschheitsgürtel. Im Zuschauersaal der Staatsoper herrscht eine gewisse Nüchternheit, die jeden Besucher überraschen wird, der die üppige Dekoration der 1860er Jahre erwartet.

Sicht und Akustik variieren beträchtlich in den verschiedenen Abschnitten dieses Hauses, und diese Unterschiede drücken sich in sorgfältig gestaffelten Preiskategorien aus: Für jede Vorstellung werden Karten in vielleicht zwanzig verschiedenen Preisklassen angeboten. Wegen der scharfen Biegung des Ovals kann man von den Seiten über der Bühne oder aus der Tiefe der Seitenlogen die Handlung manchmal kaum verfolgen. Darüber hinaus gibt es trotz der allgemein guten Akustik in der Staatsoper Sitzreihen, zu denen selbst ein starker Chor über den breiten Orchestergraben hinweg kaum durchdringt (es ist einer der wenigen Gräben, bei denen die Bühne nicht überhängt), und es gibt andere Plätze, auf denen man beinahe nur Blechbläser und keine Streicher hört. Trotz alledem hatten die Wiener jedoch sicherlich recht, als sie das Haus weitgehend originalgetreu wieder aufbauten. Der vordere Treppenaufgang und die Foyers an der Seite und am Eingang sind grandios und dennoch einladend, und von jedem relativ zentralen Platz aus – und dazu gehören auch die besonders privilegierten Stehplätze im Parterre – sind Sicht und Akustik ausgezeichnet. Wie alle berühmten Häuser verwandelt sich auch die Wiener Staatsoper in einen verzauberten Ort, wenn die Lichter zu erlöschen beginnen: Erst der über allem herausragende Krapfen, dann die verdeckten Lichter in den Logenreihen, die den Saal einschließen. Stille. Applaus.

Lorin Maazel tritt auf, verbeugt sich und versetzt mit einer einzigen schwungvollen Geste alle in das Sevilla des 19. Jahrhunderts. Der schwere braune Vorhang öffnet sich und läßt Zeffirellis wunderbar trägen spanischen Marktplatz erkennen. Das Drama entwickelt sich zunächst langsam, denn Maazels absichtlich verhaltene Tempi scheinen jedem Zuschauer Zeit geben zu wollen, die vor ihm liegende Szenerie auszukosten. Bei der Premiere bemerken nur wenige im Publikum Domingos ersten Bühnenauftritt mit blonder Perücke und Schnurrbart*, als er den ihm unterstellten Soldaten

* Bei späteren Vorstellungen hatte er keinen Schnurrbart und seine eigene dunkle Haarfarbe und war so leichter zu erkennen.

Befehle erteilt und die Wiener Sängerknaben mit ihrem Gassenkinderchor den vorderen Teil der Bühne einnehmen. Noch vor fünfzehn Minuten hatte einer dieser Bengel Don José um sein Autogramm gebeten.

Das Drama beginnt erst richtig, wenn Carmen selbst auftaucht – dieser Auftritt ist wohl eine der kürzesten Einführungen in der gesamten Operngeschichte. Sie läuft barfuß in eine Ecke der Bühne, nimmt eines der Gläser vom Tisch und entleert es provokativ über die Männer, die sie anstarren, dreht sich scharf um und läuft wieder weg. Dies sorgt für ungeheure Spannung, und als sie wenige Augenblicke später wieder auf die Bühne kommt und ihre »Habanera« singt, lassen Baltsas schauspielerisches Können und Zeffirellis dramaturgische Raffinesse den Puls aller schneller schlagen.

Baltsa ist phantastisch, und all ihr Springen und Fauchen, ihr samtweiches Singen und Zähneknirschen steigern die Dramatik. »Bohèmienne? Tu crois?« fragt sie José mit gespielter Skepsis, als sie sich seine Zuneigung erschleicht, und sei es auch nur, um nicht ins Gefängnis zu müssen. Domingo spielt Josés Ehrlichkeit, ja Naivität, unglaublich überzeugend. Als Carmen ihm verführerisch erzählt, wie es bei Lillas Pastia sein wird, blickt er sich sichtlich verlegen um, steckt sich eine Zigarette in den Mund, zündet ein Streichholz an – und ist von dieser unglaublichen Frau, die zu ihm singt, so in Bann geschlagen, daß er es auszublasen vergißt und seine Finger verbrennt.

Noch bedanken sich Baltsa, Domingo und Faith Esham mit ihrer blonden Perücke als Micaela am Ende des ersten Aktes für den Applaus, da bauen die Bühnenarbeiter bereits den Marktplatz ab und errichten die Stadtmauern von Sevilla und die Taverne von Lillas Pastia. Während der Pause ist Domingo in seiner Garderobe und trinkt Wasser, unterhält sich ruhig mit Marta, die aus dem Zuschauerraum hinter die Bühne gekommen ist, und signiert Fotos, die ihm sein Sekretär Paul Garner vor die Nase hält. Faith schaut kurz herein und wird kräftig umarmt. Die Hälfte ihrer Arbeit für diesen Abend hat sie hinter sich, doch muß sie nach eineinhalb nervenaufreibenden Stunden noch ihre Arie im dritten Akt singen. Auf dem Korridor begegnet Domingo einem Team von BBC-Ingenieuren, die nach Wien gekommen sind, um ein Fernsehporträt von Lorin Maazel zu machen; sie filmten das Vorspiel im ersten Akt, und er erkundigt sich, wie sie vorankamen.

Das zweite Klingelzeichen ertönt, und während sich die Zuschauer auf ihre Plätze zurückbegeben, versammelt sich eine Gruppe exotisch gekleideter Spanier, die merkwürdigerweise wienerisch miteinander reden, in den dunklen Kulissen hinter der Bühne. Einige von ihnen gehen auf die Bühne und nehmen ihre Positionen um die in der Mitte stehende Carmen ein. Auf den verschiedenen Fernsehmonitoren hinter der Bühne können sie alle ein verschwommenes Schwarzweißbild von Maazel sehen, als er auf das Podium zurückgeht, doch sie hören nicht, wie viele Buhrufe Maazel dabei zusammen mit dem Applaus hinnehmen muß. Maazel hebt seinen Stab, wartet, bis sich das Publikum beruhigt hat, und gibt den Einsatz. Als sich der Vorhang öffnet, sieht man Baltsa, die mit glühenden Augen auf einem hohen Tisch im Hintergrund des von Zeffirelli ausgesprochen lebensecht gestalteten Gasthauses sitzt, ein Knie unter dem bauschigen Zigeunerrock hoch aufstellt, so daß ihr langes, schwarz bestrumpftes Bein wie eine Zeltstange in einem dunklen Zelteingang erscheint. Der musikalische Puls beschleunigt sich, Frasquita und Mercedes stimmen in Carmens Lied ein, und authentische spanische Tänzer, die Zeffirelli speziell aus Madrid hergeholt hat, folgen ihren Tanzschritten. Die ganze Szene wird zu einer wirbelnden Masse sinnlicher Klänge und Farben, und das Publikum ist begeistert, als Musik und Bewegung ihren Höhepunkt erreichen. Schließlich kommt Raimondis großer Augenblick, er stolziert ins Rampenlicht und singt aus voller Brust sein berühmtes Lied, vielleicht das berühmteste in der ganzen Operngeschichte. Carmens Freunde Remendado und Dancaïre fallen in den Kulissen beim letzten Chorrefrain des Stierkämpfers ein, um sich vor ihrem Auftritt einzusingen, so wie ein Sologeiger zu Beginn eines Konzerts den Part der Orchesterviolinen mitspielt.

Der emotionale Schwerpunkt dieses Aktes liegt in der Konfrontation zwischen Carmen und José. Als Domingos Stimme hörbar wird, putzt sich Baltsa heraus, legt einen dunklen Rock ab, unter dem ein violetter sichtbar wird, und schickt sich an, für José zu singen und zu tanzen. »Wo sind meine Kastagnetten?« schreit sie wütend in die Kulissen. Bei den Proben hat sie diesen Satz mit einer solchen Bissigkeit geäußert, daß man meinen konnte, die Bühnenhelfer hätten eine wichtige Requisite vergessen. Aber die Frage gehört zur Inszenierung, und das wirklich unentbehrliche Requisit, nämlich der Teller, den Baltsa als Ersatz für die fehlenden Kastagnetten zerbricht, steht griffbereit auf dem Tischrand. Baltsa spielt in dieser Szene eine Frau, die sich für absolut unwiderstehlich hält. Während sie dort oben herumwirbelt und singt und mit den Scherben des zerbrochenen Porzellans klimpert, stellen sich hinter der Bühne zwei Trompeter auf. Genau auf den Einsatz eines Assistenten der Staatsoper, der Maazel auf dem Fernsehbildschirm sieht und das Orchester über Kopfhörer hört, spielen die Trompeter den Zapfenstreich, den Bizet so geschickt in Carmens Lied eingeflochten hat. Carmen, du hast mich nicht verstanden, singt José, das ist der Zapfenstreich – ich muß zur Kaserne zurück. Carmen lacht ihn aus, verspottet ihn, verhöhnt die Trompeten und sagt, er solle gehen, wenn es ihm so wichtig sei. Schließlich zieht José verzweifelt die Blume heraus, die sie ihm einmal zuwarf. Nun folgt Domingos große Arie, und während Baltsa still dasitzt und in eine andere Richtung blickt, läßt er einen herrlich getragenen Klangfluß ausströmen, der zugleich satt, gedämpft und flehend ist. Als diese Inszenierung eröffnet und im Fernsehen gezeigt wurde, feierte das Publikum Domingo mit einer Ovation, und es dauerte volle vier Minuten, bis der Begeisterungssturm sich endlich legte. Heute sind es bloß zwei Minuten – gleichwohl eine unglaublich lange Zeit für einen Sänger, wenn er mit dem Gesicht in den Händen unbeweglich und ohne aus der Rolle zu fallen wartend dastehen muß, bis die Handlung weitergehen kann.

Die Szenerie des dritten Akts sieht den echten Hügeln Andalusiens ausgesprochen ähnlich, und Zeffirellis Realismus wird noch verstärkt dadurch, daß Carmen und José zu Pferd eintreffen. Faith Esham ölt ihre Stimme, indem sie von den Kulissen aus die letzten paar Takte des Schmugglerchors mitsingt und dann auf der Bühne ihre Arie singt, die mit starkem Applaus bedacht wird. Der Kampf zwischen Domingo und Raimondi wirkt vom Zuschauerraum aus überzeugend, doch haben beide Männer noch genügend Atem, um ihre übrigen Takte zu Ende zu singen. »Nous nous reverrons!« warnt José Carmen mit mordgierigen Augen und drohender Stimme, während Raimondi sein beschwingtes Stierkämpferlied hinter der Bühne ein letztes Mal dahinschmettert.

Minuten später sind die andalusischen Hügel hinaufgezogen und die Außenmauern einer Stierkampfarena heruntergelassen. Der vierte Akt beginnt ohne die übliche Orchestereinleitung – sie ist später als Tanznummer eingefügt. Statt dessen wird eine strahlend erleuchtete Bühne sichtbar, die von einer festlichen Menge bevölkert wird, zu deren ausgelassenem Singen eine Bandaufnahme mit Rufen und Pfeifen eingespielt wird. Während des Einzugs in die Arena tauchen Pferde auf, die dann hinter der Bühne eilends anderen Reitern übergeben werden und ein zweites Mal auftreten. Ihnen folgt jedesmal ein Mann in einem historischen Kostüm, der ganz dezent Schaufel und Besen trägt. Schließlich tritt Escamillo höchstpersönlich auf, und die Geräuschkulisse der Menge überbietet sich förmlich. Wie wird Zeffirelli den plötzlichen Stimmungswechsel von der gewaltigen, angespannten Massenszene zu dem zarten, innigen Duett zwischen Carmen und Escamillo gestalten? Durch die einfache, aber brillante Idee, Meßdiener und einen Priester auftreten zu lassen, die die Aufmerksamkeit der Menschenmenge auf eine Madonna am anderen Ende der Bühne lenken.

Zu guter Letzt ist beinahe niemand mehr auf der Bühne außer Carmen.

Eine drohende Figur in einem dunklen, togaähnlichen Umhang erscheint am Rand von Zeffirellis steiler Bühne. »C'est toi!« – »C'est moi!« Damit hat die Schlußszene des Dramas begonnen. Domingo hat an diesem Abend seine Darbietung weitgehend auf Baltsas Musikspiel abgestimmt, um den Brennpunkt des Interesses auf das eigentliche Zentrum, Carmen selbst, zu lenken. Doch während im Verlauf des Schauspiels Baltsas Carmen zusätzlich an innerer Stärke und Heftigkeit gewinnt, entläßt Domingo José Stück für Stück aus der emotionalen Zurückhaltung. Der sorgfältig abgestimmte Kontrapunkt dieser beiden Charaktere erreicht in der Schlußszene den Höhepunkt, als Carmen im Angesicht der Gefahr eiskalte Entschlossenheit zeigt und José bittet, fleht, droht, betet und schlußendlich tötet. »Jamais je n'ai menti; entre nous tout est fini«, singt Baltsa mit eisiger Entschiedenheit am Anfang ihres Duetts, beinahe so, als fordere sie José dazu heraus, sie zu töten. »Mais moi, Carmen, je t'aime encore!« erwidert Domingo, und die Verzweiflung in seiner Stimme klingt nach all der bisherigen Zurückhaltung in seinem Singen um so durchdringender. Je aussichtsloser die Sache wird, desto unerträglicher empfindet José Carmens wiederholte Zurückweisungen. »Pour la dernière fois, démon, veux-tu me suivre?« Die Augen sind die des Canio im *Bajazzo* oder die Othellos, eines Mannes, der vor dem Abgrund mörderischer Eifersucht steht. Wenige Meter entfernt sieht Domingo den Chor der Staatsoper, der in den Kulissen von Escamillos Sieg singt; als Don José wendet er sich ihnen zu, seine schwarzen Augen funkeln wie die eines Besessenen, und er sieht, wie die Menge den Sieg des Liebhabers der Frau feiert, die er liebt. Beinahe taumelnd vor Wahnsinn ersticht er Carmen, und während ihr schöner, toter Körper langsam hinabgleitet, singt er sein abschließendes, herzerweichendes »Ma Carmen adorée« und läßt sich dann willenlos festnehmen. José hat das Schicksal in die Hand genommen, und Carmen hat sich ihm unterworfen – ein abschließender Rollenwechsel, der die Vorstellung als Ganzes auf eine hinreißende, wenn auch erschreckende Weise zu einer Harmonie zusammenfügt.

Alles nur Schauspielerei, könnte man einwenden, aber als der Vorhang gefallen ist und der Beifallssturm losbricht, dauert es einige Minuten, bis Baltsa und Domingo sich wieder gefaßt haben. Beider Gesichter sind noch von Tragik gezeichnet, als sie gemeinsam auf den Vorhang zugehen, durch die Öffnung treten und sich für den tosenden Applaus bedanken, der sie empfängt. Die hellen Lichter im Zuschauerraum, die Bravorufe und Blumen bringen die beiden allmählich wieder in die Realität zurück, und als sie auf der Bühne von Freunden und Kollegen beglückwünscht werden, lächeln beide zum ersten Mal seit Beginn der Schlußszene von *Carmen*. Für die

Zuschauer draußen unsichtbar, werden Zeffirellis Madonna und andere bewegliche Requisiten bereits weggetragen, während sich hinter seiner Stierkampfarena der Rest des Ensembles versammelt. Domingo weiß aus Erfahrung, daß der Applaus in Wien lange andauern kann. Nach seinem letzten hiesigen Auftritt hielt er über eine Stunde an. »Es ist eine kleine Stadt, die Menschen kommen schnell nach Hause, und die Vorstellungen enden früh«, lautet seine bescheidene Erklärung. In manchen Häusern bleibt es nach dem ersten Herausruf weitgehend den Solisten selbst überlassen, ob und wann sie noch einmal hinaustreten wollen. Nicht so in Wien. »Miester Tomingo und Tseffirelli, bitte«, ruft der stellvertretende Inspizient am Vorhang. Domingo umarmt Marta, Zeffirelli wirbelt selbst auf seiner schrägen Bühne herum und posiert für ein Foto. Aber wenn man gerufen wird, muß man gehen. »Okay, tutti frutti, bitte!« Diesmal ist das gesamte Ensemble aufgerufen. Der Applaus nimmt kein Ende, und sowohl vor als auch hinter dem Vorhang sieht man nichts als Lachen, Winken, Umarmen und Blumen. Auf der Bühne späht jemand durch das kleine Guckloch am unteren Rand des Vorhangs. Hunderte von Zuschauern stehen, einige, weil sie im Begriff sind zu gehen, die meisten als Ausdruck der Anerkennung für diesen wunderbaren Abend. An den Seiten und im vorderen Teil des Zuschauerraums stehen die üblichen Blumenwerfer. Weiter hinten gibt es ein paar vereinzelte, die unbedingt buhen müssen, als Maazel auftritt. Wissen sie – und weiß er –, daß das Kulturministerium knappe zwei Monate später bekanntgeben wird, daß sein Vertrag mit der Staatsoper nicht verlängert werden wird?

Draußen weht ein beißend kalter Januarwind, doch das hält etwa zwei- oder dreihundert Menschen nicht davon ab, über eine Stunde vor der Oper auf Autogramme zu warten: Maazels kurzes, beinahe kalligraphisches und Zeffirellis langes, geschwungenes – und vor allem lesbares. Agnes Baltsa kommt als erste, setzt sich drinnen an einen Tisch (Domingo wird dies das nächste Mal auch tun) und stellt sich der Menge von Menschen, die in Gruppen zu drei oder vier zur Audienz vorgelassen werden. Faith Esham erscheint mit einer Gruppe von Freunden und trägt einen riesigen Blumenstrauß. Niemand erkennt sie mit ihrem eigenen Haar. Faith wird von ihren Freunden ein letztes Mal mit Glückwünschen umarmt und in ein Taxi gepackt. Zurück zum Hotel? Nein. Sie fährt zur spanischen Botschaft, denn die Festlichkeiten dieses Abends enden mit einem Essen, das der spanische Botschafter Plácido Domingo zu Ehren gibt.

Wien war eine glückliche Zeit für Domingo. Freunde und Verwandte reisten aus Spanien und anderen Ländern an, um ihn auftreten zu sehen, und nicht nur in *Carmen*. Es gab auch den Ball der Wiener Philharmoniker im Musikverein, der in Wien einer der wichtigsten gesellschaftlichen Ereignisse des Jahres ist. Als die feierliche Eröffnungsstunde des Balls näherrückte, drängten sich bald mehr Menschen, als die Architekten des Musikvereinssaals wohl je eingeplant hatten, in den Logen und Rängen des Großen Saals, die Herren in tadelloser Abendkleidung, einige mit Auszeichnungen und Ordensbändern, die Damen in den prächtigsten Ballkleidern. Die Galerien stöhnten unter dem ungewohnten Gewicht, und die *Eleganti* von Wien spähten, wo auch immer sie einen Platz gefunden hatten, einander über die Schultern in den Großen Saal hinab, aus dem zu diesem Anlaß die Sitze entfernt wurden: Zu einer anhaltenden Trompetenfanfare trafen die Ehrengäste ein. Als letzte kamen der Präsident der österreichischen Republik, Rudolf Kirchschläger, und in prächtigem Frack und weißer Fliege Plácido Domingo. Domingo dirigierte die Wiener Philharmoniker in einer schwungvollen und charakteristischen Darbietung der *Fledermaus*-Ouvertüre, die von den Zuschauern, die selbst wie die Gäste bei Fürst Orlofskys Fest aussahen, mit herzlichem Beifall bedacht wurde. »Welch wunderbares Orchester!« hatte Domingo bereits nach einer vorausgegangenen kurzen Probe mit den Wiener Philharmonikern gesagt. Er hatte ein paar Nuancen ausprobiert, die er in London nicht versucht hatte, und das Orchester hatte auf Anhieb reagiert. Sobald an diesem Abend der Tanz begann, stürzte sich Domingo mitten hinein und verlor sich bald in der Menge umherwirbelnder Figuren.

Am nächsten Tag warten Hunderte fröstelnder Menschen geduldig in einer Schlange vor dem Büro der Freunde der Wiener Staatsoper in der Goethegasse gegenüber dem Park der Hofburg. Die Schlange erstreckt sich die ganze Goethegasse und die Hanuschgasse entlang bis zum Albertinaplatz hinunter. In diesem Büro sitzt Domingo mit Anzug und Krawatte an einem Tisch, widmet sich in aller Geduld der Menschenansammlung, wie ein wohlwollender Arzt in seiner Praxis, und signiert schließlich über achthundert Bücher, Schallplatten und Bilder. Und für all jene, für die Domingo im Kostüm des Don José oder in Frack und weißer Fliege oder im Straßenanzug nicht genug ist, gibt es noch immer Domingo im Fußballerdreß. Zusammen mit verschiedenen Kollegen von der Oper, seinen Söhnen Placi und Alvaro und einigen der bekannteren Wiener Schauspieler und Journalisten feierte Domingo seinen dreiundvierzigsten Geburtstag mit einem Fußballspiel in einem großen überdachten Stadion im südlichen Vorort Oberlaa. Der Ehrlichkeit halber muß man wohl sagen, daß die Zuschauer bei diesem Ereignis größtenteils nicht zu den unentwegtesten Fans unter Wiens sportbegeisterter Bevölkerung zählten, und sei es auch nur, weil diese an diesem speziellen Nachmittag wohl alle zu Hause vor ihren Fernsehapparaten klebten und »Kitzbühel '84« sahen, eines der größten internationalen Skiereignisse des Jahres. Doch jeder echte Sportfan, der an diesem Tag trotzdem in der Kurhalle von Oberlaa gewesen wäre, wäre in den Genuß gekommen, den brillanten österreichischen Mittelstürmer Hans Krankl in Aktion zu sehen.

Während die Zuschauer die Plätze füllten, erschallte im Stadion Domingos neueste Pop-LP – Moon River, Bésame Mucho, Couldn't Live Without You –, doch Domingos Stimme ging trotz Verstärker und Lautsprecher im Applaus unter, als die Mannschaften einmarschierten. Man sang »Happy Birthday« und überreichte Domingo eine goldene Schallplatte von »Perhaps Love« und verschiedene Geburtstagstorten, darunter eine aus Marzipan in der Form und Farbe eines Fußballs sowie als Freundschaftsgeschenk einen Kickerschuh von Krankl, und dann begann mit einem feierlichen Anstoß durch die langbeinige Sopranistin Patricia Wise der ernste Teil des Nachmittags. In seinem lila Adidas-Dress legte es Domingo hauptsächlich darauf an, sich vor dem Tor des Gegners so zu plazieren, daß er die erstaunlich treffsicheren Pässe entgegennehmen konnte, die Krankl ihm immer wieder vor die Füße legte.

Nach Domingos erstem Tor tobte die Menge vor Begeisterung, und Domingo rannte wie in einer gekonnten Parodie auf das Gehabe lateinamerikanischer Fußballspieler zu der Stelle, wo Marta saß, kniete nieder und warf seine Augen und Fäuste wiederholt gen Himmel.

Bei so viel Talent war es kein Wunder, daß es von vornherein so aussah, als würde Domingos Team gewinnen. Da war Placi, der selbst dem unerreichbarsten Ball nachsauste, und Alvaro, der ein sehr ernsthafter Sportler ist und vielleicht mehr strategisch und weniger taktisch spielt. Da war Kurt Rydl, dessen profunde Baßstimme unverkennbar war, wenn er nach einem Paß rief; von allen Opernfußballern schien Rydl die größte Ausdauer zu haben – kein Wunder bei einem Mann, der Rollen wie Gurnemantz in *Parsifal* singt. Vor allem aber war da die alles besiegende Partnerschaft zwischen Hans Krankl und Plácido Domingo – Krankl war überall, dribbelte den Ball so, als sei er mit einem Elastikband an ihm befestigt, und plazierte ihn dann genau vor dem Tor vor Domingos Füße. Beim Schlußpfiff stand es 18 : 8 für Domingos Mannschaft, und von den Toren der Sieger hatte sieben das Geburtstagskind geschossen.

Eines Abends trifft sich Domingo nach einer *Carmen*-Vorstellung mit etwa fünfundvierzig Freunden im Wiener »Astoria« zu einem Festessen, das CBS ihm zu Ehren veranstaltet. Genauer gesagt, kamen Domingos Freunde dort zusammen, und er selbst verspätete sich durch Autogrammgeben um mehr als eine Stunde. Um Mitternacht schließlich begaben sich alle an die riesige, H-förmige Tafel mit einem langen Mittelteil, und Marta und Plácido sorgten dafür, daß die Gäste in Sprachgruppen zusammensaßen – die spanischsprechenden, unter ihnen der spanische Botschafter, daneben eine Gruppe deutschsprechender Gäste und weiter unten ein überwiegend anglophoner Kreis. Gerade als der Wein und die Gespräche zu fließen begannen, erschien im Eingang ein riesiges Gebilde in Rosa und Lila, tausend Nelken auf Beinen. Die Beine, die dieses aufwendige Geschenk hereintrugen, entpuppten sich als die des Prinzen Alfonso von Hohenlohe; Alfonso hatte die Nelken speziell aus Spanien einfliegen lassen. Plácido war sichtlich überwältigt. Er schmückte sich mit dem in den spanischen Nationalfarben rot und gelb gestreiften Band, mit dem die Nelken zusammengebunden waren, schenkte jedem seiner Gäste ein Bündel aus Alfonsos blühendem Füllhorn und nahm sich dabei die Zeit, mit allen, die an dem großen »H« saßen, zu reden. Es war beinahe drei Uhr morgens, als die Gäste sich zu verabschieden begannen, und noch einmal gelang es Marta und Plácido, mit jedem einzelnen zu reden, bevor sich der prächtige Speisesaal schließlich leerte. Er leerte sich bis auf die überall herumliegenden Nelkenbündel, die die Gäste einfach nicht alle hatten mitnehmen können.

In jener Nacht kam ich erst um vier Uhr ins Bett. Um acht war ich bereits wieder auf, mit trockener Kehle und trüben Augen; ich mußte zum Flughafen fahren und nach London zurückfliegen. Nach einer willkommenen Tasse Kaffee, aber noch immer mit verschlafenen Augen und unrasiert, stand ich kurz nach zehn in der Schlange, um mein Gepäck aufzugeben, als ich eine vertraute Figur erblickte, die in der Flughafenhalle auf mich zukam, mit Zipfelmütze und dunklem Mantel und einem sorgfältig verpackten Anzug als Handgepäck. Es war Plácido, und er sah so munter aus wie eh und je. Er war in Begleitung seines Onkels Pedro und eines spanischen Freundes und dessen Tochter. Plácido trat zu mir, und wir plauderten kurz. Er reiste für einen Tag nach Madrid; dort sollte an diesem Abend ein Essen stattfinden, bei dem Premierminister Felipe González zugegen sein würde. Er winkte mir zum Abschied vergnügt zu und marschierte mit federnden Schritten davon.

Zugabe

Diese Biographie ist die detaillierte Lebensbeschreibung eines großen Sängers – viele würden sagen: des größten der heutigen Zeit – in den Jahren, als seine aufsehenerregende Karriere ihre Gipfelpunkte erreichte. Die meisten der Unternehmungen und Aktivitäten, die in diesem Buch erwähnt werden, sind auf Platte, Film oder Video aufgezeichnet worden, und diese Dokumente haben bereits heute einen historischen Wert. Aber das Buch handelt auch von der Welt Plácido Domingos im weiteren Sinne: vom Operngeschäft, von der Plattenindustrie, vom Film und vom Fernsehen – und von den Konflikten, die oftmals entstanden sind und noch entstehen durch Domingos energische und willensstarke Persönlichkeit auf der einen Seite und die Bedürfnisse und Forderungen sehr vieler Menschen, die mit ihm zu tun haben, auf der anderen Seite. Der Mann, der Künstler und das weitere Umfeld sind wechselweise voneinander abhängig.

Beide Welten haben sich in den zwanzig Monaten nach jenem (für mich) sehr anstrengenden Morgen im Januar des Jahres 1984, als Plácido am Flughafen von Wien auf mich zustürzte, nur wenig verändert. Plácidos Kalender war auch weiterhin voll mit Terminen für Opernauftritte. Dazu kamen Fernsehauftritte und die lästigen und angenehmen Verpflichtungen, die eine immer noch wachsende Berühmtheit mit sich bringt. Einige seiner Verfolger hatten das Gefühl, es sei sogar noch schwieriger als früher, Plácido dazu zu bringen, sich festzulegen; sie meinten, dies sei zum Teil auf sein eher zögerndes Wesen zurückzuführen, darauf, daß er eine Scheu hätte, sich irgendwelche Möglichkeiten zu verbauen, aber zum Teil auch auf die Notwendigkeit, die vielen Verpflichtungen, die er bereits eingegangen war, unter einen Hut zu bringen. Er schien überfordert zu sein. Man warf ihm vor, er würde sich allzuviel aufhalsen – aber Domingo selbst war nicht dieser Meinung. Einige seiner Zuhörer hatten vielleicht einen lautstarken Supermann erwartet (so lautstark, wie Domingo auch oftmals auf Schallplattenaufnahmen klingt und wie es den falschen Erwartungen entspricht, die sein legendärer Ruf bisweilen weckt) – und daher erschien ihnen die eine oder andere Aufführung als nicht kraftvoll genug. In der Rolle des Calaf, beispielsweise, in der *Turandot*-Aufführung des Royal Opera House im Jahre 1984, konnte Domingos zärtliche und bedeckte Stimme sich nicht immer ohne Mühe über den vollen Orchesterklang Puccinis (und Colin Davis') erheben. Einige meinten, sie seien von Domingos anfänglichen Vorstellungen in Deutschland drei Jahre lang enttäuscht gewesen, hätten aber vielleicht auch zuviel erwartet. Solche Diskussionen gefährden in jedem Fall die Karriere eines Mannes, dessen Leben und Ruf in allen Einzelheiten in den Medien diskutiert werden.

Das Niveau, die Qualität von Domingos Aufführungen war jedoch weiterhin außerordentlich hoch. In Zandonais *Francesca da Rimini*, einer sehr selten aufgeführten Oper, die im Jahre 1984 von Piero Faggioni an der New York Metropolitan sehr phantasievoll inszeniert wurde, gelang es Domingo ganz hervorragend, Paolos Eröffnungsszene (eigentlich Paolos zweiten Auftritt, da er im ersten nur in stillem Entzücken auf Francesca zu starren braucht) kraftvoll in einer sehr anspruchsvollen Stimmlage zu meistern und ebenso das variationsreiche Liebesduett einen Akt später. Die Covent-Garden-Aufführungen von *Andrea Chénier* im Jahre 1985 und vor allem von *Samson und Dalila* (mit Baltsa in wirklich hinreißender Form!) waren eine glänzende und zugleich gewaltige Leistung – obwohl »Gewalt« wahrscheinlich nicht ganz das richtige Wort ist für Darbietungen, die vielleicht lyrischer, vornehmer und möglicherweise gezügelter waren als die von Domingos Vorgängern in jenen Inszenierungen: mit Carreras als einem leidenschaftlichen Chénier, Vickers als einem brütenden, verzweifelten Samson.*

* In der Premierennacht von *Andrea Chénier* ergab sich eine zusätzliche dramatische Wendung, als Domingo, mit einer Stimme, die offensichtlich unter schrecklichem Druck stand, im ersten Akt mitten in einer Arie von der Bühne wankte. Ein Arzt wurde gerufen, und die Zuhörer wurden darüber informiert, daß Domingo Magenschmerzen habe. Schließlich kehrte er auf die Bühne zurück und sang die Oper zu Ende. »Gewöhnlich esse ich vor dem Singen Kalbfleisch«, erzählte er später einigen Freunden, »aber heute habe ich ein Steak gegessen, und es ist mir anscheinend nicht bekommen.« Dann fügte er heftig und düster hinzu: »Aber mir war kalt, wißt Ihr, wirklich kalt!« Ein paar Tage später hatte er jedoch für die Aufführung, die auf Video aufgezeichnet werden sollte, seine exzellente Stimme wiedergewonnen.

Aber den besten Beweis für sein großes Format und sein Wachstum als Künstler hat Domingo an der New York Metropolitan Opera erbracht. Domingo hatte in der Premierennacht der Spielzeit 1983/84, in der zugleich das Hundert-Jahr-Jubiläum gefeiert wurde, gesungen, und zwar den Äneas in *Les Troyens* von Berlioz, eine sehr schwierige Rolle, die er wunderbar bewältigte, obwohl er sich darin bekanntermaßen nicht ganz wohl fühlte. Die Spielzeit 1984/85 hielt zudem eine noch größere Herausforderung bereit: die Titelrolle in Wagners *Lohengrin*. Nur sehr selten in der Geschichte der Oper ist einem eigentlich italianisierten Sänger ein erfolgreicher Einstieg in das deutsche Repertoire gelungen; in neuerer Zeit hat dies gewiß kein anderer bedeutender Verdi-Puccini-Tenor erreicht. Domingo selbst hat 1976 eine Aufnahme von Wagners *Die Meistersinger* gemacht, aber das Werk auf der Bühne aufzuführen – daran würde er niemals denken. Zwar hatte er den *Lohengrin* in Hamburg im Januar 1968 ein paarmal gesungen, aber er erinnerte sich immer noch sehr genau an die Anstrengung, die jene Darbietungen (und deren ausführliche sprachliche Vorbereitung) erforderten. So war es für Domingo also eine mutige, und für viele andere eine ziemlich unerwartete Entscheidung, in der Premierennacht der Spielzeit den Lohengrin zu singen, und zwar vor einem Publikum, das den Ruf hat, ganz außerordentlich kritisch zu sein.

Es war eine seltsame, ja geradezu karge Inszenierung: kein Schwan für Lohengrin beispielsweise, nur ein heller, weißer Lichtstrahl. Aber musikalisch gesehen, unter der Regie von James Levine, war sie etwas ganz Besonderes: Vor allem Eva Marton als Ortrud erntete Stürme der Begeisterung. Und Domingo? Die außerordentlich schwierigen Eingangsphrasen brachte er geschickt hinter sich, und bis zum lyrischen dritten Akt war er dann in wirklich hinreißender Form, offensichtlich ganz und gar unermüdlich. Es schien, als würde Satz für Satz reinen Goldes aus seinem Mund fließen. Kritiker empfanden vielleicht seine Artikulation der deutschen Sprache noch als allzu bemüht, und während des ganzen Abends konnte man in seinem Gesicht die schmerzliche Stirnfalte erkennen. Aber die musikalische und stimmliche Beherrschung von Wagners anspruchsvollen Passagen war außerordentlich eindrucksvoll. Später in jener Spielzeit sang Domingo weitere *Lohengrin*-Aufführungen, die unmittelbar auf eine Serie von hervorragend kalibrierten *Othello*-Darbietungen folgte, und daneben dirigierte er auch eine Reihe der aufsehenerregenden Met-Inszenierungen von *La Bohème*. In einer außerordentlichen Reihe von Aufführungen an der Met im Februar 1985 sang Domingo den letzten *Othello* (langsam, tieftraurig und wunderschön unter Levine, mit Margaret Price als einer besonders klaren und volltönenden Desdemona), dirigierte die Samstagnachmittag-live-Rundfunkübertragung von *Bohème* und trat am Montag frisch und voller Zuversicht und Tatendrang wieder auf die Bühne, um eine wunderbar lyrische Darbietung des Lohengrin zu geben. All dies war Operngesang von allerhöchster Qualität.

Obwohl er sich dem italienischen und französischen Standard-Opernrepertoire so intensiv widmete (und trotz seines Ausflugs in das deutsche Repertoire), war Domingo sich seiner spanischen Wurzeln ganz deutlich bewußt. Im Sommer 1985, nachdem er einige Wochen in Spanien verbracht und den *Othello* in Barcelona und Madrid gesungen hatte, erfüllte er sich mit einer Reihe von spanischen Operettenkonzerten in den USA einen schon lange gehegten Wunsch. Domingo wollte den amerikanischen Zuhörern nicht nur diese romantischen spanischen Musicals nahebringen, sondern vor allem mehr Hispano-Amerikaner in den Konzertsaal und vielleicht schließlich auch in das Opernhaus zu locken. Er wußte, daß er selbst einer der wesentlichen Repräsentanten des kulturellen Lebens war und zudem ein Vorbild für Millionen Amerikaner spanischer Abstammung, und er empfand dies als eine sehr große Verantwortung. Einen Monat später geschah etwas, was sein Leben für alle Zukunft veränderte.

Am 19. September 1985 wurde die Welt des Plácido Domingo brutal und unwiderruflich von einer furchtbaren Katastrophe erschüttert: Um 7.18 Uhr Ortszeit zerstörte ein Erdbeben, das mit 7,8 auf der Richterskala gemessen wurde, weite Gebiete des westlichen Mexiko. Große Teile von Mexico-City lagen in Schutt und Asche. Ein anderes Beben, kaum weniger stark, folgte am nächsten Tag. Domingo, der in Mexiko aufgewachsen war und dessen Eltern noch dort lebten, hielt sich gerade in Chicago auf und wollte eine Reihe von *Othello*-Aufführungen an der *Lyric Opera* singen. Er sang noch am Premierenabend und flog dann geradewegs nach Mexiko. Die fast apokalyptische Szene des Leidens und der Zerstörung, die er bei seiner Ankunft früh am nächsten Morgen erblickte, erschütterte ihn zutiefst. Seine Eltern, mit denen er zunächst von Chicago aus nicht hatte telefonieren können, waren unverletzt geblieben. Aber vier nahe Verwandte lagen unter dem Schutt eines zusammengestürzten Apartmentblocks begraben. Domingo fühlte einen inneren Zwang, zu bleiben, zu graben und mehrere Spenden- und Hilfeaufrufe im Fernsehen zu initiieren – alles zu tun, was ihm irgend möglich war, um den Toten ihre Würde und den Lebenden ihre Hoffnung wiederzugeben. Einen Augenblick lang muß er Chicago und die Musik als etwas sehr weit Entferntes und ganz gewiß nicht länger als Priorität empfunden haben. Domingo hatte das Gefühl, daß die so schwer heimgesuchten Mexikaner dringender brauchten, was immer er zu geben vermochte, als die wohlhabenden Besucher der *Lyric Opera*.

In den darauffolgenden Wochen reifte dann das, was zunächst ein bloßer momentaner Impuls gewesen war, zu einem Entschluß heran. Möglicherweise nach dem Vorbild anderer Musik- und Unterhaltungskünstler, die erfolgreich zu Spenden für die hungernden Menschen in Afrika aufgerufen hatten, verkündete Domingo seine Absicht, sich während der nächsten zwölf Monate von den meisten seiner Verpflichtungen zurückzuziehen und statt dessen Konzerte zu geben, um Hilfsgelder für Mexiko zu sammeln. Er hatte schon früher in Erwägung gezogen, die Opernengagements eines Jahres weitgehend abzusagen, um sich Projekten seiner eigenen Wahl zu widmen. Jetzt waren Umstände eingetreten, die ihm dies als unabwendbar notwendig erscheinen ließen.

In den ersten Wochen nach den tragischen Ereignissen von Mexiko stand sein Entschluß jedoch noch nicht völlig fest; der Druck, den Opernhäuser überall auf der Welt auf ihn auszuüben versuchten, war allzu groß. So stand er beispielsweise mit der Gesellschaft Cannon Films unter Vertrag, unter der Regie von Franco Zeffirelli einen *Othello*-Film zu drehen. Die Tonspur des Films war unter Lorin Maazel als Dirigenten bereits aufgenommen worden, und das gesamte Team, einschließlich der anderen Hauptbesetzungen Katia Ricciarelli and Justino Diaz, hatte sich einen Großteil der restlichen Monate des Jahres 1985 für die Filmarbeiten (in Kreta und Süditalien) freigehalten. Als Domingo den ersten Schock über die Naturkatastrophe überwunden hatte, wurde ihm klar, daß er dieser Verpflichtung unbedingt nachkommen sollte. An jenen abgelegenen Orten zu filmen würde ihm helfen, seinem persönlichen Trauma und zudem den neugierigen Augen der Öffentlichkeit zu entrinnen. Die einzigen Gesangsvorstellungen, die er zu geben bereit war, waren die Wohltätigkeitskonzerte für Mexiko, von denen das erste am 3. November auf Bari stattfand.

Es gibt nicht viele Künstler, die es wagen, sich in dieser Weise zu engagieren, und die Auswirkungen seiner Entscheidung waren weit und breit spürbar. Am schwersten betroffen war die Royal Opera, Covent Garden; dort gab es bereits weit fortgeschrittene Pläne für eine neue Inszenierung von *Othello*, die im Januar 1986 beginnen sollte, mit Domingo in der Hauptrolle, unter dem Dirigenten Carlos Kleiber und unter der Regie von Sir Peter Hall. Für diese Aufführungen hatte die Operndirektion die Preise für die teureren Plätze des Hauses in astronomische Höhen getrieben; auf diese

Weise hätte während der ganzen restlichen Spielzeit eine allgemeine Erhöhung vermieden werden können. *Othello* hätte mit anderen Worten ein Haus retten sollen, das verzweifelt auf Geld angewiesen war. Domingo, den die Vorstellung, daß Leute £75 für einen Opernabend bezahlen sollten, ohnehin ärgerte, brachte die Planung des Covent Garden vollkommen durcheinander: Er gab zu verstehen, daß er sich von einer Inszenierung zurückziehen würde, die vier Jahre im voraus sozusagen um ihn herum geplant worden war.

Zunächst wurde erwogen, daß Domingos Verpflichtungen nur ein wenig gelockert werden sollten, daß er etwa die Aufführungen singen sollte, aber bei einigen Proben nicht anwesend zu sein brauchte. Dies hätte seinen Kollegen, vor allem Kleiber und Hall, wohl kaum gefallen. Als Alternative wurden einige *Bohème*-Aufführungen diskutiert, dann *Simon Boccanegra* – eine Oper, die anderen Sängern der Besetzung, Kiri Te Kanawa, Renato Bruson und Robert Lloyd sehr gelegen hätte. Allerdings war dies ein Stück, das Domingo niemals auf der Bühne gesungen hatte. Wie würde er diese Aufgabe meistern? Diese Frage wird leider für immer offen bleiben, da Domingo in Spanien (nach einem Konzert in Mexiko) genau acht Tage vor der Premiere von *Boccanegra* einen doppelten Bruch erlitt. So konnte er also überhaupt nicht mehr singen, nicht einmal mehr in Konzerten für Mexiko. Eine Galaaufführung des *Requiems* von Verdi, die Domingo in London hätte dirigieren sollen, begann mit einer eindrucksvollen, an seinem Krankenbett aufgezeichneten Botschaft. An seinem 45. Geburtstag (dem 21. Januar 1986), ruhte sich Domingo – endlich einmal! – aus.

Die Anstrengungen und Verpflichtungen, die Domingo in den darauffolgenden Jahren auf sich nahm, hinterließen ihre Spuren. Er schien seiner Umgebung weniger zuverlässig zu sein als zuvor. Es gab eine Reihe von Absagen, die in den Medien breit diskutiert wurden. In England sagte Domingo beispielsweise ein Konzert in Wembley im allerletzten Moment ab, und zwar während eines Live-Fernsehinterviews, in dem er verkündete, er sei schokkiert über die hohen Preise, die die Besucher zu zahlen hatten. Obwohl das Konzert einige Monate später erneut auf den Spielplan gesetzt wurde, hatte Domingos Absage eine Reihe von sehr unangenehmen rechtlichen und finanziellen Folgen (ebenso wie das Scheitern des Films über das Leben Puccinis, in dem Domingo für die Hauptrolle zugesagt hatte und für den ein erheblicher Anteil seiner Zeit reserviert gewesen war). Domingo hatte sich verpflichtet, im Juni 1988 den Lohengrin in Covent Garden zu singen, und als er absagte, war bereits das ganze Haus ausverkauft. Die offiziellen Verlautbarungen besagten, daß Domingo das Gefühl gehabt habe, für diese Rolle brauche er mehr Einarbeitungszeit, als er persönlich aufzubringen vermochte, und daß er die Oper für den Augenblick aus seinem Repertoire streiche. Ob die Rolle für ihn wohl zu anspruchsvoll sei, fragten die Skeptiker. Vielleicht habe sich seine Stimme nach Mexiko niemals wirklich erholt. Schließlich sangen andere Tenöre drei der fünf angesetzten Aufführungen. An den beiden anderen Abenden sang Domingo jeweils ein Konzert (mit der Sängerin, die als Elsa eingesetzt werden sollte, der brillanten jungen Sopranistin Cheryl Studer) und demonstrierte dadurch, daß es gewiß nicht seine Stimme gewesen war, die ihn zu der *Lohengrin*-Absage veranlaßt hatte.

Dies waren schwere Zeiten für Domingo. Sein Vater war kurz zuvor gestorben, und seine Mutter litt an einer schweren Krankheit. Das Verhältnis zwischen Plácido und seinen Eltern war immer sehr eng gewesen; er besuchte sie und telefonierte mit ihnen, sooft es sein Terminkalender zuließ. Häufig sprach er über ihre hervorragenden musikalischen und schauspielerischen Talente und betonte, wie sehr sein Erfolg auf die Wärme und Ermutigung zurückzuführen sei, die er als Junge erfahren hatte. Diese starken Gefühle waren von seinen Eltern ganz unverkennbar immer erwidert worden. Ich erinnere mich daran, daß ich zu Beginn und in der Mitte der 80er Jahre mit seinen Eltern Gespräche führte und daß mir während dieser Gespräche ihr elterlicher Stolz und zugleich eine kluge, sachkundige Bewunderung für das große Können ihres Sohnes deutlich auffiel. Die enge Beziehung wurde auf jeden Fall durch das tragische Erdbeben in Mexiko noch intensiviert, da die Familie die verunglückten Verwandten betrauerte und versuchte, mit ihrem gemeinsam erlittenen Kummer fertigzuwerden. Als Domingos Vater zwei Jahre später starb, war der Verlust wegen der kaum verwundenen vorangegangenen Tragödie um so schwerer zu verkraften.

Während dieser Zeit wurde Domingo außerdem, zusätzlich zu seinem doppelten Bruch, noch von einer Reihe von harmloseren Krankheiten heimgesucht. Einmal litt er während mehrerer aufeinanderfolgender *Tosca*-Aufführungen unter einer immer wieder ausbrechenden Infektion. Martin Feinstein, Generalintendant der *Washington Opera*, mußte die Zuhörer über die lästige Erkrankung informieren und sie um Nachsicht bitten. Bei der letzten Aufführung sagte Domingo, dessen Gesundheit nun endlich wiederhergestellt war, daß *er* nun wohl verpflichtet sei anzusagen, daß *heute abend* Martin Feinstein einmal nicht käme ...

Domingos Vitalität war stärker als das Trauma von Mexiko und die Belastungen, die darauf folgten, und allmählich wurde sein Leben wieder das, was wir, in Ermangelung eines besseren Wortes, wohl als normal bezeichnen können – mit der üblichen, alljährlichen Folge von Opernaufführungen, Konzerten, Plattenaufnahmen und Fernsehauftritten. Der alte Hunger nach Aktivität und Leistung meldete sich wieder, und Domingos Können erschien nach wie vor unbeeinträchtigt, und, wenn überhaupt, sogar verbessert. Domingo fand auch die Zeit, neue künstlerische Bereiche zu erschließen. Im November 1986 sang er die Hauptrolle in der Weltpremiere von Menottis Oper *Goya* in Washington, ein Werk, das speziell für ihn geschrieben worden war und das, trotz der Vorbehalte von Kritikern, die Menottis Stil altmodisch fanden, Domingo (und dem chilenischen Mezzosopran Vergara) eine sehr angenehm singbare Musik und zugleich ein glänzendes und heldenhaftes spanisches Thema boten. Domingo war es gelungen, sehr viel des jugendlichen Feuers zu bewahren, das ein Sänger für Opern wie *Fanciulla, Bohème* und *Ballo* braucht; ich erinnere mich beispielsweise daran, daß ich in einer Aufführung von Giordanos *Fedora* vor einem spanischen Publikum ganz und gar von der fröhlichen Intensität seiner Eingangsarie »Amor ti vieta« hingerissen war. Aber vor allem schien es auch so, daß Domingo für Rollen wie Othello, Canio und Lohengrin eine größere Leidensfähigkeit in sich selbst entdeckt hatte und daß er sich mehr und mehr zu dem schwereren deutschen Repertoire hingezogen fühlte.

Es wäre engstirnig, von einem »neuen« Domingo zu sprechen. Seine Energie, sein Engagement auf der Bühne und der Charme, den er nach der Aufführung an den Tag legte – all dies war 1990 ebenso spürbar wie 1980 und in den Jahren zuvor. Irgend etwas hatte sich jedoch in Domingos Haltung auf der Bühne und auch im Alltag verändert; Freunde und Kollegen bemerkten es, konnten es aber nur schwer in Worte fassen. »Ein größerer Durchsetzungswillen, eine wachsende Neigung, sich auf die Hauptaufgaben zu konzentrieren und einen Teil der am Rande laufenden Aktivitäten zu streichen« – so wurde der Eindruck schließlich in Worte gefaßt. Es ging Domingo vielleicht darum, den Randgestalten, die oftmals das Gefühl hatten, sie könnten ungefragt in sein Leben eindringen, nicht mehr so viel Raum zuzugestehen. Domingo selbst erkennt an, daß eine Veränderung eingetreten ist. »Ich habe Tragisches, schwere Verluste durchlitten«, erklärt er, »und ich glaube, das ist der Grund, warum sich meine Prioritäten verändert haben.« Im Laufe der Zeit hat er sein Privatleben und die Stunden mit seiner Familie mehr und mehr schätzen gelernt, und er neigt inzwischen dazu, nur solche Engagements und nur solche Einladungen anzunehmen, die ihn auch wirklich interessieren; andere, eher zeitraubende Angebote lehnt er ab. Er steht der Presse sehr viel seltener zur Verfügung und fragt sich, mit einer Spur echter Verwunderung, warum die Leute immer wieder zu ihm kommen und ihm immer wieder die gleichen Fragen stellen wollen. Er hat heute weniger stark als früher das Bedürfnis, die Welt der Oper einem immer größeren Publikum nahezubringen. Sein Sohn Placi ist inzwischen verheiratet; er und seine Frau sind sehr viel in New York, während Alvaro die *New York University Film School* besucht. Deshalb haben Plácido und Marta jedes Jahr ein paar Monate für einen Aufenthalt in New York eingeplant. Früher hätte das eine ununterbrochene Folge von Fernseh-Talkshows bedeutet und ebenso von Aufnahmen für Schlagerplatten und öffentliche Auftritte. Heute ist die Zeit, abgesehen von den Auftritten an der Metropolitan, mit häufigeren Abendessen mit den Kindern und zahlreicheren Theater- und Kinobesuchen ausgefüllt. »Eines Tages«, erzählte mir Plácido, »kamen Marta und ich nach viermonatiger Abwesenheit in New York an und fanden einen großen Haufen Einladungen für dieses und jenes gesellschaftliche Ereignis. Klugerweise meinte Marta: ›Plácido, New York existiert immer noch, und sie sind alle wunderbar ohne uns ausgekommen. So werden sie während der nächsten beiden Monate genauso ohne uns auskommen, obwohl wir zufällig gerade einmal hier sind!‹ «

Dies heißt jedoch nicht, daß Domingo heute weniger aktiv sei. Sein 50. Geburtstag naht, und er hat bereits fast 2200 Aufführungen (einschließlich mehr als 300 Aufführungen allein an der Met) gesungen. In den letzten zwei oder drei Jahren ist er auf jeden Fall eher noch fleißiger geworden, und zusätzlich zu seinen Opernauftritten und Plattenaufnahmen hat er eine Reihe anderer Interessen entwickelt. Zum einen hat er sich mehr und mehr auf das Dirigieren verlegt und *Romeo und Julia, Carmen, Macbeth* und *Tosca* zu seinem bereits sehr weit gefächerten Repertoire hinzugefügt. So dirigierte er eine ausgezeichnete Aufnahme von *Die Fledermaus* (und sang die Rolle des Alfred), und er schwang den Dirigentenstab auch außerhalb der Oper. Ich erinnere mich besonders an eine sehr lebendige Aufführung der siebten Symphonie von Beethoven (und des Violinkonzerts von Mendelssohn mit Silvia Marcovici) mit dem Philharmonieorchester.

Heutzutage kann man kaum ein längeres Gespräch mit Domingo führen, ohne gleich auf seine spanischen Wurzeln zu kommen; auf Spanien, Mexiko und die große und noch weiter anwachsende lateinamerikanische Bevölkerung der Vereinigten Staaten. Domingos Gefühl der Verbundenheit mit der neuen Los Angeles Opera beispielsweise, die er von Anfang an künstlerisch beriet, entwickelte sich zum Teil aus dem Bewußtsein heraus, daß in Kalifornien viele spanischstämmige Bewohner leben. Auch der einen Sommer lang andauernden Expo '92 in Sevilla hat er sich sehr intensiv gewidmet; sie soll Spaniens Kolumbus-Fünfhundert-Jahr-Feier krönen, und Domingo wird als Sänger, Dirigent, Zeremonienmeister und musikalischer Leiter mehrere Monate lang beinahe festen Wohnsitz in Spanien nehmen. Im Sommer 1988 erfüllte sich Domingo einen lange gehegten Traum und gab vor den New Yorkern auf dem großen Rasen des Central Park ein Konzert; Rosario Andrade, Gloria Estefan und Linda Ronstadt hatten sich ihm angeschlossen. Das Programm enthielt im wesentlichen spanische Rhythmen; Anlaß war das große Finale des einen Monat lang andauernden *First New York International Festival of Arts*. Domingo und seine »drei schönen Ladies« sangen eine Reihe von Liebesliedern und Duetten des zwanzigsten Jahrhunderts, von Oper und Operette bis zum amerikanischen Musical – und das Ganze gipfelte in einer Reihe von Zarzuela- und Mariachi-Darbietungen, die eine zum Teil spanische Zuhörerschaft in wahre Rauschzustände versetzte. Aber über allem liegt immer noch der Schatten von Mexiko. Es gibt im wesentlichen drei große Projekte in Mexiko, die Domingo in Angriff genommen hat: ein Dorf für 200 Familien, mit eigenem Kindergarten, einer Klinik und verschiedenen sozialen Einrichtungen; zwei Häuser für Erdbebenwaisen und eine Einrichtung, überwacht von Vater Gonzales Torres, mit deren Hilfe jeder Penny, der für Domingo-Projekte gesammelt wird, von der mexikanischen Regierung verdoppelt werden kann. Domingos erster Sohn José (»Pepe«) lebt jetzt in Mexiko, und Plácido selbst besucht Mexiko, wann immer es ihm möglich ist. Er hat sämtliche Fan-Clubs, die auf beiden Seiten des Atlantiks wie Pilze aus dem Boden geschossen sind, mobilisiert, ihn bei seinen verschiedenen wohltätigen Projekten dort zu unterstützen.

Domingos persönliche Prioritäten haben sich verschoben, und viele seiner Bewunderer haben eine korrespondierende Entwicklung in seiner Kunst bemerkt: eine stärkere Introvertiertheit als zuvor, eine spürbare Verinnerlichung des Gefühls, eine Intensität der Äußerung und der Bewegung, die noch eindrucksvoller ist, da sie sehr viel sparsamer eingesetzt wird. Sein Bedürfnis, seinem Repertoire die schwereren, anspruchsvolleren Rollen hinzuzufügen, ist vielleicht seinen Jahren und seiner wachsenden Reife sehr viel angemessener. Im Aufnahmestudio war jetzt leichtere Kost angesagt (am bekanntesten ein geradezu überbordendes Video mit Jennifer Rush über das Leben Goyas – ohne Bezug zu der Menotti-Oper), ein Album des »unbekannten Puccini« und ein neuer *Ballo* mit Karajan; aber auch mehr Wagner (*Tannhäuser*), die schwierige Rolle des Imperators in Richard Strauss' *Die Frau ohne Schatten* und Mascagnis wenig bekannte Oper *Iris*.

Mit der Aussicht auf mehr *Othello, Pagliacci* und Wagner, aber wahrscheinlich ohne *Traviata, Rigoletto* oder *Manon Lescaut*, scheint Domingo entschlossen zu sein, seinen gesamten Schwerpunkt in Richtung auf die dunkleren, reiferen Timbres seiner Stimme und seines Künstlertums zu verlagern. Er hat jetzt drei größere Wagner-Rollen aufgenommen und fühlt sich stark zu diesem schwereren Repertoire hingezogen. Pläne, *Parsifal* und Siegmund in *Die Walküre* (und Beethovens *Fidelio*) aufzuführen, werden geschmiedet, und mit Decca wird über eine Aufnahme von *Tristan* unter Solti verhandelt. Domingo hofft auch, in das russische Repertoire eindringen zu können: Aufführungen von Tschaikowskis *Pique Dame* waren für das Frühjahr 1990 geplant, sind dann aber verschoben worden.

Unter den ersten Opern, die Domingo in den 90er Jahren gesungen hat, waren zwei seiner anspruchsvollsten Rollen. Anfang Januar 1990 hielt er sich für verschiedene Vorstellungen von Verdis *Othello* in London auf. Die Plätze des Covent Garden waren für diese Aufführungen restlos ausverkauft, gewiß nicht nur deshalb, weil Domingo dort auftrat, sondern auch, weil Carlos Kleiber dirigierte. Kleiber hat inzwischen einen legendären Ruf erlangt, der den seines Vaters Erich, eines großen Dirigenten der Zwischenkriegsjahre, bei weitem überstrahlt. Denn Carlos ist nicht nur ein Musiker, der fähig ist, eine tiefe Bedeutung aus jeder musikalischen Phrase herauszuholen, ein Zauberer unter den Meistern sozusagen, er gehört zu dieser seltenen Sorte, die ungern auftreten. Wenn Kleiber sich aber einmal entscheidet zu arbeiten, dann mit einer Konzentration und Hingabe, die keinen Widerstand duldet. Er braucht häufig mehr Zeit für die Proben als andere Dirigenten (und man gesteht sie ihm auch zu), und er besteht dann oft darauf, daß niemand, der nicht direkt etwas mit der Inszenierung zu tun hat, anwesend sei. Wenn seine Bedingungen nicht erfüllt werden, dann hat er die Proben schon so manches Mal Hals über Kopf verlassen. Ein Mann, der nur sehr schwer zufriedenzustellen ist – aber welch glänzende Ergebnisse er zu erzielen vermag! Die Zuhörer des Covent Garden erinnern sich an frühere Kleiber-Aufführungen von *Othello* mit Domingo, als die neue Elijah-Moshinsky-Inszenierung (Nachfolgerin des abgebrochenen Peter-Hall-Projekts) im Januar 1987 am Royal Opera House anlief, und dann noch weiter zurück, an das Jahr 1980, als Domingo zum ersten Mal den Part auf ganz überwältigende Weise meisterte. Es war die kammermusikähnliche Zartheit und Klarheit der Darbietung, die im Gedächtnis blieb, die einschmeichelnde Melodie des Holzbläsers, als Iago Othello darauf hinweist, daß er sich vor Eifersucht hüten müsse, die kränklichen Geigenglissandi in der Traum-Arie und die leisen Flöten, die den letzten Akt einleiten. Kleiber deutete, genau wie Domingo, den Othello im wesentlichen als ein psychologisches Drama, als eine Tragödie der psychischen Erosion. Was ich vergessen hatte, war das gewaltige Aufbrausen, mit dem Kleiber die Oper eröffnet, ein Sturm von Wildheit und nervöser Energie, die ihresgleichen suchen, und das Ganze als perfekten Hintergrund für Domingos laut schallendes, jedoch beruhigendes »Esultate!«

Neben Domingo standen, 1990 ebenso wie 1987, seine Mit-Hauptakteure aus dem *Othello*-Film von Zeffirelli auf der Bühne: Katia Ricciarelli als Desdemona und Justino Diaz als Iago. Aber jeder, der gehofft hätte, eine Wiederholung der Filmversion auf der Bühne zu sehen, wäre enttäuscht gewesen. Denn sobald die wilde und heftige Eröffnungsmusik verklungen ist, ist diese Inszenierung im wesentlichen monumental und würdig, und man entdeckt darin nur wenig von der ruhelosen Energie, den romantischen Zinnen und dem gefärbten Licht, das den Film charakterisierte. Hier spürt man die klassizistische Hochromantik von Veronese, nicht die romantische Mittelalterlichkeit des neunzehnten Jahrhunderts. Hier liegen die Zinnen, die Sterne und sehr viel der emotionalen Wildheit in der Phantasie des Betrachters und in der Musik. Es ist eine bewegende Aufführung, nirgends so sehr wie im letzten Akt, wenn auf Ricciarellis lange *Scena*, die zu einem großen Teil auf einem einzigen, klaren Tonfaden ausgesponnen wird, Domingos endgültiger, scheiternder Versuch folgt, seine tote Braut ein allerletztes Mal zu umarmen. Wenn Krankheit tatsächlich etwas Erhabenes und Schönes hat, so ist das hier der Fall.

Covent Garden erlebte einen unangefochtenen Triumph. Die abgebrühten Kritiker, die bekanntermaßen mit der Royal Opera sehr hart zu Gericht zu gehen pflegen, lobten die Aufführung einhellig. »In Augenblicken wie Domingos ›Dio! mi potevi scagliar ...‹ erleben wir den Gipfel der Verdischen Kunst«, berichtete *The Times*. Der *Independent* bezeichnete Domingos Stimme als »in Honig getauchten Stahl«, und der *Guardian* sprach von Domingo als von dem perfekten Verdi-Interpreten, der jene polierten, goldenen Gipfellagen ebenso leicht meistert wie jene fast erstickten, bedeckten Töne der Eifersucht in den unteren Bereichen seines Stimmvolumens. Und in allen Artikeln wurde vor allem Kleiber ganz besonders lobend hervorgehoben.

Domingo ist nur sehr selten geneigt, drei oder vier Aufführungen derselben Inszenierung nacheinander zu singen – besonders bei einem Werk wie *Othello*. »Jedes Mal, wenn ich den Othello singe«, sagte er einmal zu mir, »möchte ich, daß dies ein ganz besonderes Ereignis ist. Ich möchte niemals das Gefühl haben, oh mein Gott, ich muß jetzt *noch* eine *Othello*-Aufführung hinter mich bringen!« Hier in Covent Garden hatte er nur vier Aufführungen geplant. Bei der dritten begann er so stimmgewaltig wie immer, brachte die kämpfende Menge mit einem machtvollen, gebieterischen »Abasso le spade!« zum Schweigen und führte Ricciarelli in eine schmelzend schöne Darbietung des Liebesduetts – eines der ganz wenigen vollkommen unbeschwerten Liebesduette bei Verdi. Aber hinter den Kulissen, nach dem »Esultate«, fragte er nach einer Krankenschwester, und im zweiten Akt mußte er gelegentlich Hustenanfälle unterdrücken und wich – und das war gewiß nicht charakteristisch für ihn – lange anhaltenden, hohen Noten aus. Dem »Gloria d'Otello« fehlte der goldene Klang, mit dem er der Phrase nur wenige Tage zuvor so viel Glanz verliehen hatte.

Viele Jahre zuvor, in New York, hatte Domingo während einer Vorstellung von *La Gioconda* gespürt, daß er krank wurde; mitten in der Aufführung verbeugte er sich und ging ab. An die Konsequenzen denken viele, die mit der Angelegenheit zu tun hatten, noch heute mit Schrecken ... Später schwor sich Domingo, daß er niemals wieder eine Vorstellung geben würde, wenn er nicht wüßte, daß er sie auch zu Ende führen könnte – und daß er zugleich niemals wieder etwas abbrechen würde, was er begonnen hatte. Vielleicht ging ihm dieser etwas trübsinnige Gedanke in der Pause von *Othello* durch den Kopf, während ein Arzt ihn untersuchte und Domingo sich mit dem neuen ROH-Generalintendanten Jeremy Isaacs unterhielt. Auf jeden Fall wurden die Zuhörer informiert, daß Domingo nicht auf der Höhe sei, daß er aber zugleich die tapfere Entscheidung getroffen habe, die Aufführung zu Ende zu singen. Von dem Augenblick an verfolgten die Zuhörer den Abend mit doppelter Aufmerksamkeit, da diesmal sowohl Othello als auch der Künstler, der ihn interpretierte, von Schmerzen geplagt wurden. Domingo konnte sich offensichtlich wunderbar in den Mann einfühlen, der immer stärker litt, bis er schließlich in einem Zustand vollkommener Lähmung war. Domingo war, ebenso wie Hunderte und Tausende andere Engländer in jenem Winter, von einer Grippe infiziert; die Schlußvorstellung drei Abende später konnte er nicht mehr singen.

In Domingos Terminkalender ist nachzulesen, daß zwischen seiner letzten geplanten Aufführung von *Othello* in Covent Garden und einer Premiere an der Wiener Staatsoper nur eine Pause von genau sechs Tagen lag; dort wurde ein Werk gespielt, das in mancherlei Hinsicht sogar noch schwieriger ist und von dem er auch jetzt noch meint, daß er sich ihm nur mit einer gewissen Befangenheit nähere: Wagners *Lohengrin*. Dies ist Wagner in rein dichterisch-lyrischer Form. Für den Tenor bedeutet die hohe Stimmlage seiner Eröffnungsphrasen eine ganz besonders harte Prüfung, und er muß darüber hinaus ausreichend Kraft haben, um volle drei Stunden später auch noch den letzten Akt zu meistern. Mitte Januar 1990, als er seine Grippe auskurierte, stand Domingo noch einmal vor der Aufgabe, den *Lohengrin* zu singen: dieses Mal für eine Serie von vier aufeinanderfolgenden Aufführungen, die an seinem Geburtstag, dem 21. Januar, begann. Die teuersten Plätze für eine Domingo-Aufführung in der Wiener Staatsoper kosteten 2500 Schilling, und das Haus war schon sehr früh restlos ausverkauft. Die Menschen schliefen bei winterlichen Temperaturen vor der Staatsoper im Freien, in der Hoffnung auf das Privileg, für Wagners viereinhalbstündiges Epos am nächsten Abend einen Stehplatz zu ergattern. Und der Star selbst, der sich zur Zeit seiner Ankunft in Wien noch ziemlich schwach fühlte, war bis dahin immer noch kaum fähig, die Rolle zu spielen, geschweige denn, sie zu singen.

Dies war nicht eine völlig neue Inszenierung, sondern die Wiederaufnahme einer älteren Version, die zuletzt 1985 gespielt worden war (als Domingo diese Rolle sang). Die Inszenierung ist sehr ansprechend; sie geht von dem Konzept aus, daß Lohengrin, der weiße Knappe in der glänzenden Rüstung, nicht eine wirklich existierende Person ist, sondern eine Projektion von Elsa: die Verkörperung ihres Traumes. Eine führende Rolle bei dieser Wiederaufnahme der früheren Opernversion spielte der Musikdirektor der Staatsoper, Claudio Abbado; die Wiener freuten sich bereits auf seine ersten Wagner-Vorstellungen. Würde man, wenn der *Lohengrin* in Wien erfolgreich wäre, schließlich sogar den *Ring* in Angriff nehmen?

Die Premierennacht verlief jedoch eher gedrückt. Domingo war offensichtlich gesundheitlich noch immer nicht voll auf der Höhe. Im letzten Akt ließ Abbado das Orchester nur noch in Flüsterlautstärke spielen (»Ein solches Pianissimo hat man seit Karajan nicht mehr gehört!« sagte ein Scherzbold unter den Zuhörern); er wollte sichergehen, daß Domingo überhaupt noch zu hören war. Zur Zeit der zweiten Aufführung war Domingo in besserer Verfassung, und bei der dritten, die im Fernsehen übertragen wurde, war er in Hochform. Jetzt ließ Abbado das Orchester mit aller Kraft spielen, wobei er gelegentlich seine Sänger (und sogar den Chor) mit den phantastischen metallischen Fanfarenklängen erstickte, mit denen Wagner diese Partitur übersät hat. Die Zuhörer spürten Domingos ernste Entschlossenheit, seine Aufrichtigkeit und seinen gewaltigen Kraftaufwand bis hin zur Bewältigung und schließlichen Meisterschaft in diesen letzten drei Aufführungen. Domingo, der 1985 als junger Knappe erschienen war, sah jetzt, mit seinem goldblonden Vollbart und seinem schulterlangen Haarteil, wie eine Christusfigur aus. Die Sätze waren eher getragen als heftig, und die Stimme klang, während sie sich über Wagners große, auf- und absteigende Phrasen hinwegschwang, zutiefst sehnsuchtsvoll. Kein Tenor der Moderne hat diese Musik schöner interpretiert. »Heil dir, Elsa!« sang Domingo mit schmelzender Stimme zu Ende des zweiten Aktes, wobei er das anfängliche A sehr klar und offensichtlich ohne Anstrengung herausbrachte. Und sein Deutsch? »Er artikuliert so gut, so sorgfältig«, sagte ein Wiener Freund nach einer Aufführung, »daß ich die Wörter zum ersten Mal zu hören meine.«

»Wien bleibt Wien.« 1984 war Lorin Maazel in einer außerordentlich umstrittenen Position; wie ein Löwe verteidigte er eine Kunstpolitik, die zwangsläufig mit dem Wiener Konservatismus in Konflikt geraten mußte. Daß dieser Konflikt schon sehr bald eintrat, war zweifellos zu einem Teil das Resultat der manchmal geradezu exzessiven Heftigkeit, mit der Maazel seine künstlerischen Vorstellungen zu realisieren versuchte. Sechs Jahre später sind die Persönlichkeiten andere, aber Klatsch und Verleumdung treiben wie immer üppige Blüten. Intendant ist jetzt Claus Helmut Drese, früher Intendant der Zürcher Oper. In einem Gespräch mit einem Vorgesetzten, dem österreichischen Minister für Erziehung und Kultur, erfuhr er, daß sein Vertrag nach dem Auslaufen im Jahre 1991 nicht erneuert werden würde. Das musikinteressierte Wien, das nur darauf wartete zu sehen, wohin Abbado sich wenden würde, war über diese Nachricht gänzlich verblüfft. Die beiden Männer waren gemeinsam ernannt worden, aber Abbados Einfluß in Wien reichte über die Staatsoper hinaus. So war er beispielsweise bereits musikalischer Leiter der Wiener Philharmonie und seinem Mahler-Orchester, einem »mitteleuropäischen« Cousin des europäischen Jugendorchesters, mit Musikern aus Ost und West, zutiefst verbunden. Er hatte sich zudem einer Kunstpolitik verschrieben, die er selbst zu entwickeln geholfen hatte und deren Einflüsse sehr viel weiter als bis zum Sommer 1991 reichen sollten. Abbado, der zur Zeit, als die Drese-Bombe platzte, für einen Kommentar nicht zur Verfügung stand, überdachte seine Position – und blieb.

Die Frage, wer Operndirektor war oder werden sollte, blieb immer ein politisch heiß umstrittenes Thema. Wenn die Politiker einen einzelnen »Herrscher« einsetzen – einen Mahler oder einen Maazel –, dann hat das ganz gewiß heftige Kontroversen zur Folge. Eine kritische Presse und eine kritische Öffentlichkeit erzählen sich hinter vorgehaltener Hand, daß kein Mensch drei Posten, drei Aufgaben zugleich bewältigen kann: den des Generalintendanten, des künstlerischen Direktors und des Chefdirigenten. Aber wenn die Aufgaben geteilt sind, wie beispielsweise zwischen einem

Drese und einem Abbado, was wird dann aus dem »Duo«, wenn die eine Hälfte entlassen wird?

Eine noch pikantere Frage beschäftigt das musikalische Wien, als Dreses Vertrag nicht erneuert wird und sich seine letzte Spielzeit nähert. Denn es ist nicht einer, sondern es sind zwei Männer, die ihn ersetzen sollen: Eberhard Waechter, früher ein hervorragender Opernbariton und jetzt Intendant der Wiener Volksoper, und der sehr umstrittene Ioan Holender, der lange Zeit Agent der Spitzensänger in Wien gewesen ist und dessen Verwandlung zum »Generalsekretär« wie eine faszinierende Variation der alten Geschichte der Wilddiebe, die schließlich zu Wildhütern werden, erscheint. Holender muß aus dem Agentengeschäft aussteigen. Aber wird er wirklich gegen den weitverbreiteten Verdacht, sich seinen eigenen Stall von Sängern heranzüchten zu wollen, gefeit sein? Ganz sicher werden Holender und Waechter, wenn sie zu Anfang der neuen Spielzeit im September 1991 ihr neues Amt antreten, erst einmal sehr vieles in Ordnung bringen müssen. Und Drese, der sehr intensiv an einem großen Mozart-Zyklus für Mai–Juni 1991 arbeitet, ist entschlossen, es seinen Nachfolgern so schwer wie möglich zu machen.

»Wien bleibt Wien.« Aber die Welt um Wien herum verändert sich – ganz besonders in den Wochen und Monaten, die Domingos Ankunft für die *Lohengrin*-Aufführungen vorangingen. Als er zuletzt hier war, um den *Othello* zu singen, war Wien ein Schaufenster kapitalistischen Wohlstands, eingekeilt zwischen der Tschechoslowakei, Ungarn und Jugoslawien. Was es in diesem Jahrhundert durch das Auseinanderbrechen des österreichischen Reiches und als Ergebnis der Nazi-Katastrophe an Atmosphäre verlor, das konnte es teilweise dadurch zurückgewinnen, daß es einen neuen Status als internationales Gastland gewann. Wiens Charme, Reichtum und politische Neutralität ließen es, genau wie Genf, zu einem attraktiven Zentrum diskreter internationaler Treffen, Abrüstungsgespräche und ähnliches, werden – und es ist darüber hinaus eine Stadt, in der auf Besuch weilende Diplomaten, Ölmagnaten, Bankiers und Waffenhändler einander abends sehr elegant in eines der größten Opernhäuser der Welt einladen können. Wien ließ auf alle, die dorthin reisten, den warmen Widerschein seiner legendären Vergangenheit leuchten.

Im Herbst 1989 hat sich die Welt um Wien herum durch politische Umwälzungen gründlich gewandelt: Ein Staat nach dem anderen sprengte die Fesseln, die ihn vierzig Jahre lang gelähmt hatten. Der erste Riß im eisernen Vorhang entstand an der österreichisch-ungarischen Grenze ganz in der Nähe, als die ungarischen Behörden praktisch den Stacheldrahtzaun zerschnitten, um auswandernden DDR-Deutschen eine Passage durch Österreich in die Freiheit zu ermöglichen: Bis zum Januar 1990 gewannen die Straßenschilder, die um Wien herum den Weg nach Prag, Breslau und Budapest wiesen, eine ganz neue Bedeutung.

Was die umwälzenden Ereignisse in Osteuropa anbetraf, die in jenem Jahr stattfanden, so war vor allem das, was in Rumänien geschah, sehr bewegend. Damals, als die Nachricht von der rumänischen Revolution kam, saßen Menschen überall auf der Welt vor ihren Radios und Fernsehapparaten. Sie hörten von Tapferkeit, Leiden, Verzweiflung und schließlich von der Euphorie des Sieges. In Wien, dem östlichsten Vorposten der westeuropäischen Demokratie, das vor noch nicht allzu langer Zeit selbst eine faschistische Hauptstadt gewesen war, löste die rumänische Revolution heftige Sympathiewellen aus. Bereitwillig und großzügig zahlten die Wiener in die verschiedenen Fonds ein, die eingerichtet wurden.

Musikalisch gesehen spielte Rumänien durchaus eine Rolle: als kleine Nation, die immer einen überproportional großen Anteil an talentierten Künstlern gestellt hatte. Die Wiener Staatsoper beschäftigte regelmäßig eine Reihe von talentierten rumänischen Künstlern – vor allem Sopransängerinnen wie Ileana Cotrubas, Eugenia Moldoveaunu und Leontina Vaduva. Warum sollte man nicht einen Abend an der Staatsoper einer Spendensammlung für Rumänien widmen? Alle Topsolisten der Staatsoper versprachen, ihren Teil beizutragen, nicht nur die Rumänen (und nicht nur Sänger), sondern Künstler aus der gesamten Musikwelt. Das Konzert und die Spendentelefonnummern sollten im Fernsehen übertragen werden. Der letzte Star des Abends, Plácido Domingo, sollte das »Libiamo« von *La Traviata* dirigieren, mit den Solisten Agnes Baltsa und Domingos Landsmann José Carreras.

Carreras hatte im Laufe seiner musikalischen Karriere fast immer unter der ungerechten Etikettierung »der drittgrößte Tenor der Welt« gelitten. Aber in dem Jahr vor jenem Konzert mußte er noch etwas anderes, viel Schwereres durchstehen: einen ein Jahr lang andauernden Kampf gegen eine seltene Form von Leukämie. Es war ein Glück, daß er seine Krankheit überlebte. Der außerordentliche Mut, den er in jenen dunklen und schmerzlichen Monaten bewies, hatte ihm den Respekt und die Zuneigung von Millionen Menschen überall auf der Welt eingebracht, und eine Reihe von Comeback-Konzerten wurde fast ungläubig, mit großer Freude begrüßt. »Es ist schon ein Wunder, daß er noch lebt«, sagte ein spanischer Freund, als ich nach Madrid reiste, um mir ein Carreras-Konzert anzuhören. Unter den Zuhörern saß auch Königin Sofia. Im Laufe des Abends, als Carreras von einer *Arie antiche* zu seinem vertrauten italienischen und spanischen Repertoire überging, geschah fast so etwas wie ein Wunder: Carreras, der sich von dem ansteckenden Enthusiasmus einer ekstatischen Zuhörerschaft mitreißen ließ, fand wieder zurück zu der Leidenschaft, dem Engagement und der reinen Lebensfreude, die man in seinen besten Zeiten an ihm gekannt hatte.

Domingos Leben war durch das schwere Erdbeben, das Mexico-City verwüstete, von Grund auf verändert worden. Wie sich Carreras Leben auf Grund seiner schweren, fast tödlichen Krankheit veränderte, darüber kann man nur Vermutungen anstellen. Seine innere Stärke hatte all jene, die ihn kannten, natürlich auch Domingo, zutiefst berührt; jede Form von Rivalität und Ressentiment, die die beiden spanischen Tenöre in früheren Jahren entzweit haben mochte, wurde unwichtig; es war eine Haltung von Demut und Humanität, die sie jetzt vereinte. Carreras trat zum ersten Mal nach seiner Krankheit – *während* seiner Krankheit, möchte man fast sagen, denn er erschien immer noch geschwächt und abgemagert von der anstrengenden Behandlung, die gerade eben sein Leben gerettet hatte – auf der Bühne des Liceo in Barcelona an die Öffentlichkeit; er umarmte dort Domingo in der Pause einer Aufführung von *Fedora* im März 1988. Im Februar 1989, beim Wiener Opernball, dirigierte Domingo das Wiener Philharmonieorchester, und Carreras sang »Dein ist mein ganzes Herz«. Und im Januar 1990 war Carreras noch einmal in Wien – erstmals seit seiner Krankheit für einen Opernauftritt in einem größeren Haus: Er sang zusammen mit Baltsa *Carmen*.

Die Galaaufführung für Rumänien hatte, wie zu erwarten gewesen war, ihre Höhen und Tiefen; jeder Künstler versuchte, in einem begrenzten Zeitraum einen tiefen und unauslöschlichen Eindruck zu hinterlassen. Am Tag der Aufführung, ein paar Stunden vor Beginn, als die Programme bereits gedruckt waren, entschloß sich auch Domingo, daran teilzunehmen und Macduffs Arie aus Verdis *Macbeth* vorzutragen, obwohl er am nächsten Abend den *Lohengrin* singen mußte. Zusätzlich dachte er sich zusammen mit Carreras eine kleine Überraschung aus. Sie erschien oberflächlich gesehen ohne große Bedeutung. Statt *Traviata* wollte Domingo ein Duett aus *Cavalleria Rusticana*, gesungen von Carreras und Baltsa, dirigieren. Am Ende eines langen Abends wurde das *Cavalleria*-Duett gesungen und mit einem wahren Begeisterungssturm gefeiert. Danach ging die gesamte Besetzung des Abends zu einer letzten Verbeugung auf die Bühne. Plötzlich begannen Abbado und das Wiener Philharmonieorchester *Traviata* anzustimmen. Die Künstler auf der Bühne heuchelten Verwunderung, und zwei Dutzend Opernstars fragten sich, wer denn nun singen sollte. Als der Tenorpart einsetzte, stimmte Carreras den berühmten *Brindisi* an:

Libiamo, libiamo ne'lieti calici,
che la bellezza in fiora;
e la fuggevol, fuggevol ora s'innebrii a volutta

An dieser Stelle wurde die Musik fast unhörbar. Domingo übernahm, während das Publikum zugleich begeistert und ungläubig erschauderte, die folgende Passage:

Libiam ne'dolci fremiti che suscita l'amore
poiche quel'occhio al core onipotente va.
Libiamo, amore, amor frai calici più caldi baci avrà

Als der Chor einsetzte, legten Domingo und seine Kollegen die Hände an die Ohren und schauten die Zuhörer erwartungsvoll an; aber die Menge im Konzertsaal wurde mit Leichtigkeit von den gewaltigen Stimmen der Operngrößen auf der Bühne übertönt. Dann kam Violetta:

Tra voi, tra voi saprò dividere
il tempo mio giocondo ...

sang Agnes Baltsa, und es folgte eine ganz außerordentlich verführerische Violetta, Ileana Cotrubas. Cheryl Studer stimmte mit ein, und Vaduva, Moldoveaunu und Nicolesco, der gewaltige römische Tenor Corneliu Murgu, und eine inzwischen vollkommen begeisterte Wiener Zuhörerschaft. Es war nach elf, als die Menge sich schließlich zerstreute: 2000 Menschen, die an dem Abend, an dem Domingo und Carreras gemeinsam in Wien sangen, dabeigewesen waren.

Mitte Februar 1990 war Domingo in New York; er hatte gerade (in San Juan, Puerto Rico) die 150. *Othello*-Vorstellung gegeben. Die meisten Menschen fahren nicht ausgerechnet nach New York, um dort ein paar ruhige Stunden zu verleben, aber gerade Ruhe – das war es, was sich Plácido Domingo in jenen Tagen wünschte. Er war hergekommen, um eine Reihe von Vorstellungen von *Samson und Dalila* an der Metropolitan Opera zu geben, gefolgt von *Othello* mit der Londoner Besetzung und Kleiber. Wie gewöhnlich wurde Domingo mit Bitten um Interviews und öffentliche Auftritte der verschiedensten Art bedrängt, aber seine Einstellung hatte sich geändert: Die meisten Anliegen wies er zurück.

Es gibt noch anderes, was sich geändert hat. Während Domingo an der Met den *Samson* sang, hielt sich auch Pavarotti in New York auf, um in einer aufwendigen neuen Inszenierung des *Rigoletto* den Duke zu singen (zusammen mit den anderen Hauptbesetzungen seiner jüngsten Plattenaufnahmen, June Anderson und Leo Nucci). An zwei aufeinanderfolgenden Samstagen traten Domingo in *Samson* und Pavarotti in *Rigoletto* auf, dabei sang Domingo einmal die (Rundfunk-)Matinee und Pavarotti die Abendvorstellung, und eine Woche später war es umgekehrt. Und natürlich mußten die Sänger sich das Umkleidezimmer des Haupttenors teilen (obwohl einer der Angestellten der Metropolitan beflissen darauf achtete, daß das Namensschild an der Tür geändert wurde, sobald der Tenor der Matineevorstellung gegangen war).

Während der Proben zu *Othello* wurde auf Kleibers Wunsch hin der Zuhörerraum für alle, die nicht direkt mit der Inszenierung zu tun hatten, gesperrt (sogar die Bühnenarbeiter mußten bei den Wachmännern an der Tür ihr Eintrittsrecht beweisen). Nur Pavarotti wurde hineingelassen. Vielleicht hoffte er, bei diesen besonders schwierigen Tenordarbietungen einiges für sich selbst lernen zu können; eine dieser Rollen wollte er selbst zum ersten Mal singen, und zwar in der darauffolgenden Spielzeit, im Konzert und auch als Plattenaufnahme. Im Sommer 1990 sollten Domingo, Pavarotti und Carreras aus Anlaß der Fußballweltmeisterschaft in Rom gemeinsam vor den Fernsehkameras der Welt auftreten.

Domingo sang den *Samson* ganz hervorragend, obwohl die Inszenierung, die zurückging auf die Old Met, deutlich ein wenig veraltet war. Supermann-im-Minirock ist eine Aufgabe, die nicht so leicht zu bewältigen ist, aber Domingos Gesang war wunderbar, und es gelang ihm, die Rolle mit wahrhaft heroischer Würde zu füllen. Nachdem er vier Aufführungen hinter sich hatte, mußte er sich intensiv den *Othello*-Proben widmen, und seine Rolle in *Samson* wurde von dem amerikanischen Tenor Gary Lakes übernommen. Eines Tages wurde Lakes krank. Die Direktion der Met fand einen Ersatz, und als Domingo dies erfuhr, wollte er ziemlich empört wissen, warum sie nicht ihn als Ersatzmann zu Hilfe gerufen hatten.

Ich habe Domingo gefragt: »Worauf freuen Sie sich?« »Auf *Parsifal*«, sagte er, »auf *Fidelio*, auf Siegmund in *Die Walküre* [Wien 1993], und, irgendwann in der Zukunft, auf *Pique Dame, Tannhäuser, Tristan* ... Aber ich mache es mir selbst zur Bedingung«, betonte er, »daß ich, während ich immer mehr dieser schwereren Rollen übernehme, auch weiter Opern wie *Bohème* und *Tosca* singe.« Für Domingo sind es genau diese leichteren italienischen Rollen, so empfindet er es, die ihm helfen, die Stimme trotz seiner Ausflüge in ein schwierigeres Repertoire frisch und jung zu erhalten. Während ich dies schreibe, hält sich Domingo zu *Tosca*-Aufnahmen in London auf. *Tosca* will er 1991 im Covent Garden singen, genau wie bei seinem Debüt an der Royal Opera zwanzig Jahre zuvor.

Die Städte, in denen Domingo Termine und Auftritte hat, liegen heute sehr viel weiter voneinander entfernt als in der Vergangenheit. Die Los Angeles Opera und die Expo '92 in Sevilla sind für ihn ganz eindeutig von überragender Bedeutung, genau so wie seine mexikanischen Projekte. Nach fast einem Vierteljahrhundert ist er nach Israel zurückgekehrt und wurde dort wie ein Held empfangen; er sang vor kurzem in Oslo, hat Pläne für erste Auftritte in Belgien gemacht und, im September 1990, für eine Australientour. »Vor allem freue ich mich darauf, Australien zu besuchen«, sagte er mir. Und das aus einem ganz bestimmten Grund. Als er und Marta sich in den frühen 60er Jahren für Vorstellungen an der *Hebrew National Opera* in Tel Aviv aufhielten, ertranken sie eines Tages fast in einer gefährlichen Strömung des Mittelmeers. Der Mann, der ihnen das Leben rettete, war der Tenor Giuseppe Bertinazzo; er wurde später Intendant an der *Western Australian Opera Company* in Perth. Die Domingos hatten sich geschworen, daß sie eines Tages Australien besuchen würden und daß Plácido zuallererst in Bertinazzos Opernhaus auftreten würde.

»To-o-sca-a« – Pause – »sei tu!« Domingos Stimme hallt durch das hohe Mittelschiff von *All Saints* in Tooting, einem Vorort des südlichen London, wo sich die Superstars der Oper üblicherweise ganz gewiß nicht aufhalten. Domingo hat gerade seine vierte Aufnahme von *Aida* beendet (mit Aprile Millo, dirigiert von James Levine), und er ist quer über den Atlantik geflogen, um für die Deutsche Grammophon *Tosca* aufzunehmen. Seine letzte *Tosca*-Aufnahme hatte er für EMI und die davor für RCA gemacht. Diesmal waren seine Partner Mirella Freni in der Titelrolle und Samuel Ramy als Scarpia. Der Dirigent ist Giuseppe Sinopoli, und das Orchester ist die Philharmonie.

All Saints in Tooting ist nur ein ärmlicher Ersatz für die Kirche, in der die Premiere von Tosca stattfinden soll: die prächtige katholische Sant'Andrea Della Valle in Rom. Aber im Vergleich zu ihrem römischen Gegenstück hat sie einen Vorteil: *All Saints* ist weitgehend vor Stadtlärm geschützt – und wird deshalb von Tontechnikern besonders geschätzt. Zu Beginn der 80er Jahre hatten einige Sektoren der klassischen Plattenindustrie unter einer Flaute gelitten: In der Zeitung konnte man nachlesen, daß der Markt gesättigt und daß Kassettenpiraterie gang und gäbe sei. Wenig später nahmen die Firmen einen ganz erheblichen Aufschwung durch die technischen Fortschritte des digitalen Aufnahmeverfahrens und der Kompaktdisketten. Alte

Aufnahmen konnten aus dem Schrank geholt, überarbeitet und wieder auf den Markt geworfen werden; vor allem mußte das gesamte Repertoire neu aufgenommen werden, wobei die neuesten elektronischen Techniken eingesetzt wurden. So waren Räume, die groß und ruhig waren und eine gute Akustik hatten, sehr gefragt, und viele Londoner Kirchen, die nicht wie früher auf bestimmte traditionelle finanzielle Reserven zurückgreifen konnten, nutzten begierig alle Möglichkeiten, um den Inhalt des Klingelbeutels ein wenig aufzubessern.

Während ich diese Zeilen schreibe, haben wir Ende Mai 1990, und Mrs. Thatcher hat gerade angekündigt, daß wir auf Grund der globalen Erwärmung mit einer Katastrophe rechnen müssen. Zweifellos hat sie recht, obwohl der Treibhauseffekt bis jetzt noch nicht durch die düsteren Wände und farblosen Fenster von *All Saints*, Tooting, durchgedrungen zu sein scheint. Die im Kirchenschiff aufgestellen Mitglieder der Philharmonie werfen immer wieder einen verstohlenen Blick auf die strategisch plazierten Heizkörper und werden von ihrem Dirigenten Sinopoli einem anstrengenden Wechsel von Probe–Aufnahme, Probe–Aufnahme unterworfen. Sinopoli ist in seinem Bemühen um Spannung und Detail unermüdlich, und er kann das Orchester in einen Wirbelsturm von dramatischer, aber präzise artikulierter Leidenschaft hineinstoßen. Die aufgenommenen Abschnitte sind jedoch häufig sehr kurz, nur eine Angelegenheit von ein paar Takten oder Seiten, und Sinopolis Interpretation führt nicht notwendigerweise zu langen, fließenden Legato-Passagen. Auf der anderen Seite treten in dieser *Tosca*-Aufnahme drei Meister des Legato-Gesangs auf, nämlich Freni, Domingo und Ramey. Ihre Begabung für Phrasierung, Atemkontrolle und reine Musikalität, kombiniert mit Sinopolis Sinn für dramatisches Detail, hat Musikkenner zu der Prophezeiung veranlaßt, daß diese Aufnahme eine der besten in der Geschichte der Plattenindustrie werden könnte.

An dem Tag, an dem Domingo ankommt, sind die meisten Passagen der Oper ohne Tenor schon »unter Dach und Fach.« In der Oper treffen sich Cavaradossi und Scarpia nur selten, und ebenso selten treffen sich Ramey und Domingo, da ihre jeweiligen Terminkalender sehr unterschiedlich aussehen. Domingo soll alle Tenorpassagen des Werkes in drei dicht vollgepackten Sitzungen aufnehmen: das Liebesduett in Akt I und verschiedene Heul- und Schreiszenen am Donnerstag; das Duett des dritten Aktes, die Passagen mit Angelotti, dem Mesner und dem Gefängniswächter und beide Cavaradossi-Arien am folgenden Tag.

Als ich sah, wie Freni und Domingo hinter dem Orchester für die gemeinsame Aufnahme auf dem Podium standen, da hatte ich in mancher Hinsicht das Gefühl, daß das Rad der Zeit zurückgedreht worden sei. Mirellas Augen glitzerten wie in alten Zeiten; sie hielt, während Toscas großer, leidenschaftlicher Phrasen, die Arme weit offen – und der Ton war, als er in das hohe Kirchengewölbe emporstieg, so reich und so honigsüß wie immer. Und Plácido, der sich verführerisch zu seinem Mikrophon hinunterbeugte, und es dabei fast (aber nicht ganz) berührte, war wahrhaft unermüdlich, da er wieder und wieder auf die Wünsche von Sinopoli und auf die Vorstellungen des Produzenten Wolfgang Stengel einging. »O dolci mani« sang er mit wahrhaft süßer Stimme und machte dabei Bewegungen, als wolle er die Hände seiner Partnerin zärtlich streicheln. Bei einer der Aufnahmen experimentierte er für die Reprise dieser wahrhaft zärtlichen Phrase mit einem weichen Kopfton. Das Orchester applaudierte, obwohl Plácido einwandte, daß er nicht sicher sei, welche Version bei der Aufnahme wohl am besten klingen würde. Zwischen den Aufnahmen steckte er sich ab und zu einen Lutschbonbon (Suc de Vosges) in den Mund oder er trank ein Glas Mineralwasser. Dann warf Mirella ihrem Mann Nicolai Ghiaurov, der sich irgendwo in der Kirche so nahe wie möglich an einen Heizkörper gesetzt hatte, einen vielsagenden Blick zu.

Domingo hat die Rolle des Cavaradossi häufiger als irgendeine andere Rolle seines Repertoires gesungen, aber bei der Aufnahme hatte er dennoch die Noten vor sich, nicht nur seine eigene Partie, sondern die volle Orchesterpartitur. Im Jahr zuvor hatte er eine Reihe von *Tosca*-Aufführungen an der Los Angeles Opera dirigiert, mit Maria Ewing in der Titelrolle und Neil Shicoff als Cavaradossi. Als Shicoff krank wurde, kurz vor der letzten Aufführung, verließ Domingo den Orchestergraben, kam auf die Bühne und sang, anstatt zu dirigieren. Hier, in Tooting ist er wohl mehr auf die Dirigentenrolle eingestellt, da seine Finger und Handgelenke instinktiv ein Orchester dirigieren, das in Wirklichkeit mit dem Rücken zu ihm steht. Sie sind alte Freunde, Domingo und die Philharmonie; dies war das Orchester, mit dem Domingo als symphonischer Dirigent in England debütierte und das er 1988 auch auf eine Spanienreise mitnahm.

Gegen Abend, Freni und Ghiaurov sind schon gegangen, steht Domingo allein auf dem Aufnahmepodium. Er trägt eine Lesebrille, die ihm, sobald er zu singen beginnt, unweigerlich von der Nase rutscht. Eine Weile lang wird er von einem großen jungen Mann begleitet: Er hat ein breites, freundliches Gesicht, einen bulligen Körper und eine wunderbar volltönende Stimme. Es ist Bryn Terfel, ein Baßbariton aus Wales, der offensichtlich eine große Karriere vor sich hat. Heute abend singt er den Angelotti, den entflohenen politischen Gefangenen (»Il console della spenta repubblica romana«), dem Cavaradossi zu Beginn der Oper hilft. Domingo, der mir gegenüber erwähnt hat, daß er sehr müde sei, da er nach seinem Flug von New York schlecht geschlafen habe, scheint im Laufe der Stunden eher an Schwung und Energie hinzuzugewinnen als zu verlieren. Als er die höchste Note erreicht, die Cavaradossi in der gesamten Oper singen muß, das hohe B im gegen Scarpia gerichteten Ausbruch mit Angelotti im ersten Akt (»La vita mi costasse, vi salverò!«), gelingt ihm ein Treffer, der ganz und gar überwältigend ist.

Es ist nicht angebracht, Domingos hohes Können als Selbstverständlichkeit zu betrachten. Man sagt (so wird mir manchmal hinter vorgehaltener Hand erzählt), daß er bei dieser oder jener Gelegenheit müde geklungen habe oder daß es ihm nicht gelungen sei, einen bestimmten Charakter deutlich genug herauszuarbeiten. Er sollte sich nicht übernehmen, sagen seine Kritiker – so wie sie es bereits schon ein Vierteljahrhundert lang immer wieder gesagt haben. Aber Ehrgeiz und Leistung sind direkt proportional voneinander abhängig. Es wäre leicht für Domingo, sich, so wie viele andere Spitzensänger es auch tun, auf ein angenehmes, vertrautes Repertoire zu beschränken und es der internationalen Musikwelt so viele Jahre lang zu präsentieren, wie diese Musikwelt und die dazugehörigen Opernintendanten es akzeptieren. Dies ist für einen Künstler kein unehrenhafter Weg; man kann dabei sehr reich und recht berühmt werden.

Domingos Karriere ist anders verlaufen. Dauernd auf der Suche nach neuen künstlerischen Gipfeln, die er erklimmen möchte, geht er jetzt verschiedene neue Wege (etwa im Bereich des deutschsprachigen Repertoires oder des Dirigierens), die, als Mitte der 60er Jahre seine internationale Karriere begann, vollkommen unvorstellbar gewesen wären. Letztlich jedoch wird er nicht nach der Variationsbreite seines künstlerischen Könnens, sondern nach seinen Leistungen im einzelnen beurteilt werden. »Nicht noch eine weitere *Tosca*!« winkte kürzlich ein wenig müde ein Freund ab, als ich die neue Aufnahme erwähnte. Nun, natürlich nicht: nicht einfach eine weitere *Tosca*, sondern eine wunderschön kalibrierte, meisterhaft gesungene Version eines der beliebtesten Opernmeisterwerke der Welt. Genau wie die heutigen Opernliebhaber ihre Eltern und Großeltern nach Melchior und Gigli fragen und diese wiederum ihre eigenen Eltern nach Caruso und Jean de Rezke, so vermute ich, daß diejenigen von uns, die in dreißig oder vierzig Jahren noch leben, neidisch gefragt werden: »Wie war es denn eigentlich, Domingo zu hören?«

Keine Aufnahme kann dieses Gefühl der Begeisterung tragen, das uns durchströmt, wenn ein großer Sänger die Stimme in einer ansteigenden Phrase frei hinausströmen läßt; eine Phrase, die erst durch eine einfühlsame Orchesterbegleitung voll abgerundet wird. Die wahre Dimension dieser Erfahrung kann weder reduziert noch reproduziert werden. Aber in jener Nacht in Tooting haben Wolfgang Stengel und sein Aufnahmeteam wahrhaftig ihr Bestes gegeben.

Schließlich war alles, mit Ausnahme des berühmtesten Augenblicks in der Oper, Cavaradossis Arie »E lucevan le stelle« und die Passage für Celli, die ihr vorausgeht, unter Dach und Fach. Es ist 21.30 Uhr, für die letzten Aufnahmen wird man nur noch eine halbe Stunde brauchen, und Sinopoli arbeitet wiederholt und unermüdlich mit den Celli, um der Musik den letzten Schliff zu geben. Domingo, der während der letzten sieben Stunden fast ununterbrochen auf den Beinen gewesen ist und der bereits ein Pensum gesungen hat, das etwa zwei vollen Opern entspricht, schaut ängstlich auf seine Uhr. Die Cellopassage weicht dem Klarinettensolo, das das an- und absteigende Thema der Arie einführt. Draußen ist es dunkel, und während Domingo singt, blinken die Sterne durch die Kirchenfenster.

Die Brille rutscht von der Nase, die Knie sind leicht gebeugt, eine tiefe Falte zeigt sich zwischen den Augenbrauen, und die Arme strecken sich wie die Säulengänge des Petersdoms in Kreisform nach vorn. »Oh! dolci baci, o languide carezze«, singt Domingo in einer großen, herzergreifenden Legatophrase. Die Arie wird schneller, je enger der Klammergeist des Gefühls dem Sänger ans Herz greift. »L'ora è fugita«, singt er, »e *muoio disperato*!« – ich sterbe in Verzweiflung ...

Aber in diesem Augenblick macht ein fürchterlich donnernder Lärm die Aufnahme zunichte: Offensichtlich hatte ein übelwollendes Flugzeug sich entschlossen, Tooting in seine Route einzubeziehen. Es ist zehn vor zehn; Sinopoli und das Orchester müssen noch einmal von vorn anfangen. Das bedeutet, die vorangegangene Cellopassage zu wiederholen, aber die Celli spielen nicht so gut wie zuvor. In den drei Minuten, die ihnen noch bleiben, versuchen die Cellisten eine weitere Aufnahme der zweiten Hälfte der Arie unter Dach und Fach zu bringen, wobei sie den vorangegangenen Abschnitt des Halbrezitativums auslassen. Aber so ist es nicht möglich, eines der großen, zusammenhängenden Stücke der Opernwelt aufzunehmen; also entscheidet man sich, »E lucevan le stelle« bei anderer Gelegenheit zu vervollständigen.

Als ich mich an demselben Abend von Domingo verabschiedete, erzählte er mir, daß er am nächsten Morgen nach Spanien reisen würde, um seine

Pläne für die Expo '92 in Sevilla zu unterbreiten. Dann würde er noch einmal kurz nach London zurückkehren, um an der Covent-Garden-Oper einen Galaabend für Margot Fonteyn zu singen. Von dort aus ginge die Reise dann nach Mexiko weiter ...

Es scheint, daß sein Arbeitspensum nicht geringer geworden ist und auch nicht seine Kraft, es zu bewältigen. An jenem Abend in Tooting war der Gesang genauso schön, kraftvoll und resolut wie sonst auch. Alle besonderen Charakteristika einer Domingo-Darbietung waren vorhanden: das genießerische Auskosten der Sprache (das doppelte »l« in einer Phrase wie »le *bellezze* diverse«), die dauernde Einbeziehung der dramatischen Aspekte des Stückes (die winzige Pause, bevor Angelotti erkannt wird, oder die traurige Ungläubigkeit seiner unbetonten »liberi«, als Tosca ihm vollkommen naiv versichert, sie werde schon bald frei sein; die Fähigkeit, seine Kraft zu zügeln und seine Stimme dem Ton des Orchesters und seiner Mitsänger anzupassen und das faszinierend ausdauernde Legato seiner eigenen Solopassagen.

Domingo wird bald fünfzig, und die Opernwelt wimmelt von Kritikern, die schon jetzt bereit sind, ihn abzuschreiben. In den Zeitungen wird spekuliert, er sei mehrere Jahre älter, als er selbst zugibt, obwohl sein Paß und sein Taufschein (ganz zu schweigen von der Gedenktafel an seinem Geburtshaus in Madrid) Domingos Behauptungen beweisen. In jedem Fall hat sein Gesang im Laufe der Jahre erstaunlicherweise überhaupt nicht gelitten, und in seiner Stimme findet sich keine Spur jenes Schwankens, das häufig Künstler befällt, die schon viele Jahre lang auf internationalen Bühnen gestanden haben. Betrachtet man beispielsweise die Arbeit Domingos in der ersten Hälfte des Jahres 1990, dann sieht man, daß er noch immer fähig ist, Musik, Darstellungskunst und reine stimmliche Brillanz in einer Weise zu vereinen, die niemand sonst in seiner Generation zu erreichen vermag. Es ist die Vielfalt seines hohen künstlerischen Könnens, die ihn weiterhin als den größten Schauspieler und Sänger der modernen Zeit vor allen anderen auszeichnet.

Mai 1990 — Daniel Snowman

Chronologie

Juni 1981	*Tosca* im Central Park, New York
	Fertigstellung der LP »Perhaps Love« in New York
Juli 1981	*Othello* in Bregenz
August 1982	in London »My Life for a Song« aufgenommen
November 1982	»Call Me Kiri« für das BBC-Fernsehen
	Fanciulla in Covent Garden
	Feier im Royal College of Music
Dezember 1982	*Ernani* an der Mailänder Scala
	in Paris *Carmen* eingespielt
Februar–März 1983	Metropolitan Opera, New York
Mai 1983	*Manon Lescaut* in Covent Garden
	»Always in My Heart«
	(Lieder von Lecuona) in London aufgenommen
	Tosca im Liceo von Barcelona
Juni 1983	*Fanciulla* in Madrid
Juni–August 1983	Verfilmung von *Carmen* in Südspanien
Oktober 1983	»Le Grand Echiquier« in Paris
November 1983– Januar 1984	Die *Fledermaus* in Covent Garden dirigiert
Dezember 1983– Januar 1984	in London *Manon Lescaut* aufgenommen
Januar 1984	*Carmen* in Wien
1984	*Turandot* in London unter Colin Davis
	Lohengrin an der New Yorker Met
1985	*Andrea Chénier* in London
	im Herbst Dreharbeiten zum *Othello*-Film
	in der Regie von Franco Zeffirelli
1990	*Othello* unter Carlos Kleiber in New York
	Aufnahme von *Tosca* in London unter Sinopoli

Register

Danksagungen

Dank gebührt den folgenden Inhabern von Urheberrechten für fotografisches Material:

J. Heffernan (Domingo im Central Park, New York, Juni 1981, und Domingo als Don Carlos, New York, März 1983); Barbara Lorber (Domingo, Milnes, Scotto); CBS News, »Sixty Minutes« (Domingo im CBS-Aufnahmestudio, August 1982); Catherine Ashmore (Domingo und Kiri Te Kanawa, April 1983, und Domingo in *Die Fledermaus*, 31. Dez. 1983); Christina Burton (Domingo, Sir John Tooley und die Königinmutter, Mai 1983); Clive Barda (Marilyn Zschau und Domingo, Juni 1983); Gyenes, Madrid (Domingos Vater und Mutter, König und Königin von Spanien, Madrid, Juni 1983); Marta Domingo (Domingo im Cinema Merced, Ronda, Juli 1983; Domingo in einem drehfreien Augenblick; Domingo probt mit dem Orchestre National de France, Oktober 1983); Axel Zeininger (Domingo an seinem 43. Geburtstag; Domingo nach der Premiere von Carmen, Wien, Januar 1984).

Das weltweit einzigartige Nachschlagewerk über Oper, Operette, Musical und Ballett

Pipers Enzyklopädie des Musiktheaters

Oper – Operette – Musical – Ballett
Herausgegeben von Carl Dahlhaus und dem Forschungsinstitut für Musiktheater der Universität Bayreuth unter der Leitung von Sieghart Döhring

Der Aufbau des Gesamtwerks:

Ein Werkteil (Band 1–5) mit ca. 3000 Werken, ein Registerband (mit Nachträgen zum Werkteil; Band 6) und ein Sachteil (Band 7–8) mit allen themenbezogenen Begriffsdarstellungen.
Jeder Band mit ca. 800 Seiten, zweispaltig, mit insgesamt ca. 1300 Abbildungen, davon ca. 200 in Farbe. Lexikonformat, Cabraleder. Erscheinungsweise jährlich.

Band 1
Werke Abbatini – Donizetti

Band 2
Donizetti bis Henze

Band 3
Henze – Massine

Band 4
Massine – Piccinni

Band 5
Piccinni – Spontini

»Liebhaber werden gerne darin lesen, Wissenschaftler brauchen es einfach.«
Hans Joachim Kreutzer, FAZ

»Ein langersehnter Wunsch aller Musikinteressierten, der nun endlich seine Erfüllung gefunden hat.« Herbert von Karajan

»Wir ›vom Bau‹ begrüßen diese Enzyklopädie besonders. Die Herausgeberschaft durch Carl Dahlhaus und das Forschungsinstitut für Musiktheater bürgt für die adäquate Vorbereitung und Qualität.« August Everding

Piper 30/4aa

PIPER

Leone Magiera

Pavarotti

Methode, Mythos und Magie

Erhältlich in Ihrer
Buchhandlung

ca. 220 Seiten, 22 Fotos,
gebunden, mit Schutzumschlag

»Big P« – seine Herkunft, sein Werdegang, seine Stimme, die unvergleichliche Weltkarriere. Magiera legt die »Biographie der Stimme« vor, die das Phänomen Pavarotti erahnen und begreifen läßt, ohne darob die biographische Seite zu vernachlässigen.

Schweizer Verlagshaus